Política internacional comparada

O Brasil e a Índia nas
novas relações Sul-Sul

Política internacional comparada

O Brasil e a Índia nas novas relações Sul-Sul

Marcos Costa Lima (org.)

Copyright © 2012 Marcos Costa Lima

Grafia atualizada segundo o Acordo Ortográfico da Língua Portuguesa de 1990, que entrou em vigor no Brasil em 2009.

Publishers: Joana Monteleone/Haroldo Ceravolo Sereza/Roberto Cosso
Edição: Joana Monteleone
Editor assistente: Vitor Rodrigo Donofrio Arruda
Revisão: João Paulo Putini
Projeto gráfico e diagramação: Sami Reininger
Capa: Patrícia Jatobá U. de Oliveira

CIP-BRASIL. CATALOGAÇÃO-NA-FONTE
SINDICATO NACIONAL DOS EDITORES DE LIVROS, RJ

P833

POLÍTICA INTERNACIONAL COMPARADA: O BRASIL E A ÍNDIA
NAS NOVAS RELAÇÕES SUL-SUL
Marcos Costa Lima (org.)
São Paulo: Alameda, 2012.
354p.

Inclui bibliografia
ISBN 978-85-7939-109-5

1. India – Relações internacionais. 2. Brasil – Relações exteriores – India. 3. India – Relações exteriores – Brasil. 4. India – Política e governo. 5. Brasil – Política e governo. 6. Desenvolvimento econômico – Brasil. 7. Desenvolvimento econômico – India. I. Lima, Marcos Costa. II. Título.

| 11-8216. | CDD: 327.54081 |
| | CDU: 327(6:81) |

031922

ALAMEDA CASA EDITORIAL
Rua Conselheiro Ramalho, 694, Bela Vista
CEP 01325-000 – São Paulo – SP
Tel. (11) 3012-2400
www.alamedaeditorial.com.br

*Para meus alunos, na esperança de
que em sua generosidade, criatividade
e seriedade, caminhem para a construção
de um mundo socialmente mais justo*

Sumário

Apresentação 9
MARCOS COSTA LIMA

1ª Parte – A dimensão contemporânea da política na Índia 17

O crescimento predatório 19
AMIT BHADURI

Alguns fatos e elementos de análise sobre a Índia por ocasião das eleições gerais 31
FRANÇOIS CHESNAIS & NADINE FLOURY

Será que casta indica privação? 49
PRADIPTA CHAUDHURY

As relações militares internacionais da Índia: indústria de defesa 57
e o contexto de segurança regional
ANTONIO HENRIQUE LUCENA SILVA

Índia: avanços, problemas e perspectivas 75
MARCOS COSTA LIMA

2ª Parte – Cooperação Sul-Sul, regionalismo e desenvolvimento 89

Reformas econômicas em perspectiva comparada: o caso indiano 91
SEBASTIÃO VELASCO CRUZ

Índia e Brasil: entre o sono e o despertar. 129
Será o crescimento desigual a única via?
MARCOS COSTA LIMA

Cooperação, regionalismo e desenvolvimento 151
econômico: Brasil, Índia e Coreia do Sul comparados
AUGUSTO MENEZES & MARCOS COSTA LIMA

3ª Parte – Dinâmica da inovação, inclusão digital e condição periférica 179

Elementos para a construção de uma cooperação Brasil-Índia: 181
inovação tecnológica e comércio internacional
MARCOS COSTA LIMA & SURANJIT KUMAR SAHA

Processos sociotécnicos de construção de condição periférica: 207
dinâmicas de inovação e mudança tecnológica no Mercosul
HERNÁN THOMAS

Navegando pela nova expansão digital: atores e políticas 241
de incentivo à indústria de *software* no Brasil e na Índia
MARCONI AURÉLIO E SILVA

O alcance e as possibilidades da inclusão digital em países periféricos 261
MARCOS COSTA LIMA & RENAN CABRAL

O desenvolvimento da indústria indiana de *software*: 285
perspectivas internacional e nacional
NAGESH KUMAR

Referências bibliográficas 325

Apresentação[1]

OS PAÍSES PERIFÉRICOS, TAMBÉM conhecidos como "do Sul" ou ainda em particular aqueles "emergentes", entram no século XXI apresentando traços fortes de instabilidade política e econômica, bem como reproduzindo mecanismos perversos como os baixos e lamentáveis indicadores educacionais, de saúde, de concentração de renda, déficits habitacionais e violência que acometem, sobretudo, as populações pobres, e muitos deles têm apresentando índices fortes de *reprimarização* do setor produtivo. Esta constatação, entretanto, não apresenta toda a realidade. Dentre os periféricos, certos países têm apresentado resultados positivos a começar pela consolidação do processo democráitico, a redução da pobreza, ampliado a expectativa de vida ao nascer, a redução da mortalidad infantil, entre outras conquistas. Alguns deles, como a Coreia, conseguiram efetuar o *catching up* e hoje já apresentam indicadores de país rico. A China e a Índia vêm impressionando os analistas, a primeira desde o final dos anos 1970 e o segundo, a partir dos anos 1980. E mesmo que já se aponte estes dois países como superando, ou mesmo se aproximando, dentro de quarenta anos, da economia dos Estados Unidos da América, são países que ainda têm que superar enormes desafios internos, a começar pela grande população que ainda reside no campo, a pobreza e fragilidade de seus parques industriais e uma infraestrutura ainda muito precária, por maiores que tenham sido suas conquistas.

Esta breve enumeração do problema social nestes países e regiões por si só já justificaria uma retomada da reflexão sobre as teorias do desenvolvimento/subdesenvolvimento – que marcaram substantivamente não apenas o imaginário intelectual, as ideias econômicas, mas também as decisões políticas de toda uma geração de economistas,

---

[1] Este livro não seria possível sem o decisivo apoio do CNPq.

cientistas políticos, sociólogos, historiadores, técnicos e burocratas – e mais importante ainda, a compreensão desse relativo fracasso, ao serem devorados pela esfinge do capitalismo periférico, e as novas construções teóricas sobre o desenvolvimento nos anos oitenta e noventa do século xx.

O momento atual passa a ser decisivo, em termos comparativos mundiais, mantendo-se a concepção centro-periferia, quando o núcleo do grande capital internacional não apenas ganha uma espacialização planetária, mas vem realizando uma transformação técnico-produtiva radical e um processo de financeirização. A esfera dependente do sistema estrutura e aprofunda a sua dimensão de exportador de capitais, através do mecanismo permanente de punção das dívidas externas, que articula instabilidade política, social e econômica, sem minimizar a escala predatória do meio ambiente.

A América do Sul também tem vivido transformações nestes últimos dez anos. A maioria dos países da região fez uma opção para sair do cerco dos trinta anos de neoliberalismo. Suas populações elegeram governos que têm retomado o lugar do Estado na economia, reaparelhando mesmo a máquina estatal que havia sido dilapidada. Passaram a praticar políticas redistributivas e de inclusão social. Por certo estas mudanças ainda precisam ser aprofundadas, mas algo mudou e, o que é mais importante, elas passam a ser percebidas pelo conjunto dos trabalhadores e pelos jovens. O Brasil iniciou uma mudança de rumo em sua política externa, na direção Sul-Sul, por certo sem confrontar os países centrais que no passado recente representavam o centro e o fim último desta política.

Em junho de 2003, o Brasil, a Índia e a África do Sul assinaram a Declaração de Brasília, visando estabelecer uma parceria estratégica em três áreas de interesses comuns; i) compromisso com os valores e as instituições democráticas; ii) um desejo de somar esforços na luta contra a pobreza e de articular esforços no sentido de consolidar uma política adequada de desenvolvimento e iii) a convicção de que as instituições multilaterais e seus procedimentos devem ser fortalecidos para enfrentar as turbulências econômicas, políticas e de segurança na ordem global emergente.

O projeto deste livro tem como objetivo geral estimular, nos campos das relações internacionais e da política comparada, o conhecimento sistemático sobre o envolvimento de países intermediários em temas de segurança internacional e regional, de negociações comerciais e de políticas de desenvolvimento.

O *Estado nacional real* – da maioria dos países da periferia – ainda se encontra fragilizado, seja porque o controle de algumas das suas variáveis macroeconômicas se acha fora do país, seja pela presença hegemônica de capitais produtivos internacionais em setores estratégicos do país, seja ainda pelo volume da dívida externa ou ainda pela dependência de tecnologias geradas no exterior.

Se nas sociedades que lideram o processo de globalização, o aparato científico e tecnológico passa a ser um dos fundamentos da legitimação do Estado, que se baseia fortemente na racionalidade técnica para manutenção do sistema social, esta mesma racionalidade pressupõe um processo de geração de conhecimento científico e tecnológico passível de apropriação legal e econômica, requerendo, portanto, um planejamento sofisticado e políticas públicas que o gerenciem e controlem. Ora, um Estado fragmentado não terá condições de estabelecer competentemente esta tarefa, perdendo, por conseguinte, em legitimidade, a não ser que altere e aprofunde a crítica sobre o *status quo*.

É necessário atentar para o fato de que nas economias de mercado, a opção por novas tecnologias tomadas pelas empresas não coincide necessariamente em sua motivação com o objetivo e interesses da Nação ou, ainda, com a política científica e tecnológica explícita ou implícita de um governo. Neste sentido, faz-se urgente estabelecer a questão: Qual será o papel da c&t no processo de desenvolvimento de países que acumularam "atrasos" ou profundas desigualdades sociais em seu interior?

Tem-se dado prioridade, nos países do Sul, às ciências aplicadas à produção e à extração de recursos naturais com o objetivo de "alcançar" ou "reduzir" a distância com os países industrializados, através da importação maciça de equipamentos e *know-how*, sempre na direção de critérios de produtividade e de retorno rápido para os investimentos. Contudo, ao querer colocar a c&t a serviço do desenvolvimento e não apenas dos interesses de uma minoria, é urgente uma revisão crítica e rigorosa das metas e prioridades da política científica e tecnológica.

A inovação científica e tecnológica tem estado no coração do desenvolvimento das economias desenvolvidas e é um dos vetores da competição mundial. O acontecimento da economia do conhecimento como objeto mesmo de produção e de competição conduz a romper com a visão de um processo linear (da pesquisa fundamental à vulgarização industrial) e com a oposição entre as inovações de processos e produtos.

O encurtamento do ciclo de inovação e o casamento das inovações de processo e produto são o que justificam o estabelecimento em rede dos atores cujas competências se distribuem ao longo das cadeias de valor para satisfazer um mesmo mercado final. Mobilizam-se os saberes especializados e, portanto, é necessário identificá-los e avaliá-los através de: i) concentrações espaciais das competências científicas e técnicas; ii) análise das regiões identificando as tecnologias-chave a nível agregado; iii) peso das

12 Marcos Costa Lima (org.)

regiões em termos de depósito de patentes e de publicações científicas (por região de residência do inventor); iv) avaliação dos domínios científicos no que concerne aos diferentes campos tecnológicos e v) concentração regional dos organismos de pesquisa bem como das empresas para as quais a tecnologia estrutura fortemente a atividade.

Ao mesmo tempo, nos países do Sul, entre tantas desigualdades e mesmo iniquidades sociais, o problema da exclusão digital – o hiato existente entre aqueles que têm acesso às novas tecnologias da informação e detêm o conhecimento necessário para torná-la operacional diante das novas necessidades, e os que não têm esse conhecimento e muito menos acesso às tecnologias – representa um grande obstáculo para a participação e o engajamento da sociedade civil no modelo de desenvolvimento econômico e social proposto pela dita sociedade da informação. São questões teóricas e práticas as mais urgentes que este livro pretende enfrentar.

O *leitmotiv* desse trabalho, portanto, está na análise das possibilidades dos países periféricos ou pós-coloniais de superarem uma estrutura histórica perversa; uma balança de poder que mantém a subordinação, não apenas de países, mas de populações e sociedades inteiras, cuja participação no bem-estar social é dminuta e que em última instância é fruto do trabalho da larga maioria da população mundial. Está também na compreensão das relações internacionais no contexto de um quadro atual de crise econômico--financeira, que tem impactado principalmente os países ricos. Os textos que integram este livro avaliam o processo de consolidação do avanço científico e tecnológico estabelecido pela globalização, que tem forte impacto sobre a periferia do sistema. Esse processo se associa à uma imensa disparidade, com tendência à ampliação, da incapacidade dos países periféricos (*late-commers*) de terem acesso à mudança, para reproduzir, adaptar e aperfeiçoar as tecnologias importadas. E ainda mais decisivo, busca melhor compreender as teorizações e trajetórias do desenvolvimento, replanteia os desajustes provocados pelo capitalismo financeiro e industrial das grandes corporações que têm provocado efeitos deletérios sobre o meio ambiente e sobre regiões e populações de pobreza.

O livro está estrutuado em três partes; i) A dimensão contemporânea da política na Índia; ii) Cooperação Sul-Sul, Regionalismo e Desenvolvimento e iii) Dinâmica da Inovação, Inclusão Digital e Condição Periférica. Na primeira parte, são cinco capítulos que apresentam uma análise crítica sobre o atual crescimento indiano, a começar pelo artigo de Amit Bhaduri (professor emérito da Jawaharlal Nehru University, na Índia e da Universidade de Pavia, na Itália). Bhaduri desenvolve aspectos comparativos entre os "modelos" da China e da Índia, indicando que os variados incrementos na produtividade do trabalho nos dois países, sem um crescimento correspondente nos salários, se tornaram uma imensa fonte de lucro e também uma fonte de competitividade internacional dos preços, num mundo globalizado. Porém essa, segundo ele, não é toda a história, talvez nem mesmo a parte mais importante da história.

O segundo artigo, produzido por François Chesnais[2] (professor Emérito da Université Paris XIII) e Nadine Floury (jornalista especialista em mídia) partem do entendimento de que as fundações do sistema capitalista são mundiais e que a crise mundial acentuará o movimento do deslocamento do eixo do capital mundial para a Ásia. Estudando sobre as eleições indianas em 2009, os autores ressaltam as contradições internas do processo político da Índia, apontando para as fortes pressões e exigências do centro do sistema financeiro para que a Índia acelere a liberalização das reformas. O terceiro capítulo é um estudo que atualiza o sistema de castas indianos, pouco percebido pelos leitores brasileiros, por Pradipta Chaudhuri, da Jawahalal Nehru University – Delhi. Para Chauduri, as castas permanecem como uma grande força na política indiana. E mais organizações de castas estão vindo à tona. Apelos emocionados, abertos e ocultos, estão sendo feitos sobre as castas em todas as esferas da vida pública, na busca de quotas e outros benefícios. A mobilização crescente dos grupos de castas está sendo descrito como a emergência de uma "identidade". O quarto capítulo faz uma exposição sobre a indústria de defesa indiana e o frágil contexto da segurança regional, por Antonio Henrique Lucena e Silva (da UFPE). O quinto elabora um quadro da evolução do sistema político-econômico indiano desde Nehru aos dias atuais, indicando os problemas e os desafios que a Índia terá de enfrentar para chegar a consolidar-se como uma dos grandes economias mundiais, por Marcos Costa Lima (da UFPE).

Na segunda parte, são três os capítulos que analisam as reformas econômicas na Índia. Sebastião Velasco e Cruz (da Unicamp/CEDEC), em denso artigo, trata da dimensão histórica do planejamento na Índia, dos aspectos relacionados à grande indústria convivendo com uma miríade de empresas "fundos de quintal", ainda sobre o espaço restrito devotado ao capital estrangeiro e sobre o gigantismo do setor público. Os aspectos do desenvolvimento da Índia são tratados por Marcos Costa Lima, que levanta uma questão relevante a propósito do desenvolvimento desigual e se este será uma determinação férrea para os países periféricos. Augusto Menezes (UFPE) e Marcos Costa Lima introduzem uma discussão sobre os regionalismos levados a cabo pelo Brasil, a Coreia do Sul e a Índia. Eles articulam em sua análise as políticas de desenvolvimento

---

2   François Chesnais tem parte de sua obra traduzida no Brasil

desses países, face aos contextos e às implicações surgidas nesses cenários regionais no período de 2003 a 2007. Entre as três nações, pode-se assegurar que a Coreia conseguiu ultrapassar o umbral do subdesenvolvimento, enquanto os dois outros ainda se defrontam com os desafios da pobreza, do analfabetismo, enfim, de indicadores sociais ainda muito distantes de uma sociedade de bem estar.

Na terceira parte do livro, que trata da dinâmica da inovação, das tecnologias de informação e comunicação, da inclusão digital e da condição periférica, são cinco capítulos. No primeiro, Marcos Costa Lima e Suranjit Saha, da Universidade de Walles-Swansea, estabelecem uma ampla reflexão sobre as possibilidades de fortalecer a cooperação científica e de comércio entre o Brasil e a Índia. Buscam sinalizar as fragilidades e oportunidades em termos de desenvolvimento, capacidade industrial e tecnológica, detalhando as assimetrias da indústria de *software* nos dois países.

A seguir, Hernán Thomas, da Universidade de Quilmes, na Argentina, trata da dimensão sociotécnica na periferia, aprofundando as mudanças tecnológicas a partir do processo de integração do Mercosul. No capítulo 11, Marconi Aurélio e Silva discorre sobre o papel político exercido pelo Estado e pela iniciativa privada, na China e na Índia, com o intuito de desenvolver suas próprias indústrias de *software* e vencer as barreiras a eles impostas pelo centro do capitalismo mundial. O capítulo 12 é um estudo comparativo sobre as possibilidades de inclusão digital no Brasil, na Índia e no Uruguai, evidenciando que não basta pensar apenas na tecnologia para que seja reduzido o *gap* digital. A análise de experiências nos três países vem demonstrar que em sociedades onde é maior a participação democrática, os resultados são melhores para superar os desafios de integrar as tecnologias de informação e comunicação, por Marcos Costa Lima e Renan Cabral (UFPE).

O livro fecha com um artigo de Nagesh Kumar (membro da United Nations Economic and Social Comission for Ásia na the Pacific – ESCAP), que analisa em detalhes a trajetória da indústria indiana de *software*, avaliando sua capacidade e pontos fortes numa perspectiva internacional. Para ele, a trajetória do país é fundamental para se ter uma ideia da força relativa que a Índia alcançou. O economista indiano conclui que, embora a entrada de empresas multinacionais em meados dos anos 1980 tenha ajudado a demonstrar o potencial que a Índia tinha como base de fornecimento de *software* para outros países, o desenvolvimento indiano é amplamente conduzido por empreendimento, talento e recursos nativos.

Acreditamos que o presente livro virá suprir uma imensa lacuna bibliográfica no Brasil sobre os estudos relativos à Índia, mas também proporcionará um conhecimento mais aproximado dos impasses e sobetudo das possibilidades contidas no contexto das relações internacionais Sul-Sul. O Brasil tem dado um novo rumo à sua política externa e a academia brasileira não pode continuar ignorando ou minimizando os estudos comparados relativos à África e à Ásia.

Estabelecer um quadro diagnóstico sobre a fenomenologia do capitalismo contemporâneo é fundamental para refletir sobre as alternativas possíveis para os países do Sul na medida em que o processo de mundialização tem reduzido e constrangido drasticamente as políticas nacionais e aquelas da periferia, mitificando as possibilidades de uma economia de mercado que não apresenta uma via compatível com um mundo mais aceitável em termos de superação dos conflitos militares, dos impactos ambientais, e da concentração de renda, para caminharmos para uma sociedade saudável e criativa.

1ª PARTE

A dimensão contemporânea da política na Índia

O crescimento predatório

AMIT BHADURI
Trad. Marcos Costa Lima

APÓS DUAS DÉCADAS OU MAIS, os dois maiores e mais populosos países do mundo, a China e a Índia, estiveram crescendo a taxas consideravelmente altas, se comparadas à média mundial. Em anos recentes, a taxa de crescimento do produto nacional da China foi de três vezes e o da Índia duas vezes maior que a média mundial. Esses fatos terminaram por provocar a defesa da globalização, feita por um dos ex-economistas chefes do FMI (FISHER, 2003). Embora a Índia e a China apareçam como somente dois entre 150 países nos quais os dados são válidos, ele relembra que juntos, os dois países congregam a maioria dos pobres no mundo. Isto significa que, mesmo se os países ricos e os pobres do mundo não estão convergindo em termos de renda *per capita*, a novidade sobre a taxa média e o crescimento destes dois grandes países implica que a corrente fase da globalização está reduzindo a desigualdade mundial e a pobreza a um grau jamais conhecido antes.

A meia verdade das estatísticas pode ser mais enganadora do que as mentiras. E esta pode ser uma delas, desde que a realidade dos indianos comuns contradiz a base estatística.

Os cidadãos indianos podem expressar visivelmente seus pontos de vista, ao menos no tempo das eleições: os resultados das urnas sobre o regime de alto crescimento devem ser indicativos. E invariavelmente têm sido negativos. Não apenas a imagem da "Índia brilhante" se choca com os resultados do último pleito, mas mesmo o atual primeiro-ministro, amplamente apresentado como o "guru" da liberalização econômica na mídia, nunca ganhou pessoalmente sequer uma eleição em sua vida. Chegado o tempo das eleições, todos os partidos falam não de reforma econômica, de liberalização e globalização, mas de amplas medidas de bem-estar a serem iniciadas pelo Estado. Passado o tempo das eleições, a agenda da reforma volta à tona. Alguma coisa deve ser decifrada de tais mudanças nos pronunciamentos dos políticos.

Eles sabem que as pessoas comuns não se convencem por miragens estatísticas e números, mas sim por suas experiências cotidianas. Elas não aceitam a imagem do alto crescimento como algo indiscutível. Se a distribuição de renda não lhes é favorável, se as oportunidades de emprego e de condições de vida não melhoram, os propósitos do alto crescimento serão questionados numa democracia. Isto é de fato o que está acontecendo, e aparecerá para muitos como paradoxal. O clima festivo gerado pelo alto crescimento é temperado pela discórdia e o desespero e frequentemente se transforma em ira contida. Como um mal estar coletivo, uma sensação de desconforto está se espalhando insidiosamente, paralelamente ao crescimento de cifras de dois dígitos. E nenhum partido majoritário, independente de seu rótulo *direita-esquerda* escapa do fenômeno, porque todos eles têm subscrito a ideologia do crescimento a qualquer preço.

Qual é exatamente a natureza desse crescimento paradoxal, em que aumenta o produto do país e a ira popular ao mesmo tempo? A Índia desde muito tempo tem estado acostumada a uma pobreza que se amplia, coexistindo com crescimento, com ou sem "padrão socialista".

Ela continua a ter entre uma terça e uma quarta parte de sua população vivendo em condições subhumanas, na pobreza absoluta. O número de pessoas condenadas à pobreza absoluta tem declinado muito lentamente nas últimas duas décadas, deixando em torno de 303 milhões de pessoas na miséria mais profunda. Em contraste, a China fez muito melhor, com o seu número de pobres caindo de 53 por cento para não mais que 8 por cento, quer dizer, uma redução de quase 45 pontos percentuais; uma conquista e tanto se comparada aos 17 pontos percentuais da Índia. Contudo, enquanto a China cresce mais rápido, a desigualdade da pobreza relativa também cresce mais na China do que na Índia. Algumas pessoas reivindicam que a ampliação do fosso entre os ricos e os pobres na sociedade chinesa durante o período tem sido um dos piores da história econômica, à exceção de alguns ex-países socialistas imediatamente após o colapso da União Soviética.

A participação da renda nacional dos 20 por cento mais pobres da população na China contemporânea é de 5,9%, comparada aos 8,2% na Índia. Isso implica que os 20% mais pobres na China e na Índia recebem cerca de 30 a 40% da renda per capita de seus respectivos países. Contudo, desde que a China tem renda média per capita duas vezes maior do que a da Índia, tanto em termos de paridade de compra quanto de renda em dólar, os 20% mais pobres na Índia se saem melhor em temos relativos, mas em pior situação em termos absolutos. O coeficiente de Gini, que se alterna entre 0 e 1, sendo que a medida da desigualdade aumenta no sentido da unidade, na China teve o valor de 0,50 em 2006, um dos mais altos do mundo. A desigualdade cresceu também na Índia, mas de forma menos aguda. Entre 1993-94 e 2004-5, o coeficiente de Gini cresceu de 0,25 para 0,27 no meio urbano, e 0,31 para 0,35 nas áreas rurais. Cada dimensão da desigualdade, seja entre as regiões, entre as profissões e setores, e em particular, ainda mais entre áreas urbanas e rurais, tem crescido rapidamente nos dois países, sendo mais rápida na China do que na Índia. Resumindo, a China saiu-se melhor do que a Índia na redução da pobreza absoluta, mas pior ao permitir que o fosso se ampliasse entre pobres e ricos durante o período de alto crescimento.

Um fato central sobressai. Apesar das amplas diferenças nos sistemas políticos dos dois países, o fato comum tem sido a crescente desigualdade, que é acompanhada de alto crescimento. O que não é usualmente considerado é que o crescimento do produto e da desigualdade não são dois fenômenos isolados. Alguém sempre virá afirmar a obviedade de que o alto crescimento em breve chegará ou respingará sobre os pobres, ou que a ação redistributiva do Estado, através de medidas fiscais, poderia reduzir a desigualdade enquanto mantém a taxa de crescimento. Estas afirmações são cômodas mas não funcionam, porque elas não captam a principal característica do processo que está a caminho. Esse padrão de crescimento é alimentado por um poderoso mecanismo de reforço, que o economista sueco Gunner Myrdal intitulou de "causação circular", mecanismo pelo qual a crescente desigualdade dirige o crescimento, e o crescimento alimenta posteriormente a desigualdade. Esse mecanismo tem sua origem em dois fatores distintos, ambos relacionados, em alguma medida, à globalização. Primeiro, em contraste com períodos anteriores, quando menos de 4% de crescimento em média estava associado a 2% de crescimento do emprego, a Índia está experimentando uma taxa de crescimento em torno de 7-8% nos últimos anos, mas a taxa de crescimento do emprego, em média, dificilmente ultrapassa os 1%.

Isso quer dizer que a maior parte do crescimento, em torno de 5-6% do PIB, é o resultado não da expansão do emprego, mas do aumento do produto por trabalhador. Esse alto crescimento do produto tem sua fonte no crescimento da produtividade do trabalho. Conforme estatísticas oficiais, entre 1991 e 2004 o emprego caiu no setor público organizado, e o setor privado dificilmente compensa essa queda. No setor corporativo e em algumas indústrias, o crescimento da produtividade se deve à mecanização e a longas jornadas de trabalho. Edward Luce, do Financial Times (Londres) relatou que a planta industrial de aciaria em Jamshedpur, de propriedade dos Tatas, empregava 85.000 trabalhadores em 1991, para produzir 1 milhão de toneladas de aço, que valiam 0,8 milhões de dólares. Em 2005, a produção cresceu para 5 milhões de toneladas, valendo 5 milhões de dólares, ao passo que o emprego caiu para 44.000. Em suma, o produto cresceu aproximadamente por um fator de 5 enquanto o trabalho caiu pela metade, implicando um aumento na produtividade do trabalho por um fator de 10. Da mesma forma, a Tata Motors, em Pune, reduziu o número de trabalhadores de 35 para 21 mil, mas aumentou a produção de veículos de 129.000 para 311.500 entre 1999 e 2004, implicando um aumento da produtividade do trabalho por um fator de 4. Stephen Roach, economista chefe do Morgan Stanley, relata um caso similar na fábrica de motocicletas Bajaj motorcycle, também em Pune. Em meados dos anos 1990, a fábrica empregava 24.000 trabalhadores para produzir 1 milhão de motos. Apoiados pela robótica japonesa e pela tecnologia da informação Indiana, em 2004, cerca de 10.500 trabalhadores produziram 2,4 milhões de unidades, quer dizer, mais do que o dobro da produção com menos da metade da força de trabalho, ou seja, um crescimento da produtividade do trabalho por um fator próximo a 6. (Dados coletados por Aseem Srivastava, "Why this growth can never trickle down", aseem62@yahoo.com). Poder-se-ia multiplicar tais exemplos, mas esse é, em grande medida, o nome do jogo em qualquer lugar no setor privado das grandes corporações. Os variados incrementos na produtividade do trabalho, sem um crescimento correspondente nos salários, se tornaram uma imensa fonte de lucro e também uma fonte de competitividade internacional dos preços, num mundo globalizado. Porém, essa não é toda a história, talvez nem mesmo a parte mais importante da história. O conjunto do setor organizado do qual o setor corporativo faz parte representa menos que um décimo da força de trabalho. Simplesmente pela aritmética da média ponderada, 5-6% do crescimento anual da produtividade do trabalho na economia como um todo é somente possível se o setor desorganizado representar 90% da força de trabalho e também contribuir para o crescimento da produtividade do trabalho. Embora não haja informação direta disponível para esta contagem, diversos microestudos e surveys mostram o grande panorama. O crescimento da produtividade do trabalho no setor informal, que inclui a maior parte da agricultura, tem reduzido as horas de trabalho em escala significativa, na medida em que esse setor não tem leis trabalhistas dignas, ou previdência social para proteger os trabalhadores. A subcontratação para o setor informal ao lado do trabalho intermitente em larga escala se tornou conveniente para assegurar longas jornadas de trabalho sem pagamento de horas extras. O emprego por conta própria, totalizando 260 milhões de trabalhadores, tem se expandido ao longo do regime de crescimento, provendo uma fonte invisível de aumento da produtividade do trabalho. A impiedosa autoexploração realizada por muitos destes trabalhadores, numa tentativa desesperada de sobrevivência, fazendo longas horas de trabalho com muito pouco ganho, também contribui para o crescimento da produtividade do trabalho, frequentemente aumentando o lucro empresarial e a miséria humana. Contudo, a desigualdade está crescendo por outro motivo. Sua ideologia, em geral denominada de neoliberalismo, é facilmente visível em certo nível; mas a razão mais profunda e subjacente é pouco discutida. A crescente abertura da economia indiana aos fluxos de capital e à finança internacional, mais do que o comércio de bens e serviços, teve a consequência de paralisar muitas políticas públicas pró-pobreza. Em que pese o fato de nós continuarmos a importar mais do que exportar (diferentemente da China), a posição confortável das reservas do país, que passou dos 230 bilhões de dólares em 2008, é, sobretudo, o resultado dos investimentos acumulados em portfolio e dos fluxos de capitais de curto prazo oriundos de várias instituições financeiras.

Para manter o ritmo neste passo, as políticas fiscais e monetárias do governo necessitam se adequar aos interesses do mercado financeiro. Esta é a razão pela qual sucessivos governos indianos têm se inclinado a aceitar o Ato de Responsabilidade Financeira e de Gestão do Orçamento (Financial Responsibility and Budget Management Act, de 2003), que restringe o déficit público. Da mesma forma, a ideia conquistou o apoio do governo, que passou a alavancar recursos através da privatização e da chamada parceria "público-privada", mas não através do aumento do déficit fiscal, nem impondo uma significativa mudança de direção nas taxas sobre as transações de títulos.[1] Essas medidas agitaram o "sentimento" dos mercados financeiros, de forma que os governos as mantiveram. A agenda oculta, vigorosamente perseguida pelos governos, de qualquer coloração partidária, foi a de manter os grandes parceiros privados com muito

---

1   Em 08 de julho de 2004, o ministro das Finanças da Índia, P. Chidambaram, apresentou o projeto de lei das Finanças (n. 22, 2004) no Parlamento onde ele propôs a introdução de uma Taxa de Segurança das Transações para o mercado financeiro indiano. Na projeto, cada transação em valores imobiliários em uma determinada Bolsa de Valores na Índia atrairia um imposto sobre o faturamento de 0,15 por cento. Transações em ações e opções de índice e futuros também estariam sujeitos ao imposto de transação.

bom humor no mercado financeiro, desde que os bancos privados e as instituições financeiras usualmente seguem a liderança do FMI e do Banco Mundial, o que dava a essas agências multilaterais um poder considerável sobre a formulação das políticas de governo. Contudo, a carga de tais políticas é suportada amplamente pelos pobres do país, o que tem provocado um efeito paralisante sobre as políticas de expansão do gasto público para os pobres no setor social. A desigualdade e angústia cresceram à medida em que o Estado reduz o gasto público em serviços sociais como saúde preventiva, educação e políticas distributivas e negligencia os pobres, enquanto a "disciplina" imposta pelos mercados financeiros servem aos ricos e às corporações. Esse processo de alto crescimento atinge um em três cidadãos indianos que vivem em extrema pobreza, sem possibilidade de escapar, seja através do emprego regular, seja através do gasto público em serviços sociais. Esse cenário indiano é semelhante ao Inferno, descrito pelo grande poeta italiano Dante. Na porta do seu imaginário Inferno está escrito: "Nesta terra se entra após perder todas as esperanças".

O baixo nível extremo de crescimento do emprego e a débil ação governamental exacerba a desigualdade, pela desproporcional partilha do aumento do produto nacional e da renda, o que, vale dizer, acaba nas mãos dos 20% mais ricos da Índia. Nas pontas da distribuição de renda, o quadro que emerge é de um contraste impressionante. Segundo o *Forbes Magazine*, o número de bilionários na Índia cresceu de 9 em 2004 para 40 em 2007, quando em países ricos, como o Japão, se encontram não mais que 24, e na França e Itália, 14. Mesmo na China, apesar de sua aguda ampliação da desigualdade, existem não mais que 17 bilionários.

A riqueza conjunta dos bilionários indianos aumentou de 106 bilhões de dólares para 170 bilhões no período 2006-07. Esse aumento de 60 por cento não teria sido possível, a não ser através de transferências do Estado e governo central para as corporações privadas em nome dos "objetivos públicos", para mineração, industrialização e zonas econômicas especiais. Estimativas baseadas nos lucros corporativos sugerem que, desde 2000-01 até hoje, cada unidade percentual adicional do PIB aumentará em 2,5% o lucro das corporações. O alto crescimento indiano certamente beneficiou as corporações muito mais do que qualquer outro.

Após vários anos de alto crescimento, a Índia do século XXI se distinguiu como sendo o segundo país, depois dos Estados Unidos, em termos do conjunto combinado de riqueza de suas corporações bilionárias coexistindo com o maior número de "sem-teto", de pessoas mal-nutridas e analfabetas, em escala mundial. Não é surpreendente, portanto, para os indianos comuns, que neste ritmo de crescimento e com tais efeitos, se perca a esperança de escapar da tragédia. Quase a metade dos indianos menores de 6 anos de idade sofrem de baixo peso e má nutrição, quase 80 por cento têm anemia, ao passo que 40 por cento dos indianos adultos sofram de déficit energético crônico. Indigência, fome crônica e pobreza matam e geram deficiências físicas, silenciosamente atingindo os mais vulneráveis. O problema é mais agudo na Índia rural, entre as crianças, mulheres grávidas, *Dalits* e *Adivasis*, especialmente nos estados mais pobres, enquanto as políticas orientadas ao mercado e às reformas continuam a alargar o fosso entre ricos e pobres, bem como entre regiões.

A dinâmica do crescimento tem sido alimentada pela crescente desigualdade. Com os seus rendimentos crescendo rapidamente, os grupos de ricos indianos passam a demandar um conjunto de bens que estão fora do alcance dos pobres: *shopping centers* com ar condicionado central, hotéis de alto luxo, restaurantes e apartamentos suntuosos, carros e cidades de classe mundial onde os pobres são invisíveis. O mercado desses bens se expande com muita rapidez. Nós temos a informação de que 3 em 4 indianos têm renda diária de 2 dólares por dia. É quase impossível para eles fazerem parte desse mercado emergente. Porém, a lógica do mercado venceu, uma vez que este é ditado pelo poder de compra. Sua lógica é produzir os bens para os quais existe demanda, de forma que os altos preços podem ser praticados e os altos lucros, realizados. Como a renda dos privilegiados aumenta, o mercado de bens luxuosos cresce ainda mais rápido, através da elasticidade de renda da demanda. Essas elasticidades medem, muito imperfeitamente, o crescimento *per capita* da demanda para certos bens específicos, devido ao 1 por cento de crescimento na renda (mantidos os preços). Em geral, os bens consumidos pelos ricos têm elasticidade de renda maior do que a unidade, implicando que a demanda para um amplo conjunto de bens de luxo, consumidos pelos ricos, se expanda ainda mais rápido do que o crescimento de suas rendas. Assim, o padrão de produção é ditado por esse processo de crescimento, elevando a renda dos ricos mais rapidamente que a do restante da sociedade, e também porque a elasticidade de renda opera para aumentar ainda mais a demanda por bens de luxo.

A estrutura de produção desse mercado, dirigido pelo crescimento acelerado da economia, é fortemente enviesado, pois é contra os pobres. Enquanto a demanda se expande rapidamente por vários mercados de alta sofisticação, a demanda pelas necessidades básicas dificilmente se amplia. Não apenas existe pouco crescimento no poder de compra dos pobres, mas também são reduzidos os gastos sociais. A rápida mudança na composição do produto em favor dos serviços deve ser indicativa desse processo no nível macro. São muitos os exemplos: nós temos hospitais geridos por grandes corporações que estão no estado da arte, atualizados tecnologicamente, casas de repouso e *spas* para os ricos, mas não existem recursos suficientes para controlar a malária e a tuberculose, que requerem tratamentos que, ironicamente, são de baixo custo. A falta de esgotamento sanitário e de água potável transmite doenças mortais, especialmente em crianças que poderiam ser prevenidas a baixo custo, enquanto água engarrafada de várias marcas proliferam para os que podem pagar. Escolas privadas para as crianças ricas em geral têm mensalidades que são mais altas do que a renda anual em média de um trabalhador sem qualificação, enquanto os pobres frequentemente têm que se satisfazer com escolas sem professores ou salas de aula.

Ao longo do tempo, uma estrutura de produção se cristaliza a favor dos ricos e se consolida. Porque os investimentos corporificados em bens de capital específicos, criados para produzir artigos de luxo que não podem ser facilmente convertidos para produzir necessidade básicas (hotéis luxuosos e *spas* não podem ser transformados, por exemplo, em centros primários de saúde em vilarejos, aldeias etc.). E ainda mais, é a lógica do mercado que dirige os investimentos para os setores mais produtivos e rentáveis, para a "eficiente alocação dos recursos". O mecanismo de preço envia sinais para guiar essa alocação, mas os preços em vigor são uma consequência decisiva do crescimento da desigualdade na distribuição de renda da sociedade. O mercado se torna um mau guia quando a distribuição de renda é perversa. O sistema liberal de mercado provoca consequências deletérias na composição do produto direcionado em favor dos ricos. Eles são intensivos em energia, em água e outros recursos esgotáveis, que frequentemente geram violência e agressão inaceitáveis ao meio ambiente. Basta pensar na energia, nos efeitos materiais dos ar condicionados centrais, que alimentam os *shopping centers*, hotéis de luxo e apartamentos, viagens aéreas ou carros privados como meio de transporte. São, sem dúvida, símbolos das "cidades de classe mundial" em um país pobre, que desvia recursos do interior, onde vive a maioria da população. Daí decorrem processos de urbanização desastrosos, pois estes têm um apetite gigantesco por recursos primários não reprodutíveis. Muitas pessoas são forçadas a migrar para as cidades, à medida que as terras férteis são dirigidas para usos não agricultáveis, água e eletricidade são desviadas de fazendas para o fornecimento de energia às cidades enquanto projetos de desenvolvimento deslocam milhares de pessoas. A energia hidrelétrica de grandes barragens é transmitida principalmente para as grandes corporações industriais e poucos condomínios urbanos grã-finos, enquanto as aldeias próximas são deixadas na escuridão. Os camponeses, mesmo vivendo próximos às cidades, enquanto não recebem eletricidade ou água para irrigar suas terras, quando a Índia urbana crescentemente engole esses recursos.

Tome-se o padrão do uso da água como exemplo: de acordo com o relatório da Auditagem Geral e Controle, publicado em 30 de março de 2007, no estado de Gujarat, a distribuição das águas Narmada para a indústria aumentou em cinco vezes durante 2006, absorvendo a parcela de água que iria para os vilarejos afetados pela seca. Apesar das inúmeras promessas feitas às populações rurais, a alocação da água estagnou em 0,86 MAF (million acres feet),[2] e mesmo assim tem sido cortada. As companhias de água e de refrigerantes, gigantes como Coca-Cola, vão fundo para retirar a água potável do solo, como uma matéria-prima sem custo para seus produtos. Os camponeses nas áreas adjacentes sofrem, porque não podem pagar o custo da tecnologia ou do capital. O minério de ferro que tem sido extraído nos estados de Jharkhand, de Chattisgarh e de Orissa deixou os habitantes tribais sem casa e sem meios de subsistência. As terras comuns, que tradicionalmente proviam renda suplementar para os pobres em vilarejos, são sistematicamente apropriadas pelos ricos locais e/ou corporações, com ativa conivência do governo.

A crise manifesta, que engloba a agricultura na Índia, provocou o estarrecedor número de mais de cem mil suicídios de pequenos fazendeiros nas últimas décadas, de acordo com estatísticas oficiais, e é um divisor neste processo que favorece os ricos, que se utilizam do poder de seu crescimento econômico para dominar cada vez mais a multidão de pobres.

A composição da produção demandada pelos ricos dificilmente é produzida nos vilarejos por pequenos produtores artesãos. Estes não encontram lugar nem como produtores, nem como consumidores, pois as atividades econômicas procuradas pelos ricos são realizadas por grandes corporações que agora entram de forma maciça no cenário indiano. A combinação entre a aceleração do crescimento e o aumento das desigualdades começa a trabalhar em uníssono. As corporações são procuradas para produzir para os ricos e, neste processo, elas fazem grandes lucros e oferecem empregos bem remunerados para eles, num país pobre que provê uma parte substantiva de um

---

2   É definida pelo volume de um acre de área de superfície até uma profundidade de um pé (30,5 cm). Como a área de um acre (1 metro quadrado = 0.000247105 acres) é definida como 66 por 660 pés, então o volume de um pé acre é exatamente 43.560 pés cúbicos.

mercado crescente. Tudo isso acaba por gerar um processo de destruição criadora de riqueza corporativa, com uma nova coalizão que atravessa a tradicional divisão política direita-esquerda, formada no curso dessa *via para o alto crescimento*. A divisa desta via é "progresso através da industrialização". Os formadores de opinião de classe média e a mídia se unem e, ocasionalmente, oferecem paliativos como "compensação justa" aos despossuídos. Estes, por seu turno, não sabem como criar alternativas dignas de sobrevivência, para enfrentar os deslocamentos e destruições em larga escala produzidas em nome da industrialização.

As conversações sobre compensação tendem a ser unilaterais, pois elas focam geralmente na questão da propriedade e, no melhor, no uso do direito à terra. Contudo, a multidão de pobres que vive em dificuldades não tem qualquer propriedade, a exemplo dos trabalhadores agrícolas, pescadores, motoristas, vendedores e mascates nas cidades, e frequentemente aparecem nesta discussão. E ainda mais, são os pobres entre os pobres, que superam de longe, talvez na razão de 3 para 1, aqueles que têm algum título de propriedade da terra. Ao ignorá-los em conjunto, o Estado adquire terra, água e recursos para as corporações privadas de mineração, indústria ou zonas econômicas especiais em nome do interesse público. Essas terras, pertencentes a grupos tribais, podem ser adquiridas conforme o PESA Act (1996), somente através do consentimento da comunidade (Gram Sabha), consentimento que é geralmente feito sob a mira das armas, pela lei e ordem da máquina do Estado, caso o poder do dinheiro para corromper e intimidar se mostrar insuficiente. Os que apoiam a industrialização nunca deixam de perguntar por que os muito pobres, que são justamente os menos aptos, deveriam suportar a carga do progresso econômico dos ricos.

Tudo isso contribui para um processo de colonização interno dos pobres, que afeta principalmente dalits e adivasis e outros grupos marginalizados, através da desapropriação e subjugação forçadas. Esta colonização acabou acionando um processo social que não é ignorado, seja pelos imperialistas *"master race"*, seja pelos "nativos" colonizados. E como a reduzida camada de privilegiados na sociedade se distancia dos pobres, a velocidade na qual esta secessão acontece acaba sendo celebrada como um êxito, uma medida de rápido crescimento do país. Assim, a Índia passa a ser alardeada como uma nação prestes a se tornar um poder global no século XXI, mas omitem que se trata de um país com o maior número absoluto de "sem teto", de subnutridos, com crianças analfabetas coexistindo com bilionários criados por esse mesmo rápido crescimento. Um mercado sem rédeas cujas regras são fixadas pelas corporações, auxiliadas pelo poder do Estado que molda esse processo. A ideologia do progresso através da expropriação dos pobres, pregada sem descanso pela unidade de poder dos ricos, da classe média e das corporações, colonizam diretamente os desfavorecidos e indiretamente passa a colonizar suas mentes. O resultado é algo como uma industrialização uniforme das mentes, uma padronização de pensamentos que não vê nenhuma outra alternativa. E ainda existe um outro agravante: não importa o quão poderosa seja essa campanha realizada pelas grandes corporações, pela mídia e pelos políticos, seu poder combinado permanece indefensável se considerada a experiência de vida dos pobres.

Caso esse processo de crescimento aqui descrito e analisado continue por muito tempo, ele produzirá seus próprios demônios. Nenhuma sociedade, mesmo em nossa imperfeita e injusta democracia, pode manter-se por muito tempo, ampliando as desigualdades, nutrida por um crescimento voraz e excludente. A crescente insatisfação dos pobres pode ser sustada pela violência do Estado, que insulta qualquer norma democrática, e esta violência se encontrará com a contra-violência, capaz de envolver toda a sociedade. A não ser que um caminho alternativo para o desenvolvimento, que dependa do aprofundamento democrático com participação popular, seja encontrado. Nem aqueles que comandam nem os comandados podem escapar durante muito tempo a esse desafio, no qual foram lançados pelo rápido crescimento recente da Índia.

Alguns fatos e elementos de análise sobre a Índia por ocasião das eleições gerais

FRANÇOIS CHESNAIS & NADINE FLOURY

Trad. Marcos Costa Lima

AS FUNDAÇÕES DO SISTEMA CAPITALISTA são mundiais. A baixa da taxa de lucro e a contração dos mercados em certas partes da economia planetária podem caminhar juntas com a busca da acumulação e a expansão da demanda em outros locais. Se nós julgarmos pelo caminho percorrido depois de agosto de 2007 e se nós nos referirmos aos precedentes históricos, a crise econômica mundial guarda surpresas e conhecerá novos impactos. A menos que ela não se transforme numa crise revolucionária. Uma das consequências da crise pode ser anunciada com certeza. Ela acentuará ainda o movimento de deslocamento do eixo do capitalismo mundial para a Ásia, a começar para a China e a Índia. Donde a importância para os assalariados e a juventude que vive na Europa e notadamente para os militantes revolucionários ou anticapitalistas de procurar seguir, seja por qualquer meio, o que se passa na região.

Esta é a razão de ser deste artigo sobre a Índia por ocasião das eleições gerais de maio de 2009. Nós não temos "correspondentes políticos próximos" na Índia, ainda menos militantes que pertençam à mesma "corrente mundial" ou a uma destas Internacionais que vivem na forma de autoproclamação. Tudo que nós pudemos fazer foi dar ordem a um número de fatos e de elementos de análise reunidos a partir das relações e artigos nos jornais ou na *web*.

Para as organizações econômicas internacionais e os *bureaux* de estudos dos bancos, os mais de 180 milhões de pessoas que compõem o que eles chamam de "classe média" indiana (que eles esperam que chegue a 580 milhões daqui a 2025

[FARREL e BEINHOCKER, 2007][1]), representam um dos mais importantes mercados do mundo, um dos lugares onde o capitalismo ainda tem "reservas de crescimento". É do lado da China, mas também da Índia, que o capitalismo mundial busca um componente essencial de seu "relançamento". O capitalismo indiano conseguiu, até o presente, conservar por ele mesmo uma parte bastante grande desse mercado, mesmo que em certos setores a penetração do capital estrangeiro seja importante. Esta acumulação relativamente protegida e autocentrada conduziu à consolidação de grupos industriais-financeiros indianos poderosos. Eles começaram a se desenvolver no estrangeiro por meio de aquisições e de investimentos diretos e gostariam de poder perseguir esta expansão externa.

Em contrapartida, os componentes rivais do caitalismo mundial – em particular os bancos e as sociedades financeiras dos Estados Unidos e da Europa, mas também os grupos especializados na privatização dos serviços públicos, como aqueles de água e eletricidade – exigem da Índia a aceleração da liberalização e de "reformas" iniciadas em 1991-92, mas encaminhadas de forma ainda muito lentas a seus olhos. E de um país-continente de um bilhão e cem mil pessoas no qual "nenhuma linha com força ideológica, nenhuma visão nacional, não estruturam mais os partidos políticos",[2] a preocupação do capital é também de poder contar com um governo suficientemente estável e forte para levar-lhes a bom termo. Com uma certa lucidez, um professor da universidade Jawaharlal-Nehru de Nova Delhi, Amitabh Kundu, explica que as decisões políticas nacionais só muito "raramente tiveram um papel determinante sobre a marcha da economia indiana". Contudo, diz ele, "a Bolsa sempre ocupou o lugar desde que os governos indianos eram fracos". À véspera dos resultados eleitorais, ele se declarava portanto "inquieto após a eleição. Se a coalizão for constituída daqui e dali, os deputados saberão que eles não estão ali por um tempo longo, o que lhes incitará a se 'ressarcir' o mais rápido possível. Em detrimento do comando econômico do país".[3] A burguesia mundial acolheu com grande alívio o anúncio da vitória nítida do Partido do Congresso e do primeiro ministro Manmohan Singh nas eleições legislativas nacionais.

---

1   O indicador pode variar a depender do valor mínimo para considerer alguém de classe média. Na Índia, um indicador aproximado é de 1/6 da população do país.

2   Mira Kamdar, jornalista autor de *Planet India, ascension turbulente d'un géant démocratique*, Actes Sud, Arles, 2009, dans *Les Echos* du 15 mai 2009.

3   Trecho citado em *Les Echos* de 15 maio de 2009.

Para o capital mundial, a perspectiva de uma estabilidade política relativa

O Partido do Congresso é o herdeiro longínquo, abastardado e enfraquecido do movimento que fundou a Índia independente sob a égide de Gandhi e de Nehru. Ele tem, por isso, o status de "partido tradicional" da burguesia indiana. Ao conseguir 206 cadeiras de um total de 543 na Assembleia Nacional (a *Lok Sabha* ou Câmara do Povo), ele obteve seu melhor resultado depois de 1991. Ao acrescentar seus aliados, passará a controlar 262 cadeiras, ou seja, 10 a menos para a maioria absoluta. Os comentaristas falaram de "renascimento" do Partido do Congresso. Trata-se sem dúvida de algo mais modesto. O Partido do Congresso conserva simplesmente o poder político federal em melhores condições do que quando da legislatura passada. Ele estará menos coeso do que estava após 2004. Ele estará liberado em particular da obrigação de negociar o apoio do Partido Comunista Indiano (CPI-M). Em 2004, a importância política na Assembleia Nacional anterior permitiu a um de seus membros, Somnath Chatterjee, ocupar a presidência do parlamento. Desta vez o CPI-M sofreu uma forte derrota eleitoral, em particular no seu bastião de Bengala-Ocidental, onde paga um pesado preço eleitoral da política de apoio contra os camponeses, num acordo feito com grandes grupos industriais, tanto indianos quanto estrangeiros. O BJP[4] governou a Índia entre 1998 e 2004. Ele pôs em marcha uma política liberal agressiva. Uma boa parte das medidas de liberalização e de desregulamentação posteriores à virada de 1991-92 lhe é imputada. Ele recebeu, portanto, durante certo tempo o apoio da burguesia industrial e financeira. Mas a instabilidade que perdurou nas relações interconfessionais acabaram por suscitar inquietudes. Mesmo que uma parte da

---

4   O BJP tem suas raízes no Bharatiya Jana Sangh (BJS; Associação de Povos Indígenas), e que foi estabelecida em 1951 como braço político do militante hindu Rashtriya, grupo Swayamesevak Sangh (RSS, "Corpo Nacional de Voluntários") por Shyama Prasad Mukherjee. Os BJS defendeu a reconstrução da Índia, em conformidade com a cultura hindu e pediu a formação de um estado forte e unificado. Em 1967, as BJS ganhou uma posição substancial nas regiões de língua hindi, do norte da Índia. Dez anos mais tarde o partido, liderado por Atal Bihari Vajpayee, juntou três outros partidos políticos para formar o Partido Janata e assumiu as rédeas do governo. O BJP defende a Hindutva, uma ideologia que procura definir cultura indiana em termos de valores hindus, e tem sido muito crítico das políticas e práticas seculares do Congresso Nacional Indiano. O BJP começou a ter sucesso eleitoral em 1989, quando aproveitou-se do sentimento anti-muçulmano, apelando para a construção de um templo hindu em uma área em Ayodhya considerado sagrado pelos hindus, mas naquela época ocupado pela mesquita Mosjid Babri. Em 1991, o BJP aumentou consideravelmente seu apelo político, e obteve 117 assentos no Lok Sabha (Câmara Baixa do Parlamento) e conquistou o poder em quatro estados da federação.

classe média tenha se beneficiado de sua política econômica, ela teve medo da desordem causada pelas brigadas *hindutva* (hindianista) e das numerosas agressões de toda espécie e assassinatos perpetrados contra os mulçumanos. Em 2009, os eleitores das classes médias fazendo parte das minorias muçulmanas (13,5%) e cristãs (2,3%) fizeram um bloco com o Partido do Congresso.

Enfim, o Partido do Congresso foi beneficiado pelo impasse político dos partidos políticos formados sobre uma base não de classe, mas de casta. Esses, cujo impulso traduz em parte a estagnação dos dois partidos comunistas (ver a seguir), pretendem representar eleitoralmente a mais baixa casta, aquela dos intocáveis, os *dalits*. No estado de Uttar Pradesh sobretudo, o partido *dalit*, o Bahujan Samaj Party sofreu uma importante derrota eleitoral. É o estado mais populoso da Índia, no qual está situada a capital, Nova Delhi. O Partido do Congresso mais que dobrou seu número de cadeiras; encabeçando a lista, Rahul Gandhi, filho de Sonia Gandhi. Uma parte da mídia diz que este representaria o "futuro do partido". Ele perpetua, sobretudo, a dinastia da família Nehru-Gandhi. O projeto de sua família é que ele venha a substituir, algum dia, a Manmohan Singh, no cargo de primeiro ministro.

E difícil de ler no resultado dessas eleições mais que a expressão de tendências políticas muito gerais. É o caso em um grande número de países. No caso indiano, a corrupção praticada no cotidiano da vida política acentua ainda mais este elemento. A Índia não é um caso isolado. Ela é, talvez, e isto seria também uma expressão do estatuto que se quer dar de "maior democracia do mundo", um dos países onde as pessoas falam abertamente. Assim um indiano "familiarizado com os mistérios do poder" explicou ao repórter da *Revista des Echos* (de 25 maio) que "nesse país, cada deputado é pago por uma empresa. Ele não esquece, nem de servi-la, nem de se servir. Sem falar dos criminosos reconhecidos que têm cadeira no parlamento. Na Índia, a política é um negócio. Digamos dos mais lucrativos". É o que confirma, no site do *Monde Diplomatique*, um jornalista sediado em Delhi, Andrée-Marie Dussault:

> Quando das eleições, muito dinheiro é distribuído. Os homens de negócio vão procurar os políticos, de todos os partidos, com espessos envelopes de dinheiro, por certo. Mas é também um momento onde o povo miúdo embolsa algumas rúpias", dizia um industrial em New Delhi antes do começo das eleições em meados de abril. Todas as formações políticas vão circular nas favelas e nos vilarejos, explica ele. Vinhos, almoços, saris, panos etc., são ofertados aos pobres. E não

garantem o sucesso, mas não oferecê-los poderia levar prejuízo ao candidato. (13 de maio de 2009, seção blog do site do *Monde Diplomatique*).

Às vezes a corrupção é sancionada pelos eleitores. Assim o primeiro ministro *dalit* do estado de Uttar Pradesh, Mayawati Kumari, parece ter perdido a eleição por conta, ao menos em parte, de sua aliança com dezesseis padrinhos das máfias locais, que ela gratificou com lugares na lista do Bahujan Samaj Party que ela dirige.

Quando das eleições de 2009, o orçamento eleitoral dos candidatos foi o mais importante jamais estimado. De fato, a economia subterrânea e a corrupção estiveram num zênite. Arun Kumar (2002), autor de um livro sobre a "economia negra" (informal), estima que esta corresponda em torno de 50% da "economia branca", quando nos anos 1955-56, ela representava menos de 4% do PIB. Para a "economia negra", as eleições são um momento-chave. É a corrupção que financia a campanha dos candidatos. É nesse momento que se forma o que Kumar chama de "tríade": o encontro entre os burocratas, os políticos e os meios de negócios. É neste momento igualmente onde são negociados os termos dos entendimentos que durarão o tempo que os eleitos permanecerão no poder.

Na origem da derrota eleitoral dos partidos comunistas, um "banho de sangue"

A única representação eleitoral dos trabalhadores indianos é aquela propostas pelos dois partidos comunistas, o Partido Comunista da Índia Marxista (PCI-M) e o Partido Comunista da Índia (PCI). Quando das eleições, o número de deputados federais do PCI-M caiu de 43 para 16 e os do PCI, de 10 para 4. Na Tripura, o PCI-M preserva sua base eleitoral, mas esse pequeno estado (mais de 3 milhões de habitantes) não representa mais que um jogo político marginal. Mas por outro lado, ele recuou bastante nos seus bastiões de Bengala Ocidental, onde a Frente de Esquerda não conquistou senão 15 cadeiras (9 das quais do PCI-M), ao contrário das 35 em 2004, e em Kerala (4 cadeiras para o PCI-M contra 19 para a coalizão de esquerda em 2004).

O comunismo indiano é frequentemente associado ao nome do militante bengali M. N. Roy. Ele foi delegado quando do segundo congresso da Internacional Comunista em 1920 e combateu a totalidade da sua primeira formulação política de apoio dos partidos comunistas à "burguesia nacional" dos países coloniais ou semicoloniais que

36   Marcos Costa Lima (org.)

fizeram tanto estrago desde a metade dos anos 1920, na China e depois em outros locais. Esta referência prestigiosa não impede de dizer que o Partido Comunista da Índia foi totalmente controlado pelo stalinismo a partir do início dos anos 1930.[5] Sua configuração contemporânea resulta de cisões sucessivas, ocorridas em meados dos anos 1960, a princípio entre pró-soviéticos e pró-chineses, depois no interior do campo pró-soviético, entre dois partidos concorrentes maiores, mas também em algumas organizações menores que ainda eram representadas no Parlamento em 2004, mas que não são mais. O PCI-ML, marxista-leninista, pró-chinês, se fragmentou igualmente em organizações concorrentes, onde a mais conhecida, os Naxalistas,[6] seguem a via da luta armada. A vitória de seu homólogo no Nepal o encorajou a continuar, mas acompanhando a política seguida contra o campesinato e as camadas pobres do assalariado urbano.

Os dois PCs se instalaram no jogo político institucional após mais de meio século. Eles conheceram sucessos eleitorais que lhes deram acesso ao governo de alguns estados. O PCI-M esteve no poder de forma contínua por mais de trinta anos em Bengala Ocidental e, com interrupções, também em Kerala. Mais recentemente, eles ganharam a eleição no pequeno estado do Nordeste, Tripura. O estado de Bengala ocidental, cuja capital é Calcutá, é de longe o mais importante, demograficamente (mais de 80 milhões de habitantes), política e economicamente. Depois de 1967, o PCI-M tem dirigido este Estado de forma permanente, a princípio sozinho, e após 1977, como principal formação de uma "Frente de esquerda". Inicialmente tinha a seu favor o início de uma reforma agrária. Mas quinze anos depois, se engajou em medidas de privatização, bem como em uma política de "atração do capital externo" (indiano ou estrangeiro) no estilo mais puro das recomendações do Banco Mundial.

---

5   É possível encontrar elementos sobre a história do partido comunista indiano no artigo de Chris Harman, "India after the elections, a rough guide", *Socialist Review*, n. 103, nov. 2004. Chris Harman recorda o preço muito elevado que o proletariado indiano pagou por um alinhamento do PCI a Stalin no curso da Segunda Guerra Mundial e por seu apoio à separação entre a Índia e o Paquistão em 1947. Pode-se igualmente consultar a abertura em "Marxism in India", em http://en.wikipedia.org/wiki/Marxism_in_India

6   O termo Naxalitas vem de Naxalbari, um pequeno vilarejo de Bengala ocidental onde uma seção do PCI-ML dirigiu em 1967 um levantamento camponês que os maoístas indianos passaram a teorizar no contexto político de "guerra popular". Os Naxalitas se implantaram nas áreas rurais dos Estados de Chhattisgarh e de Andhra Pradesh, de onde realizam ataques militares para a "liberação" temporária de certas zonas. Eles teriam uma presença em 40 por cento do território indiano e contariam com o serviço de 20.000 militantes armados.

Para atrair os grupos industriais, era necessário lhes oferecer terrenos, portanto, "limpar" grandes extensões de terras cultiváveis e iniciar uma guerra ao campesinato.

Sem falar nas mortes que provocaram, essas agressões foram justificadas ideologicamente. As teses invocadas com o apoio dos grandes grupos de empresários têm um lado "surrealista-staliniano". Os dois PCs continuam a utilizar os argumentos derivados da "revolução por estapas", que exige passar por uma fase de apoio ao capital nacional, ou ainda aqueles do "desenvolvimento necessário das forças produtivas" como fases prévias obrigatórias à "revolução democrática popular".[7] Eles chegaram mesmo a invocar a política utilizada quando da revolução de Outubro. Um jornalista relatou em 2006 que "a esquerda indiana para se justificar faz frequentemente referência à experiência do NEP no início do poder soviético, durante a qual Lênin havia decidido recuar na construção do socialismo e abrir a porta ao retorno do capital privado, ao mesmo tempo em que confrontava as reivindicações sindicais de uma maneira brutal" (BANERJEE, 2006). Nos vilarejos onde os grupos industriais, em particular a empresa Tata Automobiles, quis se instalar, sobretudo em Singur e em Nandigram, o PCI-M, diz Pierre Rousset, realizou

> uma repressão brutal, às vezes selvagem, a polícia se comportando como nos outros estados dirigidos pelo centro ou pela direita – houve numerosa mortes, estupros etc. O impacto desses acontecimentos foi considerável[...]. Após as convergências excepcionais, por ocasião do Fórum Social Mundial em Mumbai 2004, eles realizaram um verdadeiro banho de sangue entre o PCI-M e outros componentes progressistas indianos que ficaram ao lado da população dos vilarejos. Esse impacto, tão maior que os conflitos entre camponeses e grupos industriais (sobretudo Tata) se multiplicam em diversas regiões do país onde os habitantes dos vilarejos recebem um apoio ativo da esquerda (ROUSSET, 2009).

Em Calcutá, o governo da frente de esquerda implantou políticas urbanas análogas, expulsando os "sem-teto" do centro para as margens periféricas a fim de abrir espaço para os loteamentos destinados às classes médias. Em um comunicado, o PCI-M fez uma espécie de autocrítica, ou mais exatamente prometeu fazê-la: "Os partidos de esquerda se aliaram com certos Partidos que não eram ligados nem ao Congresso nem ao BJP em diversos estados. Foi necessário para que uma alternativa eleitoral laica emergisse. Contudo, essas

---

7   Ver, a título de exmplo, o artigo de um do princiais teóricos do PCI-M, Prabhat Patnaik, "The CPI-M and the Building of Capitalism", 17 de jan. de 2008, no site desse partido, www.macroscan.com.

alianças. que foram postas em prática foram percebidas pelo povo como uma alternativa com credibilidade e viabilidade ao nível nacional." Observa-se que a autocrítica diz simplesmente respeito às alianças eleitorais sobretudo com as formações *dalits*, e não sobre o fato que os PCs acabaram por atirar sobre o campesinato que defendiam suas terras e que eles estavam de acordo nas cidades de expulsar os pobres de certo bairros que incomodavam os ricos. A derrota dos dois partidos comunistas é a consequência da ruptura dos elos com sua base social. Sem alcançar atrair para eles novas camadas sociais da "classe média", que preferiram votar no Partido do Congresso ou seus aliados, eles perderam talvez definitivamente a confiança de uma grande maioria de proletários rurais e urbanos. Muitos trabalhadores compreenderam sem dúvida que, na luta, eles vão daqui para frente se confrontar com os PCs e que eles não podem contar senão com eles próprios. Pierre Rousset escreveu:

> assiste-se provavelmente a uma virada histórica para a esquerda indiana; uma virada em escala internacional. Após o afundamento da Refundação na Itália e os compromissos do PC na África do Sul, a crise do PCI-M representaria de fato o declínio e a perda de identidade de um dos últimos (o último?) dos grandes partidos comunistas "tradicionais".

A política dos dois partidos comunistas não pode senão respingar sobre a situação sindical. Uma missão de informação do Senado foi enviada à Índia e publicou em 2007 um relatório conciso que apresenta fatos e apreciações que desdobram a leitura da imprensa indiana. Os sindicatos "perderam suas forças no curso dos últimos anos" e esta "perda de influência dos sindicatos foi acompanhada de um menor nível de conflito nas relações sociais na Índia".[8] Cinco centrais têm o estatuto de "National Centres of Trade Unions" com as "prerrogativas" que sempre acompanham esse estatuto. Quatro dentre eles são afiliados

---

8   As três outras centrais reconhecidas são o *Bharatiya Mazdoor Sangh* (BMS), afiliado ao partido nacionalista hindu BJP; o *Indian National Trade Union Congress* (INTUC), afiliado ao Partido do Congresso, e o *Hind Mazdoor Sabha* (HMS), sem afiliação partidária. Em um relatório de informação do Senado, lê-se: "As cinco principais centrais sindicais reivindicam nas suas comunicações oficiais, efetivos de militantes consideráveis: 7,6 milhões de aderentes ao BMS, mais de 6 milhões para o intuc; 4,5 milhões para o HMS, 3,3 milhões para a AITUC e 2,7 milhões para o CITU. Se é possível que os efetivos sindicais tenham aumentado nos últimos cinco anos, os interlocutores da delegação tendo todos insistido sobre seus esforços de recrutamento de novos aderentes no setor não organizado, é provável que estes números estejam superestimados pelas organizações desejosas de demonstrar sua influência (Sénat de la République française, *Inde: quelles règles sociales dans une économie émergente?* Rapport d'information n. 416 (2006-2007), 25 jul. 2007, relatório disponível no site do Sénat).

a um partido político, dois dos quais aos partidos comunistas: o *Centre of Indian Trade Unions* (CITU), afiliado ao CPI-M, e o *All-India Trade Union Congress* (AITUC), afiliado ao CPI. A taxa de sindicaliação na Índia seria inferior a 2%. A implantação sindical é forte somente no setor público, onde pode atingir 80% em certas administrações. Nos casos dos grandes grupos, "os que respondem mais precisamente a suas necessidades e que favoreçam seus ganhos de produtividade". No setor público, "a negociação coletiva é uma prática conhecida", mas o direito de greve é estritamente enquadrado. Ele é proibido quando uma conciliação acontece para tentar resolver o conflito e quando ele diz respeito a uma questão levada diante de uma jurisdição ou uma instância arbitral.[9]

Os fatores econômicos e sociais por trás da vitória do Partido do Congresso

Dois fatores contribuíram para a vitória do Partido do Congresso. A princípio, o fato de que a Índia resistiu melhor à crise financeira mundial de 2007 e de 2008, em razão de ter mantido uma forte regulamentação bancária e de controle sobre os fluxos financeiros externos e que ela também, até o momento, foi menos afetada pela recessão econômica mundial o que se deve a uma mais fraca dependência com relação às exportações que outras economias da Ásia. No caso da Índia, 15% do Produto Nacional Bruto (PNB) dependem das exportações, em comparação com os 35% da China (ver os dados sobre a exposição das economias da Ásia para os mercados externos no artigo sobre a crise mundial em *Carré rouge* n. 40). O processo de acumulação e de centralização conduziu ao fortalecimento dos grupos industriais nacionais poderosos. O conglomerado *Tata*, conhecido por seu braço automotivo (lançamento da pequena viatura Nano, adquiriu a firma inglesa Jaguar), está entre os grupos de potência análoga, talvez superior. *Reliance* no setor de gás, petróleo, química, *Tindal Steel* na siderurgia, Bharti Aitel na telefonia, *Aftec-Infosys* et *Wypro* nos serviços informáticos, *Ranbaxy Labs* na farmácia e na biotecnologias), todas essas empresas indianas se beneficiaram e se beneficiam ainda de um vasto mercado interno, do qual eles serão dificilmente desalojados. A dimensão do mercado doméstico explica o bom desempenho da economia indiana na crise com relação às outras economias. O crescimento do PNB conheceu uma desaceleração, a uma taxa inferior ao ocorrido na China, ou 6,7% sobre um orçamentário de 2008-2009

---

9   Mesmo relatório do Senado.

em lugar dos 9,0% registrados um ano antes. De modo que, para a revista da City, *The Economist* de Londres, a Índia é um "elefante, não um tigre" (*The Economist*, 2008). Por diversos motivos, diz, como a fraqueza do Estado em numerosas funções (notadamente seus investimentos ferroviários e de estradas), a extrema carência de ensino público e as taxas elevadas de analfabetismo, a produtividade muito baixa da agricultura e a explosão das desigualdades sociais num contexto de grande fragilidade política. De forma semelhante, a missão do Senado francês enviada à Índia nota que

> a busca do crescimento indiano está subordinada [...]pela capacidade deste país remediar sua penúria de trabalhadores qualificados, e à insuficiência de suas infraestruturas [...] em detrimento do número de jovens diplomados a cada ano do setor científico, o desenvolvimento das empresas do setor *high-tech* esbarra numa penúria de trabalhadores qualificados, que gera uma alta das remunerações, e torna mais difícil a fidelidade dos assalariados.[10]

De imediato, a explosão das desigualdades sociais contribuiu para o reforço do Partido do Congresso: esta é a segunda explicação de suas vitória eleitoral. No curso dos anos 2004-2009, o processo de acumulação patrimonial dos "novos ricos" começou e se acelerou. Também a boa posição das "classes médias". Eles são o eleitorado típico do Partido do Congresso, em busca da estabilidade política e da ordem. Esse aglomerado sociológico de fronteiras pouco nítidas inclui um componente dos quadros médios, engenheiros e técnicos das grandes indústrias manufatureiras e do setor informático, ou ainda das atividades de serviço, que acreditaram muito rapidamente na liberalização, sobretudo nas finanças. Essas pessoas foram beneficiadas por um nível salarial e por uma estabilidade no emprego como desejavam, para não mais retornar às camadas pobres, de onde saíram. O gráfico seguinte dá uma ideia da explosão dos diferenciais de renda. Esses diferenciais seriam ainda mais expressivos, caso se dispusesse, como nos Estados Unidos por exemplo, de uma decomposição do primeiro grupo, onde se concentram diversos níveis de rendimentos mais elevados.

---

10   Cf. o relatório de informação do Senado francês de 2007 já citado.

GRÁFICO 1. Índices de consumo real per capita por grupos específicos

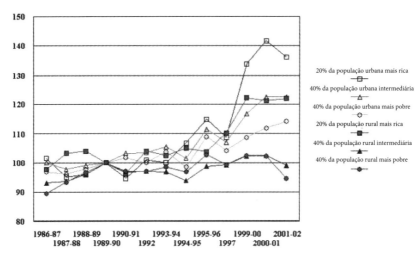

Fonte: Abhjit Sen (mimeo, 2004) based on NSS data.

Aravind Adiga, jornalista e autor do romance *White Tiger* (O Tigre branco), livro cujo sucesso é merecido, explica muito bem numa entrevista pública dada ao *Monde*,[11] sobre o porquê da fraca política social mexer com tanta gente na Índia:

> Nós somos 300 milhões de indianos da classe média, enriquecidos após o boom econômico dos 1990, que ignoramos 800 milhões de de pobres. Eu descobri a realidade através de reportagens, quando eu voltei a Índia após ter feito meus estudos nos Estados Unidos, como muitos indianos bem de vida. Eu fui repórter do Time Magazine de 2003 à 2006. Eu viajei o país, fiquei chocado. O estado de Uttar Pradesh se mostrou pior que o Sudão, um dos países mais pobres do mundo, se nós considerarmos as taxas de natalidade e de mortalidade. As mulheres que têm filhos nos hospitais têm mais chance de perder a vida na Índia do Norte do que na África do leste. Eu fui a favelas em Calcutá, onde pesquisei sobre as condições de trabalho, as dos rickshaws, que são os condutores de bicicletas puxadas à mão; eu conheci regiões onde 15% da população não sabia ainda ler, eu visitei hospitais onde a qualidade dos cuidados é estarrecedora. Meu herói chama esta Índia de "Tenebrosa". Então foi quando eu imaginei este romance para quebrar os clichês da Índia democrática, do "grande país emergente em plena expansão" pintado pela mídia ocidental, com outras mentiras [...]. Como qualificar de

---

11   Aravind Adiga, "Inde, démocratie fragile". http://fredericjoignot.blog.lemonde.fr/2009/05/24/106/

democracia um país que trai constantemente seus pobres? Os indianos de classe média como eu, nós não somos maus, nós não desejamos nos comportar como opressores, contudo nós mantemos um verdadeiro estado colonial no interior de nosso próprio país. E eu não vejo chegar nenhum sinal de mudança.

O escritor denuncia:

o clichê da Índia espiritual, politeísta, tolerante, a Índia mágica das grandes procissões, dos fiéis respeitosos de tudo que vive, dos animais, são fábulas; na verdade, após os anos de fundamentalismo religioso, hindus, siks, muçulmanos se enfrentam duramente através do país. Já se contam centenas de mortes, e ainda haverá outras mais. A religião, não esqueçamos, justifica o sistema de castas, fatalismo social, a pobreza. Depois eu me ative a atacar o clichê da família indiana, protetora, generosa, feliz, que é mostrada nos filmes de Bollywood. De fato, os casamentos são arranjados e forçados, os dotes são discutidos com fel, as crianças devem total obediência a seus pais; a família permanece como pilar do conservadorismo, ela paralisa a energia das jovens gerações, esmaga as mulheres. Enfim, o clichê do socialismo indiano competente, caridoso, inspirado por Gandhi e Nehru. Em sessenta anos de democracia, após cinquenta anos de dominação pelo partido do Congresso, nós ainda não erradicamos a pobreza, nós pusemos em prática uma burocracia abominável e os estados estão gangrenados pela corrupção. Muitos estudos demostram que nós somos o país mais corrompido do mundo. A China, mesmo sendo uma ditadura, se mostrou muito mais eficaz na redução da miséria e a venalidade. Eu não digo que a democracia é má, ou que o homem Ghandi é mau, mas eu quero atacar o clichê que afirma: "A Índia se sairá bem porque é uma democracia". Quando Amartya Sen explica que a democracia indiana foi o que permitiu à Índia de escapar da fome, a liberdade de imprensa, as campanhas de informação, ele esquece de dizer o quanto a Índia democrática permanece miserável, mesmo que não se morra mais de fome.

Aravind Adiga se equivoca sobre a China, mas não sobre seu próprio país.

A extrema pobreza no campo e nas favelas

Em torno de 60% da população ativa depende da agricultura, se bem que esta não assegurou mais que 18% do PNB em 2007. A Índia tem o maior número de camponeses e pequenos agricultores do mundo (em torno de 700 milhões), donde uma parte significativa está entre os mais pobres do planeta. Sob o efeito conjugado da estagnação da produtividade, que tem como uma das causas o baixo nível de investimento público crônico (que sofre o desvio da corrupção que ataca os fundos formalmente estabelecidos) e do impulso demográfico, as camadas rurais mais pobres conheceram uma baixa da produção e da disponibilidade alimentar per capita média (PATNAIK, 2006). A sorte das camadas camponesas menos pobres não é melhor. Aqui, os pequenos agricultores foram incitados a tomar empréstimos para comprar equipamentos, influenciados pela pressão da publicidade na televisão e por "conselhos" de agrônomos das culturas OGM, sobretudo Monsanto e Cargill. Se lhes fazia acreditar no melhoramento de seus rendimentos graças a sementes mágicas de algodão e arroz as quais supostamente lhes aportaria melhores rendimentos e supostamente resistentes a parasitas e pragas. Era necessário pagar um preço dez vezes mais caro do que pelas sementes tradicionais, as quais foram proibidas em numerosos bancos de sementes governamentais. Foi descoberto que essas novas variedades, como aquelas OGM de algodão Bt de Monsanto, não eram resistentes às doenças locais, necessitando ainda mais de pesticidas e, sobretudo, água. Anos de seca fizeram morrer as plantas. No passado, quando uma colheita era ruim, os camponeses podiam sempre conservar seus grãos para o ano seguinte. Impossível no caso da nova tecnologia chamada com o nome apropriado de Terminator,[12] contra a qual foram realizadas grandes manifestações e recursos a justiça na Índia.

A partir da metade de 1990, o endividamento aumentou fortemente no meio rural.[13] Os bancos indianos se recusaram a emprestar aos pequenos camponeses, que se viram constrangidos a recorrer a empréstimos privados, caindo nas malhas da agiotagem, que lhes impunham taxas absurdas de até 40% por ano. Mas também junto aos comerciantes de sementes e adubos, que se utilizavam destas dívidas para comprar as safras a preços muito reduzidos. Incapazes de saldar as dívidas, os agricultores foram forçados a vender suas terras. Mais de 25000 agricultores se suicidaram entre 1995 e 2005. Houve mesmo casos de suicídios coletivos:

---

12 A palavra Terminator, que corresponde a uma patente em posse da companhia Monsanto, designa uma técnica que consiste em introduzir um transgênico matador que impede o desenvolvimento de um germe do grão colhido: a planta se desenvolve em condições habituais, dá uma colheita normal, mas ela produz um grão biologicamente estéril. Cf. Jean-Pierre Berlan, *La guerre au vivant, OGM et autres mystifications scientifiques*. Marselha: Editions Agone, 2001.

13 Report of the Expert Group on Agricultural Indebtedness, Department of Economic Affairs, Ministry of Finance, Nova Délhi, jul. 2007. www.igidr.ac.in/pdf/publication/PP-059.pdf

> Segundo um artigo publicado em 2002 em uma revista médica, *The Lancet*, a taxa de suicídio das regiões rurais do Sul atingiram 58 mortes por 100.000 habitantes, triste recorde mundial (a média nos outros países é de 14,5 por 100.000). No centro da Índia, o estado de Andhra Pradesh é o mais tocado: depois do início do ano, mais de 500 camponeses já puseram fim às suas vidas. Os primeiros sinais desse fenômeno devastador apareceram em 1998, quando o governo local fez passar leis abrindo mais amplamente o mercado agrícola às sociedade agrícolas privadas estrangeiras. Diversos estudos oficiais foram lançados para tentar compreender as razões desta hecatombe, no Pundjab, em 1998, bem como em Kerala, em 2002. Suas conclusões permanecem vagas e contraditórias, evocam seja a seca, o sistema bancário, o alcoolismo, os problemas psicológicos... (CHARLES, 2004).

Mas assistiu-se também a mutiplicações de ações de resistência coletivas e de enfrentamentos violentos com a polícia, obrigando o governo a criar, em 2005, um fundo especial para o endividamento rural.

Assim que as rendas de milhões de camponeses pobres caíram, a privatização em curso dos serviços públicos fez subir os preços, como aquele da água (cada vez que não se vá buscá-la nos poços) e da eletricidade (a Enron vende a eletricidade perto de Mumbai por tarifas três vezes mais caras que aquelas dos serviços públicos). Privados de suas terras, do auxílio público, de suas sementes e de seus saberes ancestrais (as plantas medicinais utilizadas após milênios para tratamento da diabete ou das hepatites foram "privatizadas" quer dizer, patenteadas por multinacionais farmacêuticas), privado de educação (as despesas para alcançar um patamar de energia nuclear foram privilegiadas com relação àquelas consagradas ao ensino e as promessas do governo de consagrar 6% do PIB para a educação não foram cumpridas, privando milhões de crianças de um direito fundamental), o êxodo para as cidades acentuou-se.

Na Índia, após o início das "reformas" em 1991, ocorreu um processo de extrema pauperização "urbana", analisada entre outros pesquisadores por Mike Davis:

> As políticas de desregulamentação agrícola e de rigor orçamentário impostos pelo FMI e pelo Banco Mundial continuaram a provocar o êxodo do excedente de mão de obra rural para as favelas urbanas, quando as cidades deixavam de funcionar como máquinas de criação desempregos [...]As redes de seguro tendo desaparecido, os fazendeiros pobres se tornaram vulneráveis aos golpes do exterior: seca, fomes, aumento das taxas de juros ou baixa dos preços de venda [...]

Estima-se que sobre os 500.000 migrantes que chegam cada ano a Delhi, pelo menos 400.000 acabam em uma favela; em 2015 a capital da Índia contará com mais de 10 milhões de habitantes nas favelas (DAVIS, 2006).

Ora a existência de favelas, sobretudo quando elas são situadas nos centros das cidades, colocam dois problemas para a burguesia. Elas tornam feia a paisagem urbana e elas ocupam um espaço que é raro e caro... duas coisas que desagradam fortemente as classes médias bem de vida. Estas não param de se apropriar do coração das cidades para ali construir centros de negócios modernos e lugares verdes e arejados onde não se avistará mais os pobres que atrapalham, seja pelo visual, seja pela consciência. As favelas atraem, portanto, a ambição dos empresários imobiliários. Os projetos divulgam preocupações generosas: embelezar as cidades, destruir os alojamentos insalubres e toscos, realojar os pobres em imóveis coletivos com todo o conforto de base. É assim que a maior favela da Índia e mesmo da Ásia, chamado Dharavi, no coração de Mumbai, onde se amontoam em torno de um milhão de pessoas em 214 hectares, deve ser substituída por um luxuoso centro de negócios com escritórios e arranha-céus, apartamentos para as classes médias altas, hospitais, complexos esportivos e um campo de golfe, a fim de transformar a capital econômica da Índia em polo mundial das finanças. A favela foi posta à venda por 2,3 bilhões de dólares aos promotores imobiliários internacionais: "a oportunidade do milênio", diz a publicidade. É uma catástrofe para os habitantes, pois Dharavi é não apenas um espaço de vida coletivo e solidário, mas se tornou também um espaço de trabalho com milhares de pequenas empresas, de pequenos ateliers-oficinas, de comércio e mesmo de cinemas. É de fato uma verdadeira cidade na cidade. Em 60 anos seus habitants colocaram de pé uma economia informal mas autossuficiente (ela lhes permite duas refeições por dia), de reciclagem de lixo, de tinturadores, da fabricação de potes de barro, vestimentas, couro, joias. O bairro é mostrado como um esconderijo para os delinquentes grandes e miúdos: não se trata de negar a existência de gangues que exploram a miséria dos mais miseráveis que eles... mas o que dizer das máfias de colarinho branco que fazem crescer os centros comerciais como cogumelos nos bairros chiques? E de que valem as generosas promessas de realojamento? Apresentam as promessas de apartamentos de 21 metros quadrados com ducha, WC... para as 57.000 famílias (ou 300.000 pessoas) instaladas após um certo número de anos. Mas eles são muito mais numerosos que isso, mais do triplo sem dúvida, e quais as compensações para aqueles que ali chegaram depois de 1995, e aqueles que chegam hoje? A expulsão para as periferias distantes, para outras favelas, eis a sua sorte! Os habitantes de Dharavi estão ainda mais furiosos pois não foram sequer consultados, tudo se decidiu de cima. Eles têm sob os olhos os imóveis não acabados, onde as famílias se ajuntam em uma só peça minúscula, sem água, nem eletricidade... Para eles que vivem em lojas na mesma rua, habitar no 5º ou 6º andar é inconcebível; para eles que vivem de seus pequenos ofícios na proximidade dos mercados do centro urbano, o abandono na periferia, sem meios de transporte, é uma verdadeira prisão. A venda e a "reabilitação da favela Dharavi não é um projeto isolado. Segundo a organização não--governemental *Hazards Centre,* que se ocupa dos deslocamentos das favelas, 'o governo indiano visa, antes de 2010, o deslocamento de 400.000 famílias, ou seja, em torno de 2 milhões de pessoas'". Eis o que diz Nandini Gootpu:

> No final das contas, a grande e bela visão da transformação urbana será progressivamente domesticada [...]. Os programas de urbanismo se transformarão em verdadeiras avenidas para a satisfação dos interesses e das aspirações dos grandes proprietários, e em instrumentos de marginalização crescente dos pobres. A guerra contra as favelas virá se juntar perigosamente a uma batalha pelo controle das implantações das habitações dos pobres e, de fato, a uma ofensiva contra os pobres eles mesmos (DAVIS, 2006).

Em conclusão

"A Índia fora da crise". Tal foi a fábula que os meios financeiros em torno da bolsa de Mumbai tentaram contar. O golpe sofrido pelo setor imobiliário foi forte. O gigante do setor, o promotor imobiliário DLF, que se deu por slogan "Construindo a Índia", parece no limite da asfixia. A queda dos preços giram em torno de 30% e os créditos bancários estão quase congelados "sobretudo para os projetos não residenciais", informa um concorrente. Um traço original da economia indiana é o tamanho do setor informático e de serviços informatizados nas empresas. Este emprega diretamente cerca de 650.000 assalariados. Uma arte preponderante da atividade é realizada no estrangeiro. As exportações representam 5% do PIB, contra apenas 2% em 1995. A capacidade do setor informático para compensar as más performances de outros setores, deixa na dúvida os observadores que têm alguma capacidade crítica:

Os gigantes do setor querem crer que a crise vai acelerar o expediente da externalização das empresas ocidentais e, portanto, dinamiza seus negócios. No momento, vive-se do encantamento puro e simples.

Existe ainda um fator para o qual ninguém na Índia estava preparado, a saber, um efeito de retorno negativo, por conta da recessão mundial, de uma parte das aquisições de empresas feitas na Europa e na América do Norte pelos grupos industriais indianos. Os maus resultados no estrangeiro de certos grupos pesam sobre os números de negócios globais. Enfim, mesmo que o total das exportações represente apenas 15% do PNB, estas condicionam direta e indiretamente milhões de empregos. O efeito de "reduzir o multiplicador" de baixa de consumo das classes médias pode se por em marcha. Segundo pessoas interrogadas pelo correspondente da revista *Echos* (15 de maio de 2009), "fala-se de 10 milhões de empregos destruídos de hoje até o final de 2009. Melhor seria que o retorno ao crescimento fosse rápido".[14]

Alguns setores da burguesia mundial continuíram para a desestabilização de um governo frágil em que pese o voto do mês de maio. Os bancos e as sociedades financeiras dos Estados Unidos, em particular, lhes solicitam acelerar o início da reformas que lhes abririam as grandes portas do sistema bancário indiano. Portanto, a crise social crescente está carregada de explosões populares. A extrema brutalidade da polícia militar, que em suas intervenções fazem cada vez mais mortos, tem suscitado como reação manifestações de uma grande violência. A guerilha maoísta não sobreviverá independentemente desse contexto e do apoio que os camponeses pobres lhe derem em certas regiões.[15] Como na China, os motins camponeses, as manifestações e a greves permanecem circunscritas. As razões são a imensidão do território, por certo, a política mantida pelos partidos comunistas e daí a importância de um processo político desagregador pelas questões locais e regionais. Em certas partes da Índia, sobretudo em torno de Mumbai e no estado do Gujerat, os empregadores podem também utilizar o fanatismo religioso para

---

14   Ver no mesmo sentido, mais recentemente, a advertência da CNUCED, "Falling exports will cost India 1.3 million jobs in 2009-2010", *UNCTAD news*, jun. 12, 2009.

15   Uma nota de 17 junho de 2009 da l'AFP, citando fontes oficiais indianas informa: "ao menos em 15 dos 28 Estados federativos da União indiana, num corredor de Leste ao Sudeste do subcontinente, após 1967 houve revoltas maoístas. No total, 165 dos 600 municípios do país estariam, em níveis diversos, sob influência destes guerrilheiros de extrema-esquerda. O movimento maoísta indiano conta oficialmente com 9.300 combatentes repartidos em uma miríade de grupos descentralizados".

dividir os trabalhadores. No curso dos dois últimos anos, apenas nos setores ferroviários e da aviação, houve movimentos de amplitude nacional, que puderam ser organizados e obter certo efeito. Explosões sociais violentas podem acontecer a qualquer momento. A burguesia indiana duvida. Mas não é interessante esconder a realidade. Hoje é impossível dizer quando e que facção operária, dos empregados e dos camponeses, começará a se organizar enquanto bloco contra a burguesia.

O sindicalismo indiano apresenta a particularidade de ser muito fragmentado e politizado, pois suas principais organizações estão ligadas aos grandes partidos indianos. A perda de influência dos sindicatos, no curso dos últimos anos, vem acompanhada de uma conflitualidade mínima nas relações sociais na Índia.

Será que casta indica privação?

PRADIPTA CHAUDHURY

Trad. Antonio Henrique Lucena Silva

NA ÍNDIA, A INSTITUIÇÃO DAS CASTAS é comumente considerada como a personificação das desigualdades socioeconômicas fundamentais. Durante a última década, um consenso emergiu através de uma gama de opiniões políticas, legais e intelectuais em respeito ao uso das castas como um critério apropriado de política pública orientada pela discriminação positiva. Tanto agora como depois, particularmente antes das eleições, os grupos das castas demandaram a sua inclusão nas listas "dos que estão por baixo". Ao mesmo tempo, os partidos políticos buscaram eqilibrar os benefícios das reservas para maiores grupos políticos e prometeram estender as políticas para o setor privado. As castas permanecem como uma grande força na política indiana. E mais organizações de castas estão vindo à tona. Apelos emocionados, abertos e ocultos, estão sendo feitos sobre elas em todas as esferas da vida pública. A mobilização crescente dos grupos de castas está sendo positivamente descrita como a emergência de uma "identidade" das castas. Esta política de identidade tem sido unanimemente saudada pela mídia, entre os intelectuais e os políticos de todas as variedades como um movimento pela verdadeira igualdade.

Argumenta-se que a política de castas é secular e um baluarte contra as políticas religiosas. É sugestivo que o recente crescimento de líderes políticos, pertencentes a castas inferiores do norte da Índia, e a implementação de políticas de reservas às castas baixas, funcionaram como uma revolução silenciosa.

Será que o ranking ritual das castas indica um grau de privação sofrido por seus membros? Nem o relatório Kalelkar, nem o relatório Mandal, nem os relatórios das comissões das classes baixas, no nível estatal, demonstraram que a privação estava relacionada com o *status* ritual das castas. Esses relatórios geralmente enfatizam que as castas mais altas abarcam uma grande parcela da burocracia; a presença de castas mais baixas em empregos de primeira e segunda categoria foi nominal e antes da implementação dos regimes de reservas ou de cotas. Não apenas as castas são utilizadas virtualmente como o único critério nas políticas públicas orientadas para a discriminação positiva, mas as categorias como OBCS e SCS[1] são tratados como grupos essencialmente homogêneos.

Simplesmente se assume que a grande maioria da população, de cada uma das categorias, sofre um grau elevado e uniforme de privação. A pergunta feita no início desse parágrafo continua sem resposta. A relação entre casta e privação é uma questão que deve ser abordada no nível macro; estudos nas aldeias não serão suficientes. Os resultados de pesquisas nas aldeias tipicamente contradizem umas às outras, como é de se esperar em um grande país que é caracterizado por grande diversidade. A única informação disponível no nível macro, em que as castas são tratadas separadamente, foi coletada através das operações de censo durante o mandato britânico.[1] Enquanto os acadêmicos são aficionados em discutir os motivos, métodos de coleta do poder colonial, classificação e inadequação dos dados das castas, as informações permanecem sem utilização. Apesar de todas as insuficiências, essa disponibilidade de dados pode ser usada para lançar uma luz sobre a questão que foi levantada aqui.

Se a casta é um bom indicador de privação agora, deve ter sido um índice melhor no passado. Vamos considerar Uttar Pradesh (U.P.), estado mais populoso do país e que fica ao Norte, próximo a Delhi. Compreende uma das regiões mais atrasadas da Índia. Aqui, a relação entre casta e privação deveria ser mais forte do que nas regiões mais avançadas do país. Informações sobre as condições sociais, materiais e educacionais das castas em U.P. só ficaram disponíveis no início do século passado. Nós pegamos a posição ritual, a taxa de alfabetização em hindi e a taxa de participação das quarenta e duas castas no mercado de trabalho do censo de 1901 a 1911. As castas são divididas em 8 altas ou "duas vezes nascido", 27 médias ou intermediárias e "shudra", todas essas que são consideradas OBCS e 7 "intocáveis", posteriormente denominadas de SCS.[2] Em 1911,

---

1   Os censos de 1911, 1921 e 1931 fornecem dados sobre a distribuição ocupacional das castas selecionadas no nível da província ou estado.

2   Atualmente as castas são classificadas em doze grupos, dependendo das suas práticas rituais ou sociais, as regras e restrições assim como as suas ocupações tradicionais. As altas castas são divididas em seis grupos, os shudras em quatro e os intocáveis em dois grupos. As castas dentro de cada grupos são classificadas em ordem de precedência. Ver *Census of India*, 1901, vol. XVI, pt. I, p. 218-34, 248-53.

a taxa de alfabetização era de 11% para as castas mais altas. Para os OBCS, esse número foi de 1% e de 0,13% para as SCS. Assim, a taxa de alfabetização parece ser fortemente inversa se associada com a posição ritual. Como não há evidência direta sobre a renda e a riqueza dos integrantes de uma casta, temos que conceber um índice que as castas OBCS (Other Backward Castes) são castas consideradas pobres e atrasadas e perfazem 35% da população indiana. As SCS (Schedule Castes) são os dalits ou intocáveis e perfazem 16% da população do país, em torno de 176 milhões de pessoas, que nos possibilitam utilizar os dados disponíveis e comparar o status econômico das castas.

A participação no mercado de trabalho, definido como a proporção de trabalhadores na população, pode ser usado como um indicador inverso do status econômico de uma casta. O raciocínio a esse senso comum é simples: na economia tradicional, com baixas taxas de alfabetização e industrialização, as famílias mais pobres têm que enviar os seus membros (isto é, mulheres e crianças) para procurar trabalho, ao contrário das famílias mais abastadas, que enviam os seus filhos para a escola e confinam as suas mulheres nas suas casas. Essa argumentação é construída nas observações empíricas de U.P. Durante as primeiras décadas do século XX, a participação no mercado de trabalho foi um bom índice das diferenças nas condições econômicas pelas regiões de U.P., assim como para os grupos de cada região. Em 1911, a taxa de participação média no mercado de trabalho foi de 42% para as castas mais altas, 54% para as OBCS e 57,5% para as SCS. Deste modo, a casta aparece novamente como um bom indicador de privação. De fato, tais estatísticas agregadas são normalmente fornecidas para o apoio à política pública baseada no sistema de castas.[3]

Estas médias ocultam a enorme heterogeneidade nas OBCS e SCS. Existe uma grande variação na alfabetização, assim como nas taxas de participação no mercado de trabalho em cada categoria de castas. A taxa de alfabetização para cada OBC varia entre 8% e 0,14%. Consequentemente, no ranking das alfabetizações, três OBCS são colocadas entre as sete principais castas, enquanto duas delas são colocadas entre as últimas. A taxa de alfabetização para as SCS varia dentro de uma escala muito menor, entre 0,48% a 0,11%. A situação com respeito à condição econômica é mais crítica. No mercado de trabalho, a taxa das OBCS varia entre 40% e 67%. Por um lado, quatro das OBCS estavam nos 8 primeiro lugares na escala do status econômico. Por outro lado, 5 destas figuram

---

3   Por exemplo, ver S. K Thorat and R. S. Deshpande, "Caste System and Economic Inequality: Economic Theory and Evidence". In: Ghanshyam Shah (ed.). *Dalit Identity and Politics*. Nova Delhi e Londres, 2001, especialmente p. 57-70.

entre as 7 do grau mais baixo. As três castas mais baixas (Bhar, Khoeri e Kewat) pertencem às OBCS. Da mesma forma, o status econômico dos SCS varia muito; as taxas de participação no trabalho se encontram na faixa de 44 (para Khalik) e 64 (para Dusadh). Portanto, numa região atrasada como U.P., no início do século XX, houve grandes variações nas taxas de alfabetização e nas condições econômicas das castas que, mais tarde, seriam reunidas e tratadas como se fossem homogêneas.

Com relação à taxa de alfabetização, três OBCS (Sonar, Halwai e Kalwar), estavam à frente de quatro castas mais altas (Rajput, Taga, Bhat e Kandu). Semelhantemente, no que diz respeito à situação econômica, cinco OBCS (Sonar, Jat, Gujar, Kisan e Mali) foram melhores do que os Brahman e Rajput, as duas castas mais numerosas e mais altas, o que representa um quinto da população hindu. Duas SCS, as Khatik e Dusadh, tiveram maiores taxas de alfabetização do que muitas OBCS. Na hierarquia econômica, duas SCS, Khatik e Dhanuk, foram colocadas na metade das mais altas. Por outro lado, cinco OBCS, as Luniya, Barai, Bhar, Koeri e Kewat, estavam entre as sete castas mais baixas na escala econômica, junto com duas SCS. Nenhuma das maiores SCS, as Chamar, Pasi e Dhobi, estavam nos degraus mais baixos da hierarquia econômica. Na verdade, o status econômico médio de Chamar, a mais numerosa de todas as castas em Uttar Pradesh, não foi menor de que Ahir, a mais numerosa entre as OBCS. Nesse caso, as castas mais altas, das OBCS e SCS foram altamente heterogêneas em termos de status econômico e alfabetização.

Não há ambiguidade que, mesmo no ritual mais atrasado e tradicional numa sociedade agrária como U.P., durante as primeiras décadas do século XX, a posição ritual de uma casta não foi um bom indicador de alfabetização ou status econômico. A formação de castas em três categorias administrativas, com base no status ritual passado, só consegue esconder as disparidades gritantes entre os grupos. Alta posição no ranking ritual não pode assegurar algumas das castas superiores contra um baixo status econômico. Da mesma forma, o baixo status ritual não impediu que uma grande parte dos Jat, Gujar, Sonar, Kisan e Mali alcançassem a prosperidade. A casta não é um obstáculo à ascensão econômica de uma seção dos intocáveis. Com uma tradição de "5000 anos de aprendizagem", a população dos Brahman de U.P. não poderia atingir uma média de 12% de alfabetização em 1911; os brâmanes não eram os mais alfabetizados das castas.

Os advogados das políticas de castas argumentam que o problema será resolvido se o OBCS ou CBS forem organizados de acordo com o grau de atraso, e divididos em subgrupos, como "mais-atrasados" e "máximo-atrasados", e subcotas que serão criadas dentro das cotas totais. Contudo, a situação econômica das famílias varia muito:

em cada casta várias classes econômicas existem. Camponeses pequenos e marginais, trabalhadores sem-terra, constituem o grosso de população de cada casta. Ao mesmo tempo, cada uma contém seções que variam em tamanho, e bem-estar das famílias. Em 1888, o relatório Dufferin, sobre a condição das castas mais baixas da população na Índia, mostrou que no leste de U.P., as castas Brahman, Bhuinhar e Rajput continham partes que, embora não fossem sem terra, foram pior que os trabalhadores diurnos, estavam endividados e sofriam com insuficiência de alimentos e vestuários em tempos normais. Este relatório também mostrou que na parte ocidental de U.P., muitas famílias Chamar cultivavam 10 acres ou mais em propriedades rurais, enquanto outros dessa casta eram trabalhadores sem-terra.[4]

Em várias castas dos não-nascidos duas vezes como, por exemplo, Jat, Kurmi e Kalwar, o tamanho da classe na alta elite era considerável. A relativa existência de comerciantes prósperos, empreiteiros e fabricantes pertencentes à casta Chamar em Agra-Aligarh na U.P. ocidental é conhecida desde as primeiras décadas do século XX. As melhoras nas condições materiais e educacionais nas seções de Chamar e de outros intocáveis, porque estavam empregados no setor público, nos quartéis do exército, municípios etc., estão bem documentados nas cidades de Agra, Kanpur e Allahabad.[5] As tabelas do censo sobre a "distribuição ocupacional das castas"[6] no começo do século XX demonstraram que cada casta continha trabalhadores sem-terra, agricultores, assim como senhorios. Algumas castas nitidamente foram divididas por profissões, por exemplo, Chamar, a maior casta de U.P., a qual se acredita ser tradicionalmente sem-terra. Os trabalhadores dessas castas estavam igualmente reportados como operários e agricultores, em 35% e 40% cada um. Em contraste, mais de 75% dos trabalhadores pertencentes à casta de Bhangi, mais tarde conhecida como Balmiki, foram varredores.

Os cultivadores, grupo profissional em mais castas, foram muito diferenciados em termos de tamanho e status econômico. Uma amostra de 17.135 propriedades rurais,

---

4   *1888 Dufferin Enquiry Reports on the condition of the lower classes of the population in India* (disponível em "National Archives of India"), Enclosures, carta de Collector, Ghazipur, para Commissioner, Benaras Division, 10 de abril de 1888, p. 134-136, carta para Collector, Mathura, para Commissioner, Agra Division, 1 de maio de 1888, p. 4-20 and note on Etah district by N. Crooke, Collector, 12 Jan. 1888, p. 31-100.

5   Owen M. Lynch, *The Politics of Untouchability, social mobility and social change in a city of India* (Nova Iorque, 1969), e Nandini Gooptu, "Caste and labor: untouchable social movements in urban Uttar Pradesh". In: Peter Robb (ed.). *Dalit Movements and the Meanings of Labor in India* (Delhi, 1993), ch. 10.

6   Ver *Census of India*, 1911, vol. XV, pt. II, tabela XVI and *Census of India*, 1921, vol. XVI, pt. II, tabela XXI.

abrangendo 82.176 acres, distribuídos por tamanho de exploração e de castas no distrito de Bahraich, em 1939, mostra que cerca de um terço das propriedades pertencentes às castas mais altas foram de 2,5 acres ou menos em tamanho. O mesmo aconteceu com a casta Kumi, uma casta atrasada. Tais propriedades representaram metade do número total de propriedades no caso de Kachi, Murao e outras castas agricultoras. As propriedades com tamanhos de 2,5 a 5 acres, que compreendem por um quarto de todas as propriedades, no caso das castas superiores, assim como as Kurmi, mas em torno de 30% no caso das castas restantes. De fato, as distribuições no tamanho são muito superiores à das castas mais altas e da Kurmi. Em cada uma dessas castas, de 6% a 8% dessas propriedades tinham mais de 20 acres de tamanho. 1,7% das propriedades das castas superiores e 0,6% das propriedades Kurmi tinham tamanho superior a mais de 50 acres. Por um lado, os marginais e pequenos camponeses formavam a maioria de famílias de cada casta. De outro lado, as castas mais baixas, assim como as mais elevadas, continham muitos camponeses ricos. Assim, houve uma enorme variação interna na condição econômica. Correspondentemente, os interesses materiais de classes diferentes, pertencentes à mesma casta, também seriam diferentes. Uma vez que a heterogeneidade é visível dentro de uma casta e elas não podem ser facilmente postas de lado, os defensores das políticas de castas argumentam que não se trata de uma questão econômica, mas do atraso social a partir do qual essas castas têm sofrido severas restrições às suas garantias. Será que todos os membros das castas mais baixas sofrem com o mesmo grau de desvantagem ritual? Atualmente, houve a elaboração de uma gradação e uma hierarquia entre as castas intermediárias, Shudra e até mesmo, os intocáveis, que regem a interação entre eles e manteve a socialização intra castas no mínimo. As famílias ricas que pertencem a uma casta baixa tentaram imitar os costumes e os rituais das castas superiores, tais como o casamento infantil, previniram-se contra um novo casamento de viúva e pagamentos de dote. Ocasionalmente, as partes das castas mais prósperas se separaram para formar novas castas e reivindicaram uma classificação ritual mais elevada. Geralmente, uma casta afluente consegue aumentar a sua posição na hierarquia ritual, como Kayastha e Jat, ambas que aumentaram a sua posição dos Shudra e estão próximas a serem Rajputs. Membros da casta Jat alegaram serem duas vezes nascidos no seu rank e eles queriam ser classificados a par com os Rajputs no censo de 1901. Em alguns distritos a sua solicitação foi aceita. Mas a comissão provincial, que elaborava a hierarquia ritual, concedeu-lhes uma classificação mais elevada que as das castas Shudra, uma vez que eles não aceitaram o seu pedido para serem duas vezes nascidos. O mesmo ocorreu com os Kalwars que reivindicavam o status Vaishya. Subrepticiamente, muitos deles foram contados nos censos como Vaishya/Bania ou mesmo Rajput. Consequentemente, parte da casta Kalwar na população de U.P. diminuiu significativamente ao longo dos censos. A elite Kurmi seguiu uma variedade de caminhos. A sua associação de casta demandava um rank ritual mais elevado, em paridade com os Rajputs. Alguns deles se contam como se fossem Rajputs. O resultado é que parte dessa casta diminuiu com relação à casta total ao longo dos censos.

No distrito de Gorakhpur, os proprietários de terras e grandes cultivadores romperam com a casta dos seus ancestrais (Kurmi) durante a segunda e terceira décadas do século xx. Eles formaram uma nova casta chamada Sainthwar, cujo nome era de uma subcasta Kurmi. Antes do censo de 1931, os mais abastados de Chamars, no oeste de U.P., separaram-se para formar uma nova casta chamada Jatav, que era o nome de uma subcasta. Eles reivindicaram serem Rajputs e exigiram que fossem contados como Jatav-Rajputs. Na verdade, em 1931, à exceção de uma das castas mais oprimidas, como a Bhangi, entre outras, todas as outras castas dos não-nascidos duas vezes formaram associações que reivindicam um rank ritual mais elevado, em paridade com as castas dos nascidos duas vezes. Isso deu origem a uma situação peculiar. A antiga hierarquia ritual desintegrou-se, porque a elite de qualquer casta concede uma classificação superior de ritual de qualquer outra casta. Não há sentimentos de igualdade no sistema de casta, uma vez que nenhuma delas aceitam como igual uma casta que é inferior a sua na escala social-ritual.

Até mesmo agora, os casamentos intracastas entre OBCS ou SCS são praticamente ausentes nas áreas rurais. As raras ocorrências nas áreas urbanas ocorrem dentro da mesma classe econômica. Evidentemente, dentro de uma casta, os tipos e graus de privação variam. Dentro de uma casta baixa, os grupos de renda mais alta sentem-se privados de um status ritual mais elevado que seria compatível com seu status econômico. Eles também se sentiram privados de educação e de empregos no sistema governamental. As associações de castas formadas por eles articulam as demandas de uma classe alta. Ao mesmo tempo, a casta também continha uma grande parte dos camponeses marginais e pequenos, que eram oprimidos pelos aluguéis e obrigações das dívidas, bem como trabalhadores sem terra que estão no grau mais baixo da escala econômica. Na história das associações de castas atrasadas e baixas, as demandas de redistribuição de terras, exigências de salários mínimos, e medidas especiais para beneficiar os pobres virtualmente nunca avançaram.

É surpreendente que, ainda no século xxi, a casta continue sendo o único critério para políticas públicas orientadas para a discriminação positiva, assim como categorias como os OBCS e SCS sejam tratadas, essencialmente, de forma homogênea, apesar da massa de evidências relativas, ao início do século xx, apontando para o contrário. A alegação de que a utilização de um limite de renda para a identificação da "camada cremosa" entre os OBCS traria os benefícios de reserva é atualmente um engano. O limite de renda de Rs 250.000, recentemente fixado pelo governo central, nem sequer exclui os 10% superiores da população inteira. Além do mais, quando se é conhecido que os rendimentos podem ser facilmente subnotificados, não há nenhum esforço por qualquer outro critério que possa ser realmente usado para excluir os privilegiados.

Obviamente, a utilização de castas e reservas com base nas próprias castas são projetadas para absorver as elites dessas castas mais baixas na classe dominante.[7] Ao mesmo tempo, o uso de castas na esfera pública efetivamente mantém as massas desfavorecidas politicamente divididas e fracas.

---

7   Ver Pradipta Chaudhury, "The 'Creamy Layer': Political Economy of Reservations". *Economic and Political Weekly*, maio 15, 2004, vol. 39, n. 20, p. 1989-1991.

As relações militares internacionais da Índia: indústria de defesa e o contexto de segurança regional

ANTONIO HENRIQUE LUCENA SILVA[1]

Introdução

APÓS A INDEPENDÊNCIA DA GRÃ-BRETANHA EM 1947, a Índia tem realizado um esforço na construção de uma indústria de defesa local que possibilite a autossuficiência na produção de material bélico. Com a independência, o país priorizou o desenvolvimento econômico como meta. Os dados mostram que entre 1958 a 1962 a Índia investiu 2% do Produto Interno Bruto (PIB) em defesa (BASKARAN, 2005, p. 212). O Primeiro Ministro indiano Jawaharlal Nehru adotou, como política externa do Estado, a rejeição do uso da força como meio de solução de disputas (HOYT, 2007, p. 22). Após o fiasco da Guerra Sino-Indiana de 1962, considerada uma humilhante derrota para as Forças Armadas Indianas, o gasto em defesa do país dobrou (ver tabela abaixo).

TABELA 1. Gastos em defesa da Índia (anos selecionados)

Ano	Gastos em defesa (Em rúpias)	Gastos em defesa (US$ de 1960)	Gastos em defesa (% do PIB)
1948	1.675	443	–
1949	1.672	443	–
1950	1.748	452	–
1951	1.833	452	–
1952	1.878	475	1,7

---

1 Mestre em Ciência Política pelo PPGCP da Universidade Federal de Pernambuco. Bolsista de Mestrado da Capes. Membro do Núcleo de Estudos de Desenvolvimento e Região.

1953	1.926	470	1,7
1954	1.969	503	1,8
1955	1.932	524	1,7
1956	2.118	624	1,7
1957	2.665	567	2,1
1958	2.797	621	2,0
1959	2.699	577	1,9
1960	2.774	582	1,9
1961	3.046	625	1,9
1962	4.336	862	2,6
1963	7.306	1,409	3,8
1964	8.084	1,380	3,6
1965	8.651	1,346	3,6
1966	9.027	1,304	3,4
1967	9.535	1,185	3,1

Fonte: Extraído de sipri Yearbooks 1968-1972 *apud* Hoyt, 2007.

Inicialmente, os militares indianos não possuíam muita influência na política doméstica e internacional, pelo fato de o Exército ser visto com um símbolo do poder imperial. Após 1962, os militares começaram a ter mais status e prestígio em virtude das guerras em que o país se envolveu, e das operações de paz que realizou. Desde a independência, em dez ocasiões a Índia se envolveu em intervenções e conflitos internacionais, a saber: o primeiro conflito da Cachemira (1947-1948), a absorção de Hyderabad (1948), a conquista de Goa (1961), a Guerra do Himalaia com a China (1962), o incidente de Kutch (1965), a segunda guerra da Cachemira (1965), a secessão de Bangladesh (1971), a intervenção nas Maldivas (1988), a operação de paz no Sri Lanka (1987-1990) e o conflito de Kargil (1999).

O ano de 1962 foi um marco para a questão da defesa, porque, desde então, os objetivos que a Índia tem perseguido na criação de uma indústria nacional são os de possuir uma indústria confiável, reduzir a dependência externa na importação de armas e reduzir o peso financeiro causado pela importação dos armamentos, através da produção local. A preferência pela autossuficiência reflete uma opção das elites de manutenção da independência. Ter uma indústria de defesa também representa para os indianos possuir maior prestígio e autoridade, assim como obter o reconhecimento de potência na Ásia (HABIB *apud* HOYT, 2007, p. 22). Para esse esforço, a Índia conseguiu criar uma das maiores indústrias militares dos países em desenvolvimento ao longo dos 50 anos após a independência. Uma característica do modelo indiano foi a forte presença do Estado no desenvolvimento do setor – as empresas indianas são todas controladas pelo Estado. O modelo de desenvolvimento indiano da sua indústria militar foi semelhante ao de outros países emergentes: a substituição de importações. O desenvolvimento da indústria militar privilegiou sistemas de armas como aeronaves, que possibilitaram a expansão militar quantitativa e qualitativa.

Outra preferência indiana foi o desenvolvimento da capacidade nuclear. Em 1974, a Índia demonstrou ter capacidade nuclear, tendo-a aprimorado com uma nova série de testes em 1998. Durante as década de 1980 e 1990, o vizinho Paquistão também desenvolveu sua capacidade nuclear, atingindo um equilíbrio relativo com a Índia, já que as forças paquistanesas são menores, em termos quantitativos. Com as guerras, a Índia passou a ter uma nova postura com relação à segurança, à doutrina nuclear e ao papel dos militares na política nacional de segurança. Neste artigo abordaremos a literatura sobre a indústria de defesa indiana, enfocando as opções que o governo adotou para o desenvolvimento industrial-militar e as suas estratégias. O contexto de segurança regional em que o Estado está inserido, como as relações com o vizinho Paquistão, a China, o parceiro durante a Guerra Fria, a União Soviética e as novas relações do período pós-Guerra Fria com os Estados Unidos também serão abordados.

Indústria de defesa, política de defesa e a estrutura do complexo-militar industrial da Índia

As análises de Timothy Hoyt (2007), Angathevar Baskaran (2004) e de Sudha Maheshwari (2003) enfocam a política de defesa indiana, a estrutura organizacional da indústria e a percepção de segurança do país frente ao ambiente asiático. As relações com o vizinho Paquistão, assim como a percepção de segurança do país, são enfocadas nas análises dos autores sobre o desenvolvimento da indústria bélica. O caso indiano de política de aquisição de armamentos é o de fortalecer as forças armadas, para que elas estejam qualitativamente equivalentes aos seus adversários (THOMAS *apud* HOYT, 2007, p. 5). Timothy Hoyt (2007) realiza uma análise das indústrias militares e da política de segurança regional de Israel, Iraque e Índia. O objetivo do autor é de elaborar um modelo de análise que aborde as mudanças nos cálculos de segurança e as experiências militares na política industrial-militar. Ao focar o cálculo[2] da segurança, o autor afirma que serve a dois propósitos: 1) Facilita uma análise mais sofisticada e acurada das motivações, do desenvolvimento e das habilidades das indústrias militares dos países.[3] 2) A política de segurança dos Estados propiciam importantes indicadores na aquisição, assimilação, desenvolvimento de tecnologia militar e de uso dual.

Para o autor, a produção de armas em países de proeminência no âmbito regional deve ser cuidadosa, porque os Estados, através da produção de armas, buscam engajar ou prolongar conflitos com os vizinhos e dissuadir intervenções externas com armas produzidas localmente, assim como a produção local minimiza a possibilidade de desabastecimento de suprimentos. O autor também afirma que Estados que possuam apenas interesse na segurança interna tem uma demanda menor em criar indústrias de defesa sofisticadas. No caso do país possuir ameaças externas de vizinhos ou de forças externas, a demanda aumenta para a criação de capacidades e a expansão da base industrial-militar. Armas sofisticadas são necessárias para igualar-se um potencial adversário e para atenuar possíveis deficiências quantitativas contra um inimigo superior. O uso de tecnologia também age como um multiplicador de força, ou seja, amplia a capacidade militar nacional.

Outra análise realizada pelo pesquisador é que do período que compreendeu as décadas de 1950 a 1970, o comércio de armas era dominado pelas duas superpotências, Estados Unidos e União Soviética. Para que pudessem obter certa autonomia política e reduzir a dependência, os países menos desenvolvidos começaram a desenvolver estratégias de substituição de importações, múltiplas fontes de fornecimento e o desenvolvimento de um esforço industrial local ou via cooperação. Durante os anos 1970 e 1980, o crescimento das capacidades, assim como as políticas militares industriais para autossuficiência, aumentaram a possibilidade de competição, inclusive com os países desenvolvidos. Foi nesse contexto que a participação das superpotências no comércio de armas caiu de 80% na década de 1960 para 51,4% em 1985 (HOYT, 2007, p. 5). A participação dos países menos desenvolvidos no mercado cresceu de 5,9% para 16,6% no período de 1974 a 1984. Esse período também foi caracterizado por conflitos de alta intensidade como a Guerra

---

2   O modelo desenvolvido por Hoyt compreende três fatores sobre os cálculos de segurança e não é um modelo formal de análise.

3   Hoyt classifica Israel, Iraque e Índia como países menos desenvolvidos. O autor classifica todos os países exceto Estados Unidos, Japão, Canadá, Austrália, Nova Zelândia e todos os não-europeus como "menos desenvolvidos".

Irã-Iraque. Após o fim da guerra, a contração do mercado mundial de armas e a queda do muro de Berlim foram fatores que levaram a uma diminuição dos gastos em armas; essa redução foi responsável pela quase falência da indústria militar brasileira.

É importante ressaltar que diferentes abordagens foram utilizadas para analisar os países menos desenvolvidos. As abordagens podem ser estrutural/dependente, econômica/desenvolvimento, predominância/sistema-mundo e histórica/sistêmica (HOYT, 2007, p. 8). Em sua análise, Hoyt enfatiza que os desenhos de pesquisa não abordaram o contexto de segurança em que os países estão inseridos. Os maiores produtores dos países menos desenvolvidos incluem Brasil, Argentina, Coreia do Norte, Coreia do Sul, Egito, Israel, África do Sul, Taiwan, China, Índia, Paquistão, Indonésia, Singapura, Irã e Iraque.[4] Para Hoyt, esses países sofreram algum tipo de embargo, estão envolvidos em disputas regionais ou ameaças de alianças que fizeram com que eles tivessem algum grau de preocupação com a sua segurança. A relação que Estados possuem com as suas indústrias de defesa refletem o ambiente de segurança em que eles interagem, ambições, assim como experiências e expectativas sobre potências externas na sua região (*idem*, p. 16). Nesse estudo, o autor faz uma análise comparativa, no século XX, entre Israel, Iraque e Índia. No caso de Israel e Índia, os países são os mais persistentes e sofisticados produtores do período da Guerra Fria. Porém, os países adotaram diferentes modelos de desenvolvimento das indústrias, e o ambiente doméstico também é diferente. No caso indiano, o país é uma das maiores democracias no mundo, e o Parlamento possui uma política de não alinhamento em termos de assunto de segurança. Esse ambiente é considerado pelo autor importante para que se possa compreender o tipo de regime, a burocracia e as influências domésticas na política industrial-militar.

A revisão de bibliografia realizada por Hoyt observou que os estudos da área tendem a enfatizar os modelos voltados para exportação ou substituição de importações. Os estudos enfatizam o Brasil, China, Israel, Coreia do Sul e Singapura como exportadores, mas não abarcam a Índia, apesar de este país possuir vastos recursos e ter desenvolvido uma base científica e tecnológica. Por isso, o autor foca a variável da segurança, visto que os fatores econômicos não são suficientes para explicar a competitividade no setor de armamentos (*idem*, p. 18). A questão tecnológica é abordada como um produto e também em termos de assimilação, como aquisição de conhecimento, habilidades técnicas e infraestrutura.

O complexo militar-industrial indiano é constituído de 39 OFs (*Ordnance Factories*), das quais 16 foram criadas antes da independência, 8 unidades de setor público de

---

4   Basicamente no período em que Saddam Hussein estava no poder.

defesa (DPSU – *Defense Public Sector Units*) e mais de 50 laboratórios de Pesquisa & Desenvolvimento (P&D) ligados ao *Defense Research and Development Organization* (DRDO). Apesar dessa infraestrutura, a Índia é considerada um grande importador de armas (NUGENT *apud* BASKARAN, 2004, p. 212). A produção de material bélico na Índia está inteiramente controlada pelo governo, com a exceção de componentes, tecnologias de uso dual e não-letais. Atualmente, o Governo indiano está iniciando uma abertura para a participação estrangeira, mas as empresas continuam estatais.

Os DPSUS são subordinados ao Departamento de Produção de Defesa e Suprimentos. A *Hindustan Aeronautics Limited* (HAL) foi criada em 1964, com escritório em Bangalore. A empresa é constituída de oito divisões distribuídas entre seis estados indianos, e é responsável pelo design, produção e manutenção de aeronaves, helicópteros, motores, aviônica, instrumentos e acessórios. A *Bharat Eletronics Limited* (BEL) é a principal empresa no ramo de eletrônicos. Fundada em 1954, tem nove unidades de produção situadas em Bangalore, Madras, Hyderabad, Machilipatnam, Pune, Taloja, Panchkula, Ghaziabad, e Kotdwara (MAHESHWARI, 2004, p. 188). A *Bharat Earth Movers Limited* (BEML) é responsável pelo desenvolvimento, *design* e manutenção de caminhões, veículos pesados e motores a diesel, entre outros, mas grande parte da produção da BEML é destinada ao setor de mineração. Entre as oito DPSUS, três são relativas ao setor naval, como a *Mazagon Dock Limited* (MDL), a *Garden Reach Shipbuilders and Engenieers Limited* (GRSE) e a *Goa Shipyards Limited* (GSL). A *Bharat Dynamics Limited* (BDL) foi fundada em 1970 e conta com unidades em Hyderabad e Bhanur. A empresa constrói e desenvolve mísseis e sistemas de mísseis. A *Mishra Dhatu Nigam Limited* (MIDHANI) é especializada em aço (*idem*).

Logo após a independência, o Governo indiano fundou a *Science Research and Development Organization*, que ficou responsável por coordenar o desenvolvimento de pesquisas em alta tecnologia no setor militar. Em 1952, foi criada a *Defense Science Service* (DSS), e em janeiro de 1958, a *Defense Service Organization* das três forças armadas foi fundida na DRDO. A maior expansão da DRDO ocorreu durante a administração de V. S. Aruchalam, que expandiu a instituição em 33%. No ano de 1991, a DRDO estava constituída por 50 laboratórios, nos quais trabalhavam 5 mil cientistas e 25 mil técnicos. A DRDO também coopera com a HAL, BEL e a BDL em P&D (HOYT, 2007, p. 28).

Também fazem parte do complexo militar-industrial indiano as *Ordnance Factories* (OFS), que são voltadas quase que exclusivamente para o setor militar. Elas são divididas em cinco grupos: Roupas, Munições e Explosivos, Armas, Veículos e Veículos Blindados. No ano de 2002, o total de empregados nas OFS foi 133 mil funcionários, e ela exportou para 30 países, no valor total de 350 milhões de rúpias (*idem*).[5]

Indústria militar indiana: *offsets*, acordos e desenvolvimento

Apesar da infraestrutura indiana da produção de armas, o país carecia de uma política de segurança de longo prazo até 1984 (SUBRAHMANYAM *apud* HOYT, 2007, p. 26). Uma das críticas é que a questão da segurança na Índia é tratada em termos não militares, o que reflete na dimensão da segurança nacional. Como a Índia deseja ser reconhecida como uma grande potência na região, o processo de desenvolvimento da política militar-industrial tem priorizado os símbolos de poder (como o programa nuclear) em relação à solidez de produtos que contribuam efetivamente para a segurança nacional (HOYT, 2007, p. 26).

Porém, os estudos sobre a política industrial-militar indiana mostram que ela não é consistente ao longo do tempo e carece de planejamento de longo prazo, com um plano de modernizações. Os recursos a ela alocados variam de acordo com a percepção de ameaça, as agendas dos partidos políticos ou uma necessidade imediata (HOYT, 2007; BASKARAN, 2004 e MAHESHWARI, 2003). Timothy Hoyt temporiza o cenário macroestrutural da segurança da Índia em: 1947 a 1962; 1963 a 1974; 1974 a 1998 e um novo período de novas ameaças e oportunidades de 1998 a 2005. Baskaran (2004) aborda as diferentes estratégias de *offset*[6] que a Índia adotou ao longo do tempo. No período de 1947-1962, a Índia adquiriu armas da Grã-Bretanha e França. Como o país passou a privilegiar o desenvolvimento da indústria nacional, adotou a estratégia de importação estrangeira e assistência tecnológica.

Entre 1960 a 1980, os acordos eram de *offsets* diretos, sendo a produção por licença a mais adotada para sistemas de armas e subsistemas; também estava incluída a transferência de tecnologia. Os acordos também englobavam *offsets* indiretos, como acordos comerciais sobre serviços e produtos que não eram relacionados à defesa, como bens de consumo (HAMMOND *apud* BASKARAN, 2004, p. 213).

Com a União Soviética, a Índia teve uma relação especial ao longo da Guerra Fria. Os tipos de acordos de *offset* realizados pela Índia eram de três tipos: 1) produção por

---

5   8 milhões de dólares. Valores constantes de 2001.

6   Contrapartidas ou compensações.

64 Marcos Costa Lima (org.)

licença/assistência tecnológica; 2) comércio de troca; e 3) crédito barato de longo prazo. Ainda durante a década de 1960 e 1980, a grande maioria dos acordos de *offset* realizados pela Índia eram feitos com a União Soviética (ver tabela abaixo sobre importação de sistemas de armas), e apenas um pequeno número era feita com alguns países do bloco Ocidental. Do total dos acordos feitos pelo país, cerca de 70% eram realizados com a União Soviética (SINGH *apud* BASKARAN, 2004, p. 213). Tanto o exército como a Força Aérea eram equipados com material de procedência soviética, apesar de algumas exceções de equipamentos britânicos e franceses. Na Marinha, também há transferência de tecnologia, mas em número reduzido.

TABELA 2. Maiores importadores de sistemas de armas dos países em desenvolvimento de 1985-1989 (em milhões de dólares)

País importador	1985	1986	1987	1988	1989	1985-1989
1. Índia	1.876	3.683	4.585	3.383	3.383	17.346
2. Iraque	2.871	2.447	4.247	2.005	418	11.988
3. Arábia Saudita	1.447	2.395	1.956	1.770	1.196	8.764
4. Síria	1.690	1.508	1.169	1.172	336	5.875
5. Egito	1.282	1.665	2.347	348	152	5.794
6. Coreia Norte	977	876	487	1.383	1.553	5.276
7. Afeganistão	82	611	687	939	2.289	4.608
8. Angola	694	975	1.135	890	24	3.718
9. Líbia	969	1.359	294	65	499	3.186
10. Taiwan	664	866	640	513	263	2.946
11. Irã	710	746	685	538	261	2.940
12. Paquistão	675	616	467	467	694	2.919
13. Coreia do Sul	388	267	597	934	607	2.793
14. Israel	193	446	1.629	327	93	2.688
15. Tailândia	305	74	644	510	330	1.863
Outros	5.753	5.026	4.601	4.012	3.893	23.285
Total	20.576	23.560	26.170	19.256	16.427	105.989

Fonte: SIPRI Yearbook 1990 (os valores estão em dólares constantes de 1985).

A produção por licença possui algumas fases, como a montagem do equipamento, a produção de partes utilizando material estrangeiro e a produção dessas partes utilizando materiais produzidos localmente. A Índia enfrentou sérias dificuldades na absorção de tecnologias, aumento do custo de produção, assim como falhas. Exemplo disso foi a produção local do tanque Chieftain, fabricado originalmente pela Vickers e Armstrong (Grã-Bretanha), e renomeado pelos indianos de Vijayanta. Esse tanque demonstrou ser lento no teatro de operações da guerra contra o Paquistão em 1965. Apenas em 1970 a produção se normalizou, e os custos caíram.

Para que o Exército se mantivesse equipado adequadamente, a Índia adquiriu da União Soviética tanques T-55 e T-72 (GRAHAM *apud* BASKARAN, 2004, p. 213). Também fez acordos com a Grã-Bretanha para a produção da aeronave de transporte HS-748 e do caça leve Gnat. O HS-748 foi considerado um fracasso, enquanto o caça Gnat foi considerado um sucesso parcial. Com a União Soviética, foi feito acordo para a produção por licença do caça de combate MIG-21. O programa do MIG-21 teve uma série de atrasos, mas foi importante porque a HAL conseguiu aperfeiçoar sua capacidade de design e produção, assim como desenvolver a sua base técnica. O programa de licença do MIG-21 foi importante porque outros acordos foram firmados com a União Soviética, possibilitando à HAL outros tipos de tecnologias aeronáuticas através dos programas do MIG-23, MIG-27 e, posteriormente, MIG-29.

Somente a partir de meados da década de 1980 os acordos de *offset* começam a dar resultados significativos, com a Índia atingindo a autossuficiência na produção de armas curtas, munição e artilharia. Ainda sob o âmbito da produção sob licença, a Índia começou a produzir helicópteros, tanques, caças e fragatas. Apesar de todo o esforço realizado, o país ainda não conseguiu atingir a sua principal meta, que é a de diminuir a diferença tecnológica existente em relação aos países desenvolvidos, tendo que importar sistemas de armas inteiros (como caças de combate) de última geração de outros países (GOSH *apud* BASKARAN, 2004, p. 214).

Outra estratégia adotada pela Índia foi a de realizar acordos internacionais utilizando a rúpia como moeda de troca. O objetivo desse tipo de estratégia é a de diminuir o peso causado pelas trocas externas. Com isso, a Índia pode importar armas (geralmente o prazo do acordo era de 10 anos, depois ampliados para 15), gerando créditos em rúpias, que são abatidos quando o país que fez o acordo importa bens da Índia. Um exemplo desse acordo foi o de 15 anos, realizado com a União Soviética, de 13 bilhões de rúpias (MEHROTRA *apud* BASKARAN, 2004, p. 214). No caso dos países ocidentais, a Índia não conseguiu fechar acordos desse tipo, já que eles não estavam interessados em rúpias. Portanto, o método que prevaleceu entre o bloco ocidental foi a produção por licença.

Da Grã-Bretanha, a Índia adquiriu o porta-aviões HMS Hermes, que fez sucesso no período da Guerra das Malvinas/Falklands (1982), operando aeronaves Sea Harrier. Após fazer consertos no porta-aviões, o custo total ficou em 120 milhões de libras. Com a França (na década de 1980), o acordo de *offset* para ajuda no desenvolvimento de porta-aviões local foi realizado através da compra de aeronaves Mirage 2000; a França também realizaria ajuda tecnológica para a produção do caça Tejas/Light Combat Aircraft.

Os impactos das compensações tiveram graus diferenciados, principalmente nas DPSU. As transferências de tecnologias de sistemas inteiros tiveram problemas ao serem incorporadas, criando as competências desejadas pelos indianos. Apesar de recuos em algumas áreas, a produção por licença possibilitou que DPSUS como HAL, BEL e MDL acumulassem altos níveis de capacidade tecnológica, passando a produzir sistemas de armas sofisticados e navios. Por causa dessa capacidade acumulada, os acordos subsequentes ajudaram a favorecer a Índia em novos acordos (ARYA *apud* BASKARAN, 2004, p. 215).

Para diversos analistas (GIDADHUBLI, SINGH, MITRA, MEHROTRA *apud* BASKARAN, 2004, p. 216), a relação da Índia com a União Soviética trouxe algumas conclusões sobre a política de *offsets*. Pode-se observar que houve aumento no comércio e diversificação das exportações indianas; os preços pagos pelos bens foram favoráveis aos indianos; a capacidade de barganha da Índia aumentou e possibilitou a realização de acordos que favorecessem o país para obter melhores negócios, seja com países ou com multinacionais; os programas de desenvolvimento indianos, principalmente os de defesa, se beneficiaram da importação de bens de capital soviético. A crítica é a de que os preços pagos ficaram mais caros do que os equivalentes que estavam sendo oferecidos por competidores. O país também não conseguiu diminuir os gastos com a importação de sistemas de armas completos. Isso ocorreu porque partes dos componentes dos sistemas indianos são importados, o que continua a pesar seriamente na balança comercial.

Durante os anos 1980 e 1990, a Índia alocou uma grande quantidade de recursos para defesa. Os gastos em defesa aumentaram significativamente por causa de três componentes: 1) pagamentos; 2) gastos não planejados; e 3) gastos planejados. O alocamento de recursos para a área de defesa atingiu o valor de 230 bilhões de rúpias no período de 1994 a 1995, excedendo o valor destinado aos gastos sociais e de bem-estar, que foram de 223 bilhões de rúpias (GOSH *apud* BASKARAN, 2004, p. 220).

A União Soviética mostrou ser o maior parceiro da Índia durante a Guerra Fria. Cerca de 70% do total das importações e dos *offsets* foram dos soviéticos. Outra questão relevante é que a produção por licença e crédito barato para a importação de armas retardou os gastos e avanços domésticos com relação à pesquisa e desenvolvimento. A diferença tecnológica em defesa da Índia em relação aos países mais avançados na área não deixou de existir, mas ela conseguiu a autossuficiência em algumas áreas, como armas pequenas.

De acordo com analistas, a parceria com os soviéticos é considerada positiva porque os indianos adquiriram armas e tecnologias que melhor serviam aos seus interesses (JACOBS *apud* BASKARAN, 2004, p. 220). Após o colapso da União Soviética, a Índia encontrou algumas dificuldades nas importações de material de defesa. Com o fim da Guerra Fria, esperava-se que houvesse uma redução nos níveis de gastos indianos, o que não ocorreu. O comprometimento das autoridades com o desenvolvimento da infraestrutura militar indiana, assim como a sua indústria de defesa, permanece vigente. O que explica essa permanência dos gastos é o contexto de segurança regional em que o país está inserido, visto que as relações com os seus vizinhos, especialmente Paquistão e China, não são excelentes. A relação especial que Índia tinha com União Soviética deixou de existir com a queda do muro de Berlim, em 1989. Com isso, a percepção de ameaça da Índia aumentou (MAHESHWARI, 2003, p. 179). O país continua a almejar um maior status na ordem global, e o apoio público para o gasto em defesa é alto (*idem*).

Oficialmente, a Índia não possui uma política de planejamento para uma conversão, ou seja, utilizar as capacidades da indústria de defesa para aplicações civis, apesar de ter realizado um esforço para a diversificação da base industrial de defesa para aplicações comerciais. Efetivamente, a Índia não aplicou uma política de conversão como outros países têm adotado. A discussão sobre a *performance* da indústria indiana tem sido debatida não apenas fora do governo, mas dentro também. As análises do Auditor Geral da Índia mostram que eles sofrem de capacidade ociosa e custos de produção muito altos (*idem*, p. 192). Haveria redução dos custos da produção se as DPSU e OF iniciassem uma política de diversificação e produção de bens de uso dual, e se houvesse um equilíbrio razoável entre os setores civil e militar. A conversão para a Índia deveria levar em consideração a produção de bens civis, mantendo-se a capacidade de produção para o setor militar (SUBRAHMANYAM *apud* MAHESHWARI, 2003, p. 192). Têm pressionado pela diversificação a baixa performance da indústria e o contínuo problema orçamentário, por causa das crises fiscais.

Os DPSU que mostraram ser engajados na diversificação são a HAL e a BEL. Para a HAL, o mercado de aviação civil é uma boa opção. A estratégica de diversificação possui dois vetores: 1) diversificação de clientes e 2) diversificação de produtos. Uma das barreiras para a conversão identificada é a baixa colaboração com o setor privado. Como as empresas indianas operavam frequentemente com a produção por licença, não se envolviam em projetos de melhorias ou desenvolvimento. Por isso, para que a Índia alcance a produção local desejada e a necessidade de ainda importar uma grande quantidade de material para a produção, os recursos para o setor de defesa tiveram que ser grandes, diminuindo, inclusive, os gastos sociais e de desenvolvimento (MAHESHWARI, 2003, p. 198). Alguns resultados têm sido positivos: por exemplo, os *spin-offs*[7] foram gerados para o setor de *software* em Bangalore que tiveram origem nos investimentos na área aeroespacial.

O contexto de segurança regional: Índia, Rússia e as relações com os Estados Unidos

A percepção de segurança indiana mudou em alguns períodos. Logo após a independência, os esforços foram voltados mais para questão da defesa do que da segurança. Inicialmente, a postura da política externa foi a do não alinhamento com as superpotências no emergente conflito entre o "Ocidente-Oriente". A ênfase da política externa indiana foi pautada por princípios morais e da Panchsheela,[8] e os gastos com defesa dificilmente atingiam 2% do PIB. A guerra Sino-Indiana de 1962 mudou esse panorama, já que a Índia estava mal equipada no período do conflito e sofreu uma grande derrota. Depois de evento, a questão da defesa foi dada como alta prioridade pelo governo. Diversos estudos enfocam o contexto de segurança regional (ATHWAL, 2008; GOH *et al*, 2008; KHAN, 2009; MARGOLIS, 2001; SWAMI, 2006).

---

7   Desmembramentos ou subprodutos.

8   A condução das relações externas baseada no princípio da não interferência e do respeito mútuo.

A Índia tem utilizado as Forças Armadas desde a independência para combater problemas de segurança em quatro níveis: lutas internas, conflitos regionais, intervenção extrarregional da China e interferência de superpotências no sistema regional (HOYT, 2007, p. 24). A segurança interna emerge devido ao caráter multiétnico da Índia, gerando movimentos separatistas. Os movimentos considerados mais problemáticos são os concentrados na região periférica do país, como na região de Assam e os rebeldes Mizo e Naga. A Cachemira ainda constitui um foco instável. A região foi absorvida pela Índia em 1947, mas a maioria da população é muçulmana. No Punjab, região de maioria da população *sikh*, irrompeu na década de 1980 um violento movimento separatista destinado a constituir um país próprio para os *sikh*. O Paquistão foi acusado de ter apoiado os movimentos (*idem*). A Cachemira continua a representar a região mais volátil para um conflito Indo-Paquistanês, como demonstrado pelo conflito em Kargil em 1999 e pela crise de 2001-2002.

Para os militares paquistaneses, o exército tem sido um símbolo de identidade e um elemento de união nacional, favorecendo que os militares se envolvam tanto na política doméstica quanto nos assuntos internacionais. Paquistão e Índia envolveram-se em três grandes guerras no período de 1947 a 1971. Os exercícios militares, utilizados como demonstração de força, foram realizados na Cachemira e no Punjab e quase degeneraram em guerra, nos anos de 1986-1987 e em 1990. A incursão paquistanesa na região de Kargil levou a uma guerra limitada em 1999.

A política indiana para a China tem sido defensiva, tendo influenciado a decisão do Estado de ter desenvolvido um programa nuclear e mísseis balísticos de longo alcance. Para as superpotências, a Índia tem adotado uma postura diplomática, a exemplo do acordo firmado com a União Soviética de Paz, Amizade e Cooperação de 1971 (*ibidem*).

A invasão soviética no Afeganistão na década de 1980 também alterou o ambiente regional. Os Estados Unidos passaram a adotar uma política de contenção da União Soviética, e o Paquistão começou a receber mais armas de procedência estadunidense, o que foi interpretado pela Índia como uma ameaça. Devido a isso, a União Soviética passou a ser um aliado no fornecimento de material bélico. O Paquistão foi acusado de apoiar grupos terroristas (*ibidem*, p. 25), mas, atualmente, tornou-se um aliado importante dos Estados Unidos por causa dos atentados terroristas de 11 de setembro de 2001 e a consequente invasão do Afeganistão. Ataques terroristas ao Parlamento Indiano que ocorreram em Nova Délhi geraram outra crise que quase levou a uma nova guerra em 2002. Devido aos ataques de 13 de dezembro de 2001, a Índia iniciou uma escalada militar em resposta, com o Exército e a Força Aérea preparados para retaliar. A crise foi parcialmente resolvida em janeiro de 2002, após concessões do parlamento paquistanês.

Os ataques terroristas que ocorreram em maio de 2002 em Kaluchak e mataram mulheres e crianças fizeram com que a crise reemergisse. Para a resposta a esses ataques, a Índia mobilizou a frota ocidental e oriental, colocou forças militares na Cachemira e iniciaria uma série de ataques até meados de junho de 2002. Nova coerção ao Paquistão não conseguiu atingir os resultados esperados (HOYT, 2007, p. 59).

Deve ser ressaltado que a nova doutrina militar indiana foi aprovada em 2003, e um comando nacional foi designado para controlar o arsenal nuclear. A estrutura nuclear vai sendo melhorada com o passar do tempo. A marinha está tentando aperfeiçoar sua infraestrutura, que, na questão nuclear, é dominada pela força aérea, por meio de bombardeiros e mísseis balísticos. Nos anos de 1999 e 2000, seguindo pelo ano de 2003, a Índia iniciou um programa de modernização das suas forças armadas, mas o gasto em defesa ficou em 2,4% do PIB (*idem*).

Índia e Rússia também iniciaram um programa de cooperação militar para o desenvolvimento de um caça de 5º geração, mostrando que a longa relação da Índia com a Rússia deve permanecer ao longo do tempo. Os países também fizeram acordos para a cooperação no desenvolvimento do míssil anti navio Brahmos e na modernização da frota de caças MIG-21. Os indianos também adquiriram a licença da produção do caça Su-30MKI.

Continuamente o arsenal nuclear vai sendo ampliado. De acordo com especialistas, a Índia possui uma capacidade de produção de plutônio suficiente para a produção de 60 bombas. Há notícias de que o país testaria uma bomba termonuclear e de nêutrons (IYENGAR *apud* HOYT, 2007, p. 61).

O país também tem investido no seu programa espacial. No ano de 2008, foi lançada uma sonda espacial não tripulada à Lua, que conseguiu atingir a superfície daquele satélite com sucesso.[9] O país também iniciou a cooperação com Israel: o míssil PSLV consegue levar 1.500 kg de carga, adequado para ogivas nucleares.

Em março de 2005, a Índia recebeu a visita da secretária de Estado norte-americana Condoleeza Rice, como parte do esforço de Washington de aprimorar as relações com Nova Delhi. Ressalta-se a existência de áreas de interesse geopolítico

---

9   Para maiores detalhes ver: "Sonda de missão indiana toca a superfície da lua". http://www.bbc.co.uk/portuguese/reporterbbc/story/2008/11/081114_indialua_mp.shtml. Acesso em 10 de maio de 2009.

comum entre os EUA e Índia para cooperação militar. Entretanto, apesar de ambos os países terem assinado o acordo de parceria estratégica (NSSP) em 2004, persistem áreas de discordância, como a ausência de apoio indiano à invasão do Iraque e o fato de a Índia ter-se recusado a assinar o Tratado de Não-Proliferação de Armas Nucleares (TNP), além do desejo indiano de estabelecer ligações energéticas com o Irã. Essa nova fase das relações com os EUA é analisada na coletânea de artigos organizada por Sumit Ganguly, Brian Shoup e Andrew Scobell (2006), que também conta com a participação de militares indianos na realização de artigos para o livro. Os EUA têm investido numa cooperação com a Índia porque há interesse, na política norte-americana para a região, em fortalecer esse país. Em artigo na revista *Foreign Affairs*, Condoleezza Rice defende que os Estados Unidos, em conjunto com a Índia, podem manter o equilíbrio de poder na Ásia (MALIK, 2006, p. 89). Seria uma forma de conter a ascensão chinesa no cenário asiático, principalmente por causa dos seus elevados gastos militares. O SIPRI (2009) estima que os gastos com defesa da China totalizaram 590 bilhões de *yuans*, ou seja, 84,9 bilhões de dólares, tendo uma alta de 10% comparada com o ano anterior. Com o crescimento econômico chinês, que fica em média de 8-9% ao ano, o incremento nos recursos possibilita esse aumento dos gastos em defesa. De acordo com o Livro Branco da China, o país continua a adquirir armas nacionais e estrangeiras para equipar as suas forças com vistas a tornar-se mais capaz para uma guerra "informatizada" (*idem*). O SIPRI ainda mostra que o principal investimento da RPC tem sido no desenvolvimento de caças de combate e sistemas de defesa aérea, incluindo mísseis de médio e curto alcance, que são apontados para Taiwan, e tecnologias de submarinos, espaço e satélites (2009, p. 196). Esses gatos levaram, inclusive, a considerações que a "ascensão pacífica" da China não seria pacífica e, em algum momento, gerará conflitos (MEARSHEIMER, 2005).

TABELA 3. Gastos militares totais mundiais em 2008 – SIPRI (em dólares)

Ranking	Gastos em bilhões	Participação mundial (%)	Gastos per capita	% do PIB	Mudança (%) 1998-2008
1. Estados Unidos	607	41,5	1.967	4,0	66,5
2. China	84,9	5,8	63	2,0	194
3. França	65,7	4,5	1.061	2,3	3,5
4. Reino Unido	65,3	4,5	1.070	2,4	20,7

5. Rússia	58,6	4,0	413	3,5	173
6. Alemanha	46,8	3,2	568	1,3	-11,0
7. Japão	46,3	3,2	361	0,9	-1,7
8. Itália	40,6	2,8	689	1,8	0,4
9. Arábia Saudita	38,2	2,6	1.511	9,3	81,5
10. Índia	30,0	2,1	25	2,5	44,1
11. Coreia do Sul	24,2	1,7	501	2,7	51,5
12. Brasil	23,3	1,6	120	1,5	29,9
13. Canadá	19,3	1,3	581	1,2	37,4
14. Espanha	19,2	1,3	430	1,2	37,7
15. Austrália	18,4	1,3	871	1,9	38,6
Total	1,188	81	–	2,4 (mundo)	44,7 (mundo)

Fonte: SIPRI *Yearbook* 2009.

Uma mudança de postura pode ser observada entre os governos Clinton e Bush. Quando a Índia realizou os testes nucleares de 1998, a reação do Presidente Clinton foi a assinatura do Memorando Presidencial n. 98-22 evocando o *"Arms Exports Control Act"*, que proíbe uma série de transações comerciais e assistência. Vários acordos firmados terminaram sendo afetados, como a venda de artigos de defesa, serviços de construção em defesa, licenças de exportação americanas, negação de crédito, declínio da assistência financeira a serviços de inteligência, oposição na concessão de crédito de instituições financeiras internacionais, proibição de qualquer banco dos EUA de fazer empréstimos e proibição de vendas de bens e de tecnologia (com exceção de comida e *commodities*).

Na administração George W. Bush, iniciada em janeiro de 2001, as relações bilaterais mudaram sensivelmente. Como a China era considerada por Bush competidora estratégica, mais do que parceira, a estratégia passou a ser de maior aproximação com a Índia. Considerando o apoio indiano à guerra contra o terror, em virtude dos ataques de 11 de setembro, visto que os indianos lidam com o problema há tempo, como a questão da Cachemira, os Estados Unidos removeram todas as sanções que ainda restavam (MALIK, 2006, p. 89). Essa nova fase da relação indiana com os EUA ocorre porque os americanos têm encarado a realidade geopolítica da Ásia de nova forma, e porque ambos possuem interesses estratégicos na relação.

Para a Índia, os EUA não são ainda um parceiro confiável, devido às relações que possuem com o Paquistão – de quem recebem apoio necessário por causa da guerra no Afeganistão e no combate à milícia Taliban. Porém, para a Índia, é necessário ter boas relações com os Estados Unidos para que metas, que precisam de assistência americana, sejam atingidas nas áreas política, econômica, tecnológica e de segurança, em um cenário global no qual a Índia ganha maior status.

Para os Estados Unidos, a relação é importante pelo papel que os indianos podem desempenhar em contraterrorismo e a estabilidade energética na região (MALIK, 2006, p. 103). A parceria também se faz necessária porque a Índia nuclear pode equilibrar o poder da China, também potência nuclear na Ásia.

Vahrun Sahni (*apud* MALIK, 2006) classifica os dois países como "aliados limitados", mas a colaboração na área de alta tecnologia tem crescido sensivelmente, apesar de que, para que a cooperação dos dois países cresça, de acordo com o autor, o NSSP tem que avançar. O avanço nas relações tem mostrado como o aumento na cooperação na área de tecnologia nuclear civil e na área de alta tecnologia, considerada essencial pelos indianos, constituem um termômetro para analisar a manutenção de boas relações com os Estados Unidos.

Considerações finais

Neste trabalho abordamos a indústria de defesa indiana, assim como o contexto de segurança regional em que a Índia está inserida. Desde a independência o país entrou em confronto com o vizinho Paquistão e com a China, e o ambiente de segurança regional continua hostil. As relações militares internacionais da Índia foram problemáticas com os vizinhos, mas o país realizou grandes esforços para desenvolver a indústria local através de acordos de *offsets* que ampliaram a capacidade produtiva e tecnológica; apesar de alguns recuos, houve avanços. Durante o período de desenvolvimento da sua indústria militar, constatou-se que algumas falhas de administração e interferência burocrática levaram a atrasos nos programas e custos altos de produção. A Índia iniciou um programa de modernização das suas forças armadas, cuja participação da indústria será fundamental na modernização tanto do Exército, Marinha e Força Aérea, como para aumentar tecnologicamente a sua capacidade indiana.

Como foi demonstrado anteriormente, a tecnologia opera como um multiplicador de forças e é essencial para que o país mantenha a sua capacidade dissuasiva. Prover o

Estado de equipamento moderno também amplia as capacidades militares nacionais para que as forças atinjam a superioridade no teatro de operações. Outro desafio da Índia é maximizar o orçamento de defesa para que os recursos que serão utilizados para gastos sociais e desenvolvimento não sejam realocados para o setor de defesa. Com os acordos que foram realizados, a Índia conseguiu desenvolver a sua capacidade de produção militar, mas não conseguiu trazer benefícios reais para o setor civil a partir de uma política de conversão; porém, alguns dos setores que se beneficiaram dos investimentos militares foram o setor de eletrônica, assim como a BEL, que fica em Bangalore. Os acordos que desenvolveram a indústria militar também ampliaram a sua capacidade de barganha com vendedores externos. Contudo, apesar dos vários acordos que foram celebrados para o desenvolvimento industrial-tecnológico-militar da Índia, o país ainda não conseguiu atingir a sua principal meta, que é alcançar o mesmo nível tecnológico dos países ocidentais.

O atual desafio da indústria militar indiana é diversificar a sua produção, aumentar a pesquisa e desenvolvimento doméstica que possibilite um menor gasto externo com a aquisição de material bélico sofisticado. O país segue sendo o 2º maior importador de armas (SIPRI, 2009). Atualmente, discute o rearmamento das forças armadas brasileiras e um importante aspecto é a participação da indústria militar brasileira nos acordos de transferência de tecnologia. Durante a década de 1970 e 1980, o Brasil desenvolveu a sua indústria militar com um alto grau de produção doméstica (SOLINGEN, 1998) e com a exportação orientada para os países do Oriente Médio. Com o fim da Guerra Irã-Iraque e a contração do mercado mundial de armas, a indústria brasileira chegou a quase colapso na década de 1990. Diferentemente da Índia, o Brasil não possui um mercado interno dinâmico para os armamentos. Nesse período em que a indústria brasileira pode renascer oriunda do rearmamento e reaparelhamento das forças armadas e que acordos de *offset* são discutidos, a Índia pode ser um bom exemplo de políticas que deram certo e errado. A sua experiência na realização de acordos de transferência de tecnologia e *offsets* podem ser analisados no sentido de identificar as possibilidades e limites que trouxeram na estratégia de *catching-up* qualitativa da tecnologia. Não deixa de ser uma fonte de aprendizado para os países do sul e, principalmente, para o Brasil.

Índia: avanços, problemas e perspectivas

MARCOS COSTA LIMA[1]

PASSADOS 61 ANOS DE SUA INDEPENDÊNCIA (1947), discute-se hoje os avanços e a manutenção de muitos problemas estruturais na Índia. Foi-se o tempo em que o maior problema do país era a manutenção de sua unidade nacional, da integração nacional do povo indiano enquanto uma comunidade política, logo após a retirada dos ingleses.

Muitos falam de enfrentamentos de linguagem, de castas, de assassinatos comunais, dos assassinatos por fanáticos de Gandhi, Indira Gandhi e Rajiv Gandhi; das guerras com o Paquistão e a China, do secessionismo no Punjab, levantes no Kashimir, assassinatos em Assam, fome endêmica, corrupção, poluição, catástrofes ambientais, disparidades de riqueza e pobreza, preconceitos de casta, trabalho infantil, corrupção na máquina do estado, discriminação contra as mulheres e abuso dos direitos humanos (THOMAS in SEN, 1993, p. 266).

Tudo isto é verdade, aconteceu, e muito ainda acontece, e célebres historiadores indianos afirmam que perdeu-se a confiança e as altas aspirações presentes no período de Nehru (GOPAL, 1984, p. 301), fazendo o povo indiano menos otimista e economicamente mais inseguro e mais fragmentado, social e politicamente.

Menos pessimistas, os autores Chandra e Mukherjee (2008) não desconsideram os imensos desafios que o país terá de afrontar, mas afirmam que seria um grande erro não reconhecer que a Índia também realizou grandes progressos. Segundo eles, os avanços qualitativos realizados pela Índia em muitas áreas têm sido ignorados porque ocorreram gradualmente e sem ostentação ou drama. Entre esses sucessos

---

1 Marcos Costa Lima é Professor do Programa de Pós-Graduação em Ciência Política da UFPE. Doutor em Ciências Humanas pela Unicamp e pós-doutorado na Université Paris-XIII – Villetaneuse.

apontam o fortalecimento da unidade política, ameaçada quando da Independência. A grande diversidade linguística e étnica do país não impediu o processo e a Índia é hoje uma nação em processo, com um crescente sentimento de unidade. As disparidades regionais e entre estados continuam a existir, mas de forma que não mais ameaçam a unidade nacional.

Um grande número de partidos regionais ou de um único estado surgiram e assumiram muitas vezes o poder, a exemplo dos dois partidos comunistas (em Kerala e West Bengal) ou do partido do estado de Tamil Nadu (DMK), e muitas vezes estes estabelecem alianças com partidos nacionais ou se tornam partidos de uma aliança nacional. São partidos políticos que lutam por uma maior participação na distribuição dos recursos centrais, mas não mais se afirmam pelo discurso da secessão.

A Índia tem vivido processos eleitorais regulares, contudo, afirmam os mesmos autores que as disparidades regionais e de níveis de desenvolvimento apresentam sérios problemas com as divisões comunais e de casta. Mas conforme Chandra e Mukherjee (2008), a maior história de sucesso da Índia independente tem sido seu secular, federativo e partidário sistema político, que conseguiu superar suas maiores crises em 1967/69 e 1974/77.

Segundo Indira Gandhi, ao ser indagada em 1972 sobre os maiores êxitos da nação desde sua independência, foi "a de sobreviver como uma nação livre e democrática" (*apud* MEZANI, 1975, p. 299).

Do ponto de vista econômico, e não teremos aqui a condição de explicitarmos a condução do processo de Nehru a Rajiv Gandhi, é necessário dizer que sob Nehru e Indira Gandhi, tentou-se reduzir o amplo desnível entre a Índia e os países desenvolvidos pela concentração da atividade econômica na indústria pesada e na geração de energia.

A implosão gradual do sistema de industrialização via substituição de importações (ISI) é bem analisada por Vivek Chibber (2006). Ele afirma que a virada do "dirigismo estatal" veio de duas maneiras diferentes, mas relacionadas. A primeira originou-se no interior da máquina estatal, em resposta aos abusos de uma parte da elite no poder nos anos 1970/80. A segunda fonte de pressão foi de natureza econômica, originária da emergência de novos grupos empresariais que viam o regime de controle interno como um impeditivo para sua ascensão ao poder.

Muito embora o período de Nehru tenha ficado conhecido como *os anos de fundação*, e em muitas formas como um período de integridade e de elevado espírito público, com a sua morte, tal procedimento não prosseguiu.

Ainda segundo o autor, Indira Gandhi jamais conseguiu manter a inquestionável supremacia enquanto líder, como o seu pai. Para Chibber, a razão disto estava em parte associada às mudanças ocorridas na política indiana, que estiveram muito além do controle que Indira fora capaz de exercer e, mais importante, foi o surgimento de novas forças sociais, especialmente no interior do país, que lutavam por maior espaço de poder. Indira apoiou-se demasiado em lealdades inquestionáveis como um critério para selecionar aliados políticos. Ela indispôs-se com a velha geração do Congresso e, após a crise de 1969 e a divisão interna no seio do partido do Congresso, teve uma vitória eleitoral espetacular em 1971. No entanto, a despeito deste triunfo eleitoral, passou a atuar de forma clientelista e mesmo conspiratória.

Pranab Bardan (1984) descreveu a situação do período como uma década onde o estado indiano teve fraca capacidade institucional pelos métodos adotados pela Primeira Ministra na resolução de disputas – o uso de instrumentos fiscais para "comprar" opositores, fazendo com que o Estado fosse dilapidado de seus recursos produtivos, ao mesmo tempo em que se mantinha paralisado com as crescentes disputas e solicitações: "Longe de utilizar o aparato estatal nos anos 70, o regime dos Gandhi (Indira e seu filho Sanjay) para disciplinar as firmas industriais, acabaram por estabelecer laços clientelísticos com os mesmos".

Neste sentido, passam a ficar conhecidas as *"Licenças do Raj"*, um instrumento de política econômica inaugurado por Nehru e que Indira e Sanjay utilizaram para premiar os amigos e punir os inimigos. Com a burocracia já comprometida pelas intervenções dos Gandhi, era quase inevitável que o uso do sistema de licenças para ganhos pessoais iria se ramificar e difundir na estrutura administrativa do Estado indiano.

Como afirmou Chibber (2006, p. 252) sobre as *"licences quota permit raj"*, o governo perdeu legitimidade política, pois a corrupção ficou mais e mais visível, tornando-se endêmica. Para os críticos do sistema, estas tendências só demonstraram que o problema central encontrava-se no desenvolvimento liderado pelo Estado, e, portanto, a solução seria apoiar-se no mercado.

Em 1980, este tipo de raciocínio passa a ser dominante entre os servidores públicos jovens de alto escalão que viam o aparato político não apenas como ineficiente, mas sem condição de reforma.

Quando Rajiv Gandhi assumiu o poder, os ingredientes e o ambiente contra a antiga política industrial já eram dominantes e a mudança veio com a liberalização interna que foi estabelecida por seu ministro das finanças, V. P. Singh, em 1985.

Em 1991, a Índia viveu uma crise de pagamentos com o país dispondo não mais que de duas semanas de reservas cambiais. Aliado a este problema, o endividamento público indiano progrediu rapidamente ao longo dos anos 1980. O estoque público da dívida total, que perfazia 46% do PIB em 1982, atingiu 63% em 1987/88. Em 1988, o país se torna o mais endividado da Ásia, com uma dívida próxima aos 60 bilhões de dólares (BOILOT, 2006, p. 25), dos quais uma parte crescente de curto prazo. E com reserves cambiais fracas, que não suportaram o choque do petróleo de 1990.[2]

A primeira geração de reformas (1991/2004) começa com menos de 1 bilhão de dólares de reservas cambiais em 1991 e vai atingir os 125 bilhões de dólares em 2004. A taxa de crescimento médio anual subiu a 6%. O período termina com o mote a "Índia que reluz", slogan utilizado pelo BJP (Barathiya Janata Party), a segunda força política na Índia, formado por nacionalistas hindus.

Com todos estes indicadores econômicos reluzentes, o Partido perderá as eleições com as críticas crescentes de uma distribuição desigual dos frutos do crescimento e pela incapacidade de pôr em prática as reformas ditas de segunda geração, indispensáveis para absorver a procura por emprego, sobretudo entre os jovens.

Do ponto de vista político, após o assassinato de Rajiv Gandhi por um fanático do estado de Tamil Nadu, as eleições gerais de 1991 trazem de volta ao poder o partido do Congresso, dirigido por Naramha Rao, que fará de Manmoham Singh, o atual Primeiro Ministro da Índia, seu Ministro das Finanças.

Economista academicamente respeitado, M. Singh abolirá as *licenças do Raj* na maior parte dos setores da economia. Os industriais indianos passam a estar livres para as suas opções de investimento. A abertura aos mercados externos terá grande avanço, com a autorização automática dos investimentos estrangeiros – até 51% do capital e mais, a depender do setor. Os setores automobilísticos, de telecomunicações e serviços de informática ganham forte impulso. Também ocorre uma forte baixa das barreiras alfandegárias. A rúpia será desvalorizada de 30% em 1991 e novamente em 15% em março de 1992.

No momento das eleições gerais de 1996, a economia indiana aparece pela primeira vez como uma das economias mais dinâmicas do mundo, com quatro anos sucessivos de crescimento acima de 7% (1994-1997). A Índia foi, em grande medida, poupada do

---

2   É interessante considerar a desigualdade do volume da dívida entre os paises da Ásia e aqueles da América Latina. Não é por menos que os economistas indianos falam abertamente contra os equívocos dos modelos de desenvolvimento adotados pela América Latina.

contágio da crise asiática de 1997 graças não só a seus fundamentos econômicos, mas por conta também de uma fraca integração comercial e financeira com a Ásia do Leste.

Estas eleições indicaram um parlamento sem maioria e o líder do BJB, Valpayee, renuncia ao poder após treze dias de governo. Uma frente unida, dirigida pelo Partido do Congresso, a partir de uma coalizão com os partidos de esquerda, assumira então o poder.

De 1998 a 2004, será a vez de uma coalizão dirigida pelo BJP, que assumirá o comando. Em termos econômicos, a liberalização continua e, salvo nos aspectos políticos internos (comunalismo, defesa do hinduísmo e confronto com os muçulmanos), o BJP pouco se diferenciará do Partido do Congresso, defensor do secularismo na política.

Em 2005, o país assistiu novamente ao retorno do Partido do Congresso, agora tendo como Primeiro Ministro o artífice da abertura em 1991, Manmohan Singh.

Os problemas

Uma das criticas fortes que fez Amartya Sen aos sucessivos governos indianos foi a de não investirem adequadamente na formação de "capital humano". Escrevendo em 1997 disse:

> Após 50 anos de independência, metade dos adultos na Índia são analfabetos (na verdade mais de 70% das mulheres adultas não sabem ler ou escrever[...] A Índia não teve dificuldade em fazer aumentar suas taxas de crescimento econômico ao remover dificuldades e restrições, nem de fazer uso de suas oportunidades de comércio. Mas uma ampla parcela da sociedade indiana permanece excluída do âmbito das oportunidades econômicas (METCALF & METCALF, 2005, p. 284).

Mas não são apenas os baixos indicadores educacionais que afetam a Índia. As taxas de pobreza ainda são alarmantes. O país tem 34,7% de sua população vivendo com menos de 1 dólar/dia e 79,9% com dois dólares/dia em 2002, por mais que o custo de vida seja bem mais baixo. O emprego formal atinge, se muito, 20% da população, e o país tem necessidade de criar ao menos 10 milhões de empregos por ano.

Em termos demográficos, a população indiana passou de 395 milhões entre 1950/1995, para 1.100 bilhão em 2005, muito embora a taxa bruta de natalidade (por mil) tenha caído de 45,4 para 22,5 em 2005. A expectativa de vida da população, que era de 36,5 anos nos anos 1950, passou a 64,9 em 2005.

80 Marcos Costa Lima (org.)

Associado a estes problemas, uma forte disparidade regional, com o sistema de castas ainda atuando no sentido do incremento das desigualdades sociais.

A infraestrutura de estradas, energia[3] (fala-se que existem 400 milhões de indianos sem acesso a energia) e saneamento básico são problemas que a Índia terá de enfrentar, se quiser atingir um crescimento sustentável.

Do ponto de vista do aquecimento global, as emissões indianas de CO_2 já somam 583 milhões de toneladas (mt), geradas por suas plantas energéticas, fazendo da Índia o quarto maior poluidor entre os projetos energéticos nacionais, após os EUA (2.8 bt), a China (2bt) e a Rússia (661 mt) (SINGH, 2008).

A Índia, que superou tantos problemas, inclusive mantendo sua unidade nacional intacta, terá nos conselhos de Nehru, quando do lançamento dos objetivos sociais do planejamento em 1954, um forte guia:

> Eu sugiro que a única política que nós deveríamos ter em mente é que nós temos que trabalhar para os 360 milhões de pessoas (população indiana à época) e não para uns poucos, não para um grupo, mas para todo o conjunto, e trazê-los para um patamar de igualdade (CHANDRA & MUKHERJEE, 2008, p. 703 – tradução minha).

As perspectivas

A Índia sobrepujará a população chinesa em 2030, quando terá um bilhão e quatrocentos milhões de habitantes. A sua população urbana passará dos 285 milhões em 1980 para 700 milhões em 2050 (DYSON, CASSEN & VISARIA, 2004, p. 414). Se estima hoje que em 2025 a participação da agricultura no PIB será de 10%.

A Goldman Sachs (2003), utilizando um modelo de convergência condicional em 2003 inspirado nas teorias de crescimento endógeno, informa que o potencial de crescimento resulta da combinação de fatores endógenos (taxa de investimento, crescimento demográfico, nível de educação, qualidade das instituições e também convergência tecnológica – recuperação da produtividade – função da distâncias dos PIBs per capita com os países mais avançados). Pois bem, na avaliação que a Goldman Sachs faz dos

---

3   Os estados indianos que têm apresentado maior urgência no sentido do aumento do fornecimento de energia são: Andrhra Pradesh; Punjab; Haryana; West Bengal, Kerala e Uttar Pradesh.

BRICS, o cenário para a Índia apresenta uma taxa de crescimento potencial de 5,8% ao ano nos trinta próximos anos.

No caso do crescimento chinês, haverá um ritmo maior entre 2010 e 2015 que tenderá a decrescer, para atingir 3,0% em torno de 2040-2050, contra 5,0% na Índia nos próximos trinta anos.

Uma previsão diferente estabelece um ritmo de 7,4% para a Índia até 2030 com uma taxa de convergência mais forte, sobretudo pelo efeito dos investimentos em educação.

Dani Rodrik e Subramaniam (2004, p. 74), usando parâmetros sobretudo internos, falam de uma taxa de crescimento de 6-7% por ano até 2025, ou seja, uma expectativa ainda mais otimista que o cenário BRICS (Brasil, Rússia, Índia e África do Sul).

Os cenários prováveis

Jean-Joseph Boilot (2006, p. 99) nos apresenta dois cenários que foram desenvolvidos pelo *World Economic* para a Índia, tomando por base um método mais qualitativo de cenários contrastantes até 2028.

O primeiro cenário, intitulado *Bollywood*, conjuga uma globalização extrema, centrada nos serviços de informática, com um crescimento excludente, notadamente nas áreas rurais e para a mão de obra de baixa qualificação. Este crescimento, rápido num primeiro momento, cairia a partir de 2015, numa sociedade cada vez mais excludente.

O segundo cenário ou *Pahala Índia*, a "Índia em primeiro lugar", tenta conciliar uma integração internacional rápida e crescimento includente graças a uma política econômica ativa que reinveste os dividendos da globalização em programas de saúde, educação, de luta contra a pobreza, de infraestrutura física, em suma, de bom governo interno e de boa relação com os países vizinhos.

Estes dois cenários apresentam uma variação de 4 a 8% de crescimento. Para Boilot, (p. 100), o cenário mais próximo da realidade seria aquele "*Pahala Índia*", a meu juízo excessivo, sem indicadores atuais capazes de sinalizar ou justificar tal projeção.

O presente momento

Atualmente é possível dizer que a Índia vive um momento de grande otimismo. Alguns setores como o de *software* e mesmo de *hardware* vêm trazendo novas oportunidades e empregos para o país, com a estruturação de grandes parques tecnológicos por toda a Índia, também gerando empregos de maior valor. Outros setores vêm apresentando bom comportamento, como o farmacêutico, o de defesa, de mísseis, o de turismo. Por certo os problemas políticos estão presentes, a exemplo do recente enfrentamento na região Kashmir-Jumu, esgarçando o sensível tecido do conflito hindu-muçulmano.

Pelo lado da política internacional, o governo indiano acaba de ter uma vitória na sua política nuclear, através do apoio que teve dos Estados Unidos, aprovando no EIEA a continuidade do seu programa nuclear.

Do ponto de vista das políticas e processos de integração regional, a Índia reuniu-se no SAAR, coordenação regional dos países da Ásia do Sul, juntamente com o Paquistão, Sri-Lanka, Miamar, Maldivas e Afeganistão, tendo sido aprovado um conjunto de medidas de cooperação em vários aspectos, com a Índia oferecendo generosa contribuição de US$ 5000 milhões para apoio à infraestrutura ao Afeganistação, podendo-se ressaltar ainda o recente entendimento que estabeleceu com o Paquistão, seu inimigo histórico.

Finalmente, apontar a forma soberana que, junto com a China, ocasionou o fim das negociações em Doha, por considerar que os países desenvolvidos pouco ofereciam aos países em desenvolvimento, buscando excessivamente as suas vantagens. Qualquer que tenha sido o recente alinhamento com o governo dos EUA sobre os temas do terrorismo e da estrutura de seu programa de defesa atômica, isso não impediu que o país tivesse que se alinhar nos tratados de comércio, que o prejudicariam, evidenciando autonomia em seu comportamento internacional.

A ativa atuação do país no cenário mundial revela que a Índia está tentando jogar um jogo de maior exposição internacional, bem como fazer valer o peso de sua economia e de seu crescimento econômico.

Algumas evidências empíricas

Chaudury e Ravallion (2006) afirmam que as performances de crescimento da China e da Índia mascaram consideravelmente as desigualdades nos níveis subnacionais, a exemplo da China, quando a taxa provincial de crescimento em Quinghai está abaixo dos 5,9% e em Zhejiang alcança 13,3% para o período 1978-2004. Na Índia, entre os 16 maiores estados, Bihar atingiu a mais baixa taxa – 2,2%, e Karnataka, a mais alta, 7,2%. Ainda segundo os autores, a desigualdade espacial tem contribuído para o desigual combate à pobreza porque o crescimento da renda dos domicílios está claramente associado com a redução da pobreza ao nível subnacional. Na China, as regiões costeiras estão em muito melhor condição do que as regiões do interior. A tendência de declínio na taxa de pobreza entre 1981 e 2001 foi de 8% ao ano para o interior, contra 17% nas áreas costeiras.

Também há desigualdades setoriais, ou seja, nos dois países as taxas do setor primário (agricultura) têm sido muito inferiores àquelas do secundário (indústria) e do terciário (serviços). Na China, entre 1980 e 1985, a agricultura crescia a 7% no período, caindo para menos de 4% entre 2000 e 2005, ao passo que na Índia a agricultura apresentava taxas médias de 6% no 1º período, caindo para 2% no último período.[4] O abismo entre as rendas rurais e urbanas se aprofundou de forma substantiva nos dois países e ainda mais na China, que tinha o indicador de Gini de desigualdade de renda de 28% em 1981, saltando para 41% em 2003. As reformas estabelecidas nos dois países não foram particularmente pró-pobreza: as desigualdades persistem, seja com relação ao desenvolvimento dos recursos humanos (educação e saúde para os pobres), seja no acesso à infraestrutura, principalmente no meio rural. As tabelas a seguir apontam os indicadores para as transformações vividas em alguns dos países centrais da Ásia-Pacífico, considerando a tabela n. 1 que indica a distribuição percentual do produto mundial por regiões, que passou de US$ 42,8 trilhões em 1995 para US$ 61,3 trilhões em 2005.

TABELA 4. Distribuição percentual do produto mundial por regiões em 1995 e 2005

Regiões	1995	2005
Países Ricos	60	54
Ásia do leste e Pacífico	13	19
América Latina e Caribe	8	8
Europa e Ásia Central	7	7
Ásia do Sul	6	8
Oriente Médio e Norte da África	3	3
África Sub-Sahariana	2	2

A tabela 4 mostra que o crescimento do produto ocorre principalmente na Ásia do Leste e Pacífico, permanecendo a América Latina, o Oriente Médio e a África sem nenhuma alteração. A tabela 5 informa o total da população urbana como percentual da população total em cinco países da Ásia-Pacífico: China, Coreia, Japão, Rússia e

---

4 Fonte: China Statistical Yearbook (vários anos); Central Survey Organization, Government of India.

Índia. Destaca-se na tabela o vertiginoso crescimento da população urbana na China entre 1990-2005 e a lenta evolução do processo migratório campo-cidade na Índia. Os demais países têm maioria populacional cosmopolita.

TABELA 5. População total e população urbana como % da pop. total

	População total (milhão)			População urbana (%)		
Países	1990	2000	2005	1990	2000	2005
China	1.115	1.273	1.315	27,4	35,8	40,4
Coreia	43	47	48	73,2	79,6	80,8
Rússia	148	146	143	75,4	73,4	73,0
Índia	849	1.021	1.103	25,5	27,7	28,7
Japão	123	127	128	63,1	65,2	65,8

Fonte: UN/ESCAP Economic and Social Survey 2007.

A Tabela 6 revela as taxas de crescimento do PIB destes mesmos cinco países, sendo novamente impressionantes o ritmo da China, e em seguida aquele da Índia. As taxas coreanas foram as significativas até o ano 2000, salvo a crise de 1997, reduzindo o ritmo após 2003, mas já numa tendência de retomada. A Rússia retoma o crescimento após o ano 2000 e tem mantido taxas elevadas desde então e, finalmente, o Japão, evidenci o seu processo de estagnação que vem desde o início dos 90.

TABELA 6. Taxa de crescimento real do PIB *(%t)*

	1995	1996	1997	1998	1999	2000	2001	2002	2003	2004	2005	2006
China	10,9	10,0	9,3	7,8	7,6	8,4	8,3	9,1	10,0	10,1	10,4	10,7
Coreia	9,2	7,0	4,7	7,8	9,5	8,5	3,8	7,0	3,1	4,7	4,0	5,2
Rússia	-4,1	-3,6	1,4	-6,9	6,4	10,0	5,1	4,7	7,3	7,2	6,4	6,7
Índia	7,3	7,8	4,8	-5,3	6,1	4,4	5,8	8,3	8,5	7,5	9,0	9,2
Japão	2,0	2,7	1,6	6,5	-0,1	2,9	0,2	0,3	1,4	2,7	1,9	2,2

Fonte: ESCAP, based on national sources; International Monetary Fund, International Financial Statistics (CD-ROM) (Washington, D.C., IMF, December 2006); and IMF Country Reports; Asian Development Bank, Key Indicators of Developing Asian and Pacific Countries 2006 (Manila, ADB, 2006); and website of the Interstate Statistical Committee of the Commonwealth Independent State, available at <http://www.cisstat>, 26 fev. 2007; and ESCAP estimates.

A tabela 7 indica a expectativa de vida entre os cinco países selecionados e verifica-se um gradual melhora do indicador em quatro dos cinco países, à exceção da Rússia. O Japão atinge, a partir dos anos 2000, uma expectativa de vida que supera os 80 anos de idade.

TABELA 7. Expectativa de vida (anos)

Países	1990-95	1995-2000	2000-2005
China	68,1	69,7	71,5
Coreia	72,2	74,6	76,8
Rússia	66,8	66,0	65,4
Índia	59,5	61,5	63,1
Japão	79,5	80,5	81,9

Fonte: UN/ESCAP Economic and Social Survey 2007.

A tabela 8 apresenta os indicadores de mortalidade infantil, com uma queda significativa na China e com a Coreia e o Japão apresentando indicadores de países altamente desenvolvidos. Na Índia, mesmo considerando a substantiva queda nos quinze anos, chama a atenção os altos indicadores de mortalidade infantil.

TABELA 8. Mortalidade infantil (por mil nascidos vivos)

Países	1990-95	1995-2000	2000-2005
China	38	33	26
Coreia	8	5	5
Rússia	23	20	17
Índia	84	66	62
Japão	5	3	3

Fonte: UN/ESCAP Economic and Social Survey 2007.

A tabela 9, finalmente, apresenta indicadores que nos interessam aqui especialmente, ou seja, o uso de computadores e de internet e telefone, que evidenciam a presença das tecnologias de base informacional. Assim, a China, muito embora tenha feito esforços, sobretudo no uso da internet e na posse de telefones fixos e móveis, ainda está muito aquém dos indicadores similares apresentados pela Coreia e o Japão. A Índia, em que pese toda a sua revolução nos serviços de *software,* ainda tem indicadores muito inferiores com relação às comunicações, o que, sem dúvida, afeta o desempenho global de sua economia. A Rússia apresenta uma posição intermediária entre os cinco países, à exceção da telefonia móvel, onde atinge patamares semelhantes àqueles dos países desenvolvidos, como a Coreia e o Japão, sendo o primeiro o país melhor situado no conjunto das tecnologias de comunicação e informação.

TABELA 9. Telecomunicações

	Computadores por 100 pessoas			Internet por 100 pessoas			Telefones					
							Fixo			Móvel		
	1990	2000	2005	1995	2000	2005	1990	2000	2005	1995	2000	2005
China	–	1,6	4,1	–	1,7	8,4	0,6	11,2	26,6	0,3	6,6	29,9
Coreia	3,7	40,5	54,5	0,8	41,4	68,4	30,6	56,2	49,2	3,7	58,3	79,4
Rússia	0,3	6,3	12,1	0,2	2,0	15,2	14,0	21,9	27,9	0,1	2,2	83,6
Índia	–	0,5	1,5	–	0,5	5,4	0,6	3,2	4,5	–	0,4	8,2
Japão	–	35,8	48,2	4,9	39,3	58,9	43,4	47,5	45,1	10,1	40,0	87,6

Fonte: UN/ESCAP Economic and Social Survey 2007.

Observando a Tabela 10, é possível verificar que a participação mundial na produção de manufaturas de valor agregado é destacadamente concentrada nos países ricos, o que revela a manutenção da alta concentração da produção dos bens intensivos em tecnologias por parte dos países desenvolvidos. Vê-se ainda que tanto a América Latina quanto o Brasil perdem posição nesta participação. E são quedas substantivas. Entre os países em desenvolvimento é a China que tem destaque, dando um salto de 3,3% na produção de manufaturas intensivas em tecnologia de ponta para 8,5% em 2003. A Índia também cresce no setor, mas com uma participação bem mais modesta.

Agora, olhando a participação nas exportações mundiais de manufaturados, é possível verificar que os países desenvolvidos têm deslocado suas empresas para os países em desenvolvimento e, novamente, a América Latina e a África perdem posição e o Brasil mantém a sua pequena participação no setor. A China primeiramente e a Coreia se destacam, enquanto a Índia avança mais lentamente.

TABELA 10. Participação de países e regiões na produção mundial de manufaturas de valor agregado e na exportação de manufaturas 1980-2003 *(participação percentual)*

	Participação mundial nas manufaturas de valor agregado				Participação nas exportações mundiais de manufaturas			
	1980	1990	2000	2003	1980	1990	2000	2003
Países desenvolvidos	64,5	74,1	74,9	73,3	74,1	77,9	67,3	65,4
Países em desenvolvimento	16,6	17,0	22,0	23,7	18,9	18,3	28,9	29,7
América Latina e Caribe	7,1	5,6	5,4	4,4	4,3	2,4	4,7	4,1
Brasil	2,9	2,2	1,1	0,9	0,8	0,8	0,8	0,8
México	1,9	1,1	2,0	1,7	0,8	0,5	2,7	2,2
Coreia	0,7	1,4	2,2	2,3	1,1	2,2	3,1	3,0
China	3,3	2,6	6,6	8,5	1,0	1,7	4,3	6,5
Índia	1,1	1,1	1,2	1,4	0,3	0,5	0,7	0,9
África	0,9	0,9	0,8	0,8	5,4	2,6	1,8	2,0

Fonte: UNCTAD secretariat calculations, based on UNIDO, *Handbook of Industrial Statistics 1996*; UNIDO, *International Yearbook of Industrial Statistics, 2006*; World Bank, *World Development Indicators* online; UN COMTRADE and UNCTAD estimates.

Note: cálculo em dólares correntes

a Para assegurar a comparabilidade dos dados, a definição da categoria deste produto segue as estatísticas industriais. Portanto, inclui os produtos primários processados associados às manufaturas, como está definido nas estatísticas de comércio. Para posterior discussão sobre esta questão estatística, ver Wood and Mayer, 1998.

Para dar uma medida de grandeza do setor de equipamentos de TICS (excluindo os *softwares*), apenas na área da OCDE (2005), o valor das exportações desses produtos passou de US$ 154 bilhões em 1990 para US$ 558 bilhões em 2000, e as importações de US$ 162 bilhões para 601 bilhões no mesmo período. A grandeza desses números demonstra que estas tecnologias vieram para ficar e que qualquer país em desenvolvimento que pretender um melhor posicionamento no comércio mundial terá que estabelecer um esforço decisivo no desenvolvimento destas novas tecnologias.

2ª PARTE

Cooperação Sul-Sul, regionalismo e desenvolvimento

Reformas econômicas em perspectiva comparada: o caso indiano

SEBASTIÃO VELASCO CRUZ

Estado e economia: particularidades do padrão indiano de desenvolvimento

O objetivo visado deve ser a máxima produção, a distribuição equitativa e não o desemprego. Com uma população tão grande na Índia este objetivo não pode ser alcançado apenas pela grande indústria, ou apenas pela indústria caseira.
Parece essencial ter as duas indústrias e programá-las de forma a evitar conflitos.
A grande indústria deve ser incentivada e desenvolver-se tão rapidamente quanto possível, mas o tipo de indústria a ser encorajada deve ser escolhida com cuidado. Deve ser tanto a indústria pesada quanto a de base, que são os fundamentos da força econômica de uma nação e nos quais outros setores podem ser gradualmente construídos (NEHRU *apud* NAYAR, 2001, p. 69-70).

NO AFÃ DE CONSTRUIR AS BASES de uma economia moderna e vigorosa, o Estado indiano ergueu barreiras tarifárias e não tarifárias para defender o produtor interno; estimulou o desenvolvimento de ramos de atividade selecionados através da abertura de linhas especiais de crédito e da concessão de subsídios, investiu pesadamente em obras de infraestrutura, implantou setores industriais novos mediante a criação de empresas públicas, e buscou coordenar essas iniciativas como partes de um projeto coerente de transformação socioeconômica de grande envergadura.

Esses atributos, porém, são genéricos. Ao agir assim, o Estado indiano não se distingue de nenhum dos demais Estados contemplados no presente estudo – nem, aliás, de qualquer outro Estado desenvolvimentista.[1] Mas na Índia o Estado fez muito mais. Ou, se preferirem, fez tudo isso de maneira muito peculiar. No que vem a seguir, nossa atenção estará concentrada nesses aspectos da trajetória indiana que a particularizam.

Alguns deles já se anunciam claramente nas palavras de Jawaharlal Nehru, arquiteto maior desse Estado, sob a forma de três imperativos: 1) prioridade absoluta à indústria pesada; 2) defesa da pequena produção artesanal como forma de ampliar a oferta de empregos; 3) planejamento. A esses, devemos agregar mais dois: 4) propriedade e/ou controle estatal dos setores estratégicos, e 5) espaço restrito reservado ao capital estrangeiro. Todos, como logo veremos, profundamente enraizados na experiência do povo indiano sob o Império Britânico e em sua luta para libertar-se desse jugo.

Planejamento e democracia

Invertendo a ordem da enumeração, tomemos para começar a exigência de dirigir o processo de transformação econômica pelos ditames de um plano rigorosamente concebido. Em meados da década de 1940 essa ideia não parecia esdrúxula. Pelo contrário, sob o efeito cruzado da grande depressão, do sucesso espetacular da industrialização soviética e da experiência da economia de guerra, logo a seguir, a ideia do planejamento econômico difundira-se por todo o mundo. Em vários países, contudo, o Brasil inclusive, ela provocou reações desencontradas, tendo sido atacada vigorosamente pelos defensores do liberalismo livre-cambista. Não assim na Índia. Na esteira de um movimento de massas que empolgou a nação e impactou a opinião pública esclarecida nos mais distantes rincões do planeta, às vésperas da independência a questão que se punha para os atores políticos e econômicos indianos não era a de adotar ou não o planejamento, mas a de que direção lhe dar.[2]

Iniciada formalmente em 1951, com a aprovação do I Plano Quinquenal de Desenvolvimento, a experiência indiana de planejamento econômico é uma das mais longas e mais refletidas de que se tem notícia.[3] Até a década de 1990, quando têm início as reformas neoliberais, foram ao todo sete planos. Desses, o segundo e o terceiro são

---

1   Uso o termo em sentido neutro para me referir a todo Estado que faz uso dos instrumentos de política econômica para alterar as condições de funcionamento dos mercados e impulsionar o processo de desenvolvimento econômico. Para uma definição diversa, que toma por base os atributos que capacitariam o Estado a desempenhar adequadamente aquela tarefa, cf. EVANS, 1989.

2   Cf. PATNAIK, 1998, p. 159-192.

3   Cf. CHAKRAVARTY, 1987, p. 14.

de importância especial, por sua abrangência, por sua ambição, pelas expectativas que despertaram. Os economistas se dividem na avaliação desses experimentos, mas não vamos acompanhá-los nesse debate. No momento, devemos é chamar a atenção do leitor para três aspectos externos aos planos propriamente ditos, mas indispensáveis à inteligência de seu significado.

O primeiro tem a ver com o enorme investimento intelectual aplicado na atividade de planejamento na Índia, e a sua originalidade. País gigantesco e incrivelmente díspar, que rompia os vínculos com o passado colonial de forma pacífica em clara opção pela democracia, o futuro econômico da Índia foi visto, desde o início, como um desafio transcendente, de alcance universal. Não surpreende, assim, que logo depois da independência o país tenha se convertido em um verdadeiro laboratório para o que havia de mais avançado na inteligência econômica da época. A simples relação dos visitantes ilustres recebidos pelo Instituto Indiano de Estatística – casa de Mahalanobis, pai intelectual do II Plano – no início dos anos 1950 é reveladora. Nela constam os nomes de Oscar Lange, Ragnar Frisch, Charles Bettelheim, Jan Tinbergen, Nicholas Kaldor, Kenneth Galbraith, Paul Baran, Richard Goodwin, além de uma delegação completa de especialistas do GOSPLAN, o órgão central do planejamento soviético.[4] Esse movimento de economistas notáveis envolveu outros centros na Índia, e se estendeu até os primeiros anos da década seguinte (CHAKRAVARTY, 1987, p. 4).

O segundo aspecto diz respeito ao papel desempenhado pelo planejamento na operação do Estado indiano. Podemos formar uma ideia de sua centralidade se atentarmos para a competência, a composição, e o modo de funcionamento do organismo que coordenava todo o processo, assim como suas relações com as outras unidades do aparelho governamental. Criada em 1950 para funcionar como órgão consultivo, entre outras atribuições, cabia à Comissão de Planejamento (Planning Commission) formular o plano de desenvolvimento; programar os recursos necessários à conclusão de cada estágio de sua execução; definir os equipamentos requeridos para o mesmo fim; avaliar os avanços obtidos, identificar problemas e propor soluções.[5] Formalmente, a Comissão de Planejamento produzia recomendações; a prerrogativa de decidir era do Gabinete. Na realidade, ela desempenhou função diferente. Não por acidente. Presidida por Nehru – originalmente o único ministro entre seus membros –, no decorrer do tempo sua composição foi gradualmente ampliada, e ela passou a contar com inúmeros

---

4   Cf. BYRES, "Introduction...", 1998, p. 45.

5   Cf. HANSON, 2004, p. 50-1.

membros do Gabinete, entre os quais o ministro das Finanças. E a superposição de papéis não terminava aí: desde o início o secretário do Gabinete respondia também pela secretaria da Comissão (FRANKEL, 2005, p. 113).

Apoiada em estrutura divisional complexa, ativada por corpo técnico altamente qualificado, composto de funcionários recrutados na elite do serviço público, a Comissão de Planejamento mantinha relações diretas com os ministérios, no âmbito dos quais fazia-se representar em comitês assessores e institutos de pesquisa. Sua ascendência era tal que, em dado momento, foi estabelecida a regra geral obrigando os membros de Gabinete a submeterem à apreciação da Comissão qualquer projeto de política de maior significado econômico. À luz desses elementos, cremos não ser exagerado concluir que – até a reforma realizada pelo sucessor de Nehru, em meados de 1964[6] – a Comissão de Planejamento foi núcleo duro do aparelho econômico do Estado indiano.

O que não significa dizer que reunisse poderes absolutos. No âmbito mesmo do Executivo, a implementação de suas diretivas era afetada pelas decisões de um organismo que ganharia peso crescente no decurso do tempo: o Conselho Nacional de Desenvolvimento, colégio onde se reuniam os ministros chefes dos estados da federação, cujo empenho era essencial à efetivação de grande parte das políticas definidas pela autoridade central.

O Lok Sabha era outro obstáculo incômodo no caminho do planejamento. Dada a folgada maioria desfrutada pelo Partido do Congresso, o Parlamento não era sede de contestações abertas. Contudo, mesmo nesse período, o governo perdia por vezes o controle do processo legislativo. Exemplo disso temos na pesada derrota infligida a Nehru pela ala conservadora de seu partido ao aprovar a décima sétima Emenda à Constituição, estabelecendo que a indenização dos bens desapropriados para fins de reforma agrária teria que ser feita a preços de mercado. Seis anos mais tarde, decisão da Corte Suprema sobre questão referida a esta emenda invertia a tendência de desenvolvimento constitucional indiano desde 1950 e feria de morte a proposta de reforma agrária, que era uma das peças axiais do plano (FRANKEL, 2005, p. 224 e 440).

Esta última observação nos remete ao terceiro dos aspectos que gostaríamos de destacar: o fato de o planejamento na Índia ter se desenvolvido sob um regime político liberal-democrático.

---

6   Entre as mudanças introduzidas pelo primeiro-ministro Lal Bahadur Shastri estavam a dissociação das Secretarias do Gabinete e da Comissão, e o fim do privilégio que os funcionários desta gozavam de manter os seus cargos por prazo indefinido. Cf. FRANKEL, 2005, p. 251.

A opção pela democracia liberal e por uma estratégia de mobilização popular controlada marcaria profundamente o sistema político indiano depois de vencidas as convulsões que se seguiram imediatamente à independência. Nesse sistema, a supremacia do Partido do Congresso Nacional era inconteste. Dono da maioria simples dos votos populares, sua expressão congressual era magnificada pelas regras que regiam o sistema eleitoral, a tal ponto que chegou a deter mais de 70 por cento das cadeiras no Lok Sabha – a Câmara baixa do parlamento indiano. "Como o *hegemon* de um sistema de partido dominante, o Congresso estava sujeito à 'pressão pela margem' dos partidos de oposição. Mais do que tentar substituir os governos de turno do Congresso formando alianças ou fundindo-se, os partidos de oposição influenciavam as políticas do Congresso trabalhando com as facções deste que lhes eram afins (RUDOLPH E RUDOLPH, 1987, p. 129). Não obstante a universalização do sufrágio, nessa época a política indiana caracterizava-se pela baixa intensidade da participação popular, a maioria da população rural sendo incorporada subordinadamente ao processo político mediante sua inserção em redes clientelísticas – baseadas em laços de casta, parentesco e de dependência econômica – operadas pelos notáveis locais. A conjunção desses dois elementos – a posição dominante do Congresso e o enquadramento clientelístico dos setores populares – conferia uma feição agradavelmente "civilizada" à vida política indiana: "o governo do gabinete[...] era uma realidade, o parlamento funcionava como um fórum importante de debate e de deliberação, a oposição era tratada com respeito [...]" (KOHLI, 1994, p. 91). Sob esse lustro, o paradoxo de uma ordem política voltada à transformação radical da sociedade – sob a liderança de Nehru, o Partido do Congresso tinha como meta programática a transição ao socialismo –, mas sustentada em grupos que encarnavam a natureza desigual dessa sociedade.[7] Um dos reflexos dessa contradição foi o bloqueio do projeto de reforma agrária, que estava no centro dos primeiros planos de desenvolvimento.

Prioridade à indústria pesada

Para além da centralidade atribuída ao plano, o padrão indiano de desenvolvimento se diferencia também pelo papel desempenhado, desde o início, pela indústria pesada. Como se viu, o objetivo de implantar a indústria de base era afirmado enfaticamente por Nehru às vésperas da independência. Mas ele não falava apenas por si. Como a tese do planejamento, a ideia de assentar o processo de industrialização no dinamismo

---

7   Esse é o fulcro da interpretação desenvolvida por Francine Frankel no texto já várias vezes citado.

96 Marcos Costa Lima (org.)

desses setores aparecia nos inúmeros documentos programáticos da época, entre eles o projeto desenhado pelos grandes empresários – o Plano Bombaim – e mesmo em algumas das propostas emanadas da administração do Estado colonial.[8] Um dos pilares dos Planos Quinquenais de Desenvolvimento das décadas de 1950 e 1960, a prioridade conferida à produção de "bens de produção", é indicativa do impacto causado na imaginação dos círculos dirigentes indianos pelo sucesso da planificação soviética.

E, como podemos constatar a uma simples leitura da tabela abaixo, a prioridade à indústria pesada não ficou apenas no terreno das intenções.

TABELA 1. Distribuição da produção industrial por setores 1956, 1960, 1970 e 1980-81 (percentual)

Setor/ano	1956	1960	1970	1980-81
Produtos básicos*	22,33	25,11	32,28	33,23
Bens de capital	4,71	11,76	15,25	14,98
Bens intermediários	24,59	25,88	20,95	21,33
Bens de consumo	48,37	37,25	31,52	30,46
Bens duráveis	–	5,68	3,41	3,81
Bens não duráveis	–	31,57	28,11	26,65
Total	100,00	100,00	100,00	100,00

* Mineração e exploração de pedreiras, carvão, fertilizantes, produtos químicos pesados; cimento, ferro e aço; metais não ferrosos básicos; eletricidade.

Fonte: Sandesara, 1992, p. 34.

Nesse particular, a trajetória indiana difere nitidamente dos demais casos contemplados neste estudo, com a exceção possível da Turquia. Na América Latina, e também na Coreia, a produção de bens de consumo não duráveis liderou o processo de substituição de importações em sua primeira fase, o salto à indústria de bens de capital vindo a se dar mais tarde, em grande medida como resposta a estrangulamentos externos que punham em risco o processo de acumulação.

---

8 Cf. HANSON, 2004, p. 37.

Uma combinação curiosa:
grande indústria e fábricas de fundo de quintal

Em trabalho sobre as organizações econômicas na Índia, escrito no final da década passada, encontramos a afirmativa intrigante que passamos a transcrever.

> Na Índia, pequenas empresas não registradas em sua maioria, utilizando equipamento tradicional ou moderno, são ainda as maiores empregadoras da mão de obra na indústria [...] os trabalhadores engajados em tais empresas são frequentemente por conta própria, mas em qualquer caso, não gozam proteção legal nos seus empregos ou qualquer securidade social [...] Contudo, bastante paradoxal, a maior parte das exportações não-agrícolas da Índia são originadas no setor das indústrias de pequena escala (BAGCHI, 1999, p. 23).[9]

Feita a constatação, o autor passa a discutir a organização social desse setor e os fatores – por exemplo, o obstáculo imposto pelas relações de casta à generalização dos laços de solidariedade entre os agentes econômicos – que dificultam o desenvolvimento nele de "distritos industriais", nos moldes definidos por Sabel e Piori, entre outros, com base na experiência exemplar da Emilia Romagna e de outras regiões da Europa. Sua análise é rica e contém inferências relevantes para vários contextos nacionais. Nosso foco, porém, não está nas potencialidades da pequena indústria e em como melhor explorá-las. Na perspectiva deste estudo, o importante é tentar entender as condições que a levaram, na Índia, a desempenhar tamanho papel.

Carecemos de meios e de tempo para avançar muito nessa linha de indagação, mas é fácil perceber, naquele resultado, os efeitos distantes das orientações estratégicas que estamos comentando. Vamos nos limitar, portanto, a uma palavra breve sobre a razão de ser da importância que elas conferem à pequena indústria.

Quando nos reportamos ao movimento *sawedeshi*, que sacudiu a Índia na segunda e terceira décadas do século passado, a ênfase na pequena indústria deixa de causar surpresa. Prolongamento da tradição estabelecida pelo movimento de resistência à decisão britânica de dividir Bengala, no início do século, a ampla mobilização desencadeada pelo Partido do Congresso, em 1919, sob a liderança de Gandhi, conclamava os habitantes das grandes cidades a evitar os produtos importados, e a substituí-los por artigos indianos

---

9   Tradução do organizador.

98 Marcos Costa Lima (org.)

– preferencialmente, os produzidos pelas indústrias artesanais –, como parte de uma campanha mais ampla de boicote que atingia também os estabelecimentos de ensino, o Judiciário e as honrarias do Império Britânico.[10] A ênfase no movimento *sawadeshi* eram os artigos têxteis: as populações urbanas eram chamadas a aderir ao *khaddar* (roupa feita com tecido fabricado nas aldeias com roda de fiar). O boicote ao produto inglês tinha o objetivo claro de vulnerar duplamente as autoridades britânicas – diretamente, pelo simbolismo da rejeição, e indiretamente, pelos prejuízos causados aos produtores de Lancashire. Mas o significado que ele encerrava era muito mais amplo. A opção pelo produto artesanal derivava de princípios que estavam no âmago da economia moral pregada por Gandhi – princípios que o haviam levado a manifestar hostilidade profunda à indústria moderna. Em sua visão de mundo, o sistema fabril tinha efeitos intrinsecamente negativos – ele alimentava os impulsos aquisitivos, transformava o lucro em objetivo soberano, medida exclusiva de valor nas relações humanas, e corroía, ao fazer isso, os laços que davam unidade ao corpo social. Em um país como a Índia, onde a maioria esmagadora da população vivia de seu trabalho no campo, combinando no ritmo das estações do ano atividades agrícolas e artesanais, a máquina destruía os modos tradicionais de produzir e semeava a miséria por todos os lados.

A unidade expressa na colaboração intensa entre Gadhi e Nehru supõe um movimento de acomodação de suas respectivas posições doutrinárias. Parte desse movimento se deve à relativa atenuação da recusa gandhiana à tecnologia mecânica. Facilitada pela rejeição compartilhada ao coletivismo soviético, pelo outro lado a convergência se dava por via da incorporação no programa do socialismo democrático indiano da defesa da indústria artesanal. Como observa Frankel, o resultado desse duplo movimento – e das especulações e esperanças que o alimentavam – é a ideia de uma concepção singular de socialismo, especificamente indiana, na qual os objetivos modernos de desenvolvimento econômico e os valores comunitários tradicionais seriam reconciliados. Esse o ideal vocalizado por Nehru na passagem que se segue.

> Deveria ser possível organizar a sociedade moderna, de tal modo a manter os homens e mulheres, na medida do possível em contato com a terra e elevar o nível cultural das áreas rurais. A aldeia e a cidade deveriam aproximar-se levando-se em conta as comodidades da vida, para que em ambos deveria haver plenas para

---

10 Cf. WOLPERT, 1977, p. 302 e segs.

o desenvolvimento do corpo e da mente, e uma vida plena (NEHRU, 1946, p. 512. *Apud* FRANKEL, 2005, p. 17).[11]

Podemos perceber os traços dessa concepção nos textos básicos do planejamento indiano e nas políticas que eles informaram. Assim, a Resolução de Política Industrial de 1948 prometia às indústrias locais (*cottage industries*[12]) salvaguardas contra a concorrência excessiva das grandes empresas; o relatório do Primeiro Plano anunciava a disposição do governo de criar "programas de produção comuns envolvendo, entre outras coisas, a reserva de esferas de produção às indústrias locais e o estabelecimento de limites à expansão das grandes indústrias (i. e, fábricas) competitivas" (HANSON, 2004, p. 499). Quanto ao Segundo Plano, ele atribuía às indústrias caseiras, intensivas em trabalho, um papel importante na contenção das pressões inflacionárias, e na geração de empregos e renda para os setores mais pobres da população, acenando com a limitação quantitativa da produção fabril nos gêneros industriais pertinentes, para que tal fim fosse alcançado (HANSON, 2004, p. 126). Combinando em dosagens distintas ao longo do tempo políticas promocionais e proteção, o planejamento indiano continuou a consagrar atenção especial aos pequenos produtores. Foi assim com o Terceiro Plano Quinquenal (1961-1966); o Quarto (1969-74); o Quinto (1974-79); o Sexto (1980-85), e o Sétimo Plano (1985-90). Quarenta anos depois dos primeiros programas, o apoio à pequena indústria continuava na agenda da política estatal.

O espaço restrito do capital estrangeiro

O fluxo de investimento externo para Índia foi, tradicionalmente, muito reduzido – e continuou a sê-lo, mesmo depois das reformas liberalizantes introduzidas a partir da década de 1990, ainda que ele tenha aumentado consideravelmente neste último período. O comportamento "acanhado" da inversão externa tem como contrapartida um estoque pequeno. Combinadas, as duas variáveis indicam como é modesto, comparativamente, o papel do capital estrangeiro na economia indiana.

Aqui, como em outros domínios, a relação entre o estado de coisas observado e as políticas relativas a ele é complexa. Não só porque as políticas variam ao longo do tempo, mas também porque elas constituem apenas um elemento na constelação de fatores

---

11   Tradução do organizador.

12   O relatório do Primeiro Plano definia "cottage" ou "village" industry "*as one engaged in the 'processing of local raw materials for local markets… with simple techniques*" Cf. HANSON, 2004, p. 498.

que concorrem para produzir o efeito considerado. A título de ilustração, é difícil entender as relações entre capital nacional e capital estrangeiro na Índia sem levarmos em conta dois traços significativos da ordem socioeconômica pré-independência, a saber:

1) A presença de um empresariado industrial nativo, cujo crescimento foi favorecido pela administração colonial – que o beneficiava através de instrumentos tais como proteção tarifária (pelo menos contra concorrentes não ingleses); concessões para exploração de minas e usinas elétricas; contratos de compras governamentais, e subsídios de variada ordem para implantação de projetos de maior vulto, entre outros – mas que não mantinha relações orgânicas com o capital britânico. Pelo contrário, formado por indivíduos oriundos de diferentes comunidades tradicionalmente dedicadas ao comércio (Parsis, Guajartis, Marwaris, Chettiars), esse empresariado contava com uma base própria de recursos econômicos, que para ele fluíam através de laços de família e de casta, e tendia a encarar o capital metropolitano como rival privilegiado.

2) A natureza predominantemente financeira das empresas coloniais britânicas, e a facilidade com o que o seu controle foi revertido a grupos locais quando as dificuldades criadas pela Segunda Guerra tornaram menos interessantes aos olhos dos investidores na metrópole a preservação daqueles ativos. Fazemos alusão, aqui, ao sistema de agenciamento (*agency system*), que foi a marca distintiva da organização empresarial da Índia britânica. Nesse sistema, investidores (ingleses, ou indianos) formavam um *pool* e, reunida a massa de capital requerida para dado projeto, contratavam um gestor – a agência de administração –, que se incumbia de organizar e gerir por conta própria o empreendimento (KOCHANEK, 1974, p. 14). A "indianização" das empresas coloniais foi em muito facilitada pela exterioridade do proprietário com relação ao processo de produção que caracteriza tal sistema.

O padrão de relacionamento entre capital nacional e estrangeiro na Índia tem raízes, portanto, em processos de longa duração, gestados ainda sob a égide do domínio britânico. Isto posto, é difícil desconhecer o papel decisivo em sua conformação das políticas praticadas pelo Estado indiano.

Como já vimos, no momento da Independência, a Índia se preparava para lançar-se em um ambicioso projeto de desenvolvimento, que previa a expansão de ramos industriais já montados e a implantação de novos setores. Ora, não ocorria a ninguém – dirigentes nacionalistas ou líderes empresariais – que esses espaços devessem ser ocupados por firmas estrangeiras.

A política indiana em relação ao investimento estrangeiro não foi linear. Muito restritiva, no início, aos poucos, em resposta a sucessivas crises, ela foi ganhando perfil mais liberal. A partir do final da década de 1960, contudo, verifica-se um novo giro, com a adoção de uma série de dispositivos legais que dotariam a Índia de um dos regimes de investimentos externos mais restritivos do mundo, fora do bloco socialista. Deles, os mais importantes são: 1) a Lei do Monopólio e das Práticas Comerciais Restritivas (*Monopoly and Trade Restrictions Practices Act*), de 1969; 2) a Lei de Patentes, de 1970; e, principalmente, 3) a Lei de Regulação Cambial (*Foreign Exchange Regulation Act* [FERA], de 1973). A primeira sujeitava toda proposta de expansão de capacidade instalada das grandes firmas ao crivo de uma comissão criada para esse fim; aplicada indistintamente às *business houses* indianas e aos grupos estrangeiros, as injunções do sistema de licenciamento davam lugar à intensa atividade de *lobby*, na qual os grupos nacionais detinham inúmeras "vantagens comparativas". A segunda abolia as patentes de produtos nos setores de alimentos, remédios e produtos químicos, além de reduzir o prazo de vigência das patentes a processos de 10 para 5 anos, com o quê diminuía as vantagens desfrutadas pelas firmas multinacionais sob a legislação prévia, estimulando a emergência e o crescimento de firmas indianas, especialmente nas indústrias química e farmacêutica. A terceira estabelecia o teto de 40% para a participação acionária estrangeira, forçando a diluição do controle das firmas no país, seja pela venda de participações a grupos locais, seja pela oferta pulverizada de ações nas bolsas indianas – por não aceitarem essa norma, a IBM e a Coca-Cola foram obrigadas a encerrar suas atividades no país.

E as restrições ao capital estrangeiro não terminavam aí. Mais ou menos na mesma época, o governo passou a regular estritamente a importação de tecnologia, através de listas que discriminavam os setores onde a "colaboração" estrangeira (i. é. o investimento) ainda era necessária; outros setores, onde apenas a colaboração técnica era admitida, mas assim mesmo com taxas de remuneração controladas; e outros, ainda, onde a base tecnológica era tida como suficientemente forte para dispensar aquisição externa de tecnologia (ATHREYE e KAPUR, 1999, p. 6).

O "gigantismo" do setor público

Ao mesmo tempo em que protegeu a pequena indústria e restringiu o capital estrangeiro, o Estado indiano atribuiu às empresas públicas o papel dominante no conjunto da economia. Em contraste com os demais países estudados – com a exceção parcial da Turquia –, na Índia a construção do setor empresarial do Estado não resultou de decisões *ad hoc* tomadas em resposta a problemas circunstanciais, ou pela necessidade de substituir o empresário privado, carente de recursos para explorar por conta própria certos ramos de atividade que permaneciam, assim, como "espaços vazios". A liderança da empresa pública obedecia a razões estratégicas, como parte nuclear do projeto de transformação social formulado pelos dirigentes nacionalistas.

Isso não quer dizer que, sobre essa matéria, tenha existido consenso na Índia. E o debate em torno dela opunha duas perspectivas sobre a natureza da economia futura. De acordo com a primeira, que refletia o ponto de vista universalmente abraçado pelos grandes empresários indianos, a intervenção do Estado tinha o papel instrumental de criar as bases pra uma economia capitalista vigorosa e dinâmica, cuja liderança seria exercida pelo capital privado nacional. Para os intelectuais, funcionários de Estado e dirigentes políticos que sustentavam a segunda perspectiva – a começar por Nehru –, a convivência entre setor público e privado seria um traço duradouro da economia indiana, que deveria, porém, evoluir gradualmente para um padrão socialista pelo crescimento mais que proporcional do primeiro daqueles setores.

Por mais de três décadas, a política industrial indiana foi marcada pela tensão entre essas duas perspectivas, que se expressava nas diferentes formulações aprovadas nas resoluções do Partido do Congresso e nos textos normativos da Política Industrial, que passam a assumir uma clara orientação estatista em meados da década de 1950.

Mais importantes, porém, do que documentos de política foram as medidas efetivas que começaram a ser adotadas na mesma época. Pensamos, sobretudo, no ciclo de nacionalizações que tem início nesse período – com a encampação, em maio de 1955, do *Imperial Bank of India*, o maior banco comercial do país, acompanhada no ano seguinte pela nacionalização das empresas de seguro de vida – e na emenda constitucional aprovada pelo Parlamento em fevereiro de 1955, que lhe abriu o caminho ao estabelecer que a autoridade para decidir do valor da indenização a ser paga pelas propriedades adquiridas pelo Estado cabia ao Executivo, e não ao Judiciário (ATHREYE e KAPUR, 1999, p. 195). Essa foi a arma que tornou possível as nacionalizações que marcaram o primeiro governo de Indira Gandhi, entre meados de 1969 e primeiros anos da década de 1970, das quais a de maior impacto foi a nacionalização dos quatorze maiores bancos do país, em julho de 1969.

Aliado às prioridades setoriais do planejamento, traduzidas em decisões de investimento de vulto crescente, o efeito conjugado dessas medidas e orientações foi, como esperado, uma grande expansão relativa do setor empresarial do Estado indiano.

Podemos intuir as dimensões desse fenômeno se olhamos para a participação de empresas públicas no universo das cem maiores empresas: seu número passa de 20 a 35, entre 1970 e 1980, e elas elevam de dois terços para três quartos a parcela sob seu controle coletivo no total dos ativos daquelas empresas.[13]

Observações adicionais

Para completar a caracterização desse caso restaria mencionar brevemente ainda dois aspectos.

O primeiro tem a ver com a importância decisiva dos controles administrativos no padrão indiano de desenvolvimento. Esse ponto já foi aludido em vários tópicos, mas convém dedicar-lhe uma palavra especial. Mais do que em qualquer outro dos países estudados, a intervenção econômica do Estado na Índia se fez através de um sistema regulatório minucioso e rígido, a um ponto que encontra poucos similares no mundo. Esse traço justificou a expressão *Licence-Permit Raj*, cunhada por um crítico para caracterizar a hipertrofia do controle governamental no país.

O segundo refere-se a uma particularidade que soa muito estranha aos olhos latino-americanos que são os nossos. Apesar de toda a parafernália de mecanismos de intervenção econômica, a despeito de todo o gigantismo do setor público, por quase todo o tempo a Índia observou uma política monetária relativamente austera. Nos anos que medeiam o Primeiro Plano Quinquenal e a inauguração do período de reformas liberalizantes a economia indiana conheceu picos inflacionários, mas comparativamente eles parecem mais colinas do que montanhas, e nunca chegaram a compor nada remotamente parecido com as cordilheiras que atravessamos na América do Sul. Como teremos oportunidade de ver, a um repique dos preços seguia-se, sem muita demora, a adoção de políticas monetárias enérgicas, que produziam o efeito esperado de forma relativamente rápida, ainda que a elevado custo político (SRINIVASAN, 2001, p. 135).

O padrão institucional que acabamos de descrever garantiu a transformação profunda do sistema produtivo da Índia. Com crescimento relativamente baixo, porém. Sobretudo na década de 1960 tornou-se corrente entre os especialistas a fórmula depreciativa "padrão hindu de crescimento" (que não ultrapassaria a marca dos 3,5 por cento). A média foi um pouco maior na década de 1950, e voltou a se elevar – agora mais pronunciadamente – nos anos 1980. Não importa, tendo como referência o desempenho dos "quase vizinhos"

---

13   Cf. ENCARNATION, 1989, p. 40.

asiáticos, o crescimento relativamente reduzido da economia indiana sempre se afigurou como um problema e um argumento poderoso nas mãos dos críticos do modelo vigente. No outro lado da balança, os interlocutores punham em defesa do mesmo as seguintes propriedades: regularidade – a economia indiana cresceu continuamente, praticamente desconhecendo a experiência infelizmente familiar na América Latina do crescimento negativo. Outro argumento forte deriva dessa constatação: por seu insulamento, pelos controles que impôs ao comércio externo e aos movimentos de capitais, por ter evitado "a armadilha da dívida externa", a Índia suportou bem os solavancos da economia internacional. Nesse particular, é significativo que a década de 1980 – "década perdida" para a América Latina (e para a Turquia), década que começou com um susto na Coreia – a despeito das convulsões políticas – foi para a economia indiana tempo de um grande salto à frente.

Esse salto termina em um grande questionamento de muitos dos atributos expostos neste trabalho. E na adesão ao discurso geral das reformas para o mercado. No que vem a seguir, veremos como e por que se produz essa ruptura no paradigma da política econômica e qual a profundidade dela.

A erosão do padrão indiano de desenvolvimento e o contexto de reforma

Em 1991, quando os eleitores devolveram o governo ao Partido do Congresso, a Índia estava às voltas com uma crise externa aguda: a balança comercial acumulava déficits, a guerra do Iraque provocara uma drástica redução das remessas internacionais (a Índia teve que repatriar às pressas milhares de trabalhadores do país conflagrado), os capitais de curto prazo fugiam aceleradamente, as reservas internacionais estavam reduzidas a pouco mais de um bilhão de dólares. A Índia estava às portas da moratória.

Sob a liderança do primeiro ministro Narasimha Rao e de seu ministro de Finanças, Manmohan Singh, o novo governo indiano firma uma carta de intenção com o FMI e enfrenta a crise com um pacote de medidas convencionais: desvalorização da rúpia; aperto fiscal (cortes pronunciados nos gastos sociais); política monetária restritiva. Tudo muito familiar. Nada de incomum, tampouco, nas consequências imediatas dessas medidas: geração de superávits comerciais e recuperação de reservas, de um lado; de outro, queda acentuada no nível de atividade econômica... Mas não por muito tempo. A economia indiana vive um período curto de recessão e logo recupera sua trajetória respeitável de crescimento.

Fosse essa toda a história, a crise indiana de 1991 teria pouco interesse para o não especialista. Mas, como sabemos, o mais importante ainda não foi dito. É que simultaneamente à adoção das medidas conjunturais acima referidas, o governo Narasimha Rao anunciava uma série de medidas de longo prazo que conformavam uma nova estratégia econômica. Elas abrangiam a reforma do comércio exterior – abolição quase completa da sistemática de licenciamento de importações; redução drástica de níveis e da dispersão das tarifas aduaneiras – e a reforma do regime regulatório, operada através do *Industrial Policy Statement*, de 24 de julho de 1991. Faziam parte do pacote ainda a racionalização do sistema tributário e a liberalização do sistema financeiro. Para a equipe econômica do novo governo estava claro que o simples ajuste fiscal e monetário era insuficiente. Para que o caminho do desenvolvimento sustentado fosse trilhado era preciso reestruturar o conjunto da economia indiana (*apud* NAYAR, 2001, p. 144).

Anos mais tarde o mesmo Singh iria explicar a íntima conexão entre as duas séries de eventos que nos ocupam aqui: a reforma estrutural e a crise econômica do início dos anos 1990.

> A resposta tradicional para uma crise no balance de pagamentos é de comprimir a demanda doméstica, através de um programa de austeridade fiscal. Contudo, em uma economia caracterizada pela rigidez dos salários e gargalos de abastecimento que impedem os recursos de se moverem de um lugar a outro, os programas de estabilização tradicionais terminam por criar desemprego e capacidade ociosa. Inevitavelmente, estes programas passam por dificuldades políticas severas [...] Para enfrentar o problema, nós criamos um programa de estabilização do qual se esperava que produzisse resultados positivos em um curto período e, adicionalmente, nós lançamos um programa de reformas estruturais para melhoras do lado da oferta (SINGH, 2001, p. 89).[14]

A associação dos dois fenômenos parece indiscutível, mas a natureza do nexo entre eles não está clara. A relação entre crise econômica e reformas liberais é observada em todos os casos nacionais conhecidos. Mas, na Índia, ainda que os atores possam tê-la vivido como um momento dramático, a crise foi bastante suave quando comparativamente considerada. E nem sempre, nos outros países, os problemas de balanço de pagamentos foram enfrentados, imediatamente, de forma análoga. Por outro lado, aquela não foi a

---

14 Tradução do organizador.

primeira crise cambial na Índia, e em outras ocasiões a resposta que ela suscitou foi muito diversa. Mais do que uma "causa", um determinante, parece mais razoável, pois, pensar a crise como uma janela de oportunidade. É assim que ela aparecia no comentário do articulista da *Economist* para o qual o corte inevitável no dispêndio público "poderia – apenas poderia – dar início à reavaliação do papel econômico do governo que há tanto tempo se faz necessária" (*apud* PARANJAPE, p. 2480). Mas, se pensamos a crise como uma oportunidade, devemos identificar para quem ela se afigura assim, e indagar das razões por que ela é encarada dessa ou daquela forma. Essa observação um tanto prosaica abre o espaço para a afirmativa que iremos desenvolver no restante do presente tópico: a opção pela estratégia de reforma adotada na Índia no início dos anos 1990 é incompreensível se dissociada de quatro condições gerais, a saber: 1) a existência prévia no país de uma crítica econômica de corte liberal ao modelo de desenvolvimento inspirado por Nehru; 2) a convergência entre essa crítica – com as medidas por ela preconizadas – e as transformações em curso naquele momento no plano internacional; 3) a fragilização das instituições políticas indianas e a efetividade degradada do planejamento econômico; 4) as experiências precedentes de liberalização econômica. Vejamos, pela ordem, cada um desses elementos.

O trabalho da crítica

Embora o sistema de controle administrativo do abastecimento alimentar herdado do tempo de guerra e ampliado depois da independência tenha sido objeto de ataques, antes, algumas vozes tendo defendido soluções de mercado para as distorções apontadas,[15] as primeiras objeções sistemáticas à estratégia de desenvolvimento esboçada pelo governo nacionalista manifestam-se em meados dos anos 1950, durante o processo de elaboração do Segundo Plano Quinquenal. Elas se fizeram ouvir no "painel de economistas", fórum criado pela Comissão de Planejamento em janeiro de 1955 para submeter a minuta do plano à análise de especialistas. Presidido pelo ministro das Finanças e composto de 21 membros, 13 acadêmicos e 8 tecnocratas, todos economistas de prestígio, o painel fez, provavelmente, o que dele se esperava: produziu um texto de consenso amplamente favorável ao documento, ao qual fazia restrições de detalhes. Esse encaminhamento, porém, não satisfez a todos os participantes. Dois membros do painel tinham divergências mais fundas que vieram a expressar logo a seguir sob formas diversas. Um deles era o diretor da Escola de Economia e Sociologia da Universidade

---

15 Cf. GHOSH, 1998.

de Bombaim, C. N. Vakil, que tornaria publico o seu ponto de vista no livro *Planning for an expanding economy,* escrito em colaboração com P. R. Brahmananda, onde criticam a estratégia assentada no desenvolvimento da indústria pesada e propõem uma alternativa de conjunto ao modelo de Mahlanobis baseada no fomento à agricultura e à produção de bens salários em geral.[16] O outro era B. R. Shenoy, então um professor pouco conhecido fora da Índia, da Universidade de Gujarat. Em profunda discordância com a proposta em debate, Shenoy fez questão de expressar seu ponto de vista em uma *"Note of Dissent",* que constitui um verdadeiro libelo contra o planejamento indiano. Denunciando o irrealismo das projeções que informam o plano, inalcançáveis a seu ver, "exceto em um regime totalitário", e dissociando-se explicitamente de seus colegas que criticavam as novas nacionalizações previstas com base em razões contingentes – escassez de pessoal administrativo e técnico; necessidade de canalizar a poupança para as metas do plano –, mas não as rejeitavam no terreno dos princípios, como ele, Shenoy fazia fogo cerrado contra o sistema de regulação microeconômica:

> Eu não estou convencido da importância econômica de se manter os controles. Os descontroles tiveram um notável sucesso. Controles e alocações materiais não são um complemento necessário do planejamento. A distribuição dos recursos produtivos, incluindo os percentuais nos quais são utilizados está sujeita a variação e depende de diversas considerações tecnológicas, econômicas e de preço. É quase impossível levar em conta esses elementos complexos e mutáveis e organizá-los como uma repartição adequada de recursos. Existem grandes vantagens na liberdade da economia, e para o sistema de preços, na utilização e distribuição das necessidades de produção. Eu não concordo com meus colegas de que existem motivos para manter os controles. Medidas devem ser ser tomadas para retirar os controles tão cedo quanto seja possível. Controles e dotações são uma característica essencial do planejamento comunista. Elas não se encaixam muito bem no planejamento em um mercado de livre iniciativa (SHENOY, 1955. *Apud* BAUER, 1988).[17]

Mesmo encarando tais declarações com simpatia, os agentes do mercado eram mais moderados na crítica. Pelo menos é o que podemos depreender do posicionamento da FICCI (*Federation of Indian Chambers of Commerce and Industry*) face ao

---

16   Uma apresentação breve do argumento e das circunstâncias em que veio à luz pode ser encontrada na entrevista de Brahmananda in BALASUBRAMANYAM, 1996, p. 26-41.

17   Tradução do organizador.

Segundo Plano. Tendo divulgado, a título de contribuição, proposta em que defendiam a ideia da industrialização rápida com ênfase na indústria de base, os dirigentes da FICCI reagiram acerbamente ao plano elaborado pelo governo. Questionando a compatibilidade do "planejamento total" com a democracia, e denunciando os grandes perigos implicados no "planejamento centralizado envolvendo a arregimentação da economia", eles advogavam o estímulo à expansão da indústria de bens de consumo de grande escala e condenavam o projeto de ampliar gradativamente o espaço ocupado pelas empresas pública (NAYAR, 1989, p. 229).

Na verdade, a atitude de tomar frente ao governo de Nehru provocava fissuras na elite do empresariado indiano. De um lado, sob a liderança de G. D. Birla, fiel parceiro de Gandhi, estavam aqueles que defendiam uma política de "apoio crítico", buscando promover os interesses da indústria através de canais de influência internos ao Partido do Congresso; do outro lado estava o "grupo de Bombaim", no qual se destacava a "casa dos Tatas", advogando uma postura mais assertiva, para influir sobre o governo mediante a mobilização da opinião pública em campanhas organizadas. Essa corrente criaria em 1956 o Fórum da Livre Empresa e participaria, três anos depois, da formação do Partido Swatantra (Partido da Liberdade), para contestar a hegemonia do Partido do Congresso em nome do princípio da propriedade e dos valores do liberalismo. Coisa que esse partido fez com relativo sucesso eleitoral, embora ao preço de muitas concessões no terreno do discurso, como se observa pelo comentário do especialista.

> Aceitando o "socialismo" dos Conservadores na Grã-Bretanha, dos social-democratas alemães, e assim por diante, os líderes Swatantra alternadamente chamaram Nehru de "socialista do século XIX" por oposição a Swatantra Popular ou "socialistas do século XX", ou então de "Estado capitalista reacionário" e não um estado socialista de fato. Embora este conjunto de argumentos dificilmente possa ser chamado de um *tour de force* lógico, ele permitiu aos líderes Swatantra que argumentassem que os socialistas estavam ultrapassados, mas não os Swatantra. Isto ilustra uma importante dimensão da história intelectual, quer dizer, a compulsão de responder ao forte e presente desafio de Marx e do socialismo e da necessidade de aceitar, em certa medida, o vocabulário do inimigo político (ERDMAN, 1967, p. 199).[18]

---

18 Tradução do organizador.

Em um contexto assim, o radicalismo doutrinário da crítica condenava Shenoy ao ostracismo.[19] Uma década, duas guerras, e uma crise cambial séria depois, o ambiente estava sensivelmente mudado. No início dos anos 1970 a estratégia indiana de desenvolvimento estaria sob o ataque pesado de críticos mais afortunados. Além do "pessimismo exportador" embutido nos pressupostos do modelo de Mahalanobis, o processo que eles moviam punha em tela de juízo o sistema de controles e regulações burocráticas, o qual, aliado ao gigantismo do setor público, emperraria o crescimento da economia indiana ao condená-la a um regime de baixa produtividade. O arrazoado é longo, e dele não podemos fornecer mais do que uma pequena amostra. Nesse sistema, as metas fixadas são frequentemente erradas e as licenças beneficiam firmas que não são necessariamente as mais produtivas. Ao criar barreiras à entrada e restringir as importações ele diminui a concorrência, o que se traduz em ineficiência, altos custos e baixa qualidade. Os obstáculos administrativos sufocam a iniciativa e incentivam comportamentos improdutivos voltados para obtenção de vantagens. As restrições ao capital estrangeiro e à importação de tecnologia tornam obsoleta a indústria. Com mercado cativo e taxas de câmbio valorizadas, as firmas não têm razão alguma para se aventurar no mercado externo. E não se pode sequer alegar que esse sistema atenda a objetivos sociais: ao induzir artificialmente o crescimento das indústrias intensivas em capital, pouco contribui para a geração do emprego e para a eliminação da miséria.[20] Como alternativa a essas mazelas, economistas tão bem-sucedidos, na Índia e fora dela, como Jagdish Bhagwati e T. N. Srinivasan, entre outros, preconizavam a adoção de

---

19   O relato irônico de I. G. Patel – figura de proa na tecnocracia indiana e ardente defensor da liberalização econômica nos anos 90 – sobre as desventuras de visitantes americanos ilustres em solo indiano contribui para dar um colorido mais vivo a nossa narrativa. "A presença de tantos conselheiros de esquerda fez com que os norte-americanos insistissem em que o Ministério das Finanças permitisse que alguns conselheiros americanos equilibrassem as forças, por assim dizer. Pensávamos que tínhamos os americanos presos por sua própria armadilha, quando concordamos com a ressalva de que deveria haver dois conselheiros: um que fosse um acadêmico de alto prestígio e outro com influência em Washington… Mas os americanos tiveram a última palavra: eles mandaram Milton Friedman e… Neil Jacoby, que foi o ex-presidente do Conselho de Assessores Econômicos do Eisenhower. A oposição de Neil ao planejamento e ao envolvimento governamental só poderia ser descrita como algo totalitário, isto é, extremo, ideológico e emanando das entranhas, e não da razão. Friedman, por sua vez, tratou de ensinar os políticos e burocratas indianos sobre as virtudes da livre iniciativa privada, mas logo desistiu porque era inteligente o suficiente para ver que seus argumentos caíam em 'ouvidos de surdos'." PATEL, 2002, p. 44-5 (tradução do organizador).

20   Nesse esforço "heroico" de condensação, valemo-nos da apresentação feita por CHAUDHURY, 1998, p. 272-4.

um sistema comercial neutro – com unificação das taxas de câmbio, a remoção das restrições administrativas à importação, a redução das tarifas aduaneiras e a dispensa consequente dos incentivos às exportações – e a desmontagem do sistema de licenciamentos. Bem-sucedidos, devemos sublinhar o adjetivo. Porque, além de celebridades acadêmicas internacionais, esses economistas – Bhagwati, talvez, mais do que todos – passaram a ter forte influência no debate e na gestão da política econômica indiana.

Se isso é verdade, encontramo-nos diante de uma situação que faz lembrar a fórmula cunhada por Cohen, March e Olsen para caracterizar os processos de escolha em organizações complexas: o "modelo da lata de lixo" (garbage can model of organizational choice). Referindo aos padrões decisórios prevalentes em contextos organizacionais caracterizados pelas "preferências problemáticas", "participação fluida" e "incerteza agregada extrema", esse modelo rompe com a perspectiva racionalista ao desconectar, uns dos outros, problemas, soluções e tomadores de decisões, mostrando que estes não chegam a uma decisão específica trilhando um caminho simples cujo ponto de partida é o problema, mas que os três termos dessa equação resultam de processos independentes no interior da organização. Confrontados com um problema, os atores competem pela exata definição de seus termos e buscam soluções para ele em um repositório de fórmulas previamente existentes, sugeridas e postas de lado no passado.[21] Esse esquema se aplica como uma luva ao caso que estamos a considerar. No essencial, a plataforma das reformas liberalizantes vinha sendo defendida desde o início dos anos 1970, como solução para os problemas microeconômicos que obstariam o crescimento acelerado da economia indiana. No entanto, como programa geral, a proposta reformista não tinha sucesso. Quando isso ocorre, medidas pontuais já haviam atenuado os efeitos negativos dos problemas microeconômicos apontados, e a economia se expandia celeremente. Ainda assim, dessa vez o desequilíbrio externo justifica a adoção daquela plataforma. Além das receitas, os gestores da economia contavam no início dos anos 1990 com um manual indicando como aplicá-las. E mais, ao contrário do que vai se dar em muitos outros países, receitas e manual de instruções eram de fabricação caseira. Sem eles é difícil entender como o programa de mudança estrutural foi incorporado ao plano de estabilização de forma tão imediata.

---

21   Cf. COHEN, MARCH e OLSEN, 1989, p. 294-334.

Conexões com processos externos

A existência de um repertório de propostas e a advocacia dele no período anterior, porém, não explica aquele efeito. Pelo contrário, apenas nos leva de encontro aos argumentos sugeridos para explicar os fatores que entravavam a mudança. Um dos mais exitosos foi aquele proposto por Pranab Bardham, em uma série de conferências proferidas em meados dos anos 1980. Tomando como unidades básicas de análise as "classes dominantes proprietárias" e acentuando a lógica fortemente "rentista" (*rent-seeking*) de sua atividade econômica, Bardham procura demonstrar como os conflitos de interesses entre três atores fundamentais – os produtores rurais enriquecidos, os profissionais do setor público e os capitalistas industriais – resultavam em um "empate" que paralisava o Estado e perpetuava um estado de coisas que todos consideravam insatisfatório. Nenhuma dessas forças sendo forte o suficiente para dominar o Estado, a preocupação comum com os efeitos distributivos da transformação do sistema seria um inibidor estrutural à mudança.

> Se o patrocínio e os subsídios ameaçam bloquear as vias de mobilização do excedente e do investimento público, a pergunta que vem à mente é se as classes proprietárias, que têm muito a ganhar com o crescimento econômico, não tratariam de promover seu interesse de longo prazo e cooperariam, no desbloqueio dessas vias. Em minha opinião isso tem a ver com a dificuldade de fazer valer a ação coletiva quando de grandes e heterogêneas coalisões (BARDHAN, 1988, p. 68).[22]

Rejeitando o viés sociológico da análise de Bardhan, que o levaria a pressupor uma negociação prévia bem sucedida e a sinalização por parte do governo de sua intenção de "mudar as regras básicas do jogo" como condições necessárias ao início do processo de reforma econômica, Jenkins interpreta este último como fruto da ação de segmentos das elites estatais governantes, hábeis o bastante para explorar as divergências de interesses de forma tal a impedir que eles se conjugassem a tempo para bloquear a realização de seus propósitos (JENKINS, 1999, p. 38-9). Mais adiante, voltaremos ao argumento desenvolvido nessa obra. Por ora, limitamo-nos a observar que ela não nos faz avançar no problema que nos toca. Pelo que nos relata Baldev R. Nayar, os adeptos da reforma

---

22   Tradução do organizador.

eram minoritários no governo N. Rao.[23] Ainda que aceitássemos a premissa estatista que a sustenta – o que não fazemos –, restaria explicar por que, nesse momento, o comando da ação estatal foi exercido pelos setores da elite governante que se inclinavam pelo caminho das reformas. A convergência entre os pontos de vista sustentados por esses setores e o sentido das transformações internacionais em curso àquela altura é, certamente, um elemento importante na resposta a essa pergunta.

A incidência das mudanças no contexto internacional é forte em todos os processos nacionais de reforma econômica considerados nesta pesquisa. Mas os aspectos relevantes desse contexto cambiante variam a cada caso, como varia também o modo pelo qual se exerce a aludida influência. A globalização financeira, por exemplo, que costuma aparecer na literatura como um dos principais fatores explicativos da difusão das reformas neoliberais, não parece ter desempenhado papel de maior relevo no caso indiano. Tampouco as condicionalidades cruzadas do par FMI-Banco Mundial, que foram decisivas, como sabemos, nos processos de reforma latino-americanos. E é fácil entender por quê: fortemente protegida, com um setor bancário quase todo estatizado e com rígidos mecanismos de controle sobre o câmbio e sobre os fluxos de capital, o grau de integração da economia indiana no mercado financeiro internacional no início do processo de reforma era muito reduzido. Daí sua baixa vulnerabilidade às crises; daí também a sua menor sensibilidade às pressões emanadas de governos e instituições econômicas internacionais.

No caso indiano, três aspectos das transformações globais parecem ter tido especial importância: a mudança na ideologia econômica dominante nos países centrais, com o descrédito do keynesianismo e a ascensão do discurso neoliberal; a mudança no quadro geopolítico com o fim da Guerra Fria; e a reformulação das bases normativas da economia internacional no desenrolar da rodada Uruguai do GATT.

Não vamos nos deter aqui nos processos que levam à primeira daquelas mudanças. Para efeitos de argumentação, podemos tomá-los como conhecidos. O que desejamos salientar é a maneira como o novo "senso comum" econômico reforça, na Índia, os defensores de programas de reformas congruentes com ele. Isso, que já se daria em

---

23 " [...] O círculo que estava convencido da necessidade de globalização e liberalização e estava entusiasmado com a reforma era pequeno, e constituiu, talvez, um grupo bastante isolado; foi constituído a princípio pelo Primeiro-Ministro, o Ministro das Finanças e o Ministro do Comércio, P. Chidambaran, e sua equipe de assessores burocratas e tecnocratas... a maioria do gabinete era indiferente às reformas e estavam preocupados apenas em não afetar negativamente seus grupos de apoio. Havia adversários também, como ND Tiwari e Arjun Singh". NAYAR, 2001, p. 148 (tradução do organizador).

alguma medida pelo simples poder de irradiação das ideias germinadas nas instituições prestigiosas dos países centrais e da autoridade de que tendem a ser revestidas, fica acentuado na Índia em virtude de um fenômeno peculiar: as dimensões da diáspora e a participação relativamente muito elevada de profissionais altamente qualificados na "população não residente". Nas palavras do autor de um trabalho muito interessante sobre o tema,

> No caso da Índia, em contraste com as grandes migrações do século 19, a migração para o exterior nas últimas décadas tem tido um viés seletivo muito forte; e daí tem-se desenhado um perfil da elite socioeconômica da Índia. Os indianos nos Estados Unidos, estes têm quase vinte vezes mais chances de estudar em faculdades do que na Índia. A posição estrutural e a inserção social da diáspora indiana e o retorno dos migrantes, aumenta a difusão de ideias, e mesmo das remessas financeiras, "remessas sociais" (ou o fluxo de ideias) estão desempenhando um papel importante na reformulação das políticas econômicas na Índia (KAPUR, 2004).[24]

No artigo citado, vamos encontrar uma representação simplificada do mecanismo pelo qual ideias emanadas dos países de destino são difundidas e chegam a influenciar processos decisórios nos países de origem. O fator crucial nesse esquema consiste no retorno de migrantes com formação educacional ampliada, novas experiências de trabalho, outros mapas cognitivos. No modelo proposto, o impacto de tais elementos depende do tamanho da diáspora, das características socioeconômicas de seus integrantes, de onde estiveram e dos pontos de acesso que lhes estejam abertos na estrutura de poder do país que os recebe de volta. O grau dessa abertura, por sua vez, depende de regras formais e de procedimentos. Vale dizer, as instituições formais e informais no país de origem operam como "filtros" na difusão de ideias, ao regularem o acesso de burocratas internacionais, acadêmicos e outros intelectuais às arenas decisórias.

Essas breves indicações servem apenas para dar uma ideia aproximada do argumento desenvolvido pelo autor. O que nos interessa primordialmente em seu trabalho não são esses elementos gerais, mas o resultado da análise por ele instruída sobre o caso indiano. A esse respeito, convém ceder-lhe mais uma vez a palavra.

---

24 Tradução do organizador.

114   Marcos Costa Lima (org.)

> Nas últimas décadas, os tecnocratas têm desempenhado um papel importante nas reformas econômicas em todo o mundo. Comparado aos programas de reforma em muitos outros países durante este período, as reformas da Índia parecem ter dado bons frutos. Parte deste sucesso deve ser atribuído a que as reformas da Índia foram criadas no próprio país, o que reflete a experiência de seus principais arquitetos, que tinham estudado e trabalhado no exterior, mas que mantiveram um olho afiado para a política econômica e a realidade da Índia. A estrutura institucional da Índia – uma burocracia forte e sistema parlamentar – significa que um tecnocrata de retorno ao país tem que passar algum tempo realizando consultorias, antes que ele possa passar à tomada de decisões. O que cria confiança e ao mesmo tempo proporciona-lhes uma noção mais apurada das nuances políticas que são fundamentais se estas políticas estão para ser adotadas e implementedas (KAPUR, 2004).[25]

A observação bem documentada do autor sobre o cosmopolitismo dos economistas indianos, nos suscita um comentário adicional. No presente, como no passado, entre os centros difusores e a produção local de ideias a relação parece ter duplo sentido: como vimos, nos anos 1950 a Índia foi um laboratório econômico de ponta, para onde se dirigiam notáveis de todo o mundo com intuito de ensinar, mas também de aprender com as experiências que lá se realizavam; ela permanece, hoje, como referência importante no debate internacional sobre as políticas de desenvolvimento. E pela inserção privilegiada que têm nos circuitos acadêmicos internacionais, seus economistas mais destacados dele participam como protagonistas.

Sobre o segundo dos aspectos assinalados, seremos breves. Fundadora e principal sustentáculo do movimento dos Países não Alinhados, a Índia sempre se moveu no plano das relações internacionais guiada pelo princípio básico da autonomia. Mesmo que para isso tivesse que arcar com custos significativos – como se deu nos anos 1960, quando sua posição crítica em relação à guerra do Vietnã lhe valeu a antipatia do governo Johnson, que logo quebraria o compromisso de ajudar financeiramente um primeiro ensaio de reforma de seu comércio exterior. Pouco depois, duplamente pressionada pelos laços privilegiados que os Estados Unidos mantinham com o Paquistão e por sua nova aliança tácita com a China, a Índia aprofunda sua parceria com a União Soviética, que se converte em aliança estratégica no início da década de 1970. Com o

---

25   Tradução do organizador.

fim da Guerra Fria a Índia se encontra em um novo contexto geopolítico no qual não pode mais contar com o respaldo econômico, político e militar de sua antiga parceira e no qual, ausente a rivalidade entre blocos, a política do não alinhamento perde todo o sentido. Ameaçada de isolamento, com consequências potencialmente perturbadoras para a segurança nacional, a Índia é obrigada a reformular sua postura internacional, buscando novo *modus vivendi* com os países vitoriosos, em primeiro lugar, com os Estados Unidos. Ora, no plano econômico, o vetor principal da política norte-americana era dado na época por uma fórmula conhecida: globalização – redução do papel econômico do Estado; reforço dos direitos de propriedade intelectual; remoção de entraves à livre circulação de bens, serviços e de capitais; dissolução de fronteiras entre mercados nacionais; integração crescente de todos em uma economia única do tamanho do mundo. Em tais condições, a intransigência da Índia na defesa dos mecanismos institucionais criados no meio século passado para tornar possível o desenvolvimento de um capitalismo eminentemente nacional seria sinônimo de conflito aberto com a superpotência. Mesmo se inexistissem outras razões, a mera consideração do quadro estratégico recomendaria uma atitude mais prudente.[26]

A rigor, as condições indutoras de tal reposicionamento já estavam esboçadas em meados da década passada. Com essa afirmativa, fazemos referência a duas séries de eventos: às mudanças internas ocorridas na União Soviética sob o governo de Gorbachev, com seu desdobramento externo, o "novo pensamento", com o qual teve início a desmontagem da política de blocos, e a abertura de um processo de negociação que estava destinado a mudar radicalmente a arquitetura do sistema multilateral de comércio: a Rodada Uruguai do GATT. Este é o terceiro dos elementos que gostaríamos de destacar.

O tema do comércio internacional e das transformações do regime criado para balizá-lo no imediato pós-guerra constitui um dos eixos deste projeto como um todo. Ele foi objeto de três estudos no relatório do ano passado, e volta a comparecer em dois capítulos do relatório presente. Não vamos discorrer longamente sobre o tema. Aqui, o importante é resgatar essa cadeia causal que já estava apontada no projeto da pesquisa, mas que está muito bem analisada no trabalho de Feliciano de Sá Guimarães (2005): a passagem de um regime que regulava o movimento entre fronteiras de bens, para um outro cujas disciplinas têm como objeto as políticas domésticas dos países membros.

---

26 Inspiramo-nos nesse parágrafo no capítulo dedicado ao período pós-Guerra Fria da obra de NAYAR e PAUL, 2003.

Isso se dá em consequência do esforço bem-sucedido do governo estadunidense no sentido de forçar seus parceiros no GATT a abrirem uma nova rodada de negociações, passados apenas três anos do encerramento da rodada de Tóquio, em 1979, nela incorporando três novos temas: serviços, propriedade intelectual e medidas de investimento relacionadas ao comércio. A novidade – e o caráter ofensivo – da iniciativa patrocinada pelo governo Reagan, porém, não terminava aí. Além da ampliação da pauta, a campanha pela abertura da nova rodada vinha acompanhada da denúncia sistemática de um dos princípios inscritos desde o início, ainda que em posição secundária, nos estatutos da organização: o "princípio do desenvolvimento", que se traduziu, originalmente, no reconhecimento do conceito de "indústria nascente" e, mais tarde, na consagração do direito a tratamento especial e diferenciado dos países pobres, com a reforma do texto do Acordo Geral operada em 1965 (incorporação do Capítulo IV – Comércio e Desenvolvimento). As implicações desse lance são indicadas de maneira precisa pelo autor do estudo citado.

> [...] os EUA e CE pressionam por alterações em regras já existentes, ou seja, buscavam a construção corretiva das regras. A implicação maior disso era a diminuição da preponderância do S&D. O fim do tratamento diferenciado [...] faria com que as obrigações dos países em desenvolvimento fossem ampliadas pela necessidade de acatar regras já existentes. Os países ricos não pretendiam revolucionar as regras tradicionais, apenas ampliá-las ou reconstruí-las de modo a atingir todos os membros. Ato contínuo, a invalidação do S&D significava reformas efetivas na estrutura política e econômica dos países em desenvolvimento, pois a própria iniciativa de fazer valer uma política de substituição das importações significava não acatar a totalidade das regras tradicionais e permitir proteções setoriais de produtos tradicionalmente regulados (bens industriais) (GUIMARÃES, 2005, p. 109).

Inscrito neste Projeto Temático, o trabalho que viemos de citar reconstitui o processo da rodada em suas duas fases – a pré-negociação (que vai da reunião ministerial de 1982, em Genebra, à Conferência de Punta del Este, em 1986) e a fase da negociação propriamente dita, que se estende até o final de 1993 – e analisa a maneira pela qual o desenrolar dos acontecimentos nessa arena condicionam a mudança de rumos que se dá na política externa brasileira no decorrer do período. Sobressaem nesse estudo a eficácia dos mecanismos de coerção manejados pelos EUA e a estreita interligação dos movimentos efetuados no plano multilateral e nas negociações bilaterais com o Brasil. Não temos condições para replicar esse tipo de análise para a Índia. Sabemos que ela dividiu com o Brasil a liderança da resistência à incorporação dos "novos temas" na agenda e da defesa das normas derivadas do princípio do desenvolvimento depois de iniciada a Rodada Uruguai. Mas não é só. Sabemos também que a Índia estava em posição muito menos vulnerável do que a do Brasil, com uma economia em rápida expansão, com baixa exposição às turbulências do sistema financeiro internacional. Ainda assim, acreditamos que os argumentos de caráter geral esboçados no projeto da pesquisa, corroborado pelo estudo sobre o Brasil, se aplica igualmente à Índia. E somos reassegurados neste juízo pela palavra de um diplomata indiano que desempenhou papel proeminente no processo em causa.

> Como aconteceu essa mudança dramática na posição dos países em desenvolvimento?
> O evento foi amplamente coberto pela imprensa local indiana e outros meios de comunicação do terceiro mundo...
> Os EUA tinham estabelecido a poderosa arma de "unilateralismo agressivo", desde 1984. Este foi usado contra o Brasil antes dos acontecimentos de abril de 1989. A Índia também foi alvo durante este período e uma utilização efetiva aconteceu pós-maio de 1989. A situação política interna nos dois países foi fluida e reduziu-se à vontade política para manter-se firme em suas posições. A estratégia dos EUA produziu efeito, e a coalisão indiano-brasileira foi enfraquecida, induzindo à falta de consulta e coordenação que frustrou a confiança mútua. Como os dois países vacilaram, a oposição que eles haviam laboriosamente construído contra a iniciativa dos EUA também fracassou. Os países industrializados aproveitaram a oportunidade para impor suas vantagens.[27]

Shukla refere-se nessa passagem às pressões que levaram ao compromisso sobre o tema da propriedade intelectual, um divisor de águas na história da Rodada. Tratava-se de questão extremamente sensível para a Índia, e as resistências de amplas parcelas da opinião pública à assinatura do acordo correspondente chegaram a manifestar-se sob a forma de protestos coletivos organizados. Os críticos apontavam o conflito entre seus dispositivos e a legislação nacional, e denunciavam o acordo em geral por seus efeitos adversos sobre a soberania do país e suas prioridades de

---

27 Tradução do organizador. Cf. SCHUKLA, 2002, p. 264-5.

desenvolvimento.[28] Não precisamos insistir nesse ponto. O que desejamos salientar é que a participação no processo conflituoso de elaboração de normas internacionais com efeito direto sobre os dispositivos de políticas internas de fomento (proteção comercial, subsídios, incentivos a investimentos etc.) levava os atores a redefinir os valores dos elementos que levavam em conta em seus cálculos de custos e benefícios, e afetava, necessariamente, o seu juízo a respeito do possível e do desejável no tocante à estratégia de desenvolvimento.

Erosão institucional e efetividade declinante do planejamento

No momento em que a crise externa se manifesta, vários elementos combinados favoreciam, portanto, a adoção de um programa de reformas de longo prazo da matriz institucional da economia indiana. Sozinhos, porém, eles são insuficientes para explicar a mudança. Com efeito, eles pouco nos informam sobre os fatores que poderiam atuar na direção oposta. Para entender a inflexão ocorrida no início da década de 1990, devemos levar em conta a erosão das bases de sustentação política do antigo modelo.

Em alguma medida, ela decorre do reiterado insucesso na obtenção das metas estabelecidas pelo planejamento. Como vimos em outra parte deste estudo, o aparato de intervenção econômica do Estado indiano justificava-se pela necessidade de promover o crescimento acelerado, a expansão rápida do emprego, a redução progressiva das desigualdades sociais e econômicas, a eliminação da pobreza, e a autonomia nacional. Ora, trinta anos depois do primeiro ensaio, no balanço do planejamento os resultados alcançados ficavam muito aquém das expectativas. O objetivo da autonomia fora por muito tempo negado pela dependência indiana da ajuda externa para alimentar a sua população; as taxas de crescimento, sempre inferiores às metas dos planos, tornavam-se mais frustrantes ainda quando comparadas com o desempenho de economias asiáticas, ou mesmo latino-americanas, e, apesar dos avanços obtidos, no início dos anos 1980 os indicadores sociais da Índia continuavam a ser um dos piores do mundo. Baldev R. Nayar é preciso ao indicar os efeitos de tais constatações:

> Através de um processo de "aprendizagem social" os principais líderes tinham chegado ao entendimento de que as políticas anteriores não tinham conseguido atingir as metas da Índia, e de que não havia mérito algum em mantê-las… Essa linha de desencanto com a política do regime anterior remontava à Sra. Gandhi

---

28 Cf. SIDDIQI, 1994.

e à mudança econômica adotada em 1974, bem como às medidas de liberalização adotadas por seu governo na primeira metado dos anos 1980. Essa linha política continuou através de Rajiv Gandhi e de seu ambicioso programa de liberalização que não prosperou. Seu impulso para a liberalização é particularmente importante, uma vez que foi inaugurado sem a presença de qualquer crise econômica e sem qualquer envolvimento das instituições financeiras internacionais. Não é apenas a Sra. Gandhi e Rajiv Gandhi que são importantes, mas também os seus conselheiros econômicos, especialmente LK Jha, que procurou educar as elites intelectuais sobre os efeitos perversos das políticas econômicas anteriores. Um segmento importante, embora pequeno, da elite política e burocrática da Índia tinha, assim, convencido da necessidade de mudar de direção [...] (NAYAR, 2001, p. 146).[29]

Aproximação de horizontes. É necessário salientar esse ponto: no início da década de 1980, as objeções que os críticos liberais faziam ao modelo econômico indiano começavam a ser parcialmente assimiladas pelos políticos e tecnocratas que ajudaram a construí-lo. Mas é preciso esclarecer em adição que, no entender desses últimos, o acúmulo de problemas que levava a tal resultado tinha sua origem na incapacidade política de reagir a tempo às dificuldades e imprimir às políticas do Estado as devidas correções. A observação de P. N. Dhar – um dos principais conselheiros econômicos de Indira Gandhi – sobre a atitude de Mahalanobis face à legislação que beneficiava os trabalhadores do setor formal é bastante ilustrativa. Depois de citar trecho de um artigo no qual Mahalanobis descreve as leis indianas como ["provavelmente as mais protetoras dos interesses do trabalho – no sentido estrito – em todo o mundo"], indicando que elas desvinculam quase inteiramente produto e remuneração e restringem fortemente o poder de contratação e demissão das empresas, Dhar agrega o seguinte comentário:

> Mahalanobis, antecipando o fenômeno da "doença industrial", propôs de fato a criação de um Serviço de Reserva do Trabalho para absorver os trabalhadores industriais, que poderiam ser considerados como trabalhadores excedentes e demitidos pelas então empresas industriais existentes, a seu único critério. Esse serviço poderia servir também como reserva de trabalhadores à qual outras empresas poderiam

---

29 Tradução do organizador.

recorrer. O Serviço de Reserva do Trabalho funcionava como um amortecedor contra o desemprego. A proposta nunca saiu do papel (DHAR, 2003, p. 102).[30]

Nisso reside a força e o apelo do argumento já referido de Pranab Bardhan. Ele oferece uma resposta elegante ao enigma da paralisia do Estado indiano diante de problemas há muito reconhecidos, que se traduziam em entraves ao desenvolvimento e em obstáculos à consecução dos objetivos sociais universalmente proclamados. Muito de seu poder persuasivo se perde, contudo, quando constatamos – *a posteriori* – que, a despeito da lógica cerrada que o costura, o impasse foi superado e o desempenho da economia indiana atingiu um patamar que seria inalcançável, nos termos de sua análise. Acreditamos que P. N. Dhar acerta ao observar:

> A coalizão das classes dominantes de Bardhan estava baseada na relação de clientelismo e subsídios que captam um aspecto crucial do sistema [...], mas falhou ao não reconhecer a natureza transitória da coalizaão que é essencialmente uma fase no processo de crescimento econômico e político (DHAR, 2003, p. 113).[31]

Não temos tempo, nem os elementos necessários, para expor aqui o processo pelo qual o jogo cambiante das coalizões político-sociais resultou na situação de "empate" descrita por Bardhan e como possibilitou, mais adiante, que se encontrasse uma saída para a mesma. Registrando, de passagem, o impacto adverso de uma série de choques externos – grandes secas, seguidas de escassez generalizada de alimentos, em 1957, 1966 e 1967; conflitos militares com países vizinhos (ocupação de território contestado pelas tropas chinesas, em 1962; guerra com o Paquistão, em 1965; novo conflito com esse país, em 1971, levando à sua partição e à criação do Estado independente de Bangala Desh; choque do petróleo, em 1973) –, limitamo-nos, no que vem a seguir, a apontar algumas condições históricas que contribuíram para a produção daqueles efeitos.

A primeira circunstância significativa a destacar é o fracasso do projeto original de transformação agrária, e a modernização capitalista da agricultura indiana que ocupou o seu lugar. Na concepção dos formuladores dos primeiros planos, a agricultura desempenharia um papel crucial no processo de desenvolvimento industrial, como fonte provedora de mão de obra e de alimentos baratos para a imensa e crescente população

---

30 Tradução do organizador.

31 Tradução do organizador.

do país. Esperava-se que esses objetivos fossem alcançados mediante os ganhos de produtividade derivados da mudança nas relações de propriedade e da reorganização da estrutura agrária centrada no estabelecimento de "módulos rurais", na disseminação de cooperativas e na edificação de um sistema público de comercialização de gêneros alimentícios, com preços controlados. Como observa Francine Frankel, além de sua contribuição para o aumento da produtividade agrícola com exigências mínimas de novos dispêndios de capital, a reorganização agrária "criaria uma conexão entre o setor industrial moderno e o vasto interior rural, pondo em marcha um processo dinâmico de incremento geral da renda, do consumo, do emprego, e da produção no núcleo do processo autossustentado de crescimento" (FRANKEL, 2005, p. 119). Algumas medidas foram efetivamente tomadas nessa direção, mas a oposição conservadora, muito forte no próprio Partido do Congresso, obstou a plena realização desse projeto. Quais teriam sido os seus resultados caso tivesse sido posto em prática? É difícil avaliar. Seja como for, em meados da década de 1960 o balanço do desempenho da agricultura indiana era desalentador.

> O novo desenvolvimento que a Índia atingiu na metade do Terceiro Plano era o de uma produção agrícola estagnada, e de um crescimento da produção industrial que começava a arrefecer; a população continuou a crescer, e a taxas mais elevadas do que era esperado; o fluxo de excedente do mercado de grãos alimentícios começou a diminuir, e o país encontrou-se no meio de uma crise alimentar, que assumiu uma gravidade particular no corrente ano.[32]

Defendida há tempos pelos especialistas do Banco Mundial, é nessa altura – na passagem entre o curto governo de Lal Bahadur Shastri, sucessor de Nehru, e o de Indira Gandhi, filha deste – que acaba por prevalecer definitivamente a visão tecnocrática da modernização agrícola, assentada na ampliação do sistema de irrigação, no uso difundido de inseticidas e fertilizantes químicos e na renovação das técnicas de cultivo. Era a "revolução verde", da qual se pode dizer que, embora pouco tenha ajudado à consecução dos objetivos sociais inscritos reiteradamente nos

---

32 Dhar, "Economy under a shadow. plea for aid". In: Dhar, P. N. *Evolution of economic policy in India*, 2003, p. 50. Artigo previamente publicado com o título "The Indian economic experiment". *Journal of Development Studies*, 1966. Tradução do organizador.

planos de desenvolvimento, teve pelo menos o mérito de eliminar a dependência da Índia da ajuda alimentar dos Estados Unidos.

No processo de transformação que se segue, o que nos interessa particularmente, aqui, não são os seus aspectos econômicos, mas suas implicações sociais e políticas. Pensamos, sobretudo, no surgimento que ela propicia de uma camada de agricultores prósperos, os quais, por seu peso próprio, pela capacidade de explorar vínculos de casta para criar redes de alianças extensas e de mobilizar em favor de suas demandas o apoio dos camponeses médios e pobres, transformaram-se rapidamente em uma das forças sociais mais importantes na Índia contemporânea. Vimos o destaque que Pranab Bardhan confere a ela. Restaria insistir no fato de que sua formação resulta em parte do insucesso na realização do programa agrário do nacionalismo indiano e de que, pelo poder corporativo que detém, ela passou a constranger significativamente a atuação dos gestores da política econômica.

Estreitamente associada a esse desenvolvimento, a outra circunstância que devemos mencionar é a progressiva debilitação do Partido do Congresso e a tendência consequente de desconcentração do sistema partidário indiano.

Vimos, no início deste estudo, a posição solar ocupada pelo Congresso no período imediatamente posterior à Independência. Dez anos depois, a situação não havia mudado fundamentalmente, a despeito dos avanços obtidos pelos partidos de oposição nas eleições gerais de 1957, sobretudo no plano regional (em Kerala, o Partido Comunista da Índia obteve a maioria simples dos votos, o que levou à formação do primeiro ministério comunista na história do país; em Bengala Ocidental, também, foram notáveis os progressos da esquerda). Os resultados do pleito de 1962 alteram de forma significativa esse quadro: com efeito, além de confirmar o enraizamento da esquerda comunista, eles revelaram a existência na Índia de uma direita política com expressão eleitoral, em suas duas vertentes: o liberalismo conservador representado pelo partido Swatantra, ao qual já reservamos uma palavra, e o radicalismo nacionalista hindu que se manifesta através do Jan Sang, nova expressão organizada da facção minoritária do movimento nacional em cujo seio se formou o assassino de Gandhi. Fundado em 1951, o programa desse partido centrava-se na proposta de construir um Estado nacional forte apoiado na revitalização dos ideais da cultura hindu, incluindo os preceitos religiosos da antiga tradição sânscrita. Já estava claramente desenhada nessa época uma estratégia que passaria a constar, desde então, como um traço fundamental da política indiana.

> Entre os sinais mais sinistros, como todos os partidos da oposição exploravam queixas regionais, comunais e de casta, na tentativa de construir um sentimento anti-Partido do Congresso (artido majoritário e no poder), deu-se uma aparente ressurgência de políticas subnacionais de lealdade. Em Madras, o Dravida Munnetra Kazhagam (Dravidian Progressive Association), articulando ressentimentos antigos da comunidade tâmil (população do estado de Tamil Nadu no Sul da Índia) contra a dominação do norte, lançou um apelo a sentimentos de nacionalismo regional que não só atacaram o Hinduísmo como língua nacional, mas passou a exigir cotas comunitárias, em matéria de recrutamento ao serviço público, mas também levantou o grito de separação de Dravistan (Kerala, Andhra Pradresh, Mysore, e Tamil Nadu, que são estados da federação no Sul do País) à União da India (FRANKEL, 1995, p. 205).[33]

Humilhada pela China no campo de batalha, a Índia estava prestes a ingressar no período mais conturbado de sua história política. Embora abalado em sua liderança e fisicamente debilitado, Nehru ainda encontrou forças para presidir a inflexão à esquerda do Partido do Congresso, expressa formalmente no compromisso programático com a transição ao socialismo. Com a morte prematura de seu sucessor, em janeiro de 1966, a ascensão da herdeira de Nehru, Indira Gandhi, exaspera o conflito de tendências no Partido do Congresso, que acaba por se dividir, em novembro de 1969; depois de amargar outra derrota eleitoral severa – nas eleições de fevereiro de 1967 –, o Congresso é alijado do governo em oito estados. Presente nesses resultados, o agravamento das tensões sociais provocado pela crise econômica. Já fizemos alusão a ela ao falar das grandes secas de 1966 e 1967 e da escassez de alimentos daí decorrente. Resta dizer que esta se traduz em grave desequilíbrio externo que seria corrigido pela decisão traumática de desvalorizar a rúpia e adotar o programa de ajuste preconizado pelo Banco Mundial e o governo dos Estados Unidos. O episódio relatado no trecho que citamos a seguir expressa o caráter dramático da situação.

> O ministro do Planejamento indiano Asoka Metha visitou os Estados Unidos e estabeleceu as propostas do IV Plano perante o presidente Lyndon Johnson e o Presidente do Banco Mundial, George Woods, revelando uma profunda dependência, por um lado, e uma invasiva interferência dos EUA no processo indiano de tomada de decisão. Os EUA e o Banco Mundial expressaram possíveis

---

33 Tradução do organizador.

garantias de auxílio que estaria sujeito a uma declaração prévia de desvalorização da moeda indiana. No último minuto houve hesitação da parte da Índia, mas o desejo de obtenção da ajuda terminou por concluir a questão, fazendo com que a Índia declarasse, a 6 junho de 1966, a desvalorização da rupia indiana em 58 por cento, passando de Rs 4,75 a Rs 7,50 por dólar (NAYAR, 2001, p. 101).[34]

Denunciada pela esquerda e pela direita como ato de submissão ao *dicktak* da grande potência, a desvalorização da rúpia provocou reações iradas nos mais variados setores da vida nacional indiana. Reações que se tornaram mais intensas quando os efeitos daquela medida sobre o custo de vida se fizeram sentir e quando se soube que as promessas de apoio não seriam honradas pelos Estados Unidos. Enfraquecido pelos resultados das urnas, o governo do Congresso ainda tinha que se ver com a forte mobilização de estudantes e trabalhadores organizados nas cidades, e – mais preocupante ainda – com o acirramento das lutas no campo pela posse da terra. Compunha o quadro de radicalização geral a atuação do movimento naxalista que, apoiado pela China, lançava mão da estratégia da "guerra popular" para levar a revolução ao campo mediante a criação de "áreas libertadas".[35]

Nesse ambiente altamente saturado, a ruptura do Partido do Congresso joga o governo de Indira Gandhi para a esquerda, deslocamento que foi reforçado pela vitória estrondosa da primeira ministra nas eleições gerais de 1971, à qual concorreu com a bandeira da "eliminação da pobreza" – *garib hatao*. É nesse período que ocorre a segunda onda de nacionalizações e que as políticas mais duras de intervenção econômica são adotadas. Sabemos como ele termina. Em 1973, a decisão da OPEP de elevar o preço do petróleo agrava os desequilíbrios da economia indiana, e acirra os conflitos distributivos ao se traduzir em novas pressões inflacionárias. Em julho de 1974, o governo adotava um plano de estabilização rigoroso; no ano seguinte fazia o Parlamento aprovar o Estado de Emergência, sob cuja legislação Indira Gandhi governou até as eleições de 1977, quando foi substituída por uma coalizão liderada pelo Bharatiya Janata Party, nova expressão partidária do nacionalismo hindu. Dois anos mais tarde, quando

---

34 Tradução do organizador.

35 Originado da revolta de jovens de extrema esquerda diante da violenta repressão que pôs fim a uma rebelião camponesa na área de Naxalbari, em Darjeeling, distrito de Bengala Ocidental, desde 1969 o movimento passou a ser dirigido pelo recém-criado Partido Comunista Marxista Leninista. Segundo Francine Frankel, o partido contava com cerca de 20 a 30 mil militantes, oriundos em sua maioria do meio estudantil universitário e, mais genericamente, das classes médias urbanas. FRANKEL, 1995, p. 380.

o Congresso volta ao governo, ainda sob a liderança de Indira, o tempo era de meditar: lentamente embora, o processo de revisão já estava em marcha.

À guisa de conclusão: uma nota sobre as reformas

No Brasil e em outras partes do mundo tem sido muito difundida nos últimos anos esta história edificante. Mirem-se no exemplo da Índia. País pobre, marcado por desigualdades sociais profundas, seu desenvolvimento econômico foi por longo tempo tolhido pelo fardo de uma cultura ancestral fortemente hostil aos valores capitalistas e pela ação intrusiva de um Estado de dimensões desmesuradas. Mas isso é o passado. Tendo adotado de forma coerente uma política de liberalização econômica interna e de integração decidida na economia globalizada, desde meados da última década a Índia vem acumulando sucessos, que se medem nas elevadas taxas de crescimento e nos avanços em setores de alta tecnologia que tem alcançado. Ilustração paradigmática do círculo vicioso da pobreza, antes, a Índia afirma-se hoje como um dos candidatos mais fortes na disputa pela condição de grande potência. A pergunta fica no ar... Por que não imitá-la?

Como é próprio do gênero, o relato resumido no parágrafo precedente diz mais pelo que omite do que pelo que informa. Não caberia passá-lo em revista na íntegra aqui, para indicar os seus silêncios e desmontar os artifícios que lhe dão plausibilidade. Nestas páginas finais vamos nos limitar a algumas observações ligeiras sobre o padrão indiano de reforma econômica na expectativa de que os elementos fornecidos possibilitem uma interpretação menos enviesada da experiência daquele país e, por que não dizer, por tabela do nosso.

O que mais chama a atenção do observdor que aborda a experiência indiana sem ideias preconcebidas é o grande pragmatismo que as impregna.

Com efeito, o pragmatismo é patente na reforma do comércio exterior. A Índia adotou todas as políticas recomendadas nos livros-textos. Quebrou o monopólio estatal de importação para muitos (embora mantivesse o regime para a importação de petróleo e de produtos agrícolas); fez uma ampla reforma tarifária e liberalizou o câmbio, assegurando a conversibilidade da rúpia nas operações correntes.

Esses resultados foram produzidos de forma escalonada, mas bem examinados os dados – e conjugados com outras informações –, é possível perceber que o movimento que eles descrevem encerra algo mais do que simples gradualismo. Primeiro, apesar da expressiva redução verificada no período, a Índia continua a exibir níveis de proteção tarifária muito altos, comparativamente.[36] Segundo, em determinando momento – mais precisamente, em 1997 –, a tendência à queda nas alíquotas tarifárias se interrompe e dá lugar a uma sensível elevação. Terceiro, as tarifas praticadas pela Índia distam muito do patamar em que se situam as suas tarifas consolidadas (isto é, alíquotas às quais tem o compromisso de não ultrapassar por força de acordo firmado em negociações multilaterais no âmbito do GATT/OMC), que, para muitos produtos, estão até hoje entre as mais elevadas do mundo. A consideração do que aconteceu no tocante às barreiras não tarifárias também é instrutiva: elas continuam a valer para a importação de bens de consumo e, principalmente, para produtos agrícolas. E não é só: grande parte do avanço obtido na remoção das mesmas se deu sob pressão da OMC, à qual a Índia resistiu o quanto pôde.

Em todas as situações aludidas, um traço em comum: a flexibilidade, a disposição de mudar de curso sempre que as circunstâncias assim o recomendem, a determinação de evitar compromissos com fórmulas pré-fabricadas que passem a operar como camisas de força.

É o que constatamos ao nos voltar para outra vertente importante do processo de reforma: a liberalização financeira. Aqui também, o pragmatismo dá a nota. Ao longo do tempo, o controle exercido sobre as taxas de juro e as operações bancárias foram relaxados; os dispositivos de regulação e supervisão das práticas bancárias foram fortalecidos e modernizados, enquanto a concorrência no setor era estimulada mediante a remoção de barreiras às operações de crédito de instituições não bancárias e a concessão de licenças a bancos privados.

Contudo, as autoridades indianas mantiveram o percentual do crédito compulsoriamente canalizado para os setores prioritários (40%), e não transferiram ao setor privado (nacional ou estrangeiro) nenhum banco estatal: dez anos depois de inaugurado o programa de reformas, o governo – em seus dois níveis, central e estadual – ainda controlava 80% dos ativos dos bancos comerciais.

O mesmo padrão vamos observar na administração das mudanças no regime de investimentos estrangeiros, na reforma do regime de pequenas indústrias e nas políticas voltadas para o setor empresarial do Estado. Em todas essas frentes o

---

36 "Tomando todas as categorias de produtos juntas, a tarifa média aplicada de 51,6 para a Índia não é só a mais elevada, mas é também quase três vezes mais alta do que a média de 19,2 por cento para os países estudados". SRINIVASAN, 2003, p. 22.

pragmatismo se traduz em uma linha de conduta que rejeita a ordem unida, segue o seu ritmo próprio e permanece atenta às particularidades dos casos considerados.

A Índia não é o único caso de gestão pragmática de reformas orientadas para o mercado. Desses países diz-se com frequência tratarem-se de casos de transição incompleta. Por tudo que vimos até aqui, no entanto, essa fórmula nos parece equivocada. Com efeito, ela pressupõe a existência de um modelo extrínseco que nos permitisse dizer se (ou quando) o processo de transição teria terminado. Mas tal modelo carece de fundamentação teórica. A mudança é um traço inerente ao capitalismo. O que importa é indagar se, aqui ou ali, a configuração institucional da economia assegura o processamento relativamente suave dos desequilíbrios que surgem cotidianamente no processo de acumulação e se, por isso mesmo, é razoável esperar que ela apresente grau mais ou menos elevado de estabilidade. Pelas transformações estruturais que sua economia vem conhecendo e pelas taxas elevadas de crescimento que vem sustentando há mais de vinte anos, a Índia parece ilustrar esse caso.

Índia e Brasil: entre o sono e o despertar. Será o crescimento desigual a única via?

MARCOS COSTA LIMA

Em política, admitimos que cada homem dispõe de um voto, e cada voto tem o mesmo valor. Na nossa vida econômica e social, por nossa estrutura econômica e social, continuamos a negar o princípio de que cada pessoa possui o mesmo valor. Por quanto tempo continuaremos a levar essa vida contraditória?

B. R. Ambedkar, 1891-1956
Democracia

Introdução

ESTA REFLEXÃO DE AMBEDKAR, líder da comunidade dos intocáveis e arquiteto maior da Constituição Indiana, político reformista que lutou contra o sistema de castas, reforça uma das contradições substantivas da democracia burguesa e nos ajuda a abrir este trabalho, que tem como objetivo central analisar o desenvolvimento de dois países do Sul – a Índia e o Brasil –, que após mais de um quarto de século têm vivido políticas econômicas e sociais bastante distintas com resultados também diferenciados.

Liberta do domínio britânico em 1947, a Índia aproximou-se da União Soviética e adotou a princípio políticas industriais nacionalistas, sobretudo com a intenção de construir uma indústria pesada, articulada ao planejamento econômico como condição para garantir a independência econômica. Optou ainda por uma democracia liberal herdada dos ingleses, mas que sob a liderança de Jawaharlal Nehru tinha uma meta programática de transição para o socialismo. Contudo, a visão de Nehru e de Malahanobis, mais próximos à planificação soviética, teve que ser ajustada a uma concepção literalmente diferente de Gandhi, o Mahatma, que centrava sua opção na pequena indústria artesanal, e que na sua luta pela libertação, conclamava o povo indiano a evitar produtos importados, sobretudo ingleses, e optar pela produção familiar, artesanal. Este modelo em grande medida foi mantido durante o governo de Indira Gandhi (1966-1977 e 1980-1984), sendo acentuada a baixa intensidade de participação, com amplas e majoritárias massas rurais subordinadas ao processo político sob a forma clientelística, onde pesavam os laços de casta, parentesco e de dependência semifeudais. A elite indiana sempre foi cautelosa com os investimentos externos e tinha uma acentuada preocupação com a geopolítica, por seus conflitos com a China e o Paquistão.

Rajiv Ghandi (1984-1989) abandonou a vertente de sua mãe Indira (socializante e próxima à URSS) ao se aproximar dos EUA, implementando uma política de modernização, sobretudo com relação à indústria de telecomunicações, mas também aquelas de base tecnológica (computadores, aviação e defesa). Em seu mandato, a Índia teve um crescimento médio de 5,6% do PIB, mas apresentava descontrole dos gastos públicos, que terminou na crise fiscal no início dos anos 1990, quando a Índia inicia suas reformas pró-globalização.

O Brasil, por sua vez, sobretudo na segunda fase de Vargas, implanta uma política nacionalista com a construção da indústria de base, siderurgia, petróleo e energia. Mas logo a seguir, com Juscelino Kubitschek, mantém e amplia a política de substituição de importações, mas já absorvendo os capitais internacionais que se implantam no Brasil com a indústria automotora, dos bens de consumo duráveis, que irão puxar todo um conjunto de empresas nacionais e internacionais como fornecedoras complementares (pneus, vidro, metal-mecânica, autopeças). De meados dos anos 1960 até 1985, a ditadura militar dilata a participação das empresas multinacionais no país e endivida-se para consolidar grandes obras de infraestrutura (energia, estradas, telecomunicações). A partir de 1983, inicia-se o pagamento do serviço da dívida externa contraída pelos militares, período que ficou conhecido como a "Década Perdida". Nos anos 1990, os capitais internacionais retornam ao país, então orientados pela política do Consenso de Washington, que define toda uma estratégia de liberalização econômica, de venda dos ativos do Estado e de desregulamentação financeira. Nos anos 1990, o país apresenta um quadro macroeconômico perverso, a saber, taxas de juros elevadas e taxas de câmbio sobrevalorizadas. Coutinho (2005) destaca quatro traços principais a caracterizar este contexto: (i) vulnerabilidade financeira persistente das empresas nacionais; (ii) contração significativa da base de financiamento doméstico de longo prazo e de mercado de capitais; (iii) fraco desempenho competitivo em todos os setores de alto conteúdo tecnológico e competitividade apenas em *commodities;* e (iv) transferência patrimonial para capitais estrangeiros em muitos setores estratégicos.

A intenção aqui é menos de historiar a história político-econômica desses dois países e, muito mais, estabelecer as diferenças entre eles no período que vai do pós-guerra aos dias de hoje. E já podemos assinalar algumas diferenças substantivas, que se inicia pela manutenção do planejamento; da vertente nacionalista; da reserva às empresas estatais para que exercessem um papel estratégico; da estrita observância da liderança do capital nacional e de seu incentivo por parte do Estado. Finalmente, da não absorção de dívida externa, cujo fluxo de investimento externo continua reduzido mesmo após as reformas liberalizantes.

Diferentemente, a Índia mantém hoje em mãos nacionais a sua siderurgia, a indústria química e de fármacos, a indústria automobilística, a indústria de defesa, as telecomunicações e mesmo o setor de *software*. E mesmo se considerarmos as profundas reformas havidas depois de 1990, que implicaram em abertura comercial, quebra do monopólio estatal em 55 produtos etc., a Índia continua a exibir níveis de proteção tarifária ainda muito altos, comparados a outros países (19,2% na média). No tocante à liberalização financeira, não transferiram ao setor privado, seja nacional, seja estrangeiro, nenhum banco estatal e, segundo Velasco e Cruz (2005, p. 55), mesmo após 10 anos de iniciadas as reformas, o governo ainda assim controlava 80% dos ativos dos bancos comerciais. E embora tenha facilitado a atração do capital estrangeiro para a modernização da economia em alguns setores, sobretudo de infraestrutura (geração de energia elétrica, construção de estradas e portos, exploração de petróleo e gás), o governo indiano não cedeu à tentação dos capitais de curto prazo, o que não foi o caso do Brasil.

Vale ainda fazer alusão a um último aspecto relacionado à especificidade do modelo indiano, que é a defesa das pequenas empresas. Neste setor, o Estado indiano estabeleceu a reserva de certos produtos, fato que teve início desde 1948 e fruto das ideias de Gandhi. O fato é que a lista de produtos reservados para o setor chegou ao pico de 836 produtos em 1989, e ainda em 2004, 605 itens se mantinham com exclusividade para a pequena indústria (VELOZO e CRUZ, 2005, p. 57). Estas diferenças terminaram por favorecer a Índia, na comparação com o Brasil, o que foi sobejamente alertado nos trabalhos de Celso Furtado (1999), pelo fato dos países da América Latina, e o Brasil em particular, terem realizado uma

> adoção acrítica de uma política econômica que privilegia as empresas transnacionais, cuja racionalidade somente pode ser captada no quadro de um sistema de forças que transcende os interesses específicos dos países que o integram (p. 18).

Portanto, aqui se procura aprofundar o conhecimento sobre as características dos modelos indiano e brasileiro a partir do início dos anos 1990, quando os dois países foram impactados pela aceleração do processo de mundialização. Do ponto de vista específico, trata-se de analisar os respectivos sistemas nacionais de inovação, reconhecendo que se trata de um setor fundamental e decisivo para os países do Sul, na medida que as tecnologias da inovação e da comunicação ganham importância e são consideradas como elementos-chave para uma inserção diferenciada no comércio mundial e na sociedade de bem estar. Os países que hoje detêm a hegemonia mundial da inovação científica e tecnológica caminham na direção de uma sociedade do conhecimento e este processo não apenas tem aprofundado a divergência entre países centrais e periféricos, mas estabelece restrições aos que chegam depois.

A linha de argumentação foca justamente as fragilidades inerentes aos dois países, bem como suas tentativas e alternativas para, digamos, entrar na alta modernidade. Problematiza ainda os modelos adotados, e pretende analisar a viabilidade de um redirecionamento de suas condições de países *emergentes* no conjunto do sistema. Para que isso venha a ocorrer, algumas pré-condições se fazem necessárias. Não basta apenas adotar as políticas econômicas do *mainstream de* forma mimética; tampouco seguir os parâmetros de um modelo baseado em alta tecnologia, quando os aspectos de infraestrutura, de recursos humanos e tantas outras pré-condições, estão mal equacionados. É uma ilusão acreditar que basta buscar informação, sem ter capacidade para aprender e dominar seu conteúdo e de transformá-lo no sentido da melhoria social e técnica da sociedade como um todo. É necessário, entre outras medidas, entender que o desenvolvimento não significa apenas incorporar tecnologias de ponta, dar prioridade aos investimentos intangíveis, à Pesquisa & Desenvolvimento, à Educação e Aprendizado. É urgente priorizar a ciência e a criatividade, bem como as tecnologias que sejam adequadas e sustentáveis em relação ao ambiente, mas, sobretudo, estabelecer um modelo que não seja excludente, que difunda e distribua os esforços da ciência na totalidade e especificidade de suas regiões.

O trabalho está assim dividido: i) apresentar o vertiginoso crescimento econômico dos principais países que conformam a região da Ásia-Pacífico, situando a Índia neste contexto; ii) caracterizar a importância das Tecnologias de Informação e Comunicação (TICS) no sistema global; iii) apresentar em suas linhas centrais o setor da indústria de *software* na Índia e iv) no Brasil e v) algumas conclusões que acentuem as diferenças entre os dois modelos. Por certo, na argumentação estarão discutidos o papel do estado nacional em relação ao desenvolvimento e aos dois sistemas nacionais de inovação; os fatores que facilitam ou dificultam a geração endógena de C&T no Brasil e na Índia; a forma pela qual o desenvolvimento endógeno das TICS destes países participa no fortalecimento da base tecnológica da economia doméstica e estimula os ganhos de competitividade no comércio internacional e em que medida esses sistemas são sustentáveis.

O lugar das tecnologias de informação e comunicação na produção global

As Tecnologias de Informação e Comunicação (TICS) contribuíram decisivamente para o expressivo crescimento registrado pela ampla maioria dos países da OCDE em 1990, estimularam a inovação nos serviços, aumentaram a eficiência da produção e dos processos, facilitando também o gerenciamento dos estoques e dos custos administrativos das firmas. Segundo estudo da OCDE, elas foram catalisadoras das mudanças nas empresas, ao alterar a organização do trabalho, reduzindo custos de transações e racionalizando suas cadeias de suprimento. Por certo, todo este movimento foi apoiado por uma mudança no papel do sistema financeiro na economia mundial e provocou um aumento da instabilidade sistêmica do capitalismo, ao estabelecer um regime de acumulação à dominância financeira que ocasionou, por exemplo, a bolha da Internet e das novas tecnologias, que culminou na grande crise de 2001 e na recessão na economia dos Estados Unidos.

A parcela de investimentos em TICS, em todos os setores da economia, vem crescendo, seja pelo rápido declínio dos preços, seja pelo aumento da demanda de aplicativos para estas mesmas tecnologias. O mesmo estudo indica que em nove países da OCDE (G7 + Austrália e Finlândia), os investimentos em TICS que representavam menos de 15% em média do total de investimentos não residenciais no setor empresarial do início dos anos 1980, passou por exemplo para 30% nos Estados Unidos, 28% na Finlândia, 22% no Canadá e 17% na Alemanha.

Em 2006, o setor das TICS continuam a crescer fortemente e com uma dinâmica intensa em algumas regiões fora da área da OCDE. Este movimento é considerado muito mais balanceado do que em 2004, quando ainda se fazia sentir o efeito da crise de 2001 e da Nasdaq. Alguns segmentos deste setor são mais fortes que outros, por exemplo, a Internet, os portáveis e os itens de reposição associados. As atividades de fusão e aquisição no setor, relacionadas às atividades financeiras, foram altas, muito embora as perspectivas de continuidade de um crescimento mais balanceado e sustentável com taxas de 20 a 30% como nos anos 1990 não sejam prováveis.

A indústria de TICS contribui com 9% do total dos negócios de alto valor agregado e emprega cerca de 14,5 milhões de pessoas diretamente nos países da OCDE. E como muitos produtos têm se transformado em *commodities*, seu crescimento está restrito aos nichos para novos bens e serviços e para mercados emergentes.

A Ásia emergiu como um grande produtor de eletrônica e as firmas chinesas e indianas têm jogado um papel crescente tanto na produção de bens TIC quanto nos serviços de IT, respectivamente. Os semicondutores são um insumo intermediário chave, fundamental para os equipamentos de TIC.

Nas TICS, a pesquisa e o desenvolvimento são definidores do crescimento e da mudança no setor e cresceram, sobretudo, nos componentes eletrônicos, *software* e serviços de IT. As principais firmas de TICS se tornam intensivas em P&D, com fortes dispêndios em eletrônica, componentes e equipamentos de comunicação.

Na Europa, a Irlanda é, de longe, o país líder exportador das TICS e *softwares*, com um valor de US$ 20 bilhões em 2004. Segundo o citado relatório da OCDE, existe uma nova onda de globalização das ICTs em curso, à medida que os Investimentos Externos Diretos para a manufatura e os serviços mudam fortemente para os países em desenvolvimento.

A expansão da produção mundial continuou em 2005, e em 2006 se esperava um crescimento do PIB mundial equivalente a 3,6%.

Entre os países desenvolvidos, a expectativa para 2006 é de que crescessem entre 2,5 a 3,0%, apesar das altas do petróleo e das matérias-primas industriais, bem como das tendências a políticas monetárias mais restritivas. A turbulência no mercado financeiro não chegou a afetar o crescimento global, mas havia riscos de redução das taxas de crescimento.

Os países em desenvolvimento, pelo aumento da demanda e dos preços das *commodities*, foram os responsáveis por um aumento maior do crescimento, com forte dinâmica dos investimentos, o que resultou numa taxa de 6% para o grupo como um todo. A China e a Índia novamente são os países que mais contribuíram para este resultado. Mas, segundo a UNCTAD, mesmo os países sub-saharianos cresceram a taxas de 6%, o que para o organismo das Nações Unidas representou uma excelente performance.

Com relação aos Investimentos Externos Diretos (IED) para os países em desenvolvimento, após a forte e sustentada expansão dos anos 1990, esses fluxos se tornaram menos estáveis, desde a virada do milênio.

Enquanto a China emergiu como o maior receptor mundial de IED entre os países em desenvolvimento, houve também o retorno desses fluxos para a África e para a América Latina, sobretudo direcionados para indústrias extrativistas.

O produto mundial cresceu entre 2001 e 2006 de 1,5% para 3,6%, mas foi muito mais intenso entre os desenvolvimentos, compelidos graças ao desempenho chinês. Não obstante estes resultados, o excedente tecnológico dos países da OCDE (que são os países ricos) cresceu de US$ 9,6 bilhões para US$ 30,4 bilhões em 2003. Além disso, a transferência tecnológica ocorreu sobremaneira no interior das firmas multinacionais, o que reduz as possibilidades de países em desenvolvimento de terem acesso a novas tecnologias.

Se atentarmos para a tabela abaixo, verificaremos que a participação mundial na produção de manufaturas de valor agregado é destacadamente concentrada nos países ricos, o que revela a manutenção da alta concentração da produção dos bens intensivos em tecnologias por parte dos países desenvolvidos. Vê-se ainda que tanto a América Latina quanto o Brasil perdem posição nesta participação. E são quedas substantivas. Entre os países em desenvolvimento, é a China que tem destaque, dando um salto de 3,3% da produção de manufaturas intensivas em tecnologia de ponta para 8,5% em 2003. A Índia também cresce no setor, mas com uma participação bem mais modesta.

Agora, se olharmos a participação nas exportações mundiais de manufaturados, verifica-se que os países desenvolvidos têm deslocado suas empresas para os países em desenvolvimento e, novamente, a América Latina e a África perdem posição e o Brasil mantém a sua pequena participação no setor. A China primeiramente e a Coreia se destacam, quando a Índia avança mais lentamente.

Para dar uma medida de grandeza do setor de equipamentos de TICs (excluindo os *softwares*), apenas na área da OCDE, o valor das exportações desses produtos passou de US$ 154 bilhões em 1990 para US$ 558 bilhões em 2000 e as importações de US$ 162 bilhões para 601 bilhões, no mesmo período. A grandeza desses números demonstra que estas tecnologias vieram para ficar e que qualquer país em desenvolvimento que pretender um melhor posicionamento no comércio mundial terá que estabelecer um esforço decisivo no desenvolvimento delas.

A indústria de *software* na Índia

As Tecnologias de Informação (TI) oferecem enormes oportunidades para o avanço da produtividade e crescimento em todas as esferas da atividade humana. Os frutos destas tecnologias ainda são desigualmente distribuídos entre os países. A Índia tem acompanhado este processo a partir de um conjunto de iniciativas políticas e institucionais que foram implementadas visando acelerar a difusão de TI em diferentes setores da economia, bem como para promovê-las como facilitadoras do comércio exterior. Conforme K. Joseph, a gênese do desenvolvimento do *software* na Índia pode ser traçado desde o início dos anos 1970, mas só chegou a receber a atenção dos políticos a partir de meados dos anos 80. Na 1ª fase, a participação do *software* no custo total de um sistema de computador foi negligenciada se comparada ao *hardware*. Sempre se entendeu que *softwares* e *hardwares* eram complementares e, portanto, que iniciativas específicas não seriam necessárias. Assim, até meados dos anos 1980, enquanto se estruturavam políticas para a promoção da indústria de computadores em geral, raramente havia políticas específicas para o *software*. Esta compreensão também se refletia sobre a limitada difusão das tecnologias microeletrônicas e de computadores. O uso dos PCs era restrito a poucos órgãos do governo, unidades do setor industrial privado e algumas organizações educacionais. Em geral, o *software* não foi considerado como um produto viável para o comércio.

Em 1984, pela primeira vez no país, uma política para computadores explicitava a importância do desenvolvimento do *software* e sublinhava a necessidade de apoio institucional e político para o setor.

Esta política acabou por implementar a *Software Development Promotion Agency* (SPDA), sob a hierarquia do Departamento de Eletrônica (DOE) do Governo central. A importação de peças e *inputs,* necessária para o desenvolvimento de *software,* tornou-se mais liberal, o que estimulou a demanda doméstica.

Em 1986 uma política de *software* foi anunciada e ele foi reconhecido como um dos setores da agenda indiana para promoção das importações. A política sublinhou a importância do desenvolvimento integrado de *software* para o mercado interno e externo. Para facilitar os objetivos estatais, as políticas enfatizaram a necessidade de simplificar os procedimentos existentes e previu vários incentivos, como isenção de taxas sobre a renda de exportação de *softwares*, subsídios e liberação alfandegária na importação de *hardware* e *software*. Além disso, o governo também fez certas intervenções institucionais, criando os *Software Technological Parks* (STP) para suprir a necessária infraestrutura para exportação. Embora a ideia de criar os STPs tenha sido posta em prática em 1987, só em 1990 é que se estabeleceu o primeiro parque tecnológico do país pelo governo indiano, sendo implantados em ordem cronológica nas cidades de Pune, Bangalore e Bhubaneswar.

Um Parque Tecnológico (STP), em quase todos os aspectos, é semelhante a uma zona franca exclusiva para *software* e seus objetivos são:

- Estabelecer e gerenciar os recursos de infraestrutura tais como: facilidades de comunicação de dados; equipamentos de computação centrais; espaço próprio;
- Prover serviços (certificação de importação, avaliação de *software*, aprovação de projetos), para usuários que realizam desenvolvimento de *software* com propósito de exportação;
- Promover o desenvolvimento e a exportação de *software* e serviços através de avaliação tecnológica e análise de mercado, apoio de mercado, etc;
- Treinar pessoal e engajá-los no desenho e desenvolvimento no campo da tecnologia e engenharia de *software*.

Em 1991, mais quatro STPs foram criados pelo DOE nas cidades de Noida, Gandhinagar, Trivandrium e Hyderabad. Em 2001 já se contavam 18 STPs em todo o país, que passaram a desempenhar um grande papel na exportação de *software*.

Os equipamentos e dispositivos existentes nos STPs incluem, entre outros, computadores de ponta e redes de comunicação que estavam além das possibilidades de firmas individuais. Enquanto as medidas adotadas levaram a um crescimento substancial no capital alocado para exportação de *softwares*, a oferta de mão de obra técnica apareceu como sendo uma restrição maior.

Tradicionalmente, as principais fontes de profissionais de *software* eram os Institutos de educação do setor público, a exemplo do Instituto Indiano de tecnologia, os Institutos Industriais de Treinamento e as Escolas de Engenharia. Para ampliar a oferta, o Departamento de Eletrônica do Governo iniciou uma acreditação de instituições privadas para facilitar o treinamento de pessoal, estabelecendo um certo número de critérios.

Negesh Kumar informa que nos anos iniciais do desenvolvimento de *software* na Índia, o grosso da atividade de exportação consistia em emprestar seus profissionais de *software* aos clientes para prestação de serviços, o que se chama na literatura como serviços "*on site*" (in loco). A estrutura do comércio de *software* é realizada sob três formas: i) serviços no local (on site); ii) serviços *offshore* e iii) serviços produzidos e empacotados *offshore.*

Os serviços *"on site"*, também conhecidos como *body shopping,* ocorrem quando o técnico se desloca para o país que receberá o serviço. Em geral, acontece quando a mão de obra é exportada para ajudar os usuários em problemas relacionados. Os ganhos de exportação desta modalidade são menores, porque uma parte do valor terá de ser gasta no país importador.

Os serviços *Offshore* envolvem movimento limitado. O *software* é desenvolvido conforme requerimentos específicos e é exportado para o usuário. É mais interessante para quem produz, mas exige investimentos locais em *hardware* e redes de *comunicação.*

Os pacotes *Offshore* ou desenvolvimento de produtos de *software* não demanda movimento. É capital e trabalho intensivo. O valor da exportação será maior do que o das outras modalidades.

Na tabela abaixo, percebe-se que gradualmente os serviços *offshore* vão ganhando prevalência com relação ao *bodyshopping,* que representava 90% do total em 1988, caindo para 56% em 2000.

TABELA 1. Divisão do trabalho segundo localização no desenvolvimento do *software* indiano (percentual)

Localização do trabalho	1988	1995	1998/9	2000/01
Onsite (nas instalações do cliente, em país estrangeiro)	90	66	54,4	56
Offshore (nas instalações do vendedor, na Índia)	10	33	44,4	44

Fontes: baseado em NASSCOM; Heeks (1996); *Dataquest* (vários números).

Ashok Desai assinala que as firmas norte-americanas contratavam um grande número de programadores na Índia na década de 1980 e chega a quantificar esta migração por dois meios: a remessa de dólares para a Índia e o número de Visa expedidos a indianos pelo Serviço de Imigração e naturalização dos Estados Unidos. Estes Visas, de tipo H-1B, eram expedidos para trabalhadores estrangeiros vindo temporariamente ao país, por um prazo não maior que seis anos. Pois bem, em 1996, 1998 e 1999 foram expedidos 179.000 Visas para cidadãos indianos. Em 2000 e 2001, respectivamente 51.000 e 136.000. O fato é que o autor calcula que haveria 1.355.000 indianos trabalhando no setor de IT nos Estados Unidos. Em termos de remessas de dólares para a Índia, estes valores cresceram de US$ 2,08 bilhões em 1990-1991 para US$ 12,4 bilhões em 1996-97 e flutuaram entre US$ 10 bilhões e US$ 16 bilhões entre 2002-2003.

O *offshore* tornou-se possível pela melhoria nos elos de comunicação possibilitados pelos Parques Tecnológicos de *Software* (STPs) instalados pelo governo, o que permitiu às equipes profissionais na ponta da cadeia – vendedores e clientes – manter contato constante em tempo real. Também as crescentes restrições à obtenção de Visas para os EUA e União Europeia estimulou a prática.

Segundo Nagesh Kumar, a especialização indiana, até então tida como de baixo valor agregado, passou por uma mudança, caminhando para um foco crescente em consultoria de alto valor e em pacotes de *software*. Grandes empresas nacionais surgiram, como a Infosys, a Satyam, a TCS, a WIPRO, que estão fornecendo soluções em programação com maior valor agregado. Um grande número de empresas vem conseguindo desenvolver e lançar uma série de produtos de *software* próprios com nichos de mercado para as áreas bancária, financeira, de contabilidade, de cuidados médicos e alcançando outros segmentos industriais como cimento, aço, produtos químicos e refinarias.

Em que pesem estes esforços, a fatia de produtos e pacotes nas exportações indianas de *software* ainda é baixa, não mais que 7,9%, segundo a NASSCOM (2000a). No entanto, se considerarmos as altas barreiras de entrada nos mercados de pacotes de *software*, esta entrada indiana pode ser tida como significativa.

Nagesh Kumar é otimista quanto às perspectivas indianas no setor, pois entende que a Índia adquiriu uma imagem positiva, como um fornecedor confiável e, à medida que estas empresas aumentem sua escala de operações, o alcance global e o poder financeiro das mesmas permitirão maior entrada no mercado global.

O número de empresas filiadas à NASSCOM, que é a Associação Nacional das Companhias de *Software* e Serviços, informa um número de 980 membros, dos quais 5,8% são grandes empresas, 8,1% são médias e 81% são pequenas. Entre as afiliadas da NASSCOM, 22,6% estão na cidade de Bangalore, 23,1% em Delhi e arredores; 17,5% em Mumbai; 10,4% em Chennai; 9,7% em Hyderabad; 6% em Pune; 2,9% em Kalkata e 7,8% no restante do país.

Embora o número de empresas afiliadas seja grande, se tomarmos o indicador da renda da indústria de *software*, 38 empresas concentram 65% do total do valor da produção.

Agora, se observarmos o padrão de aglomeração das 600 maiores empresas indianas de *software*, teremos a seguinte tabela:

TABELA 2. Padrões de aglomeração das 600 maiores empresas de *software* na Índia

Cidades	n. de companhias com sede	Percentual de participação
Mumbai	131	21,83
Bangalore	122	20,33
Delhi e arredores	111	18,50
Hyderabad	64	10,67
Chennai	55	9,16
Kalkata	25	4,16
Pune	23	3,83
Thiravanathapuram	14	2,33
Outros	55	9,1

Fonte: Adaptado de NASSCOM, 2000.

O papel das empresas multinacionais no desenvolvimento de *software* na Índia é bastante limitado, apesar de todas as principais companhias terem estabelecido bases no país. Sua fatia no total das exportações é muito pequena. Entre as 20 maiores empresas de *software* na Índia, não mais que 6 são afiliadas multinacionais ou são empreendimentos conjuntos. Das 850 associadas a NASSCOM, 75 são estrangeiras e algumas delas são companhias criadas por indianos não residentes.

TABELA 3. Participação das subsidiárias estrangeiras na indústria indiana de *software*

Fatia das 79 subsidiárias estrangeiras em	1997/8	1998/9
Receita Total	12,27	13,7
Total de Exportações	16,77	18,66

Fonte: Kumar (2000b).

As companhias indianas de *software* estão sendo globalizadas e 212 entre elas estabeleceram em torno de 509 escritórios no exterior ou subsidiárias, sendo 266 nos EUA, 122 na Europa, 59 na Ásia, 25 na Austrália e Nova Zelândia, 25 na África e 12 na América Latina.

Política internacional comparada   141

O setor das ITS cresceu na Índia a uma taxa anual em torno de 50% ao ano na década de 1990 e contribuiu com 8% do total dos ganhos com exportação do país. E continua crescendo ao longo dos primeiros cinco anos do século XXI.

TABELA 4. Produção de eletrônicos (em Crore)

Item	2000	2001	2002	2003	2004	2005*
1. Eletrônica de Consumo	11.880	12.300	13.580	14.850	16.500	18.000
2. Eletrônica Industrial	3.970	4.480	5.400	5.980	8.300	9.000
3. Computadores	3.350	3.520	4.180	6.600	8.680	10.000
4. Comunicação e Equip. radiodifusão	4.450	4.450	4.800	5.150	4.770	5.200
5. Eletrônica Estratégica	1.730	1.750	2.330	2.670	2.850	3.000
6. Componentes	5.500	5.650	6.510	7.450	8.700	8.800
7. Subtotal	30.880	32.150	36.800	42.700	49.800	54.000
8. Software para Exportação	27.000	34.000	44.000	55.000	75.000	96.000
9. Software doméstico	8.800	10.600	12.000	15.500	20.500	25.000
Total	66.680	76.750	92.800	113.200	145.300	175.000

Fonte: Information Technology Annual Report 2005-2006, p. 106
* estimado
1 US dólar = 41,68 rúpias. 1 Crore= 10.000.000 rúpias. 1 Crore = US$ 239.923

Para finalizar esta parte do trabalho é importante dizer que nem tudo são flores no setor, a começar pelo baixo nível de investimentos em Pesquisa e Desenvolvimento (P&D) das firmas indianas, que estão em torno de 4% dos gastos totais, quando empresas como Microsoft e Adobe gastam entre 14 e 19% em P&D. Ao mesmo tempo, a caracterização do setor, com o perfil de um enclave de exportação, tem gerado poucas conexões com o restante da economia. Um outro ponto de fragilidade é a grande absorção de mão de obra qualificada pelo setor, sobretudo de engenheiros, o que tem afetado outras indústrias de engenharia. Poderíamos ainda indicar três outros pontos fracos, a saber: i) o aumento do custo da mão de obra, à medida em que a indústria de *software* na Índia se consolida, o que vai ampliar as vantagens de outros países competidores, sobretudo na Ásia; ii) a pouca propagação do uso das ITS no interior do país, pois a produção é basicamente direcionada para exportação e iii) as firmas indianas continuam trabalhando na baixa cadeia de valor de *software*, o que faz de sua complementaridade com a indústria de *software* dos Estados Unidos uma faca de dois gumes.

A indústria de *software* no Brasil

Como afirmamos em um trabalho anterior, o processo de desenvolvimento científico e tecnológico nacional tem uma trajetória de forte instabilidade, com irregularidades de financiamento do setor, com obstáculos institucionais, seja de natureza organizacional, legal ou de recursos humanos. Muito embora tenha consolidado um sistema nacional sofisticado e sem paralelo na América Latina, apresenta inúmeras debilidades. Os anos 90 não diferem do padrão que se estabeleceu desde os anos 1950, quando da criação do CNPq, que se comportou com altos e baixos em termos de investimentos e sem maiores continuidades dos projetos, e sabemos que os recursos financeiros para o setor aumentaram entre 1993 e 1996, reduziram-se entre 1997 e 1998, estabilizando-se em 1999 e, desde então, tem sofrido novas quedas, em que pese a entrada em vigor dos Fundos Setoriais e uma certa maturação das Fundações Estaduais de Apoio à Pesquisa.

Procurei estabelecer (COSTA LIMA, 2004) uma síntese em catorze pontos do que considerei as razões do atraso brasileiro no setor científico e tecnológico brasileiro, sem esquecer que a própria natureza das crises e as instabilidades político-econômicas estavam na raiz do problema. São eles: i) Ausência de uma Política Industrial coerente e autônoma, capaz de nortear e dar rumo aos investimentos no setor; ii) Débil relação com as necessidades de desenvolvimento, sobretudo pelo longo projeto da ISI (Industrialização por Substituição de Importações), mais importadora do que criadora; iii) Falta de convergência dos planos em C&T com as estratégias de desenvolvimento econômico social e político; iv) Modelo errático de C&T, privilegiando o curto prazo, sem continuidade e desarticulado; v) A Ciência e a Tecnologia não efetivamente consideradas como atividades estratégicas e prioritárias para o desenvolvimento nacional; vi) Pequena participação do setor privado na produção de C&T, demonstrada pelo número de pesquisadores e engenheiros atuando em empresas localizadas no País; vii) Extrema dependência dos "pacotes tecnológicos" exógenos; viii) Baixo nível de apoio em C&T às pequenas e médias empresas; ix) A capacidade em recursos humanos, contraditoriamente formada pelo Estado, sem os recursos suficientes para um melhor desempenho; x) Concentração regional dos Investimentos no setor; xi) Isolamento da comunidade científica (apesar do papel que exerce de protagonista central) às demandas do setor industrial; xii) Forma autoritária de condução das políticas de C&T, com reduzida participação da comunidade científica nas decisões das propostas e alocações de recursos; xiii) Inexistência ou controle "laxista" do Estado com relação às importações realizadas por grandes corporações multinacionais; e xiv) Ausência de responsabilização do grande capital internacional na relação entre lucratividade e desenvolvimento sustentável no País.

A indústria de *software* não poderia estar imune a estas fragilidades. Segundo Luis Cláudio Kubota, a indústria brasileira do setor enfrenta dificuldades nos âmbitos internos e externos. No setor externo, há uma baixo nível de internacionalização dessas empresas e o autor dá relevo à ausência de emissões de ações no mercado norte-americano, o que é amplamente praticado pelas firmas indianas, irlandesas e israelenses. Do ponto de vista interno, aponta a dificuldade para se obter novos investimentos de capital de giro, pois, segundo ele, o custo do mercado de ações no Brasil são proibitivos para as pequenas empresas, que são a maioria no setor.

Boa parte da expansão das exportações brasileiras continua se dando em *commodities* mais intensivas em recursos naturais, energia e trabalho do que em tecnologias de ponta. Em certas áreas como automobilística, produtos elétricos e equipamentos de telecomunicações, houve saltos notáveis, o que não se reproduziu nas exportações de *software*. Uma pesquisa realizada pelo Ministério da Ciência e da Tecnologia em 2001, com apoio da Associação para Promoção da Excelência do *Software* Brasileiro (SOFTEX), mostrava que esta indústria ocupava a 7ª posição no ranking mundial com valor de produção equivalente a US$ 7,2 bilhões, não obstante o baixo valor exportado, que não foi superior a US$ 100 milhões, o que caracterizava um setor amplamente voltado para o seu mercado interno.

Em novembro de 2003, o Governo Federal elaborou uma Política Industrial de Tecnologia e de Comércio Exterior (PITCE), onde o *software* era priorizado, com o objetivo de ampliar as exportações e chegar ao ano de 2007 com um valor de exportações equivalente a US$ 2.000 bilhões. Não chegamos sequer a um quarto desta meta.

A Unicamp realizou um *survey,* chegando a pesquisar 30 empresas de *software* que apresentavam valores significativos de exportação. Dessas, 22 eram controladas por capital nacional e 8 subsidiárias de empresas estrangeiras. Dentre as estrangeiras, 3 eram dos Estados Unidos e 4 da União Europeia. As exportações dessas 30 empresas foram estimadas em US$ 307 milhões em 2004, valor que correspondia a 97% do valor total estimado das exportações brasileiras de *software*. E muito embora o número de empresas estrangeiras fosse muito menor, elas representavam 63% da receita total das vendas. Do ponto de vista da mão de obra, estas empresas representavam apenas 28% do emprego total, ou 5.845 pessoas, quando as nacionais entre as 30 empresas investigadas contratavam 72% ou 15.031 pessoas, de um total de 20.876. Se tomarmos a totalidade das empresas de *software* no Brasil, o emprego total representa 183.633 pessoas.

O total de empregados com nível superior entre as empresas pesquisadas era de 9.052 pessoas, sendo 6.709 nas firmas brasileiras e 2.343 nas firmas multinacionais, um número muito alto se compararmos a indústria de *software* com o resto das indústrias do país.

As empresas subsidiárias das multinacionais do setor de TIC, com destaque para os bens de informática e equipamentos de telecomunicações, têm ampliado suas atividades de serviços de desenvolvimento de *software* por encomenda de suas matrizes; são elas a Ericsson, Motorola, Siemens, HP, Dell, Nortel.

Em termos de destino das exportações brasileiras, o setor de *software* exporta 30% para os EUA, 20% para a União Europeia e 18% para o Mercosul. Para a América do Sul, exceto Mercosul, chega a 13% em 2004; quer dizer, se somarmos as exportações para a América do Sul como um todo, estas chegam a superar as exportações para os centros desenvolvidos.

Um outro aspecto a ressaltar é o baixo valor gasto por estas empresas em matéria de pesquisa e desenvolvimento.

O mercado mundial de *software* é amplamente dominado por países desenvolvidos, com destaque para os Estados Unidos, sede das maiores empresas de informática do mundo. Contudo, 3 países emergentes destacam-se no mercado internacional de TICS: Índia, Israel e Irlanda. Estudos de Arora e Gambardella afirmam que para cada dólar gasto por uma empresa estadunidense ao transferir serviços para a Índia, ela economiza 58 cents de dólar e, muitas vezes, recebem um serviço de melhor qualidade e produtividade. Ao realizarem *outsourcing*, estas empresas ganham significativas vantagens em relação a empresas europeias e japonesas em termos de custo, flexibilidade e ciclos de desenvolvimento do produto. Estes autores apoiam a ideia de que existe uma Divisão Internacional do Trabalho no setor de *software*, com as firmas dos EUA concentradas nas atividades de maior valor agregado, na alta cadeia da inovação e, portanto, mais avançadas tecnologicamente e externalizando, exercendo o *outsourcing/offshoring* nas atividades que requerem menor intensidade tecnológica.

A tabela a seguir estabelece um conjunto de indicadores entre empresas de *software* dos países em desenvolvimento e desenvolvidos.

TABELA 5. A Indústria de *software* no Brasil, China, Índia e Irlanda em comparação com os EUA, Japão e Alemanha – 2002

Países	Vendas (us$ bilhões)	Empregos (000)	Vendas/ empregos	Vendas de software /PIB	Índice desenvolvim. software
Brasil *	7,7	160 **	45,5 **	1,5	0,22
China	13,3	190 **	37,6 **	1,1	0,23
Índia	12,5	250	50,0	2,5	0,96
Irlanda (MNE)	12,3	15,3	803,9	10,1	0,34
Irlanda (Doméstico)	1,6	12,6	127,0	1,3	0,04
Israel *	4,1	15	273,3	3,7	0,17
EUA	200	1024	195,3	2,0	0,05
Japão **	85	534	159,2	2,0	0,08
Alemanha	39,8	300	132,7	2,2	0,09

Fontes: Arora, A. * = 2001; ** = 2000;
O Índice de Desenvolvimento de *Software* é a razão entre Vendas de *Software* Sales sobre o PIB (em %) e GDP *per capita* do país (em us$ (Cf. Também Botelho *et al*, 2005)

Para concluir, nos valeremos a seguir do trabalho de Kubota sobre a indústria de *software* no Brasil, e de três de suas tabelas que revelam o número de empresas do setor, o seu tamanho, sua receita operacional líquida e o pessoal ocupado por regiões brasileiras.

As tabelas em questão estão relacionadas a uma distribuição espacial destas indústrias, não constando a região Norte, e têm como parâmetro a faixa de pessoal ocupado médio das empresas, com três níveis, a faixa de empresas com 20 a 49 empregados, a faixa com 50 a 99 empregados e, finalmente, a faixa das grandes empresas do setor, com mais de 100 empregados.

A primeira das tabelas revela a princípio a grande disparidade de empresas localizadas no Sudeste com relação às demais regiões do país. No Sudeste estão, respectivamente, 64,2% das empresas de *software* com mais de 100 empregados; 67,7% das empresas com 50 a 99 empregados e 69,7% nas pequenas, com 20 a 49 empregados. Também reveladora é a informação de que 95,1%, ou 9.573 empresas brasileiras de *software* possuem até 19 empregados.

TABELA 6. Número de empresas por tamanho e região da unidade da federação (UF) da sede(a) – 2002

Região	Faixa de pessoal ocupado médio das empresas – Cnae 7220				
	0 a 19	20 a 49	50 a 99	> 100	Total Brasil (b)
Sudeste	(c)	230	65	54	–
Sul	(c)	55	15	13	–
Centro-Oeste	(c)	11	6	10	–
Nordeste	(c)	17	7	7	–
Total	9.573	313	93	84	10.063

Fonte: Luis Carlos Kubota. Elaboração do autor, a partir de informações da base de dados da pas (IBGE).

Notas: (a) No caso de filiais, a empresa está computada uma única vez na unidade da Federação da sede.

(b) Não foram consideradas as empresas do estrato certo (mais de 20 pessoas ocupadas) na Região Norte, que não podem ser discriminadas nas faixas mencionadas anteriormente por questões de confidencialidade, devido a seu número reduzido.

(c) O desenho da amostra não permite a abertura dessa Cnae por região.

Obs.: a) Os dados referem-se às empresas classificadas pelo IBGE na Classificação Nacional de Atividades Econômicas (Cnae) 7220-6 (desenvolvimento e edição de *software* – incluindo consultoria em *software*).

b) Na Região Norte, a amostra da PAS considera apenas as empresas com sede nas capitais.

Na tabela seguinte, temos o número de pessoas empregadas. Aqui também os Estados da região Sudeste se destacam como as que mais empregam, nas duas faixas de empresas com 20 a 49 empregados e naquelas entre 50 a 99. A única exceção se dá no setor das grandes empresas, onde a região Centro-Oeste, embora tenha apenas 10 empresas nesta faixa, emprega mais do que as 54 localizadas no Sudeste. Ainda se observa que as grandes empresas, embora em muito menor número, empregam 53,3% dos empregados no total do setor.

TABELA 7. Pessoal ocupado médio por tamanho de empresa e região da UF da sede(a) – 2002

Região	Faixa de pessoal ocupado médio das empresas – Cnae 7220				
	0 a 19	20 a 49	50 a 99	> 100	Total Brasil (b)
Sudeste	(c)	7.091	4.350	17.823	–
Sul	(c)	1.644	1.056	2.656	–
Centro-Oeste	(c)	334	495	21.262	–
Nordeste	(c)	524	503	3.841	–
Total	23.576	9.593	6.404	45.222	84.795

Fonte: Luis Carlos Kubota. Elaboração do autor, a partir de informações da base de dados da pas (IBGE).

Notas: (a) No caso de filiais, a empresa está computada uma única vez na unidade da Federação da sede.

(b) Não foram consideradas as empresas do estrato certo (mais de 20 pessoas ocupadas) na Região Norte, que não podem

ser discriminadas nas faixas mencionadas anteriormente por questões de confidencialidade, devido a seu número reduzido.

(c) O desenho da amostra não permite a abertura dessa Cnae por região.

Obs.: a) Os dados referem-se às empresas classificadas pelo IBGE na Classificação Nacional de Atividades Econômicas (Cnae) 7220-6 (desenvolvimento e edição de *software* – incluindo consultoria em *software*).

b) Na Região Norte, a amostra da PAS considera apenas as empresas com sede nas capitais.

E por último, a receita operacional líquida destas empresas. Novamente aqui é muito assimétrica a posição das empresas do Sudeste que nas três faixas realizam mais que 70% do valor produzido no setor. As empresas grandes realizam mais de 60% do total do valor das receitas totais e as grandes empresas do Sudeste, por sua vez, abocanham 40,1% das receitas totais. As microempresas (0 a 19 empregados), em que pesem serem maior em número, ou 95,7%, faturam apenas 12,1% da receita líquida total.

TABELA 8. Receita operacional líquida por tamanho de empresa e região da UF da sede(a) – 2002 (em R$/ano)

Região					
	0 a 19	20 a 49	50 a 99	> 100	Total Brasil (b)
Sudeste	(c)	1.117.741.270	614.145.403	3.212.916.474	–
Sul	(c)	126.385.590	69.102.405	281.042.468	–
Centro-Oeste	(c)	27.591.939	45.353.209	874.392.628	–
Nordeste	(c)	33.919.938	36.473.654	101.627.540	–
Total	906.541.431	1.305.638.737	765.074.671	4.469.979.110	7.447.233.949

Fonte: Luis Carlos Kubota. Elaboração do autor, a partir de informações da base de dados da PAS (IBGE).

Notas: (a) No caso de filiais, a empresa está computada uma única vez na unidade da Federação da sede.

(b) Não foram consideradas as empresas do estrato certo (mais de 20 pessoas ocupadas) na Região Norte, que não podem ser discriminadas nas faixas mencionadas anteriormente por questões de confidencialidade, devido a seu número reduzido.

(c) O desenho da amostra não permite a abertura dessa Cnae por região.

Obs.: a) Os dados referem-se às empresas classificadas pelo IBGE na Classificação Nacional de Atividades Econômicas (Cnae) 7220-6 (desenvolvimento e edição de *software* – incluindo consultoria em *software*).

b) Na Região Norte, a amostra da PAS considera apenas as empresas com sede nas capitais.

Algumas conclusões

Muito embora a Índia venha se destacando internacionalmente como um dos grandes centros mundiais de serviços de *software* e de *offshoring*, contando com decisivo apoio governamental ao setor, não apenas pelos subsídios de toda a natureza, mas também pela implantação dos Parques Tecnológicos e pela atenção dedicada à formação de engenheiros em informática, o setor de *softwares* neste país também apresenta fragilidades. As antigas vantagens dos baixos salários estão caindo, quando novos competidores surgem no mercado internacional. Muitos dos países asiáticos praticaram desvalorizaçãoes de suas moedas em 1998 após a crise do *bath,* que a Índia não acompanhou. Desai entende que a Índia deve encontrar novas fontes de vantagens competitivas que não os baixos salários, a exemplo da adoção de novos processos de inovação endógenos, desenvolvendo ferramentas para aumentar a produtividade e o controle de qualidade.

Um outro relevante problema é que os analistas e engenheiros indianos têm trabalhado muito mais para o exterior e se aplicando na baixa cadeia de *software*. O reduzido mercado interno é uma grande restrição para o futuro.

Além destas restrições específicas ao setor, a Índia apresenta problemas substantivos na sua infraestrutura: interrupções frequentes no fornecimento de energia que reduzem até 8,5% do produto anual da indústria indiana; cortes no abastecimento de água fazem com que nenhuma cidade tenha fornecimento contínuo: a capital tecnológica da Índia, Bangalore, tem água disponível apenas duas horas e meia por dia; as deficientes estradas e o atraso no desembaraço nos portos são também pontos fracos do país.

Com relação à mão de obra, um engenheiro com 3 anos de formado ganha cerca de us$ 300 mensais, o que gerou a criação de empresas especializadas em exportar à vizinhança esse tipo de mão de obra qualificada.

No que diz respeito à cobrança de impostos, há enormes dificuldades em fazê-la para pessoas físicas, porque não existem documentos, o governo não localiza os contribuintes.

De todo modo, o capitalismo mundial vem apostando na Índia, pois o país recebeu us$ 38,9 bilhões entre agosto de 1991 a março de 2006, e registrou só no último ano fiscal, que fechou em março de 2007, us$ 15 bilhões, um aumento de 184% em relação ao ano anterior. No primeiro trimestre de 2007, os investimentos externos diretos (ieds) chegaram a us$ 6,7 bilhões.

Fontes do governo informam que os setores que recebem as maiores parcelas dos IEDS foram o setor de equipamentos eletrônicos (computadores inclusive), com quase 19% do total, e o setor de serviços, com cerca de 18% do total. A UNCTAD informa que a Índia tem sido o segundo melhor destino dos investimentos diretos e o terceiro maior, atrás dos Estados Unidos e da China. Os serviços têm sido o setor que apresenta o melhor desempenho do país, e nos quatro últimos anos tem crescido a uma taxa média superior a 8,5%.

Um estudo realizado em 2002 a partir de um projeto realizado em conjunto pela SOFTEX e o Massachussets Institute of Technology detectou uma série de pontos fortes e fracos na indústria de *software* brasileira. Entre os pontos fortes indentificados estão a criatividade e a flexibilidade das indústrias do país. Outro ponto é que vários setores do mercado brasileiros são grandes consumidores de *software*, a exemplo do bancário, mas também o de telecomunicações, a infraestrutura energética e o governo eletrônico (o sistemas de pagamentos brasileiros ou a automação da Receita Federal), que têm exigido soluções de elevada complexidade.

Algumas empresas brasileiras têm se posicionado de forma clara no mercado de produtos customizados, de componentes de *software* ou *software* embarcado e já encontrando um nível de maturidade tecnológica.

A rápida expansão das telecomunicações e o crescimento do uso da internet é outro ponto forte, que já chegou a 2007 com 33 milhões de usuários.

Entre os pontos fracos, está o fato de que os grandes mercados são ainda cativos, ou seja, os grandes bancos privados desenvolvem internamente uma grande parcela de seu *software* e o governo federal compra relativamente pouco *software*, o que impede o crescimento do mercado nacional na área.

Outra fragilidade apontada diz respeito à própria estrutura industrial brasileira de *software,* que tem baixa experiência no mercado internacional e que só se iniciou no mercado aberto após o fim da reserva de mercado nos anos 1990, dez anos após a Índia. A maioria das empresas brasileiras do setor é pequena, se comparada às gigantes internacionais; e entre aquelas que exportam, têm uma escala de venda entre US$ 50 a 100 milhões.

Outro ponto é que a cooperação entre empresas ainda é muito baixa, havendo poucas parcerias e acordos. Mas os autores do estudo revelam que um dos fatores mais críticos é a ausência de um modelo ou imagem a que se possa associar a capacidade do *software* brasileiro.

Fora os aspectos diretamente relacionados ao setor, são restrições a baixa taxa de crescimento do país, que se associa a altas taxas de juros. Além disso, o baixo nível de escolaridade da população em geral e a concentração de renda, que impedem uma proliferação dos computadores e equipamentos TICs entre as camadas populares. A exclusão digital ainda é uma forte realidade no país.

Concluindo, muito embora os setores indiano e brasileiro de *software* apresentem grandes assimetrias, o modelo de desenvolvimento dos dois países ainda não conseguiu transformar o avanço que conseguiram em suas indústrias numa ferramenta amplamente utilizada pela maioria de suas populações, portanto com crescimento da exclusão digital. Outro aspecto substantivo na Índia é fazer com que a grande entrada de divisas propiciada pelo setor seja capaz de apoiar a resolução das grandes restrições do país. De todo modo por mais dinâmico que seja o setor nos dois países, eles, embora paguem melhores salários e exigem empregados com mais alta escolaridade, não são grandes absorvedores de mão de obra, portanto sendo de reduzida capacidade para enfrentar o grande excedente dela nos dois países.

A Índia, apesar da ampla abertura realizada no início dos anos 1990, ainda preserva uma economia muito regulada pelo Estado, o que não é o caso do Brasil, que seguiu ao pé da letra o Consenso de Washington. Se pensarmos aqui no entendimento de Karl Polanyi sobre o *duplo movimento* que caracterizou a dinâmica da sociedade moderna, ou seja, por um lado a expansão do mercado (liberalismo econômico) e por outro a proteção da sociedade, podemos dizer que, em que pese o imenso déficit social da Índia, o país, desde a sua independência em 1947, vem se saindo melhor que o Brasil, no sentido da proteção social.

Cooperação, regionalismo e desenvolvimento econômico: Brasil, Índia e Coreia do Sul comparados

AUGUSTO MENEZES & MARCOS COSTA LIMA

O ARTIGO ANALISA COMO O BRASIL, a Índia e a Coreia do Sul lançaram mão da cooperação regional para promover o desenvolvimento econômico no período entre 2003-2007. O presente estudo encontra-se situado nas discussões acerca do regionalismo, em especial integração e cooperação regional, e o desenvolvimento econômico.

Introdução

Embora se observe uma tendência ao multilateralismo nas relações econômicas internacionais e a proliferação de acordos de livre-comércio, os primeiros anos do século XXI assistiram à manutenção da distribuição desigual do poder e riqueza nas relações internacionais. Importantes estudos como o *Trade and Development Report* 2007 demonstram que o comércio internacional mantém-se extremamente desigual. Esse dado é principalmente observado no que se refere à participação dos países em desenvolvimento, em especial nas exportações em valor agregado de manufaturas (AKYÜZ, 2005).

Após as já conhecidas crises da década de 1990 e do Consenso de Washington, vultosos esforços das diplomacias e de intelectuais de países emergentes chamam a atenção para a necessidade de reformulação da ordem internacional e da distribuição dos frutos do progresso e da riqueza. Os primeiros anos do século XXI viram o retorno do desenvolvimento econômico na agenda da política doméstica e externa, onde os temas da integração regional e do regionalismo se tornam imprescindíveis.

Dada a distribuição assimétrica da riqueza internacional e o recrudescimento do protecionismo em alguns países desenvolvidos, o comércio internacional recente passa a exibir em quase todos os continentes padrões de organização baseados em plataformas de produção e circulação regional. As "redes internacionais de produção" (*idem*; TDR, 2007) são a face mais visível de um processo de descentralização produtiva em escala global. Nesse sentido, o regionalismo cumpre duas tendências visíveis, onde o que essencialmente as diferencia é o papel da cooperação e integração regional, os tipos de blocos e arranjos regionais, além dos objetivos centrais a que estes se propõem.

No contexto mais amplo dessa discussão, o artigo em questão articula em sua análise as políticas de desenvolvimento de Brasil, Coreia do Sul e Índia, face aos contextos e suas implicações surgidas desses cenários regionais no período de 2003 a 2007. Entre os três países, pode-se assegurar que a Coreia conseguiu ultrapassar o umbral do subdesenvolvimento, enquanto os dois outros ainda se defrontam com os desafios da pobreza, do analfabetismo, enfim, de indicadores sociais ainda muito distantes de uma sociedade de bem-estar.

Por que uma comparação entre Brasil, Coreia do Sul e Índia?

Boa parte dos estudos relevantes que comparam esses três países, ou dois deles, define um período que vai da década de 1960 a 1990.[1] Um dos elementos explicativos dessa escolha se dá pela ascensão da Coreia do Sul à economia de industrialização recente, país desenvolvido que adentra a passos largos na economia do conhecimento.

Então como justificar um esforço comparativo nos dias atuais? A primeira alternativa analítica que usamos foi focar a análise na atuação da política externa de desenvolvimento dos países em questão no âmbito regional, sem descurar das iniciativas no âmbito doméstico. Esse caminho se abriu para análise ao inserirmos o elemento do regionalismo enquanto contexto estrutural (fornecendo tanto constrangimentos quanto oportunidades à ação política), e de cooperação regional como componentes importantes da dimensão externa das políticas de desenvolvimento desses países. É fato que os países tratados nesse artigo encaram seriamente o desafio do desenvolvimento em suas agendas de política externa, pelo menos formalmente. Todos fazem parte de blocos ou arranjos de cooperação regional, o Brasil com o Mercosul, a Índia com a

---

1   Importantes trabalhos que comparam os três países, como o livro *State-Directed Development* de Atul Kohli (2005), *Autonomia e Parceria* de Peter Evans (2004) e *Locked in Place* de Vivak Chibber (2003), realizam esforços comparativos dentro do marco temporal listado acima.

SAARC e a Coreia do Sul com a APEC. Inclusive, indo além das relações intrabloco ou intra-arranjo, partindo para relações econômicas internacionais que beiram o multilateralismo. Ambos os três lançam mão da cooperação regional em suas estratégias de desenvolvimento e inserção internacional e têm na segurança um legado histórico que constitui uma variável independente importante para explicar os tipos de integração regional e padrão de cooperação.

Partindo do conhecimento desse cenário, o presente artigo busca responder algumas questões. Em que medida o contexto regional contribuiu ou limitou as opções de desenvolvimento econômico e industrial nesses países? Esses Estados buscaram criar ou favorecer um contexto regional que aumentasse as chances de inserção de sua produção industrial e tecnológica nos mercados internacionais? Que tipo de instituições ou regimes internacionais foram criados para fomentar a cooperação regional nas áreas em questão? E por fim, existem possibilidades reais de uma consolidação de cooperação Sul-Sul mais qualificada? Cada pergunta será respondida em seções subsequentes do artigo.

Teorias do desenvolvimento e o debate recente

Ao longo dos últimos 60 anos, o desenvolvimento econômico tem sido uma meta explícita de vários países. Embora não seja uma questão recente, datando dos estudos dos primeiros economistas políticos como Adam Smith e Friedrich List, é no final da primeira metade do século XX que os estudos do desenvolvimento passam a se constituir como uma área específica do conhecimento. Ao lado do trato teórico da questão, esforços empíricos em políticas desse campo passaram a ser observados principalmente no período do pós-guerra.

> A questão regional, e consequentemente, do planejamento regional, é uma experiência relativamente nova na América Latina, iniciada após a Segunda Guerra Mundial, a partir dos ensinamentos da CEPAL, notadamente de Raúl Prebish, Celso Furtado e Aníbal Pinto. Em termos mundiais, para além do New Deal,[2] seu tratamento está relacionado às teorias do Desenvolvimento/sub-Desenvolvimento,

---

2   O caso do TVA, nos Estados Unidos, em que pese o liberalismo, é emblemático. A realidade das "backwars areas" induziu o planejamento regional. Tendo iniciado em 1933 e recebendo críticas até a década de 1970, quando a economia da região passou a crescer após 1980, passou-se a se considerar que os investimentos em infraestrutura física e social ao logo do tempo foram determinantes para o resultado atual.

154 Marcos Costa Lima (org.)

com incorporações teóricas substantivas de autores como Myrdal; Perroux; Hirschmann; Singer; Nurkse (COSTA LIMA, 2008b).

Desses debates iniciais que vieram a constituir o *corpus* teórico das teorias do desenvolvimento, podemos elencar algumas teorias que persistem nos tempos atuais. São elas a neoliberal, a estruturalista, a neoestruturalista, neoinstitucionalista, e a escola do eco-desenvolvimento. Sintetizaremos a seguir as visões dessas escolas sobre o Estado, o comércio internacional e o papel da política no desenvolvimento (COSTA LIMA, 2003).

O pensamento neoliberal que se debruça sobre o problema do desenvolvimento bebe em duas fontes centrais: a tradição austríaca libertária e a economia neoclássica (CHANG, 2002). Esta escola tende a considerar o Estado como possível causador de falhas no sistema econômico, conhecidas como "falhas de governo". Inclusive, mesmo reconhecendo a existência de falhas de mercado, essa vertente defende que essas tendem a ser menos nocivas que aquelas. Essa linha de raciocínio foi mantida nas análises do comércio internacional, preconizando pela liberalização comercial, eliminação ou redução significativa de barreiras tarifárias e pela eliminação do protecionismo. O objetivo do livre-comércio foi defendido como condição essencial para que o mercado internacional funcionasse como um mercado perfeitamente competitivo, de acordo com os preceitos liberais e neoclássicos. As políticas defendidas para o desenvolvimento encabeçadas por essa escola argumentam pela primazia do mercado, cabendo ao Estado deixar o mercado trabalhar de forma a atingir o equilíbrio espontâneo.[3]

Mais antiga do que essa nova versão do liberalismo é o estruturalismo da Comissão Econômica para América Latina e Caribe, a CEPAL. Tendo em economistas como Raul Prebisch e Celso Furtado o seu núcleo teórico, essa escola foi o primeiro conjunto de reflexões originais sobre o desenvolvimento surgidas fora do centro do sistema. Diferente dos liberais e dos neoliberais, os estruturalistas preconizavam uma ampla participação do Estado nos esforços de desenvolvimento, inclusive induzindo e coordenando-o. O papel das políticas era central dado o caráter voluntarista do processo na visão desses autores. O seu arcabouço teórico compreendia as relações econômicas internacionais como desiguais, onde a riqueza e o poder econômico eram divididos extrema e assimetricamente entre os participes da comunidade internacional. Essa escola defendia que

---

3   Vale destacar que parte do arcabouço normativo dessa escola foi incorporado por importantes instituições internacionais, como o FMI e o Banco Mundial, inclusive vindo a influenciar o Consenso de Washington.

apenas pela industrialização e pela dotação de competências gerenciais, tecnológicas e econômicas seria possível, a um país periférico, se desenvolver.

Principalmente a partir da década de 1990, surge na CEPAL um novo estruturalismo, caracterizado pela ideia de "transformação produtiva com equidade social". Essa nova tendência cedia alguns pontos do debate aos autores de vertente liberal (em especial no que refere à importância da inserção na globalização), contudo, mantinham firme a noção de que a cooperação econômica regional entre os países da América Latina era essencial para o desenvolvimento, sobretudo pela defesa do regionalismo aberto (CEPAL, 1994). Guardadas as diferenças entre o antigo regionalismo e o "novo regionalismo", esse tipo de estratégia regional é defendido desde a década de 1970 por autores como Maria da Conceição Tavares, passando a integração regional e o regionalismo aberto a ser fortemente recomendados pela CEPAL.

Mais recentemente, o debate sobre o desenvolvimento tem recebido importantes contribuições de autores neoinstitucionalistas como Peter Evans (2004), Dani Rodrik (2002), Ha-Joon Chang (2002, 2004) e Stiglitz. Esses autores buscam observar a importância da interação entre economia, política, mercado e Estado no desempenho econômico. Ao longo dos seus estudos, observam que os governos e as instituições estatais têm papeis importantes no desenvolvimento econômico, caindo por terra a primazia do mercado tão defendida pelos neoliberais. Quanto ao comércio internacional, concordam com os estruturalistas quanto à existência de uma distribuição desigual dos ganhos e veem nos esforços de cooperação regional, em especial no Leste Asiático, um importante componente de uma estratégia de desenvolvimento contemporâneo.

Por último, vale chamar atenção para o Ecodesenvolvimento, que teve em Ignacy Sachs o seu pioneiro, tendo nas reflexões de Elmar Altvater uma concepção mais crítica desta vertente. Embora Celso Furtado, em seu livro *O Mito do Desenvolvimento Econômico* (1974), já alertasse para a variável ambiental como indispensável ao se pensar o desenvolvimento, Sachs desenvolveu todo um aparato conceitual e teórico para agregar essa variável nesse campo do conhecimento. Um dos importantes desdobramentos dessas reflexões está em pensar criticamente a industrialização como instrumento central do desenvolvimento, onde a perspectiva ambiental vai defender um novo paradigma produtivo, que busque o equilíbrio entre homem e natureza. Os apelos dessa escola são importantes face aos desafios modernos.

De forma geral, essas teorias têm em comum a noção de que o desenvolvimento é um processo que sofre constrangimentos tanto no nível do país quanto do seu cenário regional internacional. Além disso, observam que os temas do comércio, da industrialização e da cooperação e integração regional continuam na ordem do dia das disputas internacionais. Informados por esse debate, podemos realizar uma aproximação do desenvolvimento econômico, entendido enquanto fenômeno estrutural mais geral que o crescimento econômico, auferindo-o a partir de dados sobre desenvolvimento industrial e tecnológico.

Transformações contemporâneas e opções de desenvolvimento

As duas décadas que se passaram foram acompanhadas de mudanças significativas, principalmente para o mundo em desenvolvimento. A revolução científico-tecnológica que precedeu o fim do embate bipolar contribuiu para a progressiva integração dos mercados nacionais em um conjunto de redes de produção e comercialização que ambicionavam uma escala global. O advento das tecnologias de telecomunicações, informação e comunicação, a criação de sólidas "redes internacionais de produção" lideradas pelos países desenvolvidos, permitiu o acirramento da interdependência entre as economias e entidades políticas envolvidas,[4] caracterizando, por fim, o polêmico processo de globalização. Além da "internacionalização do Estado" e da "internacionalização da produção", Robert Cox (1981) chama a atenção sobre a emergência do capital financeiro na organização econômica global, em especial no direcionamento dos investimentos.[5]

Como um dos desdobramentos das transformações mencionadas, os contextos regionais passaram a ser variáveis cada vez mais apreciadas pelos realizadores de políticas de desenvolvimento, destacando-se o debate sobre os regionalismos. Um dos textos mais influentes nos últimos anos sobre o tema foi o artigo *O Ressurgimento do Regionalismo na Política Mundial* (HURRELL, 1995), onde apresenta as várias formas e modalidades de regionalismo e as principais abordagens ao fenômeno. Em suma, o que esse artigo revela é que desde os finais da década de 1980 a cena internacional observou a proliferação de acordos regionais, arranjos e blocos de integração, constituindo

---

4   Ver a discussão sobre interdependência em Nogueira e Messari (2005).

5   Sobre esse fenômeno, a literatura da economia política radical, de matriz neomarxista, traz importantes contribuições, com as reflexões de François Chesnais (2005), Claude Serfati (2004). Costa Lima (2007) trabalha na mesma direção.

uma nova forma de organização da economia, produção e comércio internacional, com fortes implicações para a distribuição do poder político e econômico. Fenômeno esse visível pela importância da participação das exportações intrabloco no total das exportações internacionais, como se pode ver na tabela abaixo.

TABELA 1. Exportações intrarregionais como porcentagens de todas as exportações dos maiores blocos (1970-1998)

	1970	1980	1985	1990	1995	1998
União Europeia	59,5	60,8	59,2	65,9	62,4	55,2
NAFTA	36,0	33,6	43,9	41,4	46,2	51,7
Mercosul	9,4	11,6	5,5	8,9	20,3	25,1
ASEAN	22,3	17,2	18,6	18,9	24,3	20,4
APEC	57,9	57,9	67,7	68,5	72,0	69,7

Fonte: Choi & Caporaso (2003, p. 493).

Além dos acordos preferenciais de comércio e os arranjos cooperativos pragmáticos, a cooperação econômica regional tem no desenvolvimento econômico uma das metas centrais em várias dessas experiências. Os casos do Mercosul e do SAARC são representantes dessa tendência. Não obstante, é importante considerar que problemas de segurança são variáveis importantes para o surgimento de processos de cooperação regional e de integração. Por fim, cabe considerar quais mecanismos de cooperação regional são usados por alguns Estados, enquanto componentes de suas estratégias de desenvolvimento e de inserção internacional.

Instituições e regimes na cooperação regional

Processos de integração regional têm sido apontados pela literatura especializada como importantes instrumentos de desenvolvimento econômico nas últimas décadas. Imerso nesse debate está a questão acerca do grau de institucionalização e dos mecanismos de regulação das relações internacionais, sejam elas de cooperação ou conflito. Sobre essa seara, um dos conceitos dotados de riqueza explicativa ao qual lançamos mão é o de regime. Segundo Krasner, "Regimes can be defined as sets of implicit or explicit principles, norms, rules, and decision-making procedures around which actors' expectations converge in a given area of international relations"[6] (1983, p. 2). O uso da teoria dos regimes de Krasner possibilita compreender aspectos da realidade em diálogo com outros conceitos caros às ciências sociais, como instituições, sujeitos e organizações.

Ao discutir o problema da cooperação regional entre Estados, é necessário lançar luz sobre variáveis como grau de institucionalização, tipo de bloco e processo de integração. Como vimos anteriormente, o cenário internacional está repleto de inúmeras experiências de integração regional e formação de blocos e arranjos. Contudo, essa variedade também porta em si uma multiplicidade de processos e níveis de maturação institucional, como revela Jean-Marc Siroën (2000) ao criar uma tipologia sobre formas de regionalismo, podendo o processo de integração e a cooperação regional ser classificada como integração federativa (União Europeia), integração confederada (Mercosul), multilateralismo regional (NAFTA) e associações e fóruns de cooperação econômica (APEC).[7]

No entanto, cabe indagar: qual é de fato a importância de instituições e regimes para a cooperação regional e o desenvolvimento econômico? Desenvolveremos essa questão nas três seções subsequentes, onde discutimos os casos selecionados.

O Brasil e a América do Sul: desenvolvimento e integração regional

Desde a independência, a geopolítica regional sul-americana tem sido uma variável constante no cálculo da política externa brasileira. Desde os contenciosos fronteiriços, as intervenções na região da Bacia do Prata à Guerra do Paraguai, a sub-região se faz importante para o processo de construção e afirmação nacional. Alimentado por uma agenda de segurança desde o século XIX, as relações Brasil-Argentina na segunda metade do século XX incorporam o desafio do desenvolvimento como meta conjunta. Amado Luiz Cervo (2008) escreve que no contexto da corrida nuclear entre o Estado brasileiro e argentino, surgiu o primeiro compromisso efetivo no intuito de cooperação

---

6   Tradução do autor: "Regimes podem ser definidos como um conjunto de princípios, normas, regras e procedimentos de tomada de decisão implícitos ou explícitos em torno das quais as expectativas dos autores convergem em uma dada área das relações internacionais".

7   A tipologia a que nos referimos permite considerar processos de integração e cooperação regional formais (blocos) e informais (arranjos), elemento ao qual lançamos mão ao longo deste trabalho.

bilateral. Sendo importante destacar que "em 1986, Brasil e Argentina firmaram doze protocolos de cooperação, acoplando seus projetos de desenvolvimento em todos os setores afetados ao sistema produtivo" (CERVO, 2008, p. 161). É no contexto mais geral desses eventos que é firmado o eixo de cooperação Brasil-Argentina, fortalecido sob o âmbito do Mercosul.

Um traço marcante dos processos de integração na América Latina é a quase constante aspiração a uma maior institucionalização dos esquemas regionais. No que concerne às relações do Brasil na sub-região sul-americana, as relações bilaterais e regionais no tocante a questões de segurança, infraestrutura e desenvolvimento econômico e tecnológico tenderam a buscar um nível de formalização e/ou de institucionalização razoável. A tabela abaixo demonstra que desde a década de 1960, as tratativas do Brasil com os seus vizinhos, em áreas sensíveis da política externa, passaram por resoluções diplomáticas formalizadas. Segundo Celso Lafer (2004), o Acordo de Cooperação Nuclear entre Brasil e Argentina foi essencial para a criação de medidas de confiança entre as duas potências sul-americanas, abrindo caminho para o projeto de cooperação, em sua manifestação mais madura, de integração.

QUADRO 1. Acordos e Tratados de Cooperação e Integração Realizados pelo Brasil – 1960-1991

Ano	Acordo/tratado
1969	Tratado da Bacia do Prata
1978	Tratado de Cooperação da Amazônia
1979	Acordo Tripartite
1980	Acordo de Cooperação Nuclear entre Brasil e Argentina
1986	Assinatura de doze protocolos de cooperação entre Brasil e Argentina
1988	Tratado de Integração, Cooperação e Desenvolvimento
1991	Tratado de Assunção

Fonte: Cervo (2008) e Lafer (2004)

Embora a motivação das relações de cooperação bilaterais e regionais brasileiras inicialmente seja a segurança, a partir da década de 1980 a integração e a cooperação regional entram na agenda da política externa brasileira de desenvolvimento. Esse ponto em particular é especial, por que essencialmente no período que marca o primeiro governo Lula (2003-2007) os objetivos do desenvolvimento econômico são mais enfati-

160 Marcos Costa Lima (org.)

camente associados com a integração regional em curso, tendo na cooperação regional o seu principal mecanismo.

Atualmente, a cooperação regional do Brasil se dá em dois níveis: a arena sul-americana – em especial o Mercosul – e o nível continental hemisférico. Conforme mencionamos acima, a aspiração à institucionalidade característica da cooperação e integração regional brasileira é espelhada na experiência mercosulina, embora o modelo intergovernamental demonstre que a incorporação e o marco institucional do bloco ainda não permitem uma dinâmica e agenda própria a esse esquema regional. Não obstante, o Mercosul consiste no principal instrumento de política externa para inserção internacional brasileira, prioridade consagrada no primeiro governo Lula em 2003. O bloco almeja o status de mercado comum, porém, configura uma união aduaneira na qual, de acordo com Ricardo Seitenfus (2003, p. 212), vigora um modelo intergovernamental, substituindo, por hora, as ambições supranacionais expressas no Tratado de Assunção. Atualmente, os Estados parte são Argentina, Brasil, Paraguai e Uruguai, faltando para a Venezuela atingir semelhante status apenas a aprovação dos parlamentos de Brasil e Paraguai. No escopo cooperativo intrabloco nota-se uma integração mais profunda entre o eixo Brasil-Argentina, gozando o Paraguai e o Uruguai de uma integração assimétrica (SCHMIED, 2007).

Concomitante a uma política externa que visa o aprofundamento da integração mercosulina e o alargamento temático de sua agenda, o governo Lula ampliou os parceiros comerciais em detrimento das tradicionais teias de interação com os Estados Unidos, com isso visando relações multilaterais no continente – não querendo afirmar que as relações Norte-Sul deixaram de ser importantes para o Brasil, mas sim observar que a multilateralização das relações internacionais do país, inclusive ampliando as relações Sul-Sul, constituem uma diluição da dependência face ao Norte. Como exemplo dessa opção pela cooperação regional Sul-Sul podemos citar crescimento constante das exportações brasileiras para Venezuela (de uma participação de 0,83% em 2003 para 2,94% em 2007), tal como o aumento da participação dos mercados dos demais Estados parte do Mercosul para as exportações brasileiras. Outro dado expressivo é o declínio da participação do mercado norte-americano na composição do destino das exportações brasileiras, observado entre 2003 e 2007.

TABELA 2. Exportações brasileiras: participação dos principais mercados americanos (variação em %)

País/ano	2007	2006	2005	2004	2003
Estados Unidos	15,60	17,80	18,99	20,77	22,84
Argentina	8,97	8,52	8,38	7,64	6,24
Venezuela	2,94	2,59	1,87	1,52	0,83
Chile	2,65	2,84	3,05	2,64	2,57
México	2,65	3,24	3,43	4,09	3,75
Paraguai	1,03	0,90	0,81	0,90	0,97
Colômbia	1,46	1,55	1,19	1,08	1,02
Peru	1,03	1,10	0,14	0,17	0,67
Canadá	1,47	1,66	1,64	1,24	1,34
Uruguai	0,80	0,73	0,72	0,69	0,55

Fonte: Informe Estatístico da CEPAL (2008, p. 23)

Esse dado é especial, haja visto a diminuição da dependência face ao mercado norte-americano e o fortalecimento dos vínculos comerciais e de complementaridade entre Brasil e Argentina. Além disso, as exportações brasileiras para a América do Sul já se equivalem àquelas para a América do Norte em 2007. Ademais, os principais produtos que compõem a pauta de exportação brasileira para a Argentina são vitais ao crescimento e desenvolvimento industrial brasileiro. No que tange ao mercado sul-americano, "o Brasil apresenta uma composição das exportações com peso mais preponderante dos segmentos de maior valor agregado e cadeia produtiva mais longa. A participação de produtos da *indústria metal-mecânica* cresceu de 21,2% em 1995 para 27,4% em 2005 (depois de atingir o pico de 30,4% em 2000). Estes produtos, mais os *bens intermediários*, foram responsáveis por 57,9% das exportações brasileiras em 2005, contra 55,1% em 1995." (PANARIELLO, 2007, p. 24).

Embora a relação comercial do Brasil com os seus vizinhos seja de ganhos desiguais, em dados de 2005 o Brasil foi o maior país importador de produtos argentinos na América do Sul (MOREIRA, 2007, p. 26). Nesse contexto específico de interação temos um jogo de ganhos mútuos.

Porém, no que diz respeito à estratégia brasileira de desenvolvimento, além das relações comerciais bilaterais com a Argentina, a América do Sul apresenta um importante espaço econômico para as exportações de maior valor agregado. Segundo Panariello, a economia do Brasil responde a mais de 50% da estrutura de valor agregado da América do Sul

(2007). Essa assimetria face aos países vizinhos ainda é mais visível quando se constata que no conjunto dos latino-americanos o Brasil é responsável por mais de 70% dos gastos com C&T (PANARIELLO, 2007, p. 31), embora a porcentagem de seu PIB destinada à P&D seja muito inferior a 2,0%, longe de países de desenvolvimento recente como a Coreia do Sul (2,8%) e a média dos países da OCDE (2,3%) (cepal, 2007, p. 182).

Paralela à cooperação e integração regional no contexto do Mercosul, funcionou outro vetor da ação externa de desenvolvimento brasileiro. As negociações Mercosul + 1, em especial as tentativas de estabelecimento de uma Área de Livre Comércio Mercosul-CAN e entre Mercosul-EU, marcam esforços de criação de uma cooperação regional e extrarregional.[8]

Vale salientar que os acordos interbloco, como Mercosul e Caricom, possibilitam uma inserção brasileira em mercados amparada por regimes internacionais, nesse caso, expandindo a influência do bloco para a América Central. Contudo, o aspecto que queremos destacar é que o governo Lula, via Mercosul, tem multilateralizado o comércio regional, aprofundando os laços de interdependência econômica na região. No âmbito da América do Sul, configura como economia mais desenvolvida dotada de uma pauta de exportação mais refinada. Sem contar que na dimensão política, a capacidade de barganha e peso político do Brasil, que na dimensão econômica figura como líder do bloco, incidiu sobre o aumento do capital político brasileiro na cena internacional, contribuindo para alçar o país desde 2003 como um mercado emergente e potência econômica.

Na esfera multilateral, o governo Lula empreendeu esforços de uma cooperação regional mais ampla, onde se destacou uma aproximação entre Mercosul e a Comunidade Andina de Nações (CAN) (SCHMIED, 2007). Seguindo uma linha de política inaugurada pelo governo Fernando Henrique Cardoso de articulação e cooperação interblocos, o governo brasileiro participou do nascimento da União Sul-americana de Nações (Unasul), que visa ser um macroesquema de integração regional, onde figurariam no nível regional a Aladi e, no sub-regional, a CAN e o Mercosul (*idem*). Entretanto, a proposta que visa aprofundar o nível de cooperação e integração do Brasil com os países do Cone Sul é o projeto da Integração da Infraestrutura Regional Sul-americana (IIRSA). Este foi criado em 2000, marcando a virada do conceito de integração comercial

---

8   São exemplos de acordos assinados pelo Mercosul no nível intrarregional: Mercosul – Chile; Mercosul – Bolívia; Mercosul – Peru; Mercosul – Colômbia, Equador, Venezuela; Caricom – Mercosul; México – Mercosul *a* (BAUMANN [em v.], 2008, p. 9)

Política internacional comparada   163

para integração produtiva e de infraestrutura. O projeto em questão, que tomou grande visibilidade nos últimos anos com os projetos de corredores bi-oceânicos e da construção do gasoduto Venezuela-Brasil-Argentina, é o ponto alto dos projetos de cooperação regional.

Dito isso, cabe dedicar alguma tinta à questão dos regimes e instituições que amparam a cooperação brasileira no âmbito do Mercosul, a ponta de lança nacional na inserção internacional a partir de 2003.

Como dissemos anteriormente, a arquitetura institucional do bloco sul-americano é formal, embasada por tratados, acordos e protocolos que visam embasar juridicamente as relações, deveres e obrigações dos Estados membros. Os acordos de cooperação ou de resolução de controvérsias entre o Brasil e os seus parceiros são caracterizados por uma busca de institucionalização e formalização. Característica essa que lança raízes na cultura diplomática brasileira desde o Barão de Rio Branco (LAFER, 2004). Só para exemplificar o grau de institucionalização do bloco, consideremos que o seu organograma comporta uma ampla gama de grupos de trabalho, subgrupos e instâncias políticas como o Parlamento do Mercosul ou ainda o FOCEM (Fundo para a Convergência Estrutural do Mercosul). Não é objetivo desse artigo avaliar se todo esse aparato institucional e administrativo funcional; o que cabe ressaltar aqui é que a parte da questão da funcionalidade institucional do bloco, o seu projeto, almeja uma arquitetura institucional e administrativa que aumente os laços de cooperação e interdependência dos Estados membros. Porém, cabem algumas qualificações quanto à conclusão acima. De acordo com Seitenfus (2003), o projeto de aspiração à supranacionalidade original do Tratado de Assunção foi substituído por um modelo de gestão intergovernamental a partir do Protocolo de Ouro Preto. Mesmo assim, o grau e a aspiração à institucionalização das relações do bloco são altas, prezando-se enfaticamente por regimes formais. A título de exemplo do modelo intergovernamental estão as reuniões dos ministros dos países membros, no âmbito do Conselho do Mercosul.[9]

Não obstante a predominância de resolução dos assuntos do bloco no nível intergovernamental, o Mercosul comporta em seu organograma um subgrupo de trabalho referente à Indústria. Na esfera formal do bloco, a partir do primeiro governo Lula o *Subgrupo de Trabalho n. 7: Indústria* aumentou o número de suas reuniões, como se pode

---

9   http://www.mercosur.int/msweb/portal%20intermediario/pt/estrutura.html

notar por terem dobrado o número de atas desde 2003,[10] muito embora alguns problemas persistam, dificultando uma melhor estratégia para os desafios inerentes ao tema de desenvolvimento industrial e tecnológico coletivo. Seria omissão grave se não mencionássemos a utilização do BNDES e de agências governamentais, como a Agência Brasileira de Desenvolvimento Industrial, para a promoção do desenvolvimento industrial e tecnológico brasileiro e de terceiros. Buscou ainda coordenar, via Agência Brasileira de Desenvolvimento Industrial (ABDI), a política de desenvolvimento produtivo e de comércio exterior, a PITCE (Política Industrial, Tecnológica e de Comércio Exterior).

Como poderíamos responder à indagação de qual é a importância real para o desenvolvimento econômico brasileiro do Mercosul e dos demais projetos de cooperação no Cone Sul?

O primeiro dado é que embora o comércio intrabloco não tenha ultrapassado 13,5% em 2006, os Estados parte figuram entre os 6 maiores mercados para as exportações brasileiras, estando a Argentina em posição de destaque (destino de 8,7% das exportações brasileiras) (CEPAL, 2008, p. 23). Como já mencionamos, os mercados sul-americanos têm sido destino preferencial das exportações mais qualificadas do Brasil, figurando as de alta intensidade tecnológica e as de média alta intensidade. Comparativamente aos países da América do Sul, a estrutura de valor agregado do Brasil supera a marca dos 50%. Nesse sentido, a cooperação comercial entre o Brasil e os seus parceiros da região tem revelado alguma complementaridade, o que sem dúvida é importante para um projeto de desenvolvimento produtivo, como defendido pela retórica do governo.

De forma mais geral, é possível constatar que o Mercosul é utilizado pelo Brasil como um importante elemento de sua política de desenvolvimento, mas também como instrumento de inserção internacional e de obtenção de espaços e peso político nas barganhas na cena externa (CERVO, 2008; SEITENFUS, 2003). De acordo com dados do sítio oficial do Mercosul,

"De 2002-2007, a corrente de comércio entre o Brasil e os países do Mercosul apresentou forte crescimento, passando de US\$ 8,9 bilhões, em 2002, a US\$ 28,9 bilhões, em 2007. Caso se inclua no cálculo o comércio Brasil-Venezuela, que em 2007

---

10   Um dado negativo, por exemplo, é que até o período coberto por esse artigo o SGT 7 ainda está trabalhando no projeto (piloto) sobre Programa de Fóruns de Competitividade.

alcançou US$ 5,07 bilhões, os valores do comércio total do Brasil com o Mercosul alcançariam a cifra de US$ 33,97 bilhões, em 2007."[11]

O comércio intrazona, ainda segundo a mesma fonte – excluído o comércio com a Venezuela –, representa 10,8% das exportações e 9,64% das importações brasileiras. Ainda outro indicador do benefício do comércio intrabloco com os sócios fundadores é o dado de que o Brasil apresenta, desde 2002, balança comercial positiva com todos os parceiros do bloco, chegando em 2007 ao valor de US$ 5,7 bilhões. Independente da qualidade destes números, é fundamental salientar que criação do Mercosul extrapola as suas dimensões econômicas e comerciais. Há hoje um intenso trabalho sendo desenvolvido, com grande protagonismo do Itamaraty, no sentido de aprofundar as relações sociais e culturais entre os países membros, seja através da articulação dos movimentos sociais, seja das universidades, sindicatos e da cultura em geral.

Feitas essas considerações sobre o caso brasileiro, passemos a seguir para alguns comentários acerca da República da Coreia.

A Coreia do Sul e o regionalismo asiático: cooperação e desenvolvimento

O processo de desenvolvimento econômico sul-coreano no século XX apresenta algumas particularidades, entre as quais o fato de ter sido fortemente influenciado pelo contexto internacional. A península coreana foi anexada pelo Japão em 1910, marcada por características do imperialismo japonês até 1945. Entre essas, o imperialismo nipônico conduziu a Coreia por uma modernização na economia e na política, racionalizando processos de produção relevantes para as necessidades japonesas, através de uma reforma agrária para quebrar a espinha das oligarquias e realizando um processo de burocratização e racionalização do Estado, nos moldes do aparelho de Estado da Restauração Meiji (KOHLI, 2005). Com efeitos diferentes do jugo europeu sobre o Brasil e da Índia em suas eras coloniais, a influência japonesa na Coreia legou aspectos que se mostraram importantes para o rápido processo de desenvolvimento na segunda metade do século XX.

---

11   http://www.mercosul.gov.br/principais-tema-da-agenda-do-mercosul/dados-basicos-e-principais-
      -indicadores-economicos-comerciais/evolucao-recente-do-comercio-intrazona/

166 Marcos Costa Lima (org.)

Na configuração desse contexto, destaca-se o papel da economia e da geopolítica regional no Leste Asiático e nas relações internacionais da Coreia na região. A formação de uma economia regional integrada no Leste Asiático foi um fator essencial para o sucesso sul-coreano. A divisão regional do trabalho iniciada entre o Japão e os Tigres Asiáticos possibilitou uma transformação qualitativa nos níveis de desenvolvimento tecnológico desses países. Segundo o *Asian Development Outlook 2007 Update*,

Economic growth in East Asia over the past two decades has been underpinned by rapid expansion in manufacturing exports. This surge has been accompanied by a shift in these exports' commodity composition toward machinery categories, which are among the fastest growing sectors in world merchandise trade (ADB, 2007, p. 55).[12]

A integração vertical da produção no Leste Asiático ajuda a explicar a importância da cooperação regional no desenvolvimento sul-coreano. Entretanto, vejamos os aspectos que tendem a motivar a cooperação regional da Coreia do Sul.

Após 1945 se instaura a divisão provisória da península coreana tendo como marco o paralelo 38, separação consolidada após a Guerra da Coreia. Autores como Linsu Kim (2005) e Vizentini (2001) observam que até meados da década de 1960 a Coreia do Sul apresentava níveis de desenvolvimento econômico menores do que os apresentados no Norte.[13]

Além de ser um processo inserido na estrutura do conflito bipolar e contar com o apoio norte-americano, o desenvolvimento econômico que se deu na Coreia do Sul também foi objeto prioritário da elite política do país, entendido como condição necessária para a sua existência no sistema internacional. Já em 1989, Alice Amsden (1989) já mostrava que apenas esses aspectos contextuais e estruturais não explicavam o modelo sul-coreano, sendo necessário descer para a análise do papel do Estado na economia.

Inicialmente, na região da Ásia Pacífico e no Leste Asiático, a Coreia do Sul realizava cooperação com os EUA e o Japão. Contudo, desde a década de 1970, aconteceram esforços para multilateralizar o escopo de sua cooperação internacional. O processo foi coroado em 1992, onde após reconhecer diplomaticamente a China, a

---

12 Tradução do autor: "O crescimento econômico do Leste Asiático nas últimas duas décadas tem sido sustentado por uma rápida expansão das exportações de manufaturas. Esse acontecimento tem sido acompanhado por uma mudança na composição dessas exportações de *commodities* para categorias de máquinas, que estão entre os setores de mais rápido crescimento no mercado mundial de comércio."

13 Ademais, a segurança regional da República da Coreia e a sua posição geográfica estratégica marcavam de certa forma o limite entre a zona de influência americana e a soviética naquela região asiática.

cooperação com esse país emerge como fundamental para desestruturar o peso econômico e político de Japão e EUA na região e lançar bases mais independentes ao desenvolvimento. Entre outras evidências que sustentam essa afirmação, está o fato de a participação dos mercados dos Estados Unidos e do Japão para as exportações sul-coreanas ter caído desde 1990.

TABELA 3. Principais destinos das exportações da República da Coreia (em % total)

Economia/destino	Total das exportações		Bens manufaturados	
	1990 a 1995	2000 a 2005	1990 a 1995	2000 a 2005
Estados Unidos	22,5	16,5	23,9	17,3
Japão	14,8	8,9	12,8	7,2

Fonte: Table 2.2 Destination of Asian exports (% of total), in ABD, 2007, 62

Esse dado é expressivo e tendo em vista que o comércio preferencial Coreia-EUA foi um fato preponderante para as exportações sul-coreanas nas últimas décadas, constituindo o mercado americano como o principal importador de bens manufaturados da Coreia do Sul. Já o Japão constituía o parceiro comercial preferencial da região do leste asiático. Mesmo assim, no período compreendido entre 2000-2005, o mercado americano é um expressivo comprador da produção manufatureira sul-coreana. Outro aspecto de peso em nossa análise é que a China passa a ser um componente estratégico na cooperação regional da Coreia do Sul, fato esse evidenciado pela importância do mercado chinês para as exportações sul-coreanas.

TABELA 4. Comércio bilateral da República da Coreia com a China, Estados Unidos e Japão

Coreia do Sul Países	Exportações	Importações
China (2006)	69,5 bilhões	48,5 bilhões
EUA (2007)	45,77 bilhões	37,21 bilhões
Japão (2007)	26,4 bilhões	56,3 bilhões

Fonte: http://www.mofat.go.kr/english/main/index.jsp, Countries and Regions, Asia-Pacific and North America

A Coreia do Sul tem importantes *joint-ventures* com a China e constitui-se atualmente como o segundo maior exportador asiático para a China (MORAIS, 2005 – Tabela B3), perdendo apenas para o Japão. Não obstante, a China já é o maior parceiro comercial

168   Marcos Costa Lima (org.)

da Coreia do Sul, ultrapassando países tradicionais nas relações econômicas internacionais sul-coreanas, como os Estados Unidos e o Japão. Não obstante, esse último ainda apresenta, em dados de 2007, um expressivo mercado para as exportações da Coreia do Sul (12,3% do total exportado e 10,4% do total importado).[14] O mercado dos EUA representa um percentual semelhante no destino das exportações da Coreia do Sul e do Brasil. Entretanto, ambos os países reduziram nos últimos anos a dependência comercial com os EUA ao diversificarem as suas exportações, apresentando atividades de cooperação regional, sobretudo a partir de eixos bilaterais, como Brasil-Argentina e Coreia do Sul-China (OLIVEIRA, 2007). Vale notar que a Coreia do Sul conseguiu ser superavitária com os países relacionados, menos com o Japão, onde o país mantém importações de bens de alta intensidade tecnológica. A cooperação econômica com a China é materializada sobretudo na área da Bacia Econômica do Mar Amarelo,[15] por onde "a Coreia do Sul, por exemplo, repousa no livre fluxo de mercadorias na área para 71% das suas exportações para a China e 67% das importações de lá." (OLIVEIRA, 2007, p. 13).

Além da cooperação econômica com a China, existe uma linha de cumplicidade estratégica. O reforço dos laços entre Seul e Pequim fica claro pelo dispêndio de capital político sul-coreano para a adesão da China na APEC em 1996 (OLIVEIRA, 2007). Inclusive, as relações da Coreia com o ASEAN fortalecem a posição do país no contexto geopolítica do leste asiático, onde no foro ASEAN + 3 a Coreia do Sul dialoga com o Japão e China, construindo uma arquitetura institucional mínima de amparo à cooperação. Ademais, o próprio *Asian Development Bank* (ADB) fornece um fluxo de informações interessantes que favorecem a cooperação e um fluxo de informações menos assimétrico entre os atores do cenário asiático. Como expoente desse processo, emerge a criação da Comunidade do Leste Asiático, foro de diálogo de países que não conta com os EUA (OLIVEIRA, 2007).

Em outro *front*, a Coreia do Sul embarcou no processo de realização de acordos de livre comércio.[16] Contudo, cabe indagar sobre o tipo de cooperação regional realizada pela República da Coreia, o seu grau de institucionalização e as principais instituições

---

14   http://www.mofat.go.kr/english/regions/namerica/20070803/1_320.jsp?

15   YSEB – Yellow Sea Economic Basin.

16   Sendo os principais ALCs no nível intrarregional (dentro da Ásia Oriental): Singapura – República de Coreia; República de Coreia – Tailândia *a*; Malásia – República de Coreia *c*; Japão – República de Coreia *b*; China – República de Coreia *c*. É interessante observar que os países citados acima, com exceção do Japão, possuem uma complementaridade vertical para com o nível de

ou foros de articulação. Logo de início, é importante ressaltar que o país em questão não faz parte de nenhum bloco econômico ou comercial, de ordem formal, como Mercosul, União Europeia, ASEAN ou NAFTA. A cooperação regional é realizada a partir de acordos bilaterais ou multilaterais, amparada principalmente por um padrão de integração da economia regional desde a reindustrialização do Japão. Consideramos que existe de fato um regime informal no Leste Asiático que orienta esse processo de integração, sustentado principalmente no seio da *Asia Pacific Economic Cooperation* (APEC), que congrega mais de 20 países do Leste Asiático e da Ásia-Pacífico. Sobre esse organismo, cabe afirmar que o seu grau de institucionalização é baixíssimo. A instância de maior relevância da APEC é a *Leader's Meeting*, reunião intergovernamental dos países membros onde se vislumbram a criação de consensos e condições estáveis para o processo de integração regional. Não constituindo um bloco econômico a rigor, a APEC[17] não exige, formalmente, a transferência parcial da soberania dos Estados membros para uma instância exógena, como o faz o Mercosul (tarifa externa comum) e a União Europeia (política monetária comum).

Podemos afirmar que a cooperação regional sul-coreana tem sido profícua. Nas esferas diplomáticas de inserção internacional, a sua aliança com a China tem sido importante para aumentar o seu poder de barganha em um cenário com fortes atores políticos, como o Japão e os Estados Unidos. Além disso, a cooperação diplomática com Pequim é importante para o processo de "coreanização" do problema das Coreias, onde a China é importante mediador, suplantando a dependência do protagonismo americano nessa questão (VIZENTINI, 2001; OLIVEIRA, 2001). Na esfera econômica, a Coreia do Sul tem passado por um processo de transformação do paradigma produtivo, da imitação à inovação (KIM, 2005). Embora importe bens com intensidade tecnológica relevante do Japão, os mercados da China, dos países do ASEAN, e o próprio mercado norte-americano, configuram destinos importantes para as exportações sul-coreanas com alto valor agregado, com isso dando impulso ao processo de desenvolvimento científico e tecnológico em curso. Em sintonia com

---

desenvolvimento produtivo, industrial e tecnológico da Coreia do Sul, onde esse país se encontra hierarquicamente superior aos demais.

17 Se inserirmos na análise a variável instituições informais, veremos que a APEC apresenta mecanismos de cooperação, aumento de previsibilidade e de redução de incertezas. Com isso, pode-se observar que esse regionalismo aberto é um esforço de integração regional, contudo, informado por um paradigma diferente do presente na UE e no Mercosul.

esse processo estão as políticas governamentais de investimento em ciência e tecnologia (C&T), onde destacam-se institutos de pesquisa públicos, governamentais e principalmente privados.[18]

Vejamos a seguir como esses processos se desenrolam no caso indiano.

A Índia e o desenvolvimento nacional

Tendo obtido sua independência em 15 de agosto de 1947, a Índia adotou um sistema de democracia parlamentar que permanece até hoje.[19] Os anos iniciais da República indiana foram marcados pela figura de Jawarhalal Nehru, que estabeleceu um programa de desenvolvimento baseado nos Planos Quinquenais.

Jean-Joseph Boillot (2006, p. 14) afirma que o desenvolvimento da Índia após 1947 e as suas orientações econômicas giraram em torno de quatro influências maiores, que ainda hoje estão presentes: a social-democracia *nehruista*, o comunismo soviético e depois chinês e cada vez mais um liberalismo mais ou menos temperado dos comerciantes e o *gandhismo*. Da libertação até os anos 1980, a predominância será das duas primeiras correntes de ideias.

Do ponto de vista econômico, é necessário dizer que sob Nehru e Indira Gandhi, tentou-se reduzir o amplo desnível entre a Índia e os países desenvolvidos, pela concentração da atividade econômica na indústria pesada e na geração de energia.

Entretanto, essa tendência foi revertida com a implosão gradual do sistema de industrialização via substituição de importações (ISI), bem analisada por Vivek Chibber (2006). Ele afirma que a virada do "dirigismo estatal" veio de duas maneiras diferentes, mas relacionadas. A primeira, originou-se no interior da máquina estatal, em resposta aos abusos de uma parte da elite no poder nos anos 1970/80. A segunda fonte de pressão foi de natureza econômica, originária da emergência de novos grupos empresariais que viam o regime de controle interno como um impeditivo para sua ascensão ao poder.

Muito embora o período de Nehru tenha ficado conhecido como *os anos de fundação*, e em muitas formas como um período de integridade e de elevado espírito público, com a sua morte, tal procedimento não prosseguiu.

---

18 Ver tabela 2 e CEPAL (2007).

19 Junta à Costa Rica, Jamaica e Sri Lanka, este é o conjunto dos quatro países em desenvolvimento que, desde a Segunda Guerra Mundial, mantém governos eleitos democraticamente.

Pranab Bardan (1984) descreveu a situação do período como uma década onde o estado indiano teve fraca capacidade institucional pelos métodos adotados pela Primeira Ministra na resolução de disputas – o uso de instrumentos fiscais para "co-optar" opositores, fazendo com que o Estado fosse dilapidado de seus recursos produtivos, ao mesmo tempo em que se mantinha paralisado com as crescentes disputas e solicitações: "Longe de utilizar o aparato estatal nos anos 70, o regime dos Gandhi (Indira e seu filho Sanjay) para disciplinar as firmas industriais, acabou por estabelecer laços clientelísticos com os mesmos".

Neste sentido, passam a ficar conhecidas as *"Licencas do Raj"*, um instrumento de política econômica inaugurado por Nehru e que Indira e Sanjay utilizaram para premiar os amigos e punir os inimigos. Com a burocracia já comprometida pelas intervenções dos Gandhi, era quase inevitável que o uso do sistema de licenças para ganhos pessoais iria se ramificar e difundir na estrutura administrativa do Estado indiano (COSTA LIMA, 2008a).

Como afirmou Chibber (2006, p. 252) sobre as *"licences quota permit raj"*, o governo perdeu legitimidade política, pois a corrupção ficou mais e mais visível, tornando-se endêmica. Para os críticos do sistema, estas tendências só demonstraram que o problema central encontrava-se no desenvolvimento liderado pelo Estado, e, portanto, a solução seria apoiar-se no mercado.

Em 1980, a Índia viveu, com o segundo choque do petróleo, uma crise de pagamentos, que foi resolvida por uma negociação com o FMI encabeçada por Indira Gandhi, que acabara de ser reeleita de forma incontestável. O direto de ter 5 bilhões de dólares obrigou, contudo, a primeira ministra a estabelecer certas concessões, com medidas de alívio de certas regras internas e externas de controle do Estado.

Em 1985, com a chegada ao poder de Rajiv Gandhi, após o assassinato de sua mãe em 1984 por um *sikh* de sua guarda pessoal, as empresas com ativos inferiores a 50 milhões de rúpias foram quase inteiramente isentas de licenças e mesmo os grandes grupos foram beneficiados por um procedimento automático de licença para valores inferiores a um bilhão de rúpias, abrindo pouco à pouco a concorrência no mercado interno.

Segundo Boillot (2006, p. 22), o regime de licenças à exportação e importação foram progressivamente liberalizados em favor da modernização industrial, e as exportações se transformaram numa prioridade para relaxar os impedimentos externos. Já em 1984, o empreendimento conjunto entre as empresa Suzuki (japonesa) e a empresa pública Maruti no setor automobilístico, representou, simbolicamente, este período de mudança.

A Índia iniciou a sua fase pós-abertura com menos de um bilhão de dólares de reservas de câmbio em 1991. A crise de pagamentos vivida pelo país foi grave, que dispunha não mais que de duas semanas de reservas cambiais. Aliado a este problema, o endividamento público indiano progrediu rapidamente ao longo dos anos 1980. O estoque público da dívida total, que perfazia 46% do PIB em 1982, atingiu 63% em 1987/88. Em 1988, o país se torna o mais endividado da Ásia, com uma dívida próxima aos 60 bilhões de dólares (BOILOT, 2006, p. 25), dos quais uma parte crescente de curto prazo. E com reserves cambiais fracas, que não suportaram o choque do petróleo de 1990.[20]

Em 2004, treze anos após a crise de pagamentos, a Índia já dispunha de 125 bilhões de dólares em reserva. A primeira geração de reformas (1991/2004),[21] começa assim com menos de 1 bilhão de dólares de reservas cambiais em 1991 e vai atingir os 125 bilhões de dólares em 2004. A taxa de crescimento médio anual subiu a 6%. O período termina com o mote à "Índia que reluz", slogan utilizado pelo BJP (Barathiya Janata Party), a segunda força política na Índia, formado por nacionalistas hindus.

O processo de liberalização da economia indiana iniciou-se a princípio por bens industriais. Esse processo de redução tarifária iniciou-se de forma gradual e as tarifas mais altas caíram de 85 para 50% entre 1993 e 1996.

No passado, a Índia restringia as exportações de muitas *commodities* e, como parte de sua política de liberalização, o governo começou a reduzir o número de produtos sujeitos aos controles de exportação em 1989-90. Ainda em 1991, havia restrição à exportação de 439 itens, ainda sujeitos ao controle. Nas políticas de exportação-importação de 1992, o número de itens sujeitos a controle caiu para 296, com os itens proibidos sendo reduzidos a 16.

Com relação aos serviços e aos investimentos externos, a Índia, desde 1991, implantou uma substancial liberalização do comércio destes. No passado, o setor de serviços estava submetido a fortes controles governamentais.

Com relação aos investimentos externos, passaram a ser permitidos em até 100%, com quatro exceções: i) varejo, energia atômica, negócios de loteria e apostas e outros jogos; ii) participação acionária que não exceda a 24% no setor manufatureiro de itens

---

20 É interessante considerar a desigualdade do volume da dívida entre os países da Ásia e aqueles da América Latina. Não é por menos que os economistas indianos falam abertamente contra os equívocos dos modelos de desenvolvimento adotados pela América Latina.

21 Um bom detalhamento das medidas de liberalização por setores da economia está estabelecido no capítulo V "Phase IV (1988-2006): Triumph of Liberalization", do livro *India, the Emerging Giant*, de autoria de Arvin Panagarya (2008, p. 95-109).

reservados para pequenas indústrias; iii) *joint-ventures* ou transferência tecnológica e de marca quando o investidor externo já tiver um acordo no mesmo setor exige aprovação governamental; iv) A política para os IED (Investimentos Diretos Externos) lista 28 setores (alguns dos quais divididos em subsetores com diferentes regras) que estão sujeitos a políticas específicas e restrições que podem ir ou não até os 100%. Como se vê, em que pese a liberalização, esta tende a ser controlada e setorial, atendendo aos interesses dos setores produtivos nacionais (PANAGARYA, 2008, p. 105-107).

No que diz respeito às Tecnologias de Informação, que são hoje decisivas para quaisquer dos setores da economia e definidores de uma melhor posição na produção e no comércio internacional, a NASSCOM, em seu relatório de 2005, informa que as exportações de serviços em *software* mais do que dobraram nos últimos três anos e que para o ano 2005-2006 a Índia atingiu um saldo comercial de US$ 22 bilhões, incluindo o *outsourcing*, equivalentes a uma sexta parte das exportações do país. O estudo estima que a Índia hoje representa 65% do mercado global de *offshore* e 46% dos negócios mundiais em BPO *(Business Processing Outsourcing)* (ROWTHORN, 2006).

Pode-se afirmar que, apesar de seus inúmeros problemas a enfrentar, como redução da pobreza, dos baixos índices educacionais da maioria de sua população, dos gargalos de infraestrutura, a Índia vem mantendo um crescimento sustentado que, em grande medida, é resultante de políticas que defenderam a nacionalização de suas indústrias e o apoio às pequenas empresas, sem mencionar que o grau de exposição da economia indiana ao endividamento externo foi muito mais reduzido que na América Latina.[22]

Finalmente, estabeleceremos algumas palavras sobre a política de integração regional realizada pelo governo indiano com relação à Associação para a Cooperação Regional da Ásia do Sul (SAARC), que foi criado em dezembro de 1985, numa articulação entre sete países, a saber: Bangladesh, Butão, Índia, Maldivas, Nepal, Paquistão e Sri Lanka.

Através de um processo de avanço em diversas áreas, em 1997 foi estabelecido no SAAR o *Preferential Trading Arrangement* (SPTA), acordo este que refletiu o desejo destes países de promover e sustentar a cooperação econômica na região, através da troca de concessões. Neste acordo, os países apresentaram uma redução tarifária em um número considerável de itens, com os países maiores cedendo mais, a exemplo da Índia, que fez concessões em 2402 produtos, o Paquistão em 685 e Bangladesh em 572, quando Sri Lanka em apenas 211.

---

22   No age de sua crise de endividamento externo, a Índia ficou conhecida como o mais endividado da Ásia, com valor equivalente a US$ 60 bilhões em 1991, uma quantia muito inferior àquela assumida pelos países latino-americanos, notadamente o Brasil e o México.

174 Marcos Costa Lima (org.)

Em 1998, estes países decidiram acelerar as negociações, aprofundando as concessões tarifárias. Atualmente, um Acordo Regional para Promoção e Proteção dos Investimentos no interior da SAARC está sendo considerado.

No último encontro da SAARC, em Colombo, agosto de 2008, a Índia aprovou uma vultosa ajuda ao Paquistão, seu tradicional rival, demonstrando que está realizando uma política externa de aproximação e liderança na região, uma vez que, para além dos conflitos históricos, são grandes as assimetrias entre os países membros, muito embora a liderança da Índia, econômica e militar, seja indiscutível.[23]

Como afirma Jean-Marc Siröen (2000), o termo regionalização aplicado à economia mundial significa que as relações econômicas são mais intensas entre os países que pertencem a uma mesma grande zona geográfica ou estrategicamente pretendem pertencer (NAFTA, Mercosul, União Europeia, Ásia do Sudeste, Ásia do Sul), do que com o resto do mundo. A regionalização concerne todos os tipos de fluxos ou somente alguns dentre eles: bens, serviços, fatores de produção, capitais financeiros, moedas, pessoas. Em termos políticos, podem caminhar para uma aproximação de maior envergadura, a exemplo da União Europeia, que já estabeleceu um amplo nível de supranacionalidade, estabelecendo um Banco Central e um Parlamento Comum. Mas, para nossos propósitos aqui, interessa relevar, sobretudo, a dimensão de aprofundamento regional de certas áreas geográficas do planeta, em que pese o aprofundamento das articulações promovidas pelo processo de financeirização do capital e até *pour cause*.

TABELA 5. Comércio intrarregional por grupos regionais (% do total do comércio regional)

Região	1980	1985	1990	1995	2000	2005
Ásia (10)	17,9	20,3	18,8	24,0	24,7	28,1
Ásia+3	30,2	30,2	29,4	37,6	37,3	39,2
Ásia +3 + Hong Kong +Taiwan	34,1	37,1	43,1	51,9	52,1	55,6
União Europeia (25)	61,4	59,8	67,0	67,4	66,8	66,2
NAFTA	33,8	38,7	37,9	43,1	48,8	45,5

Fonte: World Trade Organization (WTO) International Trade Statistics, 2006

Pradumna B. Rana, Economic integration in East Asia: trends, prospects, and a possible roadmap", ADB *Working Paper Series on Regional Economic Integration*, n. 2, jul. 2006 and Comisión Económica para América Latina y el Caribe (CEPAL), over the information basis of Asian Regional Integration Center [en línea] http://www.aric.adb.org/indicator.ph

---

23 Cabe lembrar que na última reunião da SAAR, em Colombo, no Sri-Lanka, agosto de 2008, a Índia exerceu papel protagônico e de liderança regional, ao liberar, a fundo perdido $600 milhões de dólares para projetos de desenvolvimento no Paquistão.

Considerações finais: relações Sul-Sul: discurso ou consolidação?

O artigo abordou como o Brasil, a Índia e a Coreia do Sul lançaram mão da cooperação regional para os seus processos de desenvolvimento econômico. Destacaram-se na análise a questão da criação institucional, as estratégias de cooperação e aliança e os tipos de contexto regional e de regionalismo.

Constatamos que o contexto regional e geopolítico exerce considerável influência sobre as opções e limites ao desenvolvimento econômico e industrial dos países pesquisados. Observamos que o cenário sul-americano apresentou, no período analisado, um conjunto de circunstâncias que foram utilizadas pelo governo brasileiro para o processo de integração regional. Principalmente, a ascensão de governos de esquerda com explícito interesse em sair da zona de influência norte-americana e de buscar um novo projeto de desenvolvimento, dando um relevante impulso à questão sub-regional na América do Sul. Adicione-se a isso que a integração regional até meados de 2003, claramente comercial, passou a adotar agendas mais amplas, como a social, infraestrutural e energética. A percepção de interdependência dos países sul-americanos, com uma liderança discreta do Brasil, aponta para um processo de integração regional como meta prioritária para o desenvolvimento econômico sub-regional.

Já no cenário asiático, o peso da variável de segurança apresentou-se tão importante nos debates diplomáticos e nos foros de diálogo, que apontam para a existência de constrangimentos duradouros a uma maior institucionalização da integração regional. Inclusive, o desenvolvimento econômico e industrial da região é item particular das agendas nacionais, sendo a economia regional integrada um mecanismo que pode criar externalidades positivas ao desenvolvimento desses países. Nesse cenário, a Coreia do Sul e a Índia têm buscado aproveitar as oportunidades na Ásia, porém multilateralizando a sua cooperação, que serve de margem de manobra, por exemplo, nas negociações junto à OMC.

A existência do Mercosul configura iniciativas que buscaram aumentar as oportunidades existentes na região para o desenvolvimento econômico. Ademais, a própria composição da pauta de exportações brasileiras para a América do Sul, como mostramos anteriormente, revela-se benéfica ao desenvolvimento industrial nacional, apoiado pela PITCE.

A Coreia do Sul não participa de nenhum bloco econômico. O mais próximo disso é a sua participação na APEC, que não passa de uma associação de primazia intergovernamental. Esse país buscou o estreitamento dos laços com a China e os países do ASEAN. Com o primeiro, a partir da criação de *joint-ventures* e do elevado fluxo de comércio e produção industrial na Bacia do Rio Amarelo; com o segundo, pela complementaridade produtiva, reproduzindo o modelo dos gansos voadores iniciado pelo Japão. Concluímos que no caso asiático, não é interessante desassociar o debate sobre desenvolvimento e regionalismo do problema da segurança. Observamos que os problemas e as agendas se confundem, tendo influências recíprocas. Essa percepção é reforçada no caso indiano, onde embora a SAARC seja um bloco regional formal, não representa um destino tão importante para as exportações indianas de maior valor agregado: *softwares* e serviços em TI.

Constatamos duas formas encontradas pelos países de fomentar e amparar a cooperação regional nas áreas em questão. A forma encabeçada pelo Brasil consiste na criação de instituições de caráter regional, como o Mercosul, onde detendo um peso político e econômico sem precedentes na sub-região, exerce forte poder na composição da agenda e na condução do bloco mercosulino. Ademais, essa instituição tem sido preparada para coordenar a integração da infraestrutura regional, exemplificado pelo já em andamento FOCEM.

Dada a competição pela hegemonia regional e a inexistência de uma estrutura política supranacional de integração no Leste Asiático, o modelo seguido pela Coreia do Sul tem sido o de integração em uma economia regional informal. Esse arranjo integrativo tem mais de 40 anos de existência, onde a regulação, a previsibilidade e a redução das informações assimétricas tendem a ser fornecidas por foros de diálogo e pelo alto grau de interdependência entre os sujeitos políticos em questão.

Já a Índia apresenta uma característica semelhante ao do Brasil. Faz parte de um bloco formal e é superavitário com todos os Estados partes, semelhante ao Brasil. Contudo, o peso real do bloco para o seu atual processo de desenvolvimento econômico não chega a ser significativo. As grandes questões sobre segurança e cooperação econômica da Índia são resolvidas extrabloco, assemelhando-se ao caso sul-coreano.

Sobre a questão de existirem possibilidades reais de consolidação de uma cooperação Sul-Sul mais qualificada, podemos citar que de acordo com o último *Trade and Development Report* (2007), a integração econômica regional entre países em desenvolvimento tem sido considerada fundamental para a industrialização. Constatamos a importância da cooperação regional nesse item ao lançarmos luz sobre o caso brasileiro. Todavia, essa assertiva é melhor ilustrada pelo processo de *catch-up* levado em efeito no Leste Asiático, principalmente na transformação dos Tigres Asiáticos em Novas Economias Industriais. Porém, a Coreia do Sul já não mais figura como um país do Sul, em desenvolvimento. Em nossa pesquisa, apenas o Brasil e a Índia se enquadram nessa classificação. Essas características foram discutidas ao longo do artigo e estão sintetizadas no quadro abaixo.

QUADRO 2. Variáveis comparadas

Brasil	Coreia do Sul	Índia	
Bloco, arranjo ou acordo regional	Mercosul (Bloco formal)	APEC (Arranjo)	SAARC (Bloco formal)
Grau de Institucionalização	Razoável	Baixo	Razoável
Composição Geográfica	Sul-Sul	Norte-Sul	Sul-Sul

Fonte: Autoria própria

O caso brasileiro apresenta possibilidades factíveis de uma cooperação sul-sul mais qualificada, principalmente com os seus vizinhos sul-americanos. Destaque dessa tendência são os projetos de integração produtiva, energética e de infraestrutura (IIRSA). Já no caso da Índia, a cooperação Sul-Sul tende a ocorrer no seio da SAARC. Entretanto, as relações Sul-Sul intercontinentais da Índia parecem ter mais peso, como no âmbito do Fórum Índia, Brasil e África do Sul (IBAS) e no G-20.

Todavia, existem problemas para o futuro das relações Sul-Sul. No âmbito do Mercosul, o Brasil manteve-se superavitário em relação a todos os países membros. A mesma situação se deu na SAARC, onde a Índia também foi superavitária.[24] Esse tipo de indicador revela que as assimetrias intrabloco (de composição Sul-Sul) possibilitam ganhos extremamente desiguais entre os partícipes da cooperação regional. Com isso, a própria viabilidade da cooperação pode ser posta em xeque. Nesse sentido, a experiência brasileira iniciou o uso do mecanismo do FOCEM, onde Brasil e Argentina destinarão recursos substancialmente superiores do que os destinados pelo Paraguai e Uruguai, para medidas de convergência estrutural dos países membros. Política essa claramente inspirada na experiência europeia. Já na SAARC, a Índia é o país membro com mais poder econômico, tecnológico e militar, tendo apoia-

---

24   Ver Tabela 4.2 (CEPAL, 2007, p. 112).

do economicamente outros membros, como o Paquistão. Porém, o cenário regional onde se encontra a Índia é "quente". A sua relação pendular de conflito-cooperação com a China e a disputa entre ambas pela a hegemonia regional dificultam a cooperação desses dois países do Sul. Além disso, a China realizou importantes aproximações com a Rússia. Por outro lado a Índia tem se aproximado dos Estados Unidos. Esse cenário pode desembocar em uma tensão que ponha a perder a cooperação Sul-Sul na região. Finalmente, outro problema das relações Sul-Sul, principalmente em "países baleia", como a Índia, o Brasil e a China, é que eles são competidores em muitos dos mercados que buscam se inserir.

Uma cooperação Sul-Sul mais qualificada, embora mais fácil entre países vizinhos, é mais provável no âmbito do regionalismo, o que não impede que países emergentes como Brasil e Índia possam avançar em sua cooperação, tanto pelos interesses que têm em comum na arena política internacional, quanto pelos seus grandes mercados em expansão, podendo vir a se beneficiar amplamente desta cooperação.

3ª PARTE
Dinâmica da inovação, inclusão digital e condição periférica

Elementos para a construção de uma cooperação Brasil-Índia: inovação tecnológica e comércio internacional

MARCOS COSTA LIMA & SURANJIT KUMAR SAHA

Os líderes da revolução haitiana levaram a sério a mensagem de liberdade e igualdade que ouviram de Paris e levantaram-se para declarar o fim da escravidão. Para seu espanto, foram informados pelo governo revolucionário da França que os direitos do homem e do cidadão não se estendiam aos negros [...]

Se há uma definição universalmente aceitável da modernidade, é esta: a de que, ao nos ensinar a empregar os métodos da razão, a modernidade universal nos permite identificar as formas de nossa própria modernidade particular.

Partha Chaterjee

Introdução: a mundialização, o *campo* científico e tecnológico e os países periféricos

A ACELERAÇÃO DO PROCESSO DE MUDANÇA na produção de ciência e tecnologia, com a difusão de inovações radicais, tem sugerido a um grupo significativo de autores que estamos numa fase de passagem para uma era de informação e conhecimento, evidente, sobretudo, nos países que comandam e dão o ritmo da economia mundial (LUNDVALL, 2001); (CASSIOLATO, 1999); (ALBAGLI, 1999); (OCDE, 1992).

Este complexo processo tem suscitado múltiplas interpretações, enfeixadas no termo globalização que, malgrado a compreensão polissêmica, tem algumas características fortes já estabelecidas: em primeiro lugar, que se trata de uma nova fase de internacionalização do capital, iniciada nos anos 1980 e resultante de políticas de liberalização e de desregulamentação, seja do comércio mundial, seja das relações de trabalho e das finanças, sob a hegemonia do capital financeiro. Sob esse regime, tendem a crescer o desemprego mundial e a precarização do trabalho, bem como aumentam as desigualdades entre países, ao nível da renda e das condições de existência (CHESNAIS, 1999a). Em segundo lugar, embora o setor produtivo não mais conduza o processo, têm papel destacado as grandes corporações multinacionais, quer pelo ritmo acelerado de oligopolização e de concorrência, quer pela capilaridade e presença mundial, dominando praticamente as complexas relações que envolvem a ciência e a tecnologia.

Esta irracionalidade intrínseca ao atual paradigma que se sustenta no tripé: i) forma social capitalista; ii) uso intensivo da energia fóssil e das técnicas para transformar energia em trabalho e iii) tradição do iluminismo, ao ser radicalizada na vertente neoliberal, tem provocado substantivos efeitos perversos, evidenciados, por exemplo, na versão de 2001 dos "Indicadores do desenvolvimento mundial" elaborada pelo Banco Mundial, que chama a atenção para o incremento das disparidades entre ricos e pobres no planeta, onde dos 6 bilhões de habitantes hoje existentes, 1,2 bilhão vive com menos de US$ 1 dólar/dia. Em 1999 produziu-se quatro vezes mais riqueza que há três décadas e dos US$ 32,5 bilhões produzidos neste mesmo ano, 80% foram gerados nos países desenvolvidos. Outros indicadores desta concentração informam que 15% da população mundial que representam os ricos consomem 50% da energia comercial disponível; seus gastos de energia *per capita* são 10 vezes superiores aos gastos dos habitantes em países de renda baixa e 90% dos usuários da internet vivem nos países ricos (KUPFER, 2001).

O Estado nacional estabelece, em termos abstratos, as condições de produção do conhecimento; regula as políticas de concorrência no mercado e os mecanismos de apropriação legal do setor privado, que dinamiza a inovação tecnológica. O Estado nacional real – aquele da periferia –, se encontra fragilizado, seja porque o controle de algumas das variáveis macroeconômicas se acha fora do país, seja pela presença hegemônica de capitais produtivos internacionais em setores estratégicos do país, seja ainda pelo volume da dívida externa ou pela dependência de tecnologias geradas no exterior. Se, como queremos chamar a atenção, o aparato científico e tecnológico passa a ser um dos fundamentos da legitimação do Estado, que se baseia fortemente na racionalidade técnica para manutenção do sistema social, esta mesma racionalidade pressupõe um processo de geração de conhecimento científico e tecnológico passível de apropriação legal e econômica. Requer, portanto, um planejamento sofisticado e políticas públicas que o gerenciem e controlem. Ora, um Estado fragmentado não terá condições de estabelecer competentemente esta tarefa, perdendo, por conseguinte, em legitimidade, a não ser que altere e aprofunde a crítica sobre o *status quo*.

É necessário atentar para o fato de que nas economias de mercado, a opção por novas tecnologias tomadas pelas empresas não coincide necessariamente em sua motivação com o objetivo e interesses da Nação ou, ainda, com a política científica e tecnológica explícita ou implícita de um governo. Neste sentido, faz-se urgente estabelecer a questão: qual será o papel da c&t no processo de desenvolvimento de países que acumularam "atrasos" ou profundas desigualdades sociais em seu interior?

Tem-se dado prioridade, nos países do Sul, às ciências aplicadas à produção e à extração de recursos naturais com o objetivo de "alcançar" ou "reduzir" a distância com os países industrializados, através da importação maciça de equipamentos e *know-how*, sempre na direção de critérios de produtividade e de retorno rápido para os investimentos. Contudo, ao querer colocar a c&t a serviço do desenvolvimento e não apenas dos interesses de uma minoria, é urgente uma revisão crítica e rigorosa das metas e prioridades da política científica e tecnológica.

A inovação científica e tecnológica tem estado no coração do desenvolvimento das economias desenvolvidas e é um dos vetores da competição mundial. O acontecimento da economia do conhecimento como objeto mesmo de produção e de competição conduz a romper com a visão de um processo linear (da pesquisa fundamental à vulgarização industrial) e com a oposição entre as inovações de processos e produtos.

O encurtamento do ciclo de inovação e o casamento das inovações de processo e produto são o que justifica o estabelecimento em rede dos atores cujas competências se distribuem ao longo das cadeias de valor para satisfazer um mesmo mercado final. Mobilizam-se os saberes especializados e, portanto, é necessário identificá-los e avaliá-los através de: i) concentrações espaciais das competências científicas e técnicas; ii) análise das regiões identificando as tecnologias-chave a nível agregado; iii) peso das regiões em termos de depósito de patentes e de publicações científicas (por região de residência do inventor); iv) avaliação dos domínios científicos no que concerne aos diferentes campos tecnológicos e v) concentração regional dos organismos de pesquisa, bem como das empresas para as quais a tecnologia estrutura fortemente a atividade (mytelka, 1999).

É necessário saber que a dimensão científica e tecnológica atravessa o conjunto das atividades econômicas e não somente as atividades reconhecidas como *hightech*, e que os territórios que não dispõem de uma forte concentração científica, técnica e industrial aos níveis regional e nacional, nem por isso se encontram colocados fora do desenvolvimento econômico.

O desenvolvimento asiático pós-década de 1980

Conforme assinalou o economista Ajit Singh, "não seria exagero dizer que a expansão econômica de um número considerável de países asiáticos no pós-guerra se constitui no mais bem sucedido exemplo, em toda a história, de industrialização e crescimento rápido por um período de tempo prolongado" (1997).

O chamado modelo asiático, com ênfase na empresa, na poupança e no investimento, em particular concernindo o setor empresarial privado, bem como em um relacionamento privilegiado entre a empresa e o Estado, tem seus exemplos fortes no Japão e na Coreia. Este padrão de desenvolvimento foi, sem sombra de dúvidas, o mais dinâmico da economia mundial dos anos 1980.

Se for estabelecida uma comparação com a América Latina para o mesmo período, temos que enquanto nesta região o crescimento econômico despencou de 6,0% ao ano para 1,6% ao ano, no Leste da Ásia a tendência foi oposta, com uma taxa anual de 7,8%. Na América Latina isto se deve, sobretudo, ao péssimo desempenho industrial e não ao baixo desempenho da agricultura, ao passo que entre os asiáticos, um e outro setor tiveram bom desempenho.

No contexto de expansão asiática, merece destaque ainda a economia chinesa, ao expandir-se a uma taxa de quase 10% ao ano na década de 1980, um ritmo um pouco menor do que aquele apresentado pela Coreia.

A Índia teve desempenho medíocre até os anos 1980, mas durante essa década, foi um dos poucos países no mundo a atingir uma tendência de aceleração significativa em sua taxa de crescimento. E muito embora no período 1990-94 tenha havido queda no crescimento, já em 1995 a economia voltou a crescer a 7% ao ano, atingindo a sua indústria, pela primeira vez, uma taxa de crescimento similar àquelas dos NICs do Leste da Ásia.

TABELA 1. Taxas de crescimento do PIB na China, Índia, Coreia, Brasil e México. 1955/94

	1955-60	1960-70	1970-80	1980-90	1990-94
China	–	5,2	5,8	10,2	12,9
Índia	–	3,4	3,6	5,8	3,8
Coreia	4,5	8.6	9,5	9,7	6,6
Brasil	5,5	5,4	8,4	2,7	2,2
México	5,9	7,2	5,2	1,0	2,5

Fonte: World Bank; ONU. In: SINGH, 1997, p. 7

Os excelentes indicadores de crescimento econômico dos países asiáticos como um todo, traduziram-se, nos últimos quinze anos, em aumentos salariais reais e no nível de emprego (estima-se que nos anos 1980 a renda per capita média destes países aumentou em 50%, o que, se comparado ao declínio de 15% na América Latina e de 25% na África Sub-Saariana, evidenciam as assimetrias entre os modelos.

Segundo o ILO, economias como Taiwan, Coreia, Singapura e Malásia apresentaram escassez de mão de obra. O emprego industrial cresceu a taxa de mais de 6% ao ano em média e os salários reais aumentaram a uma taxa média de 5%.

Quanto aos indicadores de pobreza, que são controversos, sobretudo se tomarmos em consideração a tipologia de critérios estabelecida, diz Singh que esta apresentou uma queda de 28% entre a população chinesa em 1980, para 10% em 1990, o que parece exagerado. Na Coreia, também uma queda pela metade, de 10% para 5% no mesmo período e, na Indochina, de 29% para 15%.

Em comparação com a América Latina, o mesmo relatório do ILO informa que entre 1980 e 1990 houve uma queda constante no nível de emprego do setor moderno, tendo o emprego assalariado caído a uma taxa anual de 0,1 durante os anos 1980, o que reverteu a tendência localizada entre os anos 1950 e 1970, quando se deu uma expansão do emprego moderno. O salário real médio também apresentou queda e o salário mínimo caiu em média 24% em termos reais em toda a região. É o fenômeno consagrado da "década perdida".

Quais as causas de diferenças tão acentuadas entre as duas regiões? Não há acordo entre os analistas, se forem confrontadas as análises ortodoxas e heterodoxas. O Banco Mundial, seguidor da corrente neoclássica, afirma que suas recomendações para as políticas de desenvolvimento em todo o mundo seguiram as lições decorrentes da experiência asiática, que foram bem sucedidas, o que não é correto. O tema em questão é importante para Singh, pois o rápido crescimento asiático e a sua sustentabilidade trouxeram consequências para as ideias vigentes sobre os modelos de crescimento e desenvolvimento.

Ajit Singh estabelece uma lista comparativa, que não nos parece ocioso aqui reproduzir, pois esta introduz os pontos adotados por uma e outra região de forma diferenciada: i) a questão da eficiência das políticas industriais (negativas para a América Latina); ii) a questão da abertura: até que ponto essas economias asiáticas foram abertas durante a fase de crescimento (os latino-americanos seguiram as exigências de Bretton Woods); iii) a natureza da concorrência nos mercados domésticos; iv) o papel da poupança e do investimento no crescimento econômico (também negativo para a América Latina); v) o problema do endividamento externo (os asiáticos não vivenciaram a crise da dívida); vi) relação entre políticas tecnológicas, industriais e de competitividade internacional (ponto central, quando a América Latina opta pela importações dos pacotes tecnológicos); vii) relação entre os fundamentos econômicos: estabilidade macroeconômica e políticas industriais (nós seguimos o *mainstream* macroeconômico e abandonamos as políticas industriais).

Ao contrário da ortodoxia neoclássica, que atribui as taxas elevadas de investimento e poupança do Leste Asiático basicamente à administração macroeconômica prudente, às taxas de inflação muito baixas e às reduzidas flutuações da taxa de câmbio, uma visão mais complexa e mais realista desse processo de acumulação é estabelecida por Singh. O economista indiano salienta o papel central dos lucros, seja como indutores dos investimentos, seja como meios de pagamento. O nexo lucratividade-investimento não foi resultado espontâneo da mão invisível do mercado, mas de medidas de políticas governamentais e da interação entre governos e empresas, como fatores centrais para sua geração e sustentabilidade (o caso dos *chaebols* coreanos). O resultado líquido foi o grande aumento da propensão à poupança e ao investimento, combinadas com taxas elevadas de crescimento econômico, que estimularam o progresso técnico e a ampliação do fenômeno do "*learning-by-doing*" que, cumulativamente, se desdobrou num círculo virtuoso de maior competitividade e crescimento econômico mais rápido. É evidente que esse modelo não poderia ser sustentável, caso não tivesse se processado endogenamente uma distribuição de renda e de riqueza, o que foi um aspecto decisivo no Leste da Ásia. Ou seja, o de crescer aceleradamente com uma distribuição relativamente igualitária (o caso das reformas agrárias na Coreia e no Japão são exemplos).

TABELA 2. Performances do investimento na China, Índia, Coreia, Brasil e México. 1955/94 (investimento doméstico bruto enquanto percentual do PIB)

	1955-60	1960-70	1970-80	1980-90	1990-94
China	–	–	–	35,0[a]	42.0 [b]
Índia	–	18,4	22,6	23,9	23.9
Coreia	14,3	25,1	31,8	31,2	36,7
Brasil	16,4	26,1	26,2	21,5	20,5
México	15,1	21,4	25,2	23,1	22,4

Fonte: World Bank; ONU. Asian Development Bank; CEPAL, In: SINGH, 1997, p. 9

Concluindo, os asiáticos adotaram políticas industriais agressivas e vigorosas; os seus governos foram sistematicamente intervencionistas e adotaram padrões de desempenho (em relação às exportações) em troca de subsídios e concessões. Os governos tiveram um papel decisivo na elevação e sustentação da propensão a investir por parte das corporações nacionais; fizeram uso de políticas financeiras e de competitividade para criar rendas que estimularam o lucro das corporações, mas tomando medidas para que as rendas não fossem consumidas improdutivamente e, sim, transformadas em novos investimentos. Como se vê, evitaram adotar a premissa dominante do "*market friendly*", propaladas desde Washington.

Uma outra questão importante é saber se a experiência asiática pode ser reproduzida, e a resposta terá que ser dada numa dimensão mais ampla, seja pela estagnação japonesa no início dos anos 1990, seja pela posterior crise asiática em 1997, que se iniciou pelo *bath*, prosperou pelo *rublo*, *real* e pelo *peso* argentino. O ambiente econômico mundial de hoje é bastante diferente daquele dos anos 1980, quando a mundialização financeira estava apenas dando os seus primeiros passos. Os instrumentos de intervenção que foram largamente utilizados pelo Japão e a Coreia não são mais permitidos hoje em dia.

A China e a Índia

O ex-embaixador do Brasil nos EUA, Ruben Barbosa, afirmou recentemente que um estudo do National Intelligence Council (NIC), instituto de pesquisa vinculado à CIA, nos EUA, projetou para 2020 a emergência da China e da Índia como potências políticas e econômicas globais e comparou esse fato ao surgimento da Alemanha no século 19 e dos EUA no século 20. Atualmente, não há dúvida quanto à crescente influência global da China nos assuntos econômico-financeiros e comerciais. Basta analisar a participação chinesa no comércio internacional, na produção industrial, o efeito da

188   Marcos Costa Lima (org.)

demanda chinesa sobre os mercados de *commodities* e de energia e a compra de títulos do Tesouro dos EUA (o economista François Chesnais citou a cifra de 20% destes títulos em mãos dos chineses).

A evolução da Índia para alcançar o status de potência econômica, contudo, não é tão evidente, pois para poder equiparar-se à China ainda há um longo e árduo caminho a percorrer. Também o Brasil, no mesmo estudo do NIC, é projetado como uma potência econômica global, o que obrigaria o país a realizar esforços e mudanças ingentes, se tomarmos como parâmetros os números estabelecidos pelo Livro Branco de Ciência e Tecnologia, produzido pelo MCT em 2001.

A China e a Índia são os países que têm apresentado as melhores performances na corrida ao desenvolvimento econômico. Contudo, os desempenhos e as características dos dois países são bastante diferenciados. O que a China tem feito na indústria, a Índia faz nos serviços. O ímpeto manufatureiro chinês é impressionante. O setor industrial passou de 41,6% do PNB em 1990 para 52,3% em 2003. O crescimento do setor de serviços na Índia também é de chamar a atenção. A porção dos serviços com relação ao PNB do país cresceu de 40,6% em 1990 para 50,8% em 2003. Mas a força dos dois países da Ásia esconde fragilidades nas duas economias. A participação da indústria na Índia tem sido basicamente estagnada, ou 27,2% do PNB entre 1990 e 2003, o que corresponde à metade da contribuição da indústria na China. Ao mesmo tempo, a participação dos serviços na China cresceu de 31,3% em 1990 para 33,1% em 2003. A China apresenta um modelo de tipo clássico de desenvolvimento puxado pelas manufaturas, com quatro fatores principais em seu projeto de industrialização: uma taxa de poupança nacional de 43% do PNB, o progresso intenso na construção de infraestrutura, os Investimentos Externos Diretos e uma vasta reserva de mão de obra de baixo custo. Em contraste, a taxa de poupança nacional na Índia é bem inferior, ou 24%, e apresenta uma infraestrutura muito precária, além da atratividade dos investimentos externos diretos ter sido baixa, não ultrapassando US$ 4 bilhões em 2003, se comparada aos US$ 53 bilhões que chegaram na China por ano em 2003 e 2004. Mas essas diferenças não paralisaram a Índia. Ao optar por um modelo centrado nos serviços, pôs de lado os constrangimentos relativos à poupança, à infraestrutura e ao IDE, que durante muito tempo atravancavam seus passos. Ao se firmar nos serviços, valorizou sua maior força: uma mão de obra bem educada, a competência na tecnologia de informação e a proficiência na língua inglesa. O resultado foi o renascimento nos *softwares* de serviços, no processo de fornecimento de serviços, multimídia, redes de gerenciamento e integração de sistemas que permitiram a este país superar as suas deficiências crônicas na industrialização. A China, por outro lado, é deficiente na maioria dos serviços privados, especialmente no varejo, distribuição e serviços profissionais, tais como contabilidade, medicina, consultoria e serviços de advocacia. Exceções existem, como é o caso das telecomunicações e companhias aéreas. Se a manufatura chinesa prospera e a Índia continua a avançar nos serviços, os países industriais ricos irão enfrentar grandes e novas dificuldades. A teoria da liberalização do comércio e da globalização afirma que não há muito a se preocupar. O problema é que algumas das premissas básicas serão afetadas. De fato, os modelos de economia aberta englobam dois setores, os comercializáveis (*tradeables*) e os não-comercializáveis (*non-tradeables*). Para os ricos, nas economias desenvolvidas, a perda de participação no mercado para produtos de baixo valor agregado dos países em desenvolvimento é aceitável na medida em que exista para eles uma garantia de supremacia para o setor de serviços *non-tradeables*, que esteve durante muito tempo protegido da competição internacional. Hoje, contudo, quando o conteúdo de tecnologia intensiva produzido pelos trabalhadores de colarinho branco pode ser exportado de qualquer lugar do mundo no simples clique de um "mouse", as regras do jogo mudaram. Muitos serviços se tornaram comercializáveis, não somente na ponta da cadeia de valor dos operadores de *call-centers* e dos processadores de dados, mas crescentemente nas fases mais valiosas do trabalho dos programadores de *softwares*, engenheiros, contadores, advogados, consultores e médicos. Os modelos de desenvolvimento intensivo em serviços, tais como os da Índia, ampliam o campo da competição global. Como resultado, novas pressões são estabelecidas sobre os altos salários no mundo desenvolvido.

A pobreza na Índia: um desafio a enfrentar

Segundo o Ministro de Estado para o Planejamento da Índia, o Sr. M. V. Rajasekaran, quase 26% da população do país ainda vive abaixo da linha de pobreza. Esta afirmação foi feita por ocasião da Comissão de Planejamento que estabeleceu o objetivo específico de redução da pobreza no Décimo Plano Quinquenal em 5 pontos percentuais. Ainda de acordo com suas palavras, a porcentagem de pessoas vivendo abaixo da linha de pobreza no país declinou de 36% em 1993-94 para 26,1% em 1999-2000. A redução na pobreza pode ser atribuída ao processo geral de crescimento e à geração direta de renda a partir de vários programas antipobreza introduzidos pelo governo. As políticas de alívio à pobreza neste décimo Plano se estabelecem a partir de três estratégias: (i) aceleração do crescimento econômico; (ii) desenvolvimento humano e social através da alfabetização, educação, saúde, nutrição, satisfação das necessidades mínimas, elevação do status econômico e social dos setores mais vulneráveis; e (iii) ataque direto à pobreza através do emprego e por programas de geração de renda e construção de moradias para os pobres.

Desde a independência em 1947 até 1980, o crescimento da Índia esteve amplamente relacionado ao processo de planejamento. Os objetivos e metas dos Planos Quinquenais definiam a trajetória da economia. As discussões sobre os erros ou desvios dos objetivos eram basicamente endógenos e havia pouco espaço para as comparações internacionais e, de fato, o papel do comércio internacional como capacidade para gerar crescimento foi tratado como de menor importância.

Nos anos 1980, contudo, argumentos segundo os quais os arranjos institucionais e a abordagem endógena com relação ao comércio exterior e à indústria careciam de mudança radical ganharam força, e as ideias de abertura comercial e de privatização se fortaleceram entre os países em desenvolvimento. De todo modo, fica claro na Índia de hoje que desde os anos 1980 houve uma alta nas taxas de crescimento, que estacionadas antes entre 3 e 3,5% do PIB, passaram a 5,9% ao ano. E desde então, de 1981 a 2001, ou vinte anos, a taxa média de crescimento foi de 5,6% ao ano, Mas a pergunta central é: este crescimento perdurará ou se chegou a um limite? Quando olhada do ângulo dos setores econômicos, que mostram mais de perto a realidade, a participação da agricultura no PIB do país caiu. O setor terciário, ao contrário, contribuiu com 45% do PIB nos anos 1990, e o secundário teve discreta alteração negativa. Se forem observadas as contribuições setoriais no PIB em 1980 e 1991, encontramos o seguinte: a agricultura passou de 27,6% para 14,6%; a indústria de 28,1% para 25,4% e o terciário, de 46,1% para 60,0%. Portanto, evidencia-se uma queda abrupta da agricultura e uma pequena queda na participação da indústria. E esses dados têm efeitos diretos sobre o emprego e para o conjunto da economia, pois se 60% do crescimento deriva dos serviços, ao mesmo tempo 60% da força de trabalho ainda encontra no setor primário a sua sobrevivência, ou seja, o arranque do setor de serviços não tem correlato na empregabilidade, o que evidencia uma fragilidade do modelo no médio prazo.

Mesmo tendo crescido em média mais de 5,6% de 1980 a 2003 e projetando crescimento de mais de 5% por ano até 2005, 70% da população ainda vive no campo; o setor externo cresceu 16% em 2004, alcançando cerca de US$ 150 bilhões, 28% do PIB, o que corresponde a menos de 1% do comércio mundial; o investimento externo líquido é reduzido, tendo alcançado US$ 3,4 bilhões em 2004, e a taxa de poupança efetiva no mesmo ano foi de 28% do PIB. Apesar do rápido crescimento dos últimos anos, o que permitiu uma relativa redução da pobreza, e a despeito de um cenário político e social doméstico muito complexo, a Índia, sem reformas econômicas e políticas radicais, dificilmente terá o papel que está sendo projetado pelo NIC. Para alcançar o status de potência econômica global, a Índia terá de criar condições para o rápido desenvolvimento do setor industrial, que hoje representa apenas 28% do PIB, pouco mais da metade do setor de serviços e com desempenho de baixo dinamismo. A economia indiana não será capaz de transformar-se numa economia pós-industrial conduzida apenas pelo setor de serviços de tecnologia da informação (IT), que representa 4% do PIB. Será muito difícil dar um salto qualitativo sem o desenvolvimento rápido de um setor industrial forte e competitivo. País em desenvolvimento, com o dobro do crescimento demográfico da China (em 25 anos sua população superará a da China), a Índia embarcou numa série de reformas estruturais visando aumentar a taxa de crescimento econômico, mas necessita reduzir as imensas diferenças regionais e realizar uma reforma política que também seja capaz de reduzir a pobreza.

Dentre as reformas e os programas de modernização de médio e longo prazos se destacam políticas de redistribuição de renda com vista a minorar as desigualdades individuais e regionais, ao aumento no investimento em infraestrutura para reduzir as ineficiências e gargalos, à redução de tarifas aduaneiras ainda altas para padrões desenvolvidos (acordo de livre comércio com a China está sendo negociado), à discussão no Congresso de uma reforma tributária que reduza a evasão de impostos, diminua a proliferação confusa de tributos diretos e promova a introdução do IVA depois de quatro tentativas. Na área industrial, as medidas tomadas recentemente pelo governo de Nova Délhi se aceleram. Inspirado no exemplo da China, bem como no de outros países do Leste Asiático, o governo indiano planeja permitir que os 29 estados do país criem Zonas Econômicas Especiais, que vão estender ao setor industrial as mesmas reduções tributárias e a flexibilização da legislação trabalhista que ajudaram a transformar, de forma significativa, nos últimos dez anos, o setor de IT da Índia, tornando-o competitivo internacionalmente. A Índia já se deu conta que sua projeção como potência econômica nos próximos 15 anos vai depender do esforço interno de modernização e racionalização de sua economia, mas necessita, sobretudo, de políticas concretas inclusivas e efetivas de geração de empregos e de distribuição de renda.

As políticas de ICT e o desenvolvimento

As tecnologias de ICT podem vir a se transformar em um poderoso instrumento de alavancagem do desenvolvimento. Tanto ao nível micro quanto ao nível nacional, evidentemente não as tomando enquanto panaceia, tanto por sua capacidade de barateamento de custos, quanto no ganho de agilidade, na amplitude do escopo e na qualidade gerencial, elas têm um papel a cumprir. Por certo o desenvolvimento econômico e social apresenta muitos aspectos, os quais podem ser enfrentados numa estratégia compreensiva e articulada. Fatores como estabilidade política, política macroeconômica, transparência e controle administrativos, cumprimento da lei, infraestrutura e políticas educacionais devem ser enfrentadas e as tecnologias de ICT não podem ser entendidas como substitutas desses fatores. A Organização das Nações Unidas (UNDP, 2004) estabeleceu um conjunto de características das ICT, que segundo seus *experts*, é capaz de melhorar de forma impressionante a comunicação e a troca de informações, reforçando e criando novas redes econômicas e sociais: i) sua capacidade difusora e sua amplitude: pode ser aplicado em um amplo leque de atividades humanas – individual, coletiva, de mercado e de governo; ii) fator chave na *criação de redes* e, portanto permitindo àqueles que têm acesso, de se beneficiarem de retornos exponenciais, à medida que o uso se propaga (as chamadas *externalidades da rede*); iii) o estímulo à disseminação da informação e do conhecimento, ao separar o conteúdo de seu lugar físico: o conteúdo da informação não respeita limites geográficos, permitindo a comunidades isoladas se integrarem em redes globais e possibilitando, em teoria, o conhecimento e a cultura acessíveis a qualquer um; iv) a natureza virtual e digital de muitos produtos ICT e serviços têm custos marginais decrescentes, e a duplicação de seu conteúdo é virtualmente livre com relação ao volume e os custos marginais de distribuição e de comunicação são próximos de zero. Portanto, as ICT podem reduzir radicalmente os custos de transação; v) o poder de armazenamento, recuperação e filtragem fazem com que a distribuição e compartilhamento de informações possam gerar ganhos de eficiência na produção, na distribuição e nos mercados; vi) a capacidade crescente de eficiência e subsequente redução de custos está levando à criação de novos produtos, serviços e canais de distribuição. Os *bens intangíveis* como o capital intelectual estão se transformando em uma fonte-chave de geração de valor; vii) facilitam a *desintermediação,* na medida em que torna possível aos usuários adquirir produtos e serviços diretamente do provedor original, reduzindo a necessidade de intermediários; viii) finalmente, ICT é global: pela criação e expansão das *redes*, elas podem transcender barreiras linguísticas e culturais, permitindo aos grupos, teoricamente, a possibilidade de viver e de trabalhar em qualquer lugar.

Mesmo que alguns dos entendimentos das Nações Unidas sejam exagerados, por simplificarem demasiadamente o entendimento das ICTs, eludindo sobretudo os seus constrangimentos históricos que são reais, entendemos que as ICTs não só têm possibilidades abertas, mas vieram para ficar.

As áreas de produção de ICT compreendem quatro grandes grupos: a indústria de *hardware*, a indústria de *software*; equipamentos de comunicação e os serviços de comunicação.

Os setores com maiores proporção de investimentos em ICT são: telecomunicações, transmissão de rádio e TV; produção de filmes, seguradoras, investimentos, bancos, oleodutos, produtos químicos, equipamentos eletrônicos, produção de instrumentos, atacadistas, petróleo e carvão.

Os exemplos de intervenções específicas em todo o mundo em torno das ICT relacionadas a projetos sociais em países em desenvolvimento têm tido impactos positivos, social, econômica e ambientalmente falando; contudo, muitas delas enfrentam barreiras relacionadas à escala e à sustentabilidade nas atuais condições: o Grameen Phone's em Bangladesh, que fortalece economicamente grupos de mulheres; o PEOPLink que apoia os artistas talentosos a venderem seus artesanatos diretamente no mercado; o Pride África, que estabelece micro-financiamento e a African Virtual University, que atende as demandas de trabalhadores qualificados. O NIIT, um serviço de *software* que provê educação na Índia, estabelece uma relação com o governo estadual de Madhya Pradesh, que através de bolsas de estudo, promove a educação no uso do computador e da internet. O Healthnet tem por foco a infraestrutura e a conectividade pela provisão de acesso a baixo custo, criando parceria efetiva entre organizações locais e instituições médicas no país. Poderíamos multiplicar os exemplos onde a entrada das ICT pode ter um papel fundamental: controle prévio de catástrofes naturais; preservação ambiental; educação de crianças e adultos; na difusão de informações pelos governos locais. A sinergia é possível. O grande problema está no nível macro das decisões, quando algumas medidas governamentais, por exemplo, de ampliação da taxa de juros, podem pôr abaixo o potencial intrínseco na democratização da informação e do conhecimento em ICT para populações excluídas.

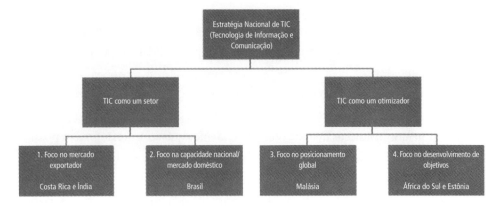

Fonte: UNDP (2001)," 2.3 National Approaches to ICT". In: Creating a Development Dynamic. Final report of Digital opportunity iniciative. Accenture, Markle Foundation.

No âmbito da OCDE, os países ricos têm aumentado a intensidade das ICT, impulsionada pelo auge dos serviços no campo das telecomunicaçãoes, alcançando uma média de 8,3% dos PIBs para o conjunto dos bens e serviços. No tocante ao *software*, ainda que represente menos que 10% do total de mercado das ICT, este crescimento é maior que o de outros ramos. O forte crescimento do ramo de *software* se explica por sua função cada vez mais determinante no conjunto das ICT e na economia como um todo. O mercado mundial de pacotes de *software* equivale a 196 bilhões de dólares, dos quais 95% são realizados na OCDE em 2001 (OCDE, 2002, p. 6). O valor total do despêndio em ICT foi de US$ 2,1 trilhões.

GRÁFICO 1. Gastos em TIC nos países da OCDE, por segmento

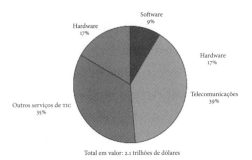

Fonte: OCDE, based on World Information Technology and Services Alliance (WITSA)/International Data Corporation (IDC), 2002.

As empresas de *software* são importantes destinatárias de capital de risco (quase 20% do investido em tecnologia nos EUA e mais de 30% na Europa). A Irlanda e os EUA representaram mais de 55% das exportações de bens de *software* da OCDE no ano de 2000. A Irlanda se converteu no centro de produção e de distribuição de *software* de muitos dos maiores provedores mundiais: neste país se produz mais de 40% dos pacotes e 60% dos *softwares* de gestão vendidos na Europa. Em 2000, este país liderou as exportações de serviços do setor – em sua maioria serviços informáticos e de informação, no valor de US$ 5.480 milhões à frente dos EUA com US$ 4.900 milhões, e teve a maior participação percentual de *software* no total das exportações de serviços por país, com 33% (OCDE, 2002, p. 7).

O Brasil e sua política de ciência e tecnologia

Segundo Motta Veiga (2000, p. 27) é necessário reconhecer que a dinâmica industrial brasileira dos anos 1990 não foi capaz de instaurar um ciclo virtuoso de expansão da capacidade produtiva da indústria via novos investimentos. A abertura comercial, entre outros resultados negativos, não reorientou a economia na direção das atividades exportadoras, da mesma forma que não alterou o padrão setorial de especialização internacional da indústria do país, herdado dos anos 1980 e, finalmente, foi incapaz de eliminar mecanismos setoriais de promoção e proteção que, segundo ele, ainda no final dos anos 1990, reproduziam um viés antexportador.

Procedendo uma análise das alterações e permanências da indústria brasileira, entende o economista que as mudanças na estrutura industrial foram limitadas e estariam associadas, seja em relação ao desempenho produtivo, seja aos novos investimentos, à liberalização das importações, mas também ao crescimento do mercado interno, pós-1994, à vigência de regimes setoriais de incentivo e, secundariamente, à formação e consolidação do Mercosul, até 1999.

Em termos de comércio mundial, a participação brasileira alternou-se entre 0,9% do final dos anos 1970, para 1,4% entre o final do governo Geisel e o início da crise da dívida externa em 1984. A partir daí, iniciou-se um longo declínio e deterioração da competitividade das exportações de bens industriais, que permanece até hoje. A década de 1990 não alterou o quadro negativo dos anos 1980 e Motta Veiga chega a falar em "esgotamento do processo de transformação estrutural da pauta de exportadora" (*Idem* p. 29).

Comumente, o complexo CT&I é considerado como "elemento chave para o crescimento, a competitividade e o desenvolvimento de empresas, indústrias, regiões e países" (VIOTTI&MACEDO,2003,p.XXI).Atríadecompetitividade-crescimento-desenvolvimento

parece constituir um objetivo tão desejável quanto autoevidente. Questionam-se os caminhos que deveremos adotar para chegarmos a tal destino, os preparativos necessários para empreendermos tal viagem, a bagagem que devemos levar, mas o fim permanece universalmente desejável. Assim, pode-se afirmar que a liberalização do mercado de TIC na década de 1990 não produziu, tanto quanto alguns almejavam, a modernização tecnológica da economia brasileira.

Sendo os sistemas nacionais de inovação (SINS) produtos históricos, decorrentes de trajetórias específicas dos países que os adotam, os países periféricos necessitam construir e amadurecer seus SINS com objetivos e direções distintas daqueles presentes nos países centrais, daí ser fundamental observarmos as trajetórias de países com problemas mais semelhantes, à exemplo da Índia. Segundo TIGRE *et al.* (1999, p. 186), a estrutura institucional que compõe o SIN brasileiro passou por diversas transformações na década de 1990, caracterizadas, sobretudo, pela redução da responsabilidade do governo em relação às instituições de pesquisa. Estabelece uma síntese sobre os pontos nevrálgicos do atraso brasileiro no setor (costa lima, 2004), sem esquecer que a própria natureza das crises e as instabilidades político-econômicas, dela decorrentes, estão na raiz do problema: i) ausência de uma Política Industrial coerente e autônoma, capaz de nortear e dar rumo aos investimentos no setor; ii) débil relação com as necessidades de desenvolvimento, sobretudo pelo longo projeto da ISI (Industrialização por Substituição de Importações), mais importadora do que criadora; iii) falta de convergência dos planos em C&T com as estratégias de desenvolvimento econômico social e político; iv) modelo errático de C&T, privilegiando o curto prazo, sem continuidade e desarticulado; v) a Ciência e a Tecnologia não efetivamente consideradas como atividades estratégicas e prioritárias para o desenvolvimento nacional; vi) pequena participação do setor privado na produção de C&T, demonstrada pelo número de pesquisadores e engenheiros atuando em empresas localizadas no País; vii) extrema dependência dos "pacotes tecnológicos" exógenos; viii) baixo nível de apoio em C&T às pequenas e médias empresas; ix) a capacidade em recursos humanos, contraditoriamente formada pelo Estado, sem os recursos suficientes para um melhor desempenho; x) concentração regional dos investimentos no setor; xi) isolamento da Comunidade Científica (apesar do papel que exerce de protagonista central) às demandas do setor industrial; xii) forma autoritária de condução das políticas de C&T, com reduzida participação da comunidade científica nas decisões das propostas e alocações de recursos; xiii) inexistência ou controle "laxista" do Estado com relação às importações realizadas por grandes corporações multinacionais; e xiv) ausência de responsabilização do grande capital internacional na relação entre lucratividade e desenvolvimento sustentável no país.

Na década de 1980, o governo brasileiro julgava que uma Política Nacional de Informática dizia respeito basicamente à proteção de uma incipiente indústria de *hardware*. Por conta de uma compreensão fortemente industrialista do fenômeno informacional, as perspectivas promissoras de uma nova economia, de uma economia do intangível, da informação, do conhecimento, do *software*, foram negligenciadas.

No caso acima, uma percepção demasiado linear do impacto da CT&I na sociedade impediu que políticas adequadas de desenvolvimento fossem concebidas. Um aspecto claramente cultural, mais que a ausência de informações adequadas, coloca em perspectiva aquilo que se pode entender como "competitividade-crescimento-desenvolvimento". Uma cultura sempre tem seu modo próprio de ser racional. Se o desenvolvimento brasileiro foi, em grande medida, formatado a partir da importação de pacotes tecnológicos – pensemos aqui na construção de nossa indústria automobilística ou no programa de energia nuclear brasileiro – ou seja, consumidor ao invés de produtor de CT&I, pode parecer lógico inferir que o mais racional é mesmo comprar essa mercadoria, que sua produção é cara e de retorno incerto. Vindo de um bem sucedido processo de substituição de importações, processo no qual a compra de tecnologia foi entendida, *grosso modo*, como um atalho para o desenvolvimento, o governo brasileiro não esteve atento à importância da produção de Inovação nessa nova economia. Talvez essa *rationale* explique o motivo pelo qual o balanço tecnológico brasileiro das duas últimas décadas tenha estado invariavelmente no negativo (ver CASSIOLATO & ELIAS in: VIOTTI & MACEDO, 2003).

O processo de desenvolvimento científico e tecnológico nacional tem uma trajetória de forte instabilidade, com irregularidades de financiamento do setor, com obstáculos institucionais, seja de natureza organizacional, legal ou de recursos humanos. Muito embora tenha consolidado um sistema nacional sofisticado e sem paralelo na América Latina, apresenta inúmeras debilidades. Os anos 1990 não diferem do padrão que se estabeleceu desde os anos 1950, momento da criação do CNPq, quando sabemos que os recursos financeiros para o setor aumentaram entre 1993 e 1996, reduziram-se entre 1997 e 1998, estabilizando-se em 1999 e, desde então, tem sofrido novas quedas, em que pese a entrada em vigor dos Fundos Setoriais.

O investimento em inovação tecnológica é caro e de retorno incerto e, no Brasil, fortemente financiada através de recursos estatais. Em 2000, por exemplo, os investimentos em P&D no Brasil corresponderam a 1,05% do PIB, percentual bem inferior ao investimento de países como a Alemanha, Canadá, Coreia EUA ou França e comparável, com alguma vantagem, ao investimento de países como a China, Portugal e Espanha. De um total de R$ 11,4 bilhões investidos, os dispêndios federais e estaduais representaram, respectivamente, 42,6% e 17,6%. No passado recente, a criação de alguns fundos de incentivo à P&D dentro das empresas visavam claramente à difusão de uma cultura da inovação em nossa economia, cujos objetivos maiores foram minorar o risco do investimento em inovação e preparar essas empresas para uma nova lógica competitiva. Experiências de parceria entre governo e iniciativa privada, como, por exemplo, o projeto que resultou no sequenciamento do genoma da *Xyllela fastidiosa*, indica caminhos que podem conduzir a uma revisão da cultura consumista que sempre tivemos com relação à CT&I. Isso pode reverter a cultura mencionada e a tendência que se estabeleceu nas empresas brasileiras após a liberalização do mercado e que se opõe a uma tendência internacional, qual seja, a tendência ao *upgrading* da produção. "Neste ajuste produtivo foram privilegiadas [no Brasil] faixas médias e baixas do consumo e equipamentos básicos à produção" (CASSIOLATO & ELIAS, 2003, p. 274). A empresa brasileira elevou o produtividade cortando custos, adotando uma "estratégia defensiva de racionalização da produção" (*Ibidem*).

O resultado líquido de tais movimentos tem sido uma progressiva erosão da competitividade internacional das empresas brasileiras, que se manifesta na perda de importância do país no comércio internacional a partir do final da década de 80. [...] A participação das exportações brasileiras no total das exportações mundiais, que era de 1,3% em 1981, passou para 1,5% em 1984, caindo para 1% em 1993 e para 0,93% em 2000 (*Ibidem*).

A atuação do Estado, seja no âmbito federal, seja no estadual, continua sendo fundamental, tanto na reversão desse quadro, quanto na ampliação daquilo que comumente se reputa como o sentido social da inovação tecnológica: promover capacidade-competitividade-crescimento-desenvolvimento. Os investimentos estatais em CT&I deverão continuar sendo elementos centrais na definição do tipo de apropriação e de relação que a sociedade brasileira poderá estabelecer com um padrão técnico em constante reconstituição.

Desta perspectiva, interessa ressaltar a existência de padrões de apropriação bastante diferenciados de região para região. A esse respeito, salta aos olhos as disparidades regionais em termos de distribuição do estoque de capacidade científica e tecnológica: os eixos Sul e Sudeste concentram mais de 60% da capacidade de C&T. Se observarmos os recursos dos governos estaduais aplicados em C&T para o ano de 1999, o quadro é ainda mais dramático. Enquanto os governos do Sudeste despendem 73,99% e aqueles do Sul, 14,05%, os estados nordestinos não mais que 8,08% (MCT, 2000, p. 25).

Como está dito no *Livro Verde*, "uma das diretrizes estratégicas para C&T deveria ser elevar a participação dos Estados nordestinos com menor nível de desenvolvimento nos investimentos de C&T". Justamente a alocação de uma parcela significativa dos novos fundos setoriais para essas regiões teria como objetivo reduzir as diferenças socioeconômicas.

A indústria de *software* no Brasil

Um estudo recente realizado em cooperação pelo MIT e a FUNCEX (2002), a partir de coleta de dados secundários e entrevistas com 57 empresas líderes em vários segmentos da indústria de *software,* revelou que a indústria nacional no setor tem mais um conjunto de realidades do que uma identidade. Caracteriza-se por uma forte demanda doméstica que desestimula as exportações, por uma fragmentação do mercado nacional, com firmas de menor porte e avessas à cooperação, e por uma inserção na economia política mundial de Tecnologia da Informação (TI) mais desvinculada dos grandes centros. Ao mesmo tempo, o Brasil representa hoje o sétimo mercado de *software* do mundo, com vendas de US$ 7,7 bilhões em 2001, rivalizando em dimensão com a China e a Índia. Entre 1991 e 2001, a participação do segmento como percentual do PIB mais do que triplicou, passando de 0,27% para 0,71%, e a sua participação no mercado de TI cresceu 2/3, sendo o segmento mais importante deste mercado, hoje (MIT/SOFTEX, 2002, p. 13).

O documento em questão revela ainda que a maioria destas empresas tem seu modelo baseado em produto, mas são os serviços que asseguram a maior fatia de sua comercialização. A tecnologia destas empresas foi desenvolvida pela própria empresa e apenas uma pequena parcela fez uso de tecnologia originária das universidades. A quase totalidade destas empresas obteve financiamento externo, através do capital de risco privado e de programas governamentais, estes últimos tendo desempenhado um papel importante na modernização da gestão e na orientação estratégica para o crescimento das empresas, que ainda apresentam rarefeita presença no mercado internacional, à diferença das similares indianas, como veremos a seguir. Finalmente, estas empresas atuam nas áreas de telecomunicações, em *software* de gestão integrada e automação industrial, além de produzirem *softwares* para os setores bancário e financeiro. As áreas de *software* para *e-business*, gestão de documentos e conteúdos, ocupam uma posição intermediária.

200 Marcos Costa Lima (org.)

Numa análise sobre as forças que estas indústrias apresentam, destacam-se: a flexibilidade e a criatividade, a sofisticação de alguns de seus mercados-alvo e uma agressiva experimentação no mercado de produtos. Entre as fraquezas, foram identificadas: a ausência de incentivos à exportação, o Custo Brasil e a limitada experiência no mercado aberto, que só teve início em 1990, dez anos após a Índia. O mercado é fragmentado, povoado de pequenas empresas pouco cooperativas e que não têm capacidade de impor-se internacionalmente. O estudo ressalta que o principal fator negativo é não ter existido, até o presente, um verdadeiro envolvimento da maioria destas empresas na comercialização de *software* no exterior, o que reforça a natureza do projeto que apresentamos, pois a política indiana para o setor tem características justamente opostas, podendo sinalizar como uma imagem ou alternativa para o Brasil.

A Índia e sua política de ciência e tecnologia

A Índia anunciou uma nova política estatal de Ciência e Tecnologia em 29 de outubro de 2001, com o objetivo de revitalizar as empresas de base científica no país e de ampliar e qualificar os padrões de ciência e tecnologia (c&t) de suas instituições, de formas a alcançar os desafios de um mundo tecnologicamente sofisticado. O governo descobriu que o sistema universitário estava sob tensão e que os departamentos voltados à ciência tinham dificuldade em atrair bons estudantes. A maioria dos jovens quadros optava por administração e gestão de negócios e áreas afins que ofereciam melhores condições de empregabilidade. Mesmo os estudantes de engenharia de instituições de prestígio, como iits (o Instituto Indiano de Tecnologia) optavam, após graduação, por cursos de Mestrado em Negócios (mba) ao invés de perseguir os estudos pós-graduados em engenharia. Os laboratórios de pesquisa enfrentavam o problema do envelhecimento de cientistas, à medida em que os estudantes se deslocavam para fora das ciências fundamentais.

A estrutura das instituições indianas também não promovia pesquisas em colaboração com a indústria nem com outras instituições de pesquisa no estrangeiro. O maior objetivo da mudança de 2001 foi o de reverter essa tendência. O documento funcionou como um estímulo para as novas iniciativas.

O documento advoga a seleção de cerca de 25 universidades e um igual número de instituições técnicas de apoio para qualificar e ampliar o padrão de ensino e pesquisa em ciência. Neste contexto, especial atenção é dada a instituições médicas e de engenharia com ênfase na integração do ensino e da pesquisa. A ênfase incorre na simplificação dos procedimentos administrativos e financeiros, para permitir a execução de projetos de pesquisa eficientes e inovadores. Dessa forma, um componente-chave da política é a criação de uma estrutura autônoma de financiamento para o suporte à pesquisa científica básica.

Um componente importante dessa política é aumentar os elos entre os laboratórios indianos e as instituições de ensino e universidades, o que é benéfico para os dois setores. Diversas instituições de ensino, tendo em vista a escassez de recursos, não têm sido capazes de prover laboratórios de alta qualidade, com recursos disponíveis para os estudantes e professores. A possibilidade de melhor equipar os laboratórios permite a realização de mais e melhores pesquisas. Os cientistas dos laboratórios nacionais também se beneficiam da interação com jovens estudantes dotados de motivação e disposição para a ciência. Além do mais, para promover atividades de inovação, a política requer que cada departamento técnico do governo estabeleça uma parcela de seu orçamento para esse propósito.

A política também incorpora o desenvolvimento de um recurso endógeno do país para melhorar a pesquisa em medicina tradicional e por aplicar globalmente normas condizentes de validação e padronização. Um programa específico para o aumento do consumo no país da medicina baseada em ervas também foi iniciado. Nesse contexto, um sistema de patenteamento (IPR – Intellectual Property Rights) capaz de proteger as inovações a partir do conhecimento tradicional está sendo incorporado à lei. Essa é uma área onde o Brasil e a Índia podem colaborar e advogar regras que sejam aceitas nos fóruns da Organização Mundial de Comércio (OMC).

Cooperação internacional

A seção do documento indiano de C&T que trata da cooperação internacional é de especial interesse para um projeto Brasil-Índia. O documento encoraja programas entre instituições acadêmicas e com laboratórios nacionais na Índia e seus parceiros em todo o mundo. Ele põe especial ênfase em colaborações com os países em desenvolvimento com os quais a Índia partilha muitos problemas comuns.

O documento elenca diversos objetivos de política, os quais incluem uma maior autonomia para as instituições de P&D e laboratórios científicos, interação entre indústria e instituições públicas de ciência e tecnologia e cooperação internacional.

202 Marcos Costa Lima (org.)

A Ata Sobre Tecnologia da Informação – 2000 e a Indústria indiana de Software

A assinatura em 2000 da Ata sobre Tecnologia da Informação (IT Act) foi um importante marco para a entrada da Índia nas transações baseadas no *e-commerce* e na internet. O fato estabeleceu reconhecimento legal para transações realizadas pelo intercâmbio de dados eletrônicos e outros meios de comunicação eletrônica, notadamente o *e-commerce*, que envolve o uso alternativo de métodos antes baseados em papel e armazenamento de informações. A decisão veio a facilitar o preenchimento eletrônico de documentos com agências do governo. Em particular, a Ata permite a autenticação de gravações eletrônicas pela aposição de assinaturas digitais e também o uso de sistemas cripto-assimétricos e a definição de provisões para verificações das gravações eletrônicas.

A ATA de TI – 2000 também estabelece a Governança Eletrônica através do reconhecimento legal das gravações eletrônicas e assinaturas digitais. A lei provê para o preenchimento de qualquer formulário, requerimento ou documento, a emissão de licença ou autorização e o recibo ou pagamento em dinheiro através do uso de gravação eletrônica e de assinaturas digitais. Além do mais, também garante o reconhecimento de certificados de autoridades internacionais. Assim, as assinaturas digitais certificadas por estas autoridades serão válidas pela Ata. Em outros termos, a Ata estabelece o necessário enquadramento legal para que os indianos participem e se beneficiem da revolução nas TICs e na Internet.

A performance da indústria indiana de tecnologia da informação (TICs)

O tamanho da indústria indiana de TIC (*software, hardware* e periféricos) foi de US\$15,8 bilhões em 2002-03 e cresceu para \$19,6 bilhões em 2003-04. A indústria indiana de *software* cresceu extremamente rápido através dos anos 1990 e passou a ser vinte vezes maior em 2002-03 do que foi há dez anos atrás; a taxa de crescimento anual dos rendimentos, de 1990-91 a 2002-03, foi de 40,6%. As exportações crescendo para US\$9,9 bilhões, representaram 79% dos negócios, que atingiram US\$12,5 bilhões em 2002-03. Em 2003-2004 o mercado de *software* – produtos e serviços foi de US\$ 16,5 bilhões. A maior parte do crescimento dessa indústria deveu-se ao crescimento internacional e foi obtida pela exportação (80%) e não por vendas de afiliadas no estrangeiro. Cerca de 69% dos *softwares* exportados pelas TICs indianas têm o destino dos EUA, 8% seguem para a Ásia e 22% para a Europa. Outro aspecto importante é que mais de 90% desta indústria é de *software* de serviços para clientes.

Durante 2003-04, os serviços em TICs denominados Business Process Outsourcing, cresceram 54% e atingiram US$3,6 bilhões e sua participação nas exportações totais de TIC é de 25%.

O cluster de software em Bangalore

O *cluster* de *software* no Sul da Índia, que ganhou reputação como o *Vale do Silício* asiático, fica na cidade de Bangalore. Nesta, que segundo alguns analistas é a mais inglesa das cidades indianas, há uma indústria orientada para o conhecimento e intensiva em capital humano, que tem atraído para o país tanto produtores quanto consumidores de *software*, fazendo da cidade um portal para o trabalho qualificado. O estado indiano tem apoiado decisivamente o crescimento desta indústria.

Estima-se que cerca de 25% da indústria de *software* está localizada em Bangalore: das 274 maiores companhias do país, 70 estão aí situadas.

O Parque Tecnológico de *software* em Bangalore começou com um punhado de empresas em 1990, passando para 183 unidades registradas em 1998 e, já em 2000, contava com 200 dessas companhias. Este *cluster* consiste de pequenas, médias e grandes empresas, incluindo as gigantes do setor como a Motorola, Texas Instruments, HP e aquelas indianas como UNFOSYS, WIPRO, entre outras. Desde o final dos anos 1980, o Parque tem feito ampliar o número de claborações entre empresas indianas e estrangeiras, envolvendo atividades informais e formais de subcontratação e distribuição.

As atividades realizadas em Bangalore consistem basicamente em serviços profissionais: produção e montagem, consultorias, treinamento e processamento de dados. No passado, estas atividades eram desenvolvidas por companhias indianas no próprio local, mas, recentemente, houve uma mudança gradual para o trabalho *offshore*, que passou de 5% para 45% dos ganhos desta indústria.

A Associação Nacional de Companhias de *Software* e de Serviços (NASSCOM) estimou que a indústria indiana de *software* empregava 140.000 pessoas em 2000. O Parque Tecnológico de *software* em Bangalore estima que a cidade é hoje responsável por 53% das exportações de todos os Parques similares no país.

Estudiosos têm afirmado que entre os principais fatores positivos no desenvolvimento de *clusters* está a presença local de instituições de pesquisa e ensino universitários, que fornecem engenheiros, técnicos e cientistas, mas também o apoio decisivo do Estado, através de subsídios, redução de taxas, apoio de infraestrutura e de equipamentos, bem como suporte no crédito.

Bangalore é bem servida de serviços educacionais, com a instalação do renomado Indian Institute of Science e da Bangalore University, onde estão localizados quatorze *Colleges* de Engenharia, preparando e atualizando engenheiros de *software* e de computadores. Há também no local diversas empresas estatais de comunicação e defesa, e indústrias privadas importantes de máquinas, ferramentas, aeronáutica, eletrônica.

A indústria de *software* da Índia muito se beneficiou do conhecimento de seus engenheiros, que durante os anos 1960 e 70 migraram para os EUA e acabaram por retornar nos anos 1980. Foram estes pioneiros que, com o conhecimento e as relações adquiridas nos EUA, acabaram por implantar as primeiras firmas de *software* na Índia.

Um outro aspecto relevante para o fortalecimento do *cluster* Bangalore foi o Investimento Direto Externo (IDE), pois nada menos que 66 corporações multinacionais se estabeleceram no local, entre 1986 e 1992.

A vantagem dos baixos salários, comparativamente à Inglaterra e aos EUA, para profissionais altamente qualificados, pode ser realçada através dos ganhos de um engenheiro de *software*, que em 1994 recebia em torno de 26.000 libras esterlinas no Reino Unido, enquanto na Índia recebia o equivalente por 1.000 a 2.000 libras esterlinas ano.

As firmas estrangeiras fizeram substantivos lucros, ao transferirem sua área de processamento de dados para Bangalore e para outros locais na Índia. O exemplo da British Airways é significativo, ao pagar somente 4.000 libras esterlinas por ano pelo trabalho de 200 contadores locais, o equivalente a um quinto das vinte mil libras em média que seriam pagas no Reino Unido.

Os Balasubramanyam discutem em seu artigo uma questão teórica de relevo, a saber, o de tratar-se o caso de Bangalore, ou da Índia em geral, mais como uma região de "enclave" típica, como acontecia nos anos 1950 e 60, onde a base da exploração estava nas *plantations* ou nos minerais. Os autores reforçam a questão ao indagarem se as firmas estrangeiras se engajavam em Pesquisa & Desenvolvimento (P&D) na Índia.

A resposta parece consistente. Para os autores, as empresas estrangeiras não apenas se utilizam da mão de obra qualificada barata, porque, pela própria natureza do produto, o *software*, esta atividade requer dos engenheiros indianos que busquem novos métodos de processamento de informação, que é trabalho de P&D, uma atividade com foco na solução de problemas. Portanto, é uma atividade que cria desdobramentos positivos para o país. Em geral, a maioria dos profissionais indianos de *software* trabalha em projetos específicos, tais como desenhar *softwares* para bancos, instituições financeiras, para o setor de reserva de empresas aéreas, de gerência contábil de grandes empresas, entre outras atividades. O IDE desenvolvido em *software* é distinto daquele do passado, porque é intensivo em conhecimento e porque envolve criatividade e aprendizado, é uma atividade cooperativa. Não é só o ganho do acúmulo de conhecimento tácito, pois cada firma guarda não apenas sua *expertise*, mas também sua propriedade intelectual. Como afirma Subramanyam: "Existe a oportunidade de discutir e debater o último desenvolvimento da indústria, de identificar os princípios gerais, e de aprender coletivamente".

De todo modo, os indianos estão conscientes de que o futuro não está apenas em depender das vantagens de custo que a empresa possa ter, mas da sua habilidade de avançar na cadeia de valor e competir na base da qualidade.

Algumas comparações entre a produção indiana e brasileira de *software*

O estudo produzido pelo MIT em 2002 sobre a indústria de *software* no Brasil introduz um conjunto de comparações entre o modelo indiano e aquele nacional. Segundo o documento, a indústria brasileira de *software* representa uma parcela significativa do PNB brasileiro (1,5% em 2001), sendo maior e mais diversificada que a indiana. A produção do mercado nacional de *software* no mercado brasileiro de TI vem aumentando, representando mais que o dobro da Índia (24% em 1999). Não obstante, as exportações da Índia são imensamente maiores do que as nacionais. No Brasil, a forte demanda doméstica produz um conjunto de estímulos para as empresas de *software* com um viés antiexportação, firmas menores e com menos autonomia para inserção internacional.

Se observarmos comparativamente o custo da mão de obra no setor de *software*, temos que o custo hora de programador na Índia é de US$ 24 em média, enquanto na China este valor varia entre US$ 12 e 25 e no Brasil entre US$ 10 e US$ 20 (para a função mais bem paga de Analista de Sistema Sênior).

Uma dimensão frágil do *software* brasileiro é sua estrutura industrial. Existe um déficit de grandes empresas capazes de fazer face aos grandes gigantes mundiais. As cinco maiores empresas indianas de *software*, vendiam mais de US$ 300 milhões, contra cerca de US$ 50 a 100 milhões para as maiores brasileiras (MIT/SOFTEX, 2002, p. 58). A dinâmica de cooperação entre as nacionais também é muito baixa.

No tocante ao financiamento do setor, este é um aspecto problemático no Brasil, com experiência de capital de risco muito recente, sem falar na instabilidade interna da macroeconomia. Neste aspecto a Índia tem um mercado de capital de risco mais desenvolvido.

Com relação à imagem internacional para o *software*, enquanto a Índia aparece como um gigante nos serviços, a Irlanda na localização do *software* para a Europa, ainda não se cristalizou uma imagem que se possa associar ao *software* brasileiro.

No tocante à formação da mão de obra, o Brasil ainda forma um pequeno número de profissionais na área. Na Índia, a região de Bangalore é o principal centro de exportação de *software* e serviços do país, com um grande número de engenheiros que se formam a cada ano, sendo 25.000 engenheiros de *software* e computação, o que tem feito acorrer à região a maioria das grandes corporações mundiais do setor: Cisco, Hewlett-Packard, Oracle, entre outras.

Concluindo este trabalho, é importante salientar que até bem pouco as diplomacias brasileira e indiana estiveram muito distantes, não percebendo as reais oportunidades que se abrem para esta cooperação, que deve ir muito além das Tecnlogias de Informação e Comunicação, mas adentrar nos diversos campos da ciência, da cultura, do meio ambiente e da sociedade. Neste sentido é importante dar atenção às palavras do historiador indiano Sanjay Subrahmanyam, de que não se estuda a Índia no Brasil, de que não há grande coisa feita no Brasil sobre o Oriente, em que pesem a comum colonização portuguesa:

> Não conheço nenhum historiador brasileiro da Índia, que não seja da Índia portuguesa. É importante sair desse contexto imperial e tratar da História da Índia em si, sem pensar necessariamente nos portugueses [...] sem perceber o peso histórico disso, a gente fica sempre fechado no mundo de Goa, pensando que aquele pequeno território era muito mais importante do que realmente foi.

Processos sociotécnicos de construção de condição periférica: dinâmicas de inovação e mudança tecnológica no Mercosul

HERNÁN THOMAS

Introdução: como analisar as dinâmicas de inovação e mudança tecnológica no Mercosul?

NEM TODA DINÂMICA DE MUDANÇA TECNOLÓGICA conduz ao desenvolvimento econômico e social. Nem todo investimento em pesquisa e desenvolvimento contribui para a resolução de problemas sociais e ambientais. Nem todo *upgrading* tecnoprodutivo implica geração de maior capacidade competitiva. Nem toda política de Ciência, Tecnologia e Inovação gera dinâmicas inovativas locais.

Para compreender as dinâmicas de inovação e mudança tecnológica no Mercosul, convém adotar uma perspectiva analítica que contextualize e integre essas atividades, outorgando-lhes situação, dimensão, alcance, viabilidade e racionalidade.

Se essa operação não for realizada, corre-se o risco de considerar tais atividades como meras acumulações de instrumentos de promoção, simples enumerações de dispositivos socioinstitucionais, quantificações mecânicas de recursos (humanos, materiais, financeiros) postas em circulação.

O conceito de "sistema nacional de inovação" (SNI) foi gerado precisamente para dar conta dessas relações explicativas causais que extrapolam o âmbito das ações intramuros, intrainstitucionais. Em particular, se a intenção da análise é superar o nível descritivo para entrar na compreensão das causalidades, na exploração das relações explicativas.

Obviamente, um exercício como esse, realizado com meios e espaços delimitados, implica riscos de simplificação e estilização forçada de fatos complexos, diferenciados, específicos. Mas, ao mesmo tempo, permite acionar uma visão de conjunto sobre a massa de informação, possibilita observar o que há de comum na diversidade, ou, em outros termos, aponta para a superação da dimensão das árvores com o objetivo de compreender o funcionamento do bosque.

Abordagem teórico-conceitual

Uma série limitada de conceitos foi selecionada para a realização deste exercício. Em primeira instância, dentro da diversidade das conceitualizações de sistemas nacionais de inovação (Nelson, Freeman, Niosi et al, Barré etc.), optou-se pela proposta de Bengt Ake Lundvall. Complementarmente, utilizaram-se os conceitos "dinâmica e trajetória sociotécnica" e "estilos sociotécnicos".

Obviamente, tornou-se inevitável recorrer a outros conceitos: diversos tipos de aprendizagem, trajetórias socioinstitucionais, dinâmicas setoriais, relações usuário-produtor, redes tecnoeconômicas (convergência e alinhamento). Porém, dado o espaço limitado, convém restringir a enunciação da abordagem téorico-analítica àqueles conceitos que constituem a estrutura básica do exercício.

a) Sistemas nacionais de inovação

Diferentemente de outras conceitualizações sobre sistemas nacionais de inovação, a abordagem de Lundvall não se centra na operação de redes institucionais, simplesmente, e sim na concepção da sociedade como um ator coletivo no processo de inovação (o que ele denomina Schumpeter Mark III) que desencadeia ações da aprendizagem constantes, diversas e complexas:

"Assumimos que a aprendizagem tem lugar em conexão com atividades rotineiras de produção, distribuição e consumo e produz *inputs* importantes para o processo de inovação. A experiência cotidiana dos trabalhadores, engenheiros de produção e representantes de vendas influenciam a agenda determinando a direção dos esforços de inovação. Essas atividades produzem conhecimento e ideias, configurando inputs cruciais para o processo de inovação [...]. Tais atividades incluem learning-by-doing (ARROW, 1962), learning-by-using (ROSENBERG, 1982) e learning-by-interacting (LUNDVALL, 1988)" (LUNDVALL, 1992, p. 9).

Adotar a perspectiva SNI proposta por Lundvall, centrada nos processos de *learning*, supõe vantagens substanciais ao utilizar o conceito como instrumento analítico para observar dinâmicas de inovação em países periféricos. Frente a alternativas centradas em inovações radicais, os SNI periféricos se caracterizam por processos de aprendizagem incrementais, baseados em inovações menores. A conceitualização de Lundvall propõe claramente o caráter interativo do processo de inovação e acentua a possibilidade de realizar estudos em diferentes níveis de agregação para estudar o fenômeno.

"A interdependência entre produção e inovação legitima a decisão de tomar o sistema nacional de produção como ponto de partida para definir o sistema nacional de inovação. Mas a divisão do trabalho no sistema de inovação não é simplesmente um reflexo da divisão do trabalho no sistema de [produção]. Algumas partes do sistema de produção serão mais produtivas que outras em termos de inovação." (LUNDVALL, 1988, p. 362)

Diferentemente de outras abordagens, nas quais o SNI aparece como resultado final da agregação da atividade inovadora setorial, na conceitualização de Lundvall o Sistema Nacional de Produção é tomado como ponto de partida da análise. Essa forma de abordagem implica uma opção metodológica fundamental. O SNI é irredutível a seus elementos componentes. O importante no SNI não é tanto a característica individual de cada componente, mas as relações e o tipo e grau de integração entre os mesmos. Uma coisa é defender que é adequado realizar análises de diferentes níveis de agregação para o estudo de um SNI e outra diferente – indesejável – é defender que o SNI, enquanto sistema, é redutível a esses níveis. Assim, a análise de um SNI não deve restringir-se à perspectiva usuário-produtor, que reduz, em definitivo, a abordagem à dimensão dos atores tecnológicos mais diretamente implicados na produção de artefatos e serviços. Se, de uma perspectiva estritamente "econômica", isso pode parecer adequado, torna-se excessivamente restritivo para a realização de análises que tenham por objeto identificar dinâmicas de inovação que incluam aspectos políticos e sociotécnicos.

"O sistema nacional de inovação tem duas estruturas básicas: a de produção e a institucional, que integram um todo sistêmico e estabelecem as condições para o processo de inovação. O citado sistema determina as dimensões do sistema socioeconômico que afetam as capacidades de aprendizagem e os processos de inovação. Também determina suas economias de comunicação, sua mescla de racionalidades dominantes, suas preferências quanto ao uso do tempo, sua tendência a tratar as pessoas de forma específica ou universal, para mencionar algumas das dimensões mais importantes." (JOHNSON e LUNDVALL, 1994, p. 704)

Esse aspecto da conceitualização de Lundvall é central para explicar o alcance do conceito de SNI. Ao considerar a inovação como fenômeno sócio-histórico, torna-se inevitável considerar a atividade dos atores tecnológicos em sua natureza histórico-social. A escolha do alcance nacional não implica que se entenda a atividade inovadora global ou regional como resultado da somatória das dinâmicas nacionais. O nacional se configura como uma topologia (espacial e entre atores) na qual as ações inovadoras adquirem um sentido determinado, situado. Uma questão é analisar o fenômeno da inovação em abstrato, em modelizações estilizadas, e outra é tentar compreender o que aconteceu num cenário social determinado. Nessa segunda direção, a abordagem de Lundvall torna-se especialmente adequada.

> [...] é óbvio que o sistema nacional de inovação é um sistema social. Uma atividade central no sistema de inovação é a aprendizagem, e aprendizagem é uma atividade social, e isso implica interações entre pessoas. É também um sistema dinâmico, caracterizado pela retroalimentação positiva e pela reprodução. Frequentemente, os elementos do sistema de inovação ou se reforçam mutuamente na promoção de processos de aprendizagem e inovação, ou, inversamente, combinam-se em constelações, bloqueando esse processo. Causação acumulativa e círculos virtuosos e viciosos são característicos dos sistemas e subsistemas de inovação. Outro importante aspecto do sistema de inovação se relaciona com a reprodução de conhecimentos de indivíduos ou agentes coletivos (através da recordação) (LUNDVALL, 1992, p. 2).

O conceito SNI é uma ferramenta analítica (não um postulado normativo). Isso implica que o resultado de sua aplicação é uma (re)construção racional. Não se trata, portanto, da descrição de uma entidade de existência evidente, diferenciada a olhos vistos, de existência autônoma. Os SNI não são "entes" ou "aparatos" reais. São formas modelares idealizadas para explicar por que alguns grupos humanos (neste caso, sociedades nacionais) geram inovações e outros não.

Com tudo o que o conceito SNI tem de problemático, até agora não foi elaborado outro que possua uma capacidade equivalente de conter interações entre níveis de análises (econômicos, sociológicos, políticos, históricos etc.). Ainda assim, a ambiguidade e a indeterminação que lhe são próprias podem trazer, paradoxalmente, certa riqueza à análise. O conceito trás a possibilidade de realizar análises de uma perspectiva mais ampla do que a gerada a partir de visões estritamente microeconômicas, sem que por isso elas devam ser deixadas de lado. Pelo contrário, para além das dificuldades teóricas que isso implica, o conceito denota a possibilidade – e a necessidade – de pensar a mudança tecnológica em contextos maiores do que a atividade "intramuros" das empresas.

A conceitualização em termos de SNI possibilita orientar a análise de tal modo que o resto dos instrumentos analíticos possa ser contido numa estrutura-base. Nesse esqueleto, por sua vez, é possível articular instrumentos orientados a revelar as relações tecnoeconômicas e sociotécnicas. É nesse sentido que o conceito SIN se torna particularmente valioso, tanto por sua capacidade de abrigar conceitos mais pontuais como por permitir a integração de fenômenos de "natureza diferente" (sociais, políticos, econômicos, ideológicos etc.).

b) Dinâmicas e trajetórias sociotécnicas

Uma *dinâmica sociotécnica* é um conjunto de padrões de interação de tecnologias, instituições, políticas, racionalidades e formas de constituição ideológica dos atores. Esse conceito sistêmico sincrônico permite inserir uma forma determinada de mudança sociotécnica (uma série de artefatos, uma trajetória sociotécnica, uma forma de relações problema-solução, por exemplo) num mapa de interações.

Uma dinâmica sociotécnica inclui um conjunto de relações tecnoeconômicas e sociopolíticas vinculadas à mudança tecnológica, no nível de análise de um "conjunto sociotécnico" (Wiebe Bijker, 1995), um grande sistema tecnológico (Thomas Hughes), uma rede tecnoeconômica (Michel Callon) ou, como neste caso, um sistema nacional de inovação (Bengt-Åke Lundvall).

O conceito permite mapear descritivamente uma diversidade de interações heterogêneas e ligá-las em relações causais de natureza explicativa. Essas dinâmicas, esses padrões de interações mudam com o tempo, no mesmo sentido em que se propõem mudanças em modelo de acumulação ou alteram-se as lógicas dos sistemas sociopolíticos. Trata-se de um conceito modular: na prática, é possível operacionalizá-lo em diferentes escalas e níveis de alcance (*scope*): é possível mapear dinâmicas sociotécnicas globais, regionais, nacionais, setoriais, disciplinares, entre outras alternativas de recorte topológico.

Uma *trajetória sociotécnica* é um processo de coconstrução de produtos, processos produtivos e organizacionais, e instituições, relações usuário-produtor, processos de *learning*, relações problema-solução, processos de construção de "funcionamento" de uma tecnologia, racionalidades, políticas e estratégias de um ator (firma, instituição de Inovação e Desenvolvimento (I+D), universidades etc.) ou, também, de um *technological frame* (Wiebe Bijker, 1995) determinado (tecnologia nuclear, siderurgia etc.), ou uma *sociotechnical constituency* (ALFONSO MOLINA, 1989).

Tomando como ponto de partida um elemento sociotécnico em particular, por exemplo uma tecnologia (artefato, processo, organização determinada), uma firma, um grupo de I+D, esse conceito – de natureza eminentemente diacrônica – permite ordenar relações causais entre elementos heterogêneos em sequências temporais.

Esse conceito é também de operacionalização modular: é possível tomar como unidade de análise desde uma unidade discreta (um artefato singular – tecnológico, jurídico –, um sistema organizacional, uma rede, uma empresa) até unidades complexas (sistemas tecnológicos, cidades, governos, setores tecnoprodutivos, países) e reconstruir seu processo coevolutivo no tempo e no espaço. Por isso, torna-se particularmente apropriado para descrever e analisar processos denominados (a partir de uma perspectiva determinista tecnológica) como difusão, adaptação e transferência.

Dinâmicas e trajetórias são unidades de análise complementares, mas não equivalentes. As dinâmicas sociotécnicas são mais abrangentes do que as trajetórias: toda trajetória sociotécnica se desenvolve no seio de uma ou de diversas dinâmicas sociotécnicas e torna-se incompreensível fora delas.

É conveniente realizar uma distinção entre trajetória de mudança tecnológica e trajetória inovativa. Enquanto a primeira refere-se a uma diversidade de ações – importação de equipes e sistemas, transferência de desenhos e conhecimentos, atividades de I+D formais e informais, incorporação de recursos humanos com skills particulares e atividades de inovação –, a segunda remete, em particular, a ações de geração de novas tecnologias de produto, processo ou organização. Em outros termos, a dinâmica inovadora constitui um aspecto da dinâmica de mudança tecnológica. Assim, é possível que em determinadas situações registrem-se mudanças tecnológicas (em empresas, setores ou países) na ausência de processos inovadores locais. Para a análise de trajetórias sociotécnicas em países subdesenvolvidos ou de desenvolvimento intermediário, essa distinção constitui uma operação-chave, dada a predominância da importação de tecnologias em suas dinâmicas de mudança tecnológica.

As dinâmicas e trajetórias sociotécnicas não são entidades de existência real. Não são percepções no plano do ator, mas *constructos* desenvolvidos pelo analista. São metáforas – como os grandes sistemas tecnológicos de T. Hughes ou os sistemas nacionais de inovação de Lundvall – úteis para reconstruir processos, articulando causalmente formas de interação complexas entre elementos heterogêneos.

Dado que tanto as dinâmicas como as trajetórias sociotécnicas podem responder, assim, a diferentes critérios de recorte topológico (fronteiras nacionais, território de "difusão" de uma tecnologia, região socioeconômica), o alcance desses conceitos não é definível *a priori*, mas em cada exercício analítico, de acordo com os critérios de recorte teórico-metodológicos de cada analista. Ademais, para além dos critérios de recorte, as trajetórias e sistemas podem alcançar – como as redes tecnoeconômicas callonianas – as extensões diacrônicas e sincrônicas que determinem a evolução do próprio exercício analítico. Tal característica permite a compatibilidade desses conceitos com diferentes abordagens teóricas: sistemas tecnológicos, ator-rede, construtivista, neoschumpeteriano.

Trajetórias e dinâmicas são processos, em alguns casos, direcionados parcialmente pela intenção de uma pluralidade de atores (governos, empresas, instituições, tecnólogos ou cientistas). Porém, diferentemente dos "grandes sistemas tecnológicos" de Hughes, não respondem simplesmente à lógica de organização de um "construtor de sistemas", de alguém ou algo com a capacidade de incorporar no sistema elementos do entorno, nem se configuram e estabilizam simplesmente pela atuação de um participante com capacidade de traduzir os interesses de intermediários. Ainda que de fato seja possível identificar em dinâmicas e trajetórias sociotécnicas alguns elementos que desempenham – ou têm a "intenção" de desempenhar – esse papel, na prática esses processos são auto-organizados. Uma das funções centrais da análise consiste, precisamente, em abrir a "caixa preta" desses processos de auto-organização.

Os sistemas nacionais de inovação do Brasil, do Uruguai e da Argentina

É possível identificar a presença de elementos múltiplos, interações e características constantes nos snis do Brasil, do Uruguai e da Argentina. Ainda que seja lógico registrar, como o fez o projeto UNIND-LAM em documentos anteriores, uma diversidade de elementos e situações que diferenciam os snis desses países do Mercosul, as alterações se apresentam – observadas à distância – como variações de grau de elementos estáveis, mais do que como diferenças estruturais. Isso ocorre principalmente se forem consideradas as diferenças desses snis – de desenvolvimento intermediário – quanto a outros exemplos arquetípicos, correspondentes tanto a países desenvolvidos, de industrialização recente ou subdesenvolvidos.

Em outros termos, para além das marcantes diferenças quantitativas – medidas em termos absolutos – de superfície, população, produção, exportações, recursos destinados a I+D etc. –, é possível identificar isomorfismos significativos, tanto ao realizar medições em termos relativos (por exemplo, per capita ou por unidade de recurso disponibilizado) como ao observar aspectos notadamente qualitativos da dinâmica inovadora ou do desenvolvimento de estilos sociotécnicos locais.

Analisar a dinâmica sociotécnica desses SNIS locais a partir da continuidade de certas interações constitutivas permite observar alguns desses elementos comuns e seu vínculo causal com as trajetórias sociotécnicas efetivamente realizadas. A seguir estão descritas e analisadas brevemente algumas das principais relações e interações.

a) Caracterização qualitativa dos SNIS do Mercosul

Os sistemas nacionais de inovação do Brasil, Uruguai e Argentina aparecem como sistemas dominantemente auto-organizados. Sua dinâmica sociotécnica se caracteriza por:

- Predomínio de um estilo sociotécnico de inovação baseado na realização de inovações menores (adaptação, ressignificação de tecnologias e cópia), sem que apareçam inovações maiores nem novos padrões tecnológicos;
- Complementarmente, é possível registrar – numa proporção significativamente menor – o surgimento relativamente recente de outro estilo sociotécnico de inovação baseado em operações formais de I+D intraplanta ou realizadas em unidades públicas de I+D;
- Predominância de um estilo sociotécnico de mudança tecnológica baseado na obediência a padrões tecnológicos gerados externamente e o alinhamento em *technological frames* além das fronteiras;
- A combinação desses estilos sociotécnicos de inovação e mudança tecnológicas viabilizou um comportamento, em última instância, anti-inovativo, ao possibilitar o desenvolvimento de trajetórias inovadoras de baixo risco, alto pragmatismo e escassa definição estratégica, e evidenciando interações com instituições locais de I+D, criação de unidades de I+D intraplanta, investimentos de risco tecnológico e inovações maiores;
- Baixo nível de sinergia do sistema;
- Baixo nível das interações interinstitucionais;

- Surgimento de interações de auto-organização negativa entre a dinâmica inovadora e os sucessivos regimes sociais de acumulação e as trajetórias de mudança tecnológica das firmas;
- Escassa participação das unidades públicas de I+D na dinâmica inovadora das empresas produtoras de bens e serviços;
- Escassa permeabilidade dos atores tecnológicos locais (empresários, cientistas, tecnólogos e também diretores de instituições) para as diferentes políticas científicas e tecnológicas adotadas;
- O predomínio da transferência (emuladora e, em última instância, auto-organizada) sobre a criatividade (organizadora), tanto no plano das iniciativas de política como no da atividade inovadora dos atores tecnológicos;

Como é possível observar, uma convergência significativa de traços comuns, imagem que se reforça ainda mais ao se considerarem aspectos dinâmicos do comportamento dos três SNIS.

b) A dinâmica inovativa dos SNIS do Brasil, do Uruguai e da Argentina

Colocar as principais dinâmicas e tendências dos SNIS do Brasil, do Uruguai e da Argentina num único quadro permite obter-se uma visão de conjunto e detectar, ao mesmo tempo, algumas das variações de grau mais relevantes.

Como é possível observar, mesmo que a situação do Brasil em termos quantitativos apresente-se, normalmente, com diferenças marcantes de escala, a análise qualitativa da dinâmica dos três SNIS apresenta um panorama mais moderado. Ainda que seja possível detectar algumas vantagens relativas e, em particular, algumas tendências mais positivas no caso do Brasil, vistos em perspectiva os três SNIS tendem a apresentar maiores similaridades do que diferenças, numa dinâmica geral marcada pelo baixo nível de sinergia.

c) Baixa intensidade da dinâmica inovativa

Evidentemente, a primeira característica constante dos três SNIS é a baixa intensidade de sua dinâmica inovativa: baixo grau de coesão do sistema; baixo nível de interações interinstitucionais; baixa geração de sinergia; baixo nível de interações entre unidades de I+D e unidades produtivas; baixo nível de apropriabilidade das inovações realizadas. Esta característica se mantém relativamente inalterada para além das diferenças entre os três casos analisados: elenco de atores tecnológicos, níveis de intensidade da mudança tecnológica, política científica e tecnológica, padrões tecnológicos internacionais, níveis de proteção da produção local.

As diferenças que são possíveis de registrar nas diferentes dinâmicas inovativas são, simplesmente, variações no contexto de uma dinâmica de baixa intensidade relativamente estável, com exceções isoladas (e diferenças de escala entre elas) em cada um dos países.

TABELA 1. Comparação das dinâmicas inovativas dos SNIs do Brasil, do Uruguai e da Argentina

Características	Brasil	Uruguai	Argentina
Origem dos padrões tecnológicos	externa (coordenação progressiva)	externa (coordenação progressiva)	externa (coordenação progressiva)
Estilo tecnológico de inovação dominante	operações intraplanta I+D formal em institutos e empresas públicas (em crescimento)	operações intraplanta (restringidas) I+D formal em instituições públicas (em ligeiro crescimento)	Operações intraplanta (quantitativas) (em crescimento) I+D em instituições públicas casos de I+D formal em empresas (em ligeiro crescimento)
Grau de incidência da inovação local sobre a dinâmica de mudança tecnológica	baixo (em ligeiro aumento, segundo setores)	baixo (estável)	baixo (estável, com exceções)
Dinâmica da trajetória	leve upgrading (estável)	(constante) salvo casos isolados	leve upgrading (estável)
Nível de formalização das atividades inovativas	baixo (em crescimento)	baixo (estável)	baixo (estável) com casos excepcionais
Nível de interação das unidades de I+D com as produtivas	baixo (em crescimento)	muito baixo (estável)	muito baixo (estável)
Potencial de inovação	baixo (em crescimento)	baixo (em ligeiro crescimento)	baixo (em ligeiro crescimento)

Nível de complexidade das operações tecnológicas realizadas	baixo a médio (em crescimento)	baixo (em crescimento)	baixo a médio (em crescimento)
Velocidade da mudança tecnoprodutiva derivada	baixa (em crescimento) com exceções	baixa (em crescimento)	baixa (em crescimento)
Nível de sinergia do sistema	baixo (em crescimento)	muito baixo (em ligeiro crescimento)	baixo (estável)
Nível de interações usuário-produtor	médio-baixo (em crescimento)	baixo (estável) com exceções	baixo (em aumento, de acordo com o setor)
Nível de interações interempresariais	baixo (em crescimento, estruturação de redes de provedores)	baixo (estruturação em redes curtas)	baixo (processo de reestruturação de redes)
Nível de interações universidade-setor produtivo	baixo (em ligeiro crescimento)	baixo (em ligeiro crescimento)	baixo (em ligeiro crescimento)
Grau de absorção de graduados universitários	médio-baixo (em ligeiro crescimento)	médio-baixo (em ligeiro crescimento)	médio-baixo (em ligeiro crescimento)
Grau de absorção de pós-graduados universitários	baixo (em ligeiro crescimento)	baixo (em ligeiro crescimento)	baixo (em ligeiro crescimento)
Nível de apropriabilidade das inovações	baixo (estável)	muito baixo (estável)	muito baixo (estável)
Grau de coesão do SNI	baixo (em ligeiro crescimento)	muito baixo (em ligeiro crescimento)	muito baixo (em ligeiro crescimento)
Sustentabilidade (aparente) de uma dinâmica de upgrading	média	baixa	baixa

d) Tendência de ligeiro *upgrading* das dinâmicas inovativas locais

A segunda característica mais relevante é que, dentro da baixa intensidade geral, a dinâmica da inovação local apresenta uma tendência de ligeiro *upgrading* (com algumas diferenças de escala e *scope* no caso brasileiro). É possível registrar tendências relativamente similares nas diferentes categorias e níveis de interação: complexidade das operações tecnológicas realizadas, nível das interações, grau de integração do sistema etc.

É de notar-se que, em grande medida, essa tendência se explica pelo esforço empregado em iniciativas estatais e, em menor medida, por iniciativas do setor privado. Aqui as diferenças (sem que a distinção seja substancial) são mais observáveis no caso brasileiro (puxado estatisticamente pela Embraer). Em todos os países é possível registrar iniciativas isoladas em algumas empresas (em geral pequenas e médias) de alguns setores intensivos em conhecimentos científicos e tecnológicos, fundamentalmente: biotecnologia e tecnologias de informação e comunicação.

Uma parte substancial dos recursos nominalmente destinados à inovação tecnológica se traduz, na prática, num aumento dos recursos destinados a atividades de I+D em instituições públicas. O estímulo gerado por tais recursos parece ser o principal motor dessa tendência. Um fenômeno complementar aparece marcado pela dinâmica de alguns setores produtivos, intensivos em conhecimentos científicos e tecnológicos (geralmente pouco significativos no plano das contas agregadas nacionais de produção e exportação –com a explícita exceção da Embraer) que começaram recentemente a vincular-se de um modo mais claro com as instituições públicas de I+D.

A coevolução da dinâmica econômica e da dinâmica inovativa

a) Leve reversão de longo prazo da trajetória sociotécnica dos SNIS

A dinâmica de ligeiro *upgrading* aparece, na atualidade, com uma curva ligeiramente positiva, depois de um período de estagnação ocorrido durante os anos 80 e parte dos 90. O caso argentino, em particular, mostra uma leve reversão da tendência de *downgrading* registrada desde meados dos anos 70 até a entrada da primeira década do século XXI.

Porém é necessário observar que antes, durante os anos 60 e até meados da década de 70, pode-se identificar (fundamentalmente na Argentina e no Brasil) uma tendência em direção a uma maior complexidade das operações, um aumento dos níveis de interação entre atores tecnológicos locais (incluindo a estruturação de uma rede local de provedores), uma leve tendência ao aumento das interações de instituições públicas de I+D com unidades produtivas.

Assim, as tendências atuais aparecem, na análise de longo prazo, como uma reversão leve, mais do que como uma acumulação inovadora. Essa reversão começa, no caso argentino, até meados dos anos 90: reestruturação de algumas redes – curtas e fragmentárias – de provedores, aparição de alguns (muito escassos) desenvolvimentos intensivos em I+D. O caso brasileiro apresenta uma trajetória mais consistente nesse sentido, ainda que também tenha atravessado, durante os anos 60 e 70, um período de maior dinâmica inovativa local. O caso uruguaio apresenta um perfil mais estável, com uma leve curva de acumulação e desenvolvimentos isolados em informática, microeletrônica, indústria de laticínios e tecnologias agropecuárias.

b) Relação entre dinâmica econômica e dinâmica inovativa

Torna-se complexo estabelecer uma correlação simétrica entre os três países nesse nível. Mesmo assim, parece ser possível afirmar que a correlação entre as dinâmicas econômicas locais e as dinâmicas inovativas dos SNIs não se manteve estável no longo prazo.

Durante a fase que se estende até meados dos anos 70 é possível registrar uma correlação entre expansão econômica e *upgrading* inovativo. Durante a fase transcorrida entre meados dos anos 70 e fins dos 80 a correlação se altera em ambas as dinâmicas: recessão econômica e *downgrading* inovativo. Assim, nessas duas fases, tende a aparecer então uma relação diretamente proporcional entre atividade inovativa e atividade econômica. Mas na fase de abertura e desregulamentação que se inicia nos três países no início dos anos 90, a correlação se altera: enquanto se produziu uma reativação econômica, a dinâmica inovativa continuou apresentando uma trajetória estável ou, no caso argentino, de *downgrading* explícito (apenas levemente revertida nos anos recentes, em virtude da reativação econômica).

Portanto, não se pode defender que na região a intensificação da atividade econômica seja uma causa suficiente para dar lugar a processos de *upgrading* de um SNI. Os casos locais não trazem elementos contra a causalidade inversa, isto é: a recessão econômica é causa suficiente para dar lugar a um processo de *downgrading* da dinâmica inovativa.

Por outro lado, parece possível sustentar que o forte processo de transnacionalização dos setores mais dinâmicos das economias locais (alimentos e bebidas, indústria automotriz, comunicações, serviços públicos) não foi acompanhado de um "efeito de transbordamento" nem por uma intensificação da intervenção inovativa local sobre o padrão de mudança tecnológica.

Obviamente, essa correlação não supõe um cenário inclinado à proliferação e ao aprofundamento de vínculos entre universidade e setor produtivo. Além disso, um dos possíveis motores de vinculação, a existência de um conjunto de empresas públicas de serviços em grande escala, criadas e expandidas durante as décadas anteriores, foi descontinuada nos anos 90 por políticas de privatização ou terceirização de serviços.

Os anos 90 tampouco se caracterizaram pela realização de grandes obras públicas, nem pelo desenvolvimento de megaprojetos estatais, que poderiam ter previsto um papel para as instituições de nível superior. Tampouco foram oferecidas linhas de crédito orientadas ao fomento da inovação em nível significativo, de modo a alterar as tendências históricas (Brasil e Argentina criaram algumas linhas de crédito fiscal e fundos setoriais, de baixo impacto, nos respectivos SNIs). Finalmente, o poder de compra do Estado não foi utilizado como indutor de inovações locais. Só em algumas ocasiões o Estado encomendou serviços das universidades, sem diferenciar-se substancialmente da demanda privada.

c) Relação entre dinâmica de mudança tecnológica e dinâmica inovativa

O mesmo ocorre no plano das correlações entre dinâmica local de mudança tecnológica e dinâmica inovativa dos três SNIs. Na fase prévia, em meado dos anos 70, caracterizada pela adoção de estratégias estatais de substituição de importações (fundamentalmente nos casos do Brasil e da Argentina), a tendência relativamente moderada à intensificação do ritmo de mudança tecnológica foi acompanhada por um *upgrading* da dinâmica inovativa local. Durante os 80, o ritmo de mudança tecnológica geral caiu, acompanhado por um processo de *downgrading* inovativo. Nos anos 90, intensificou-se o ritmo de mudança tecnológica, em particular nos setores mais dinâmicos da economia, fortemente transnacionalizados, porém a tendência à estabilidade ou ao *downgrading* da dinâmica inovativa local continuaram.

Uma vez mais, não parece possível estabelecer uma relação causal linear entre intensificação do ritmo de mudança tecnológica e *upgrading* inovativo.

Note-se, por outro lado, que durante o período caracterizável como desenvolvimentista-substitutivo, tanto no Brasil como na Argentina se processaram alguns dos principais megaprojetos tecnoprodutivos estatais (nuclear, energético, viário, aeronáutico, urbanístico), ao mesmo tempo em que cresceram algumas das principais empresas públicas nos três países. Esse esforço implicou a realização de desenvolvimentos tecnológicos locais. O ajuste econômico dos anos 80 implicou, por sua vez, a descontinuidade –ou ao menos a problematização – desses programas.

A racionalidade da mudança tecnológica dos anos 90 não incorporou as universidades como um ator-chave. Longe disso, elas se tornaram normalmente disfuncionais (ou apenas úteis para a formação de recursos humanos capacitados com recursos públicos). Em algumas universidades e, em particular, em algumas áreas de conhecimento, é possível registrar demandas por serviços (normalmente descontínuas e de baixa qualidade).

d) Houve uma "rearticulação" dos SNIS nos anos 90?

Assim, essa correlação problemática entre dinâmica de mudança tecnológica e dinâmica econômica, por um lado, e dinâmica inovativa, por outro, leva a pensar na existência de diferentes formas de articulação dos SNIS da região para explicar a dinâmica dos sistemas locais em diferentes momentos. Em outras palavras, se não existe uma causalidade linear entre atividade econômica e mudança tecnológica, por um lado, e dinâmica inovativa, por outro, os motivos que permitem explicar/elucidar a baixa intensidade da dinâmica inovativa nos anos 70 são diferentes dos que permitem explicar a mesma dinâmica durante os 90 e na atualidade.

Ao comparar as formas de articulação entre elementos do sistema de inovação correspondentes às fases pré-1980 e pós-1990, parece possível diferenciar duas formas relativamente estáveis de articulação dos SNIS locais.

Em princípio, tal modelização parece entrar em conflito com a ideia de evolução sustentada dos SNIS, numa dinâmica de *upgrading* cumulativo constante. Não obstante, é de notar-se que as alterações se apresentam como variações de grau dos elementos estáveis. Longe de constituírem rupturas, é precisamente dentro dessas formas organizacionais relativamente estáveis que as diferenças entre formas de articulação são perceptíveis. As maiores diferenças entre uma forma de articulação e outra surgem, na realidade, como resultado do procedimento anacrônico de pôr em contato pontos "extremos" do processo de organização dos SNIS ao longo do período 60-00.

e) Abertura econômica e dinâmica inovativa

Embora seja possível diferenciar, nos casos analisados, formas de implementação de políticas de abertura, algumas com um extenso aparato regulatório e outras com um movimento desregulamentador estrutural, algumas graduais e outras caracterizáveis como práticas de choque, a trajetória da dinâmica inovativa dos diferentes SNIS da região se manteve relativamente estável durante sua vigência.

Por outro lado, embora seja possível registrar uma correlação entre abertura e recessão industrial (no caso argentino, durante o período 1976-1981), e entre abertura e reativação econômica no período iniciado em 1990 (nos três países), a trajetória inovativa parece haver se mantido relativamente estável. Desse modo, é possível inferir que a dinâmica inovativa da região parece ter sido pouco sensível a diferenças na forma em que foi adotada a política de abertura. A implementação gradual de um processo de abertura no caso brasileiro parece mostrar algumas vantagens – em termos da preservação da dinâmica inovativa, ainda que não da dinamização – frente à estratégia de choque implementada no caso argentino.

Em contrapartida, aparece uma forte correlação entre abertura econômica e estabilização ou *downgrading* da dinâmica inovativa. De fato, a vigência das fases dos distintos SNIS coincide com a vigência de políticas de abertura, assim como o aprofundamento do processo de estabilização ou *downgrading* – conforme o caso –, coincide com o aprofundamento das políticas de abertura.

No entanto, é necessário reiterar uma vez mais que tal correlação não constitui uma relação causal. Ou, se existe uma relação causal, ela se desenvolve como uma causalidade complexa, não linear, na qual a implementação de políticas de abertura constitui um elemento entre outros.

Nesse sentido, é notável que, se a abertura parece participar de diversas interações de auto-organização negativa que explicam a dinâmica de *downgrading*, praticamente não aparece nas interações de *upgrading*. O que parece insustentável a partir das análises desenvolvidas até aqui é propor uma causalidade linear positiva entre abertura econômica e *upgrading* inovativo. De fato, essa relação causal não parece nem necessária nem, muito menos, suficiente para gerar processos de *upgrading* nas dinâmicas inovativas dos SNIS locais.

Dada essa coevolução particular entre políticas econômicas e desempenho da dinâmica inovativa, tanto os sinais do mercado quanto os gerados pelas autoridades governamentais não configuram um quadro orientado para a inclusão de risco inovativo por parte dos atores econômicos. De fato, longe de parecer um comportamento racional, multiplicar os riscos gerados pela incerteza das economias locais enfrentando investimentos consistentes em I+D teria sido praticamente irracional. Somadas a isso, a inexistência ou a insuficiência de linhas de crédito e de planos de promoção orientados para o investimento em inovação significaram um déficit de sinais positivos.

A incapacidade de investimento financeiro por parte das próprias unidades públicas de I+D, assim como sua escassa autonomia em termos de decisões financeiras, não fez senão complicar ainda mais o desenvolvimento de trajetórias sociotécnicas orientadas para a inovação tecnológica. É de notar-se que é possível registrar diversos desenvolvimentos tecnológicos realizados nas instituições públicas de I+D durante o período analisado: informática, engenharia, biotecnologia e também metalomecânica. No entanto, a maior parte desses desenvolvimentos não chegou a ser utilizada pelo setor produtivo local. E não se trata, simplesmente, de um problema de "déficit de qualidade", dado que muitos deles foram utilizados em outros contextos nacionais (e de países desenvolvidos).

Assim, os indicadores econômicos, tanto positivos quanto negativos, induziram a orientar o investimento para processos de mudança tecnológica baseados na importação de tecnologias, numa dinâmica de crescente alinhamento e coordenação com *technological frames* gerados externamente. E, como é lógico, mesmo no caso de setores relativamente intensivos em conhecimentos (como a produção de transgênicos ou a indústria farmacoquímica), o conhecimento local ocupou um espaço relativamente residual, ou, no melhor dos casos, secundário.

Dinâmica de mudança tecnológica e dinâmica inovativa

a) Dinâmica de coordenação crescente

Os aparatos tecnoprodutivos do Brasil, do Uruguai e da Argentina aparecem alinhados em *technological frames* externos ao longo de sua história. Nesse sentido, o próprio estilo sociotécnico de inovação baseado em operações de adaptação, ressignificação de tecnologias, engenharia reversa e cópia funcionou como um mecanismo que permitia a evolução do aparato produtivo sem implicar um movimento de desalinhamento de padrões tecnológicos gerados exteriormente. A dinâmica dos SNIs locais durante a vigência dos planos desenvolvimentistas levava à gestação de algumas diferenças menores que poderiam ter conduzido, eventualmente, a uma diferenciação substantiva da dinâmica tecnoprodutiva local. Porém o que é possível observar à distância remete à geração de um certo grau de defasagem local em relação aos padrões internacionais, que não chegou a constituir-se em gestação de padrões tecnológicos alternativos.

A existência de tal defasagem significou, entretanto, que durante um certo período – coincidente, em linhas gerais, com o período desenvolvimentista-substitutivo –, a dinâmica de mudança tecnológica local funcionará pouco coordenada com os padrões internacionais.

É possível propor uma leitura desse fenômeno relacionada com as fases da dinâmica dos SNIs do Brasil e da Argentina:

a) até meados dos anos 70: mudança tecnológica alinhada, mas pouco coordenada. Com divergências de trajetórias conforme o setor. As operações de "adaptação" dos processos e produtos às condições locais – regulamentações de mercado, escala, matérias-primas, insumos, mão de obra disponíveis – permitiam ao mesmo tempo o prolongamento dos padrões gerados externamente e implicavam um movimento de descoordenação em relação ao ritmo dos *technological frames* originários. Mesmo as empresas transnacionais participaram dessa lógica, ao valorizar seus ativos transferidos mediante extensões do ciclo de vida útil dos meios de produção.

b) desde fins dos anos 70: ao mesmo tempo em que cresce o alinhamento, por importações seletivas, aumenta a coordenação. Tanto a exportação de *commodities* como a adoção de padrões internacionais e a produção em escalas maiores (que estas implicam) induzem a uma coordenação maior de alguns setores locais –os mais dinâmicos, exportadores – a *technological frames* internacionais.

c) desde inícios dos anos 90: alinhamento pleno e coordenação com defasagem mínima nos setores locais economicamente mais dinâmicos (incluídos desta vez os orientados ao mercado local: alimentos, comunicações, serviços). A adoção de critérios mundiais de qualidade, de estratégias de integração globalizada de produtos etc., ao mesmo tempo em que torna disfuncionais as intervenções de adaptação às condições locais, torna indesejáveis as operações de diferenciação de processo ou produto. Para uma coordenação globalizada, é necessário um alinhamento total. Simultaneamente, produziu-se uma onda de investimentos estrangeiros diretos, durante os anos 90, que alterou a estrutura de propriedade das empresas locais mais dinâmicas.

A dinâmica da mudança tecnológica da região pode ser, assim, descrita como uma trajetória que vai de níveis médios de alinhamento e um baixo grau de coordenação durante os anos 70 até altos níveis de alinhamento e coordenação nos anos 90. Isso implica uma mudança no papel dos atores tecnológicos locais, de usuários criativos ou, ainda, inovadores espontâneos restringidos (não estratégicos), nos anos 70, a usuários passivos (estrategicamente restringidos) nos anos 90 e na atualidade.

b) O investimento na dinâmica de adaptação e na ressignificação de tecnologias

Durante a fase desenvolvimentista-substitutiva, a atividade inovativa local aparecia pela necessidade/intenção de introduzir variações em processos e produtos originários de conjuntos sociotécnicos de países desenvolvidos a fim de adaptá-los às condições locais: regulamentações, condições de mercado, matérias-primas, insumos, qualificação da mão de obra etc. A partir dos anos 90, com a expansão de lógicas de produção, de qualidade e/ou de comercialização globalizadas, a trajetória parece inverter-se: agora a tendência é adaptar-se às condições locais e às características e condições de produção de processos e produtos. No caso de produtos intensivos em insumos industrializados e/ou sintéticos, a própria mecânica da produção globalizada – e a abertura – facilita essa operatória (onde os insumos e peças não se encontram disponíveis em condições convenientes, eles são importados, sem necessidade de gerar substitutos locais).

Tal fato reforça o movimento rumo a uma coordenação plena da mudança tecnológica local a padrões gerados exteriormente. A nova dinâmica de mudança tecnológica implica não só o abandono de uma tradição prévia de constante intervenção sobre a dotação tecnológica importada, mas também, na prática, a repressão desse tipo de atitude, a fim de evitar a tendência à diferenciação por adaptação idiossincrática. Esse padrão de mudança tecnológica leva a:

a) uma redução do espaço de inovação local;

b) uma redução do espaço para a I+D local;

c) a conversão das operações de I+D adaptativa de produtos e processos às condições locais em atividades relacionadas exclusivamente com o controle e homogeneização de matérias-primas e insumos a fim de evitar a diferenciação.

Assim, o espaço para intervenções tecnológicas locais se reduziu substancialmente. Se durante o período desenvolvimentista-substitutivo as universidades não conseguiram desempenhar um papel significativo nas operações de adaptação, ressignificação de tecnologias e cópia (por motivos que extrapolam o alcance deste trabalho), a partir dos anos 90 ficaram relativamente fora da agenda tecnoprodutiva local. Não só por um problema de custos e riscos de inovação, mas também por um problema de adequação à nova orientação dos padrões tecnológicos adotados pela indústria, de confiabilidade dos resultados e, fundamentalmente, de tempos relativos de desenvolvimento e teste de produtos e processos.

Só no caso das tecnologias vinculadas ao agronegócio é possível detectar um nível de interação diferenciado, comum aos três países da região. É um fenômeno lógico, levando em conta tanto a necessidade tecnoprodutiva de adaptação das tecnologias a condições de solos, climáticas e agronômicas locais, como a existência de uma trajetória prévia das instituições de I+D locais vinculadas ao setor agrícola, historicamente mais próxima das necessidades e demandas dos produtores locais.

Processo de coconstrução entre as políticas de C&T e a dinâmica inovativa local

a) A questão da sequência

Na elucidação do processo de coconstrução entre mudança institucional e mudança tecnológica de um SNI, a sequência de fatos é tão importante quanto os próprios acontecimentos. Algumas dessas sequências são (re)constituídas na forma de "assincronias", em que os fatos aparecem como partícipes de interações defasadas ou descoordenadas. A seguir são especificadas algumas dessas sequências significativas:

1) *a fase desenvolvimentista-substitutiva*
- as comunidades científicas e as instituições universitárias do Brasil, do Uruguai e da Argentina se conformaram e se consolidaram antes que aparecesse uma tentativa de direcioná-las politicamente;
- a vinculação com a comunidade internacional – relativamente bem-sucedida – foi anterior à tentativa de implementação de políticas vinculacionistas;

- a vinculação de algumas das instituições de I+D com algumas firmas do setor privado e com as empresas públicas foi anterior à criação de instâncias políticas de coordenação.

Essas "assincronias" constituem elementos-chave para compreender a questão do ofertismo-vinculacionismo e a racionalidade da comunidade científica local. Porém, além disso, permitem elucidar complementarmente alguns aspectos do que não ocorreu durante a fase. As instituições locais não foram criadas no contexto de políticas de desenvolvimento industrial, como foi o caso de outros países de industrialização tardia. Respondiam, na verdade, a outra trajetória sociotécnica, diferente da que orientava a industrialização desenvolvimentista-substitutiva. Apenas tardiamente, durante os últimos anos dessa fase, parece haver uma certa preocupação política a esse respeito, que não chegou a refletir-se numa intensificação das intervenções das instituições de ciência e tecnologia (c&t) na dinâmica inovativa das firmas. Em outras palavras: a assincronia se vincula com as limitações do estilo tecnológico de inovação, seja porque as atividades intraplanta não convergiram com as trajetórias tecnológicas dos institutos, dando lugar a um aprofundamento e a uma complexidade das operações de ressignificação de tecnologias, ou porque não se consolidou, paralelamente ao estilo dominante durante essa fase, um estilo alternativo.

II) *a descontinuação das políticas desenvolvimentistas-substitutivas*

No caso argentino o processo de articulação do sni se deu num momento particular de sua evolução:

- quando se chegou, pela primeira vez, à concepção de uma convergência entre política econômica, política de c&t macro, política institucional nos níveis médio e micro e se iniciava sua implementação, sobreveio a crise do regime democrático em meados dos anos 70;
- adotaram-se políticas anti-industrialistas precisamente quando aumentava a exportação de produtos industriais e, em particular, quando se começava a exportar bens de capital e tecnologia;
- quando se acelerava o ritmo de mudança tecnológica em escala internacional e alguns produtores locais participavam com sucesso (em setores intensivos em tecnologia, como máquinas-ferramenta e informática).

228   Marcos Costa Lima (org.)

No caso brasileiro, essa transição foi gradual, preservando setores protegidos ainda durante os anos 80 (reserva para a informática, fabricação de aviões, regulamentação para a importação de tecnologias). Com efeito, até hoje se conservam algumas regulamentações correspondentes à fase desenvolvimentista.

III) *o período de ajuste*

A implementação de políticas de ajuste (acompanhada de iniciativas de abertura da economia e de desregulamentação da importação de bens de capital) foi realizada antes que aparecessem sinais de esgotamento do estilo tecnológico de inovação baseado na adaptação, na ressignificação de tecnologias e na cópia. Na realidade, essas medidas se deram precisamente quando era perceptível uma possibilidade de expansão a partir da colocação de produtos e tecnologias em mercados regionais. Tal possibilidade não apenas dependia do aprofundamento do estilo tecnológico correspondente à fase desenvolvimentista-substitutiva, mas também da potencial geração, extensão ou consolidação de sinergias interinstitucionais, que pareciam viáveis de acordo com a disponibilidade da capacidade acumulada e o direcionamento institucional concebido até fins da fase anterior.

Talvez o desafio da abertura pudesse ter sido respondido de outra forma pelas empresas locais se a integração entre as unidades de I+D e as produtivas houvesse alcançado um grau de desenvolvimento maior durante a fase anterior. Porém, por outro lado, é de levar-se em conta que as instituições públicas de C&T que iniciaram processos de transformação em meados dos anos 70 direcionavam-se para uma adequação a empresas (públicas e privadas) participantes do padrão de racionalidade da política de substituição de importações. A primeira abertura as encontrou adequando-se a uma situação que já não existia.

A dinâmica econômico-produtiva dos SNIs da região parece defasada em relação às tendências internacionais da época:

- no momento em que os países recém-industrializados começam a pôr em prática suas economias semiplanificadas, oferecendo suas exportações industriais, Argentina e Uruguai (e, em menor medida, o Brasil) priorizam a lógica de acumulação monetarista, centrada no financeiro, e colocam em crise sua indústria;

- quando começa a vantagem de diferenciar produtos (por agregação de conteúdo tecnológico), Brasil, Uruguai e Argentina adotam um perfil de especialização de exportações centrado em produtos não diferenciados (*commodities*);
- no momento de potencial aceleração da dinâmica sociotécnica em escala internacional, no Uruguai e na Argentina (e, em menor medida, no Brasil) se produz a substituição de atores tecnológicos inovativos por usuários passivos;
- e finalmente, quando a mudança tecnológica se acelerava no mundo, num contexto de recessão em parte provocada por políticas de ajuste ou anti-inflacionárias, as indústrias brasileira, uruguaia e, fundamentalmente, a argentina se restringiam a investimentos menores que o custo de reposição ou a operações de manutenção da dotação de maquinarias e equipes.

No plano da Política Científica e Tecnológica, vigente durante os anos 80, é possível observar outro plano de "assincronia". A política de Ciência e Tecnologia – ofertista-vinculacionista – era concebida – e tentava ser implementada – como se ainda estivesse vigorando uma estratégia desenvolvimentista-substitutiva, como se ainda houvesse expansão do investimento público, como se ainda houvesse empresas especializadas de capital nacional com lógicas que incorporavam a possibilidade de inovar como via de acumulação.

iv) *abertura e desregulamentação*

O processo de abertura em escala regional foi gestado depois do período de ajuste e da recessão subsequente. Esse fato, que pode parecer uma tautologia, é, na realidade, fundamental para a compreensão da aceleração e da trajetória da dinâmica de mudança tecnológica dos snis da região.

Na percepção dos atores que tentavam integrar-se ao mercado globalizado, o "atraso tecnológico" acumulado durante a fase recessiva anterior era irrecuperável se fosse mantida a via do estilo tecnológico de inovação correspondente ao período desenvolvimentista-substitutivo.

Para solucionar o *gap* entre a dotação disponível e as diferença em níveis de produtividade ou as (supostas) exigências dos mercados internacionais, a importação de tecnologia oferecia soluções mais pertinentes que o estilo tecnológico de inovação baseado em adaptação, ressignificação de tecnologias e cópia e, ao mesmo tempo, mais rápidas e eficazes que as baseadas em I+D local (intraplanta ou mediante cooperação com unidades públicas de I+D). A política de abertura demandava soluções imediatas, não processos de transição lentos e incrementais. Assim, a interação entre os tempos relativos da "urgência" e do "atraso" permite explicar, ao menos parcialmente, a orientação e o ritmo de mudança tecnológica da fase de abertura.

É possível registrar, tanto na Argentina como no Brasil, a adoção de uma retórica e, parcialmente, de uma normativa baseadas nas conceitualizações neoschumpeterianas do sistema nacional de inovação. Porém essa virada da Política Científica e Tecnológica rumo à adoção de uma normativa baseada na concepção de "sistema nacional de inovação" foi gerada numa situação na qual não era possível registrar uma dinâmica sociotécnica nesse sentido. Por um lado, o padrão de especialização encontrava-se orientado para produtos intensivos em recursos naturais. Por outro, os investimentos realizados pelos agentes locais mais dinâmicos (investimentos estrangeiros diretos e grandes grupos econômicos) não demandaram I+D nem inovação local.

De fato, tal reorientação dos complexos nacionais de C&T parece fora de sequência com a política de abertura e desregulamentação vigente: teria sido mais congruente com o cenário regulado e orientado por um estado intervencionista do período da substituição de importações ou poderia ser, no futuro, mais coerente com um novo padrão de intervenção do estado, proativo, que ainda não apareceu. Não é de estranhar, então, que as iniciativas políticas de Ciência e Tecnologia e, em particular, as neovinculacionistas – parques, polos e incubadoras de empresas – foram ressignificadas ou delimitadas por efeitos de auto-organização negativa dos sistemas tecnoprodutivos locais.

Na atualidade, ainda que não seja possível registrar uma alteração qualitativa dos instrumentos de política, é possível perceber um aumento na quantidade de iniciativas, em particular no plano macropolítico, das instituições de planificação de C&T da região.

Paralelamente, ainda que sem maior coordenação, as políticas econômicas da região começaram a voltar atenção para o desenvolvimento dos mercados internos, ao vislumbrarem, pelo menos no discurso, o papel da inovação no desenvolvimento econômico e social. Mesmo assim a defasagem é perceptível: frente ao tamanho do desafio, as iniciativas enunciadas de política econômica orientadas a fomentar a inovação local aparecem como episódios isolados, parciais e fragmentários. Estão longe de uma política integrada de desenvolvimento baseado em inovação tecnológica, diferenciação de produto e intensificação do conhecimento dos processos produtivos.

b) A constituição ideológica dos atores tecnológicos e a viabilidade de uma dinâmica inovativa de upgrading

A consideração da percepção ideológica dos atores tecnológicos locais acerca da questão da viabilidade da inovação resulta significativa para a compreensão da evolução dos SNIs da região.

A trajetória do pensamento local parece marcada por um processo de mudança da autopercepção dos atores tecnológicos, que afeta a viabilidade da aparição de uma dinâmica inovativa local de *upgrading*. A trajetória das mudanças nas racionalidades dos atores tecnológicos acerca da viabilidade de um processo de desenvolvimento e consolidação de um SNI local de alto sinergismo pode ser (re)construído – em termos muito estilizados:

a) um estágio – em fins dos anos 60 e princípios dos 70 – no qual tal dinâmica inovativa parecia estar começando a gestar-se (ainda que se restringisse a operações formais de I+D), era conveniente e desejável, e, fundamentalmente, se considerava, mesmo que difícil, factível; passa por

b) uma fase intermediária, durante os anos 80, em que tal dinâmica não estava se desenvolvendo (fundamentalmente devido a limitações derivadas da instabilidade macroeconômica e das medidas de ajuste e estabilização), podia ser desejável e parecia possível (ao menos em alguns setores) em circunstâncias mais favoráveis que as vigentes; até

c) a fase dos anos 90, na qual não estava ocorrendo, podia ser desejável ou não (dependendo dos grupos sociais de referência), porém, de todo modo, ainda que fosse conveniente, tornava-se impossível – ou inútil – frente ao ritmo e trajetória de mudança tecnológica dos países centrais.

Talvez dois esclarecimentos sejam pertinentes. É necessário não confundir o plano do discurso com a constituição ideológica dos atores. É possível encontrar uma multiplicidade de discursos "tecnonacionalistas" – de políticos, empresários, cientistas – que declaram a conveniência, necessidade ou viabilidade da gestação de sinergismos sistêmicos no nível do SNI. Tais discursos não são "contraditórios" com sua constituição ideológica, e sim formam parte da racionalidade de diferentes grupos sociais em suas situações determinadas, ainda que não tenham por que ser uma expressão sincera

232 Marcos Costa Lima (org.)

do que realmente pensam sobre a viabilidade do SNI. Por isso, a elucidação acerca da constituição ideológica se baseia em inferir a racionalidade das ações concretas que os atores desenvolvem para além de seu discurso (isso constitui, no plano dos atores, um correlato da distinção entre política explícita e implícita).

O segundo esclarecimento se relaciona com a existência de algumas poucas empresas que apresentam estratégias baseadas em inovação. Mesmo nesse caso, o nível escasso ou nulo de interação com outras instituições – sejam outras empresas ou unidades do complexo público de Ciência e Tecnologia – leva a pensar que tampouco aqui os atores atuam a favor de concretizar um SNI de alto sinergismo. Os casos isolados não chegam a constituir uma interpelação para o conjunto dos atores tecnológicos locais, suficiente para sustentar a ideia de viabilidade de um processo de *upgrading* do SNI: os próprios atores inovativos se percebem como casos excepcionais, isolados e contra a corrente.

Nesse nível, a constituição ideológica "pessimista" dos atores tecnológicos locais aparece como uma profecia autorrealizada. No plano da auto-organização das múltiples interpelações a que estão submetidos permanentemente os atores tecnológicos locais, gera-se uma causalidade circular: menor possibilidade, menor viabilidade, menor desejabilidade, menos ações e realizações, menos exemplos contraintuitivos, menor possibilidade etc.

É possível (re)construir outra forma de constituição ideológica nos anos 90, no contexto de uma conceitualização na qual o processo de mudança tecnológica via importação e difusão "ortodoxa" de tecnologias brandas era considerado como inovação. Nessa constituição, a inovação está ocorrendo, é desejável (na forma em que está se desenvolvendo) e é concebível uma consolidação de sua dinâmica no futuro. Porém, é necessário levar em conta que nessa perspectiva "otimista" não se está considerando a viabilidade de um *upgrading* da dinâmica local de geração de novos produtos e processos, mas a factibilidade de que se continue a mudança tecnológica nas condições –de alinhamento e coordenação em *technological frames* gerados exteriormente – em que se desenvolve hoje: sem interações interinstitucionais, nem sinergismos, nem efeitos sistêmicos positivos.

A existência dessa segunda constituição ideológica dá lugar a um novo processo auto-organizado negativo. Na prática, essa constituição "otimista" tende a reproduzir – de forma ampliada – a situação que origina o pessimismo da constituição ideológica "pessimista": quanto mais se consolide a satisfação dos atores tecnológicos com o "funcionamento" dos mecanismos de mudança tecnológica por importação de tecnologias e difusão "ortodoxa" de tecnologias brandas, menor é a viabilidade de um processo de *upgrading* da dinâmica inovativa local.

c) O espaço da política científica e tecnológica nos SNIS locais

A interação entre política e dinâmica sociotécnica nos SNIS do Brasil, do Uruguai e da Argentina pode ser considerada a partir de duas perspectivas.

De uma perspectiva centrada no sistema, é possível observar como o funcionamento fortemente auto-organizado dos respectivos SNIS ao longo das distintas fases analisadas fez com que as endocausalidades anulassem ou ressignificassem a exocausalidade da Política Científica e Tecnológica.

Da perspectiva da Política Científica e Tecnológica, as sucessivas políticas aparecem integrando-se e confundindo-se na causalidade complexa da dinâmica dos SNIS. Algumas das linhas explicativas que permitem compreender a baixa intensidade da dinâmica inovadora – em particular as que se relacionam com os sucessivos regimes sociais e as mudanças nas trajetórias sociotécnicas das firmas – também parecem explicar a incidência baixa ou nula da Política Científica e Tecnológica sobre a dinâmica dos SNIS locais.

Precisamente, a incidência sobre o comportamento dos atores tecnológicos resulta num elemento-chave para a compreensão das trajetórias dos SNIS do Brasil, do Uruguai e da Argentina. A principal significação da Política Científica e Tecnológica para a compreensão das dinâmicas dos três SNIS aparece pela negativa: o fracasso das tentativas de organização, a escassa interação entre as unidades do complexo de C&T e as empresas, a escassa atividade inovativa desenvolvida pelas unidades de I+D enquanto atores tecnológicos discretos etc. Essa impotência da PCT para alterar a trajetória dos atores tecnológicos constitui um elemento explicativo do caráter auto-organizado desses SNIS.

Em outras palavras, uma das principais características dos SNIS da região é sua escassa permeabilidade às diferentes tentativas de organização da Política Científica e Tecnológica explícita (ofertistas *laissez faire*, regulacionistas antidependentistas, autonomistas moderados, neovinculacionistas etc.), sua resistência a responder de forma linear às diversas iniciativas lineares implementadas.

Assim, da análise da dinâmica sociotécnica dos três SNIS se desprende a insuficiência das políticas explícitas de C&T em gerar dinâmicas inovativas locais intensas.

Tal insuficiência revela o fracasso de uma aspiração racional linear, que concebe a política como uma forma de criação da realidade. Por tratar-se de sistemas fortemente auto-organizados, os SNIS não responderam mecânica e linearmente aos instrumentos de política adotados. A capacidade dos respectivos SNIS de submeter as tentativas de organização a sua endocausalidade se viu favorecida pelo caráter setorial das políticas lineares adotadas, centradas na gestão ou no melhoramento de alguns indicadores isolados. Uma política setorial de Ciência, Tecnologia e Inovação que simplesmente responda ponto a ponto a uma lista de sintomas de um diagnóstico pode, provavelmente, gerar algumas alterações incrementais, mas, a priori, parece insuficiente para dar conta do desafio de reorientar a dinâmica sociotécnica desses SNIS, em particular se for focalizada apenas sobre um restrito grupo de atores dentro de um campo de interações amplo e diverso.

Talvez isso explique – parcialmente – por que, apesar da lucidez e da sofisticação de alguns dos diagnósticos realizados, as iniciativas deles derivadas tenham tido escassa incidência sobre o plano da dinâmica sociotécnica. É notável que uma simples variação na taxa de câmbio parece ter resultado mais significativa para as dinâmicas sociotécnicas locais do que o conjunto de medidas de política de Ciência, Tecnologia e Inovação acumulado ao longo dos últimos anos nos três países.

A diferenciação analítica entre política implícita e política explícita resulta insuficiente para abarcar o fenômeno. A distinção, no fundo, preserva parte da ilusão racionalista linear: se a política implícita tivesse sido coerente com a PCT explícita, se as medidas econômicas não contradissessem as medidas e o discurso de PCT explícita, seria possível uma mudança socioeconômica e a oferta de conhecimentos encontraria sua demanda. Porém, embora seja provável que a convergência tivesse viabilizado uma melhora nas condições de implementação da PCT ofertista linear, isso certamente não teria implicado uma alteração na dinâmica inovativa.

Essa ilusão racionalista, presente ao longo do desenvolvimento do *policy making* de C&T, aparece na forma de propostas normativas de criação ou aprofundamento de um Sistema Nacional de Inovação "próprio". Enquanto as propostas se restrinjam a modificar algumas medidas da área de C&T, seguindo a tradição de fazer política para os institutos de I+D e a comunidade científica, parecem escassas as probabilidades de incidir sobre as dinâmicas sociotécnicas locais.

A política de inovação não pode restringir-se à área de C&T se pretende atuar sobre os processos de auto-organização negativa dos SNIS da região. A política de inovação não pode ser concebida como um substituto da política de Ciência e Tecnologia, nem, menos ainda, como uma subárea da Política Científica e Tecnológica. Assim, apesar de sua inspiração teórica sistêmica, essas políticas de SNIS normativos continuaram sendo tão lineares como suas predecessoras, tanto em sua implementação (focalizada nos complexos institucionais de ciência e tecnologia) como em sua concepção (o processo de mudança se inicia do conhecimento científico e da comunidade científica).

À guisa de conclusão

a) Não surgimento de processos de auto-organização positiva

Ao longo da história dos SNIS do Brasil, do Uruguai e da Argentina é possível registrar múltiplas tentativas de organização (ofertistas, vinculacionistas, neovinculacionistas) que, em linhas gerais, não deram lugar ao surgimento de dinâmicas sociotécnicas de inovação autossustentadas nem, muito menos, a processos de auto-organização positiva, sinergética. Mesmo os processos de aparição de inovações, durante a fase desenvolvimentista-substitutiva aparecem marcados por causalidades negativas (limitações do estilo tecnológico de inovação, racionalidade dos atores tecnológicos etc.). Os casos "virtuosos", enquanto isso, aparecem como experiências isoladas (tanto que, em muitos casos, a literatura os considera "exceções") resultantes do impulso sustentado de grupos individuais ou por iniciativas político-estatais de desenvolvimento estratégico (consideradas, normalmente, como "voluntaristas").

Nas dinâmicas inovativas dos SNIS da região não aparecem grandes círculos virtuosos, caracterizados pela internalização progressiva de atividades de inovação em escala do sistema. A própria racionalidade interna do estilo sociotécnico de inovação baseado em adaptação, ressignificação de tecnologias e cópia – sintomático e imediatista – não induz, por si só, automatizações de comportamentos inovativos que levem a uma mudança substancial das trajetórias sociotécnicas. Escassas firmas –fundamentalmente pequenas e médias – sustentam, na região, estratégias baseadas em inovação de produto: biotecnologia e *software*. As inovações de processo, enquanto isso, só chegam a aplicações intramuros.

Os SNIS de dinâmica inovativa intensa se caracterizam por movimentos de retroalimentação, diversificação e complementação. A diversificação de alternativas gera novas oportunidades, ao mesmo tempo em que a complementação (organizada ou auto-organizada) favorece o surgimento e a manutenção de sinergismos. Nesse contexto, uma inovação singular resulta menos custosa e mais viável, não só pela maior quantidade de recursos colocados em jogo, mas também porque já se encontram mobilizados em trajetórias sociotécnicas sinergéticas: não precisam quebrar a inércia do sistema, nem funcionam na contracorrente do regime social de acumulação vigente.

Nos SNIs da região, as trajetórias inovativas não se deslizam, nem se entrelaçam, retroalimentando-se, criando uma sensação de "situação natural", na qual as condutas inovativas apareçam como comportamentos normais, lógicos e viáveis, mas são permanentemente impulsionadas por atores conscientes. A falta de funcionamento sinergético faz com que cada uma das tentativas seja, comparativamente, mais custosa. As tentativas de estratégias baseadas em inovação aparecem, em geral, no contexto de processos *top-down* de *decision making*. Ao não alcançar um estágio de mecanização progressiva, essas tentativas tendem a desaparecer quando os atores-chave (os *system builders*) deixam de atuar como impulsores.

Isso não significa que a adoção conjuntural de estratégias de inovação sistêmica seja inviável no contexto de SNIs de baixa intensidade e escassa articulação. Porém é necessário levar em conta que isso implica, no contexto das dinâmicas sociotécnicas locais, um esforço multiplicado e oneroso. É necessário não só planificar o que é normalmente planificado em projetos tecnológicos de países desenvolvidos (em outros conjuntos sociotécnicos), mas também é preciso organizar o que em outras trajetórias sociotécnicas aparece de maneira "espontânea", como resultado da dinâmica endocausal do conjunto sociotécnico local (incluindo a iniciativa privada dos provedores). Tanto é assim que, em certas ocasiões, não se trata de iniciativas em que se gera uma incubadora de empresas de base tecnológica num setor tecnoprodutivo preexistente, e sim que a única experiência produtiva local no setor é a própria incubadora!

A principal diferença entre um SNI de um país desenvolvido e o de um subdesenvolvido pode ser caracterizada pelo surgimento, nos primeiros, de uma dinâmica de *upgrading* baseada na geração de sinergismos e processos de auto-organização positiva. Os processos organizados resultam viáveis porque interagem positivamente com as endocausalidades dos processos auto-organizados. Ambos os processos interagem, por sua vez, retroalimentando-se na causalidade complexa da dinâmica sociotécnica local, gerando crescentes rendimentos de adequação às necessidades e condições locais.

b) O problema da adequação sociotécnica

A argumentação ofertista linear das diferenças orçamentárias como explicação das diferenças na dinâmica inovativa fracassou: o aumento linear de recursos (porcentagem do PIB investido em I+D, participação da área de C&T no orçamento nacional) não causa por si mesmo aumentos de sinergismo, nem gera a aparição de processos de inovação de auto-organização positiva.

O argumento a favor das estratégias demandistas também: um conjunto sociotécnico caracterizado por processos de auto-organização negativa e baixo nível de sinergismos dificilmente gerará uma dinâmica inovativa de *upgrading* – crescente adequação sociotécnica a seu processo de desenvolvimento econômico e social – de forma espontânea.

Existe uma assimetria – entre países desenvolvidos e subdesenvolvidos – na validade da "lei de adequação sociotécnica" (entre as atuais trajetórias de inovação-mudança tecnológica e os modelos de acumulação vigentes):

- nos desenvolvidos: quanto mais há adequação da dinâmica sociotécnica ao regime social de acumulação vigente, mais se afirma um processo de auto-organização que leva ao *upgrading* das trajetórias inovativas; e quanto mais aumentam os sinergismos entre SNI e regime social de acumulação, maior é a acumulação nos setores mais dinâmicos (intensivos em tecnologia).
- nos subdesenvolvidos: quanto mais há adequação da dinâmica sociotécnica ao regime social de acumulação vigente, mais se alinha e se coordena a dinâmica sociotécnica em *technological frames* no além-fronteiras (dos países desenvolvidos), e mais se afirma um processo de auto-organização negativa. Quanto mais aumenta a acumulação (em setores pouco dinâmicos da economia internacional e pouco intensivos em tecnologia), aparecem menores sinergismos entre regime social de acumulação e os SNIs pouco intensivos e desarticulados. Quanto maior é a adequação ao modelo de acumulação, menos racional parece esperar processos de auto-organização positiva que levem a uma dinâmica inovativa local de *upgrading*.

Chega-se assim a uma aporia sistêmica: o *gap* tecnológico aumenta constantemente por causa da assimetria na vigência da lei de adequação entre o SNI e o regime social de acumulação. Quanto mais aumenta o *gap* tecnológico, menos racional é destinar recursos à inovação. O vão até a meta aumenta devido à diferença sistêmica, infinitamente.

Frente à existência de alguns argumentos acerca do surgimento recente de um novo arranjo de inovação globalizada, onde os institutos locais de I+D "de excelência" se integrariam à estratégia de inovação das empresas transnacionais. ou outros, em que os grandes grupos econômicos locais, levados pela própria lógica de acumulação, investiriam em inovação local, seria conveniente realizar séries de estudos de caso para testar tais hipóteses. Por enquanto, nos casos do Brasil, do Uruguai e da Argentina, esses argumentos se baseiam em extrapolações teóricas, mais do que em estudos com base empírica.

c) Insumos para *policy making*

À luz da análise desenvolvida, é possível derivar uma recomendação de política de Ciência, Tecnologia e Inovação: a complexidade dos processos de mudança tecnológica torna necessária a realização de análises das dinâmicas e das trajetórias sociotécnicas dos sistemas locais de inovação, como insumo para a planificação estratégica de iniciativas de Política de Ciência, Tecnologia e Inovação. A planificação de tais iniciativas na ausência desse insumo corre o risco certo de assemelhar-se às concepções ofertistas lineares, vigentes na região até um ponto avançado dos anos 90.

Embora seja certamente difícil avaliar se a incidência dessas iniciativas poderia ter sido maior no caso de ter-se realizado tal análise como insumo para o processo de *policy making*, parece, sim, claro que o grau de adequação ao contexto socioinstitucional poderia ter sido maior. A adequação permitiria dar conta das múltiplas racionalidades dos atores implicados (cientistas, tecnólogos, empresários, *policy makers*, formadores de opinião), definir prioridades e estratégias que vão ao encontro da dinâmica sociotécnica vigente (em vez de comportar-se como propostas "em paralelo", ou como exocausalidades pouco consequentes) e conformar as iniciativas de política em termos de viabilidade e governabilidade (em vez de funcionar como propostas em abstrato, transportadas de cenários extrarregionais), aumentando seu potencial de alteração do cenário tecnoprodutivo tendencial e sua capacidade de incidir sobre os estilos sociotécnicos de inovação locais.

Aprender com a própria experiência talvez seja a melhor saída para esse problema. Já existe quantidade e escala de experiências locais de inovação que permitiriam analisar não só por que algumas coisas funcionaram deficitariamente, mas também, fundamentalmente, como funcionaram as que funcionaram e como essas experiências viáveis geraram sua condição de possibilidade.

Existe em cada um dos três países uma significativa quantidade de empresas nacionais com produções intensivas em conhecimentos científicos e tecnológicos. A análise das experiências consideradas bem-sucedidas mostra estilos sociotécnicos particulares sobre os quais construíram sua trajetória e sua viabilidade, diferenciados dos estilos empregados pelas firmas de países desenvolvidos. Que lições é possível extrair dessas iniciativas? Entretanto, são poucas as análises disponíveis – realizadas a partir dessa perspectiva – sobre esses empreendimentos tecnoprodutivos. Obviamente, também existe na região um número significativo de experiências fracassadas, cuja análise estratégica suporia uma valiosa informação em termos de aprendizagem sobre o que fazer e o que não tem sentido voltar a tentar.

É necessário levar em conta que grande parte das experiências empreendidas nos países desenvolvidos mostra a existência de uma elevada capacidade excedente, de tal forma que permitiu absorver fracassos e multiplicar experiências, ao mesmo tempo em que possibilitou tentativas sustentadas em longo prazo. Nos países em desenvolvimento, ao contrário, a capacidade excedente é escassa ou nula. Daí a relevância do desenho e da planificação estratégica das iniciativas locais. Não é suficiente contar com análises macro (do entorno, extramuros) e micro (das firmas, intramuros). Longe da (re)construção estática do entorno das firmas, enfoques integrados de redes tecnoeconômicas ou conjuntos sociotécnicos permitiriam compreender com maior precisão e clareza processos dinâmicos de alinhamento e coordenação de elementos heterogêneos (tecnologias, regulamentações, atores, práticas, transações, mercados).

Se os processos de adequação sociotécnica das iniciativas locais de vinculação Universidade-Setor Produtivo incorporaram a dimensão das necessidades locais como motor de desenvolvimento, as condições de possibilidade de *upgrading* dos snis da região poderiam melhorar substancialmente. Por um lado, porque isso é o que efetivamente se pode identificar na dinâmica sociotécnica dos snis dos países desenvolvidos, gerando produtos e processos adequados a suas condições locais. Por outro, porque essa dinâmica constitui um motor de diferenciação de produtos, gestação de novos mercados (internos e internacionais), geração de respostas a problemas socioeconômicos que, por sua vez, viabilizam o surgimento de novos sinergismos.

Nesse plano, para além das diferenças quantitativas entre Brasil, Uruguai e Argentina, existe um desafio em comum: responder a necessidades sociais urgentes, solucionar graves problemas ambientais, aumentar sua capacidade tecnoprodutiva e sua competitividade sistêmica, gerar maior autonomia de decisões tecnoeconômicas e sociopolíticas.

Existe também um espaço geoestratégico em comum, pouco aproveitado. Contudo, o potencial de desenvolvimento de um sistema regional de inovação ainda não foi incorporado à agenda política da região. Por acaso alguém ignora que os sistemas tecnoprodutivos da Finlândia, da Coreia, da Austrália, da Dinamarca, da Irlanda, de Israel não só foram gerados e sustentados por iniciativas estatais, mas, fundamentalmente, por uma férrea decisão política, consistente ao longo de décadas? Por acaso alguém supõe, observando os indicadores disponíveis, que Brasil, Uruguai ou Argentina são viáveis em longo prazo de maneira isolada, sem realizar esforços de integração de seus sistemas tecnoprodutivos, sem compartilhar os custos de pesquisa e desenvolvimento?

A adoção de uma estratégia de integração de esforços em escala regional suporia uma tripla vantagem: a) a expansão de uma visão alternativa à simples acumulação econômica linear, baseada na exploração dos recursos naturais, a partir de lugares ainda não demarcados; b) a habilitação de novos atores no processo decisório e, talvez com eles, o surgimento de novas propostas tecnoprodutivas com maior potencial de desenvolvimento econômico e integração social e, em última instância, c) a construção do Mercosul como um ator coletivo, em escala de um sistema regional de inovação, orientado a superar as restrições derivadas da condição periférica: maior adequação sociotécnica às necessidades e demandas locais, maior desenvolvimento econômico e social, maior capacidade de resolução de problemas sociais e ambientais, maior democratização.

Navegando pela nova expansão digital: atores e políticas de incentivo à indústria de *software* no Brasil e na Índia

MARCONI AURÉLIO E SILVA

Contextualização

A CHEGADA DO SÉCULO XXI foi marcada pela consolidação de uma nova fase de expansão do capitalismo global, que se deu a partir da revolução digital e do processo de financeirização mundial. A ampliação dos recursos técnicos disponibilizados para a comunicação internacional, bem como a otimização nos transportes entre as diversas nações e continentes, favoreceu o maior estreitamento na integração sociocultural da humanidade, o que demandou, por fim, nova organização da Divisão Internacional do Trabalho.

Logicamente, tal aproximação trouxe consigo o aumento das tensões internacionais, sobretudo se é observada a crescente intolerância entre o Ocidente e o Oriente. Contudo, é trivial afirmar que, com o fim da bipolaridade mantida durante a Guerra Fria e simbolizada na queda do Muro de Berlim, a geopolítica mundial se viu estimulada à formação de novos blocos de poder, que tinham como interesse a inserção dos países a eles associados e que representavam todos os níveis de desenvolvimento, de modo mais soberano e independente, dos respectivos centros globais mantidos desde o fim da 2ª Guerra Mundial, a saber: EUA e URSS.

Nesse cenário, Brasil e Índia encontram novas vias de cooperação, bem longe daquelas realidades que deram início ao processo de globalização, ocorridos em meados do século XV. O contexto atual merece ser bem compreendido a fim de que atualizemos as variáveis que condicionam tal relação.

A Crise do Petróleo, de 1973, trouxe à tona a insustentabilidade de um modelo de crescimento econômico pautado até então pela exploração de recursos energéticos minerais e não-renováveis. Havia a necessidade de se estabelecer um novo paradigma tecnoeconômico que gerasse um ciclo expansionista inovador. Lastres & Ferraz (1999, p. 32) defendem que o tal paradigma deveria pressupor o intenso uso do conhecimento, de modo a suprir a crescente demanda ocasionada pela inteligência artificial dos computadores e sistemas digitais. Curiosamente, aquele período inaugurava um ciclo de crescimento capitalista que, a partir da inovação produtiva, gerou muitas divisas e terminou por sufocar a bipolaridade. É que na "economia do conhecimento", as riquezas principais concentram-se em produtos de alto valor tecnológico agregado e não mais em recursos fundamentados em capital e trabalho, ou nos recursos naturais abundantes e na mão de obra barata, como outrora.

A automação, por exemplo, passou a transformar os processos de compra e venda, de transações financeiras etc. No estágio atual do capitalismo, é o saber que traz o diferencial: *o saber inovar continuamente*. Isso é o que afirmam Cavalcanti & Gomes (2001, p. 14): "[...] países em desenvolvimento estão concentrados em sua 'industrialização' e países ricos estão desenvolvendo a economia do conhecimento".

Por esse motivo, a pesquisa científica e tecnológica passa a ocupar um papel sempre maior na geração de novas divisas e na consolidação da independência político-econômica das nações. O desenvolvimento de políticas públicas voltadas a estimular tal processo tem sido alvo de preocupação dos governos e da ciência política em geral. O cenário se agrava ainda mais quando passamos a observar a guinada provocada pelo 11 de setembro de 2001. O discurso ocidental se volta contra o terror oriental ("eixo do mal"), e a invasão do Iraque, com consequente ocupação dos campos de petróleo, sintetiza, por exemplo, as tensões geopolíticas da atualidade. Diga-se de passagem, tensões que foram agravadas pelo forte aumento no preço do barril de petróleo ao longo da última década. O que reforça ainda mais a necessidade de ser recriado o citado paradigma tecnoeconômico.

Ciência e Tecnologia são estratégicas na atualidade. Contudo, Ruivo (1998, p. 9) enfatiza a necessidade de definir os termos bem como a prática política nesse âmbito:

> Parece-nos ser importante clarificar, primeiro, alguma confusão que existe sobre a designação "política de ciência e tecnologia". À expressão "política científica", utilizada há muitos anos atrás, foi acrescentada, a certa altura, a palavra "tecnologia". Isto aconteceu num contexto em que o centro das atenções dos investigadores se deslocou do sistema de investigação para o sistema de inovação. [...] A

alteração da expressão usada esteve ligada, ainda, à deslocação do domínio predominantemente utilizado na análise, que passou da sociologia da ciência para a economia da inovação. No limite, foi dada apenas ênfase à problemática da investigação levada a cabo nas empresas e, no caso dos países em via de desenvolvimento, à transferência da tecnologia vinda do estrangeiro. Deste ponto de vista, a palavra "ciência" desapareceu e a expressão usada passou a ser "política tecnológica". Por fim, a alteração terminológica esteve ligada a uma perspectiva que enfatizava o "efeito da procura" ("demand-pull") na inovação.

Em vista disso, percebe-se mais claramente que o problema implica em diversos desafios, dos quais os altos investimentos na formação de mão de obra voltada a suprir o crescimento desse dinâmico setor, sobretudo em Tecnologias de Informação e Comunicação (TICs), bem como em Pesquisa e Desenvolvimento (P & D), são centrais. Ao se observar o cenário do fim do século passado nesse quesito, conclui-se que este não é dos mais animadores. Segundo Cavalcanti & Gomes (2001, p. 12):

> Em 1990, os países do G7 [Estados Unidos, Canadá, Japão, Inglaterra, França, Alemanha e Itália] eram responsáveis por 90,5% da indústria mundial de alta tecnologia e detinham 80,4% da indústria de informática. Em relação aos recursos humanos, a concentração de competências nos países desenvolvidos é ainda maior: a média mundial de profissionais das áreas científicas em 1985 era de 23.442 para cada milhão da população. O número dos países em desenvolvimento era de 8.263, enquanto nos países desenvolvidos era substancialmente maior, chegando a 70.452 profissionais para cada milhão de habitantes.
>
> Quanto ao gasto em P & D (Pesquisa e Desenvolvimento), enquanto a América do Norte representava 42,8% do total mundial, em 1990, a América Latina e África, juntas, representavam menos de 1% deste total.

A 3ª Revolução Industrial, tal como é conhecida a revolução digital, traz consigo muitos desafios para os países em via de desenvolvimento, uma vez que os mesmos ainda possuem raízes produtivas centralmente baseadas em bens primários, básicos. Furtado (2001, p. 43) alertava justamente para essa condição desfavorável e injusta do comércio internacional:

[...] os preços dos produtos manufaturados exportados pelos países do Terceiro Mundo cresceram 12% em termos nominais (em dólares), nos anos 80. Ora, durante esse mesmo decênio, os preços das manufaturas exportadas pelos países industrializados cresceram 35%. Se ajustarmos o poder de compra gerado pelas manufaturas exportadas por países do Terceiro Mundo, tendo em conta os preços das máquinas e dos equipamentos que eles importam, vemos que a perda alcançou 32% no referido decênio.

E para piorar ainda mais o cenário, a inserção desses produtos primários nos mercados centrais, cultivados ou extraídos nos países em via de desenvolvimento (*commodities*), enfrenta enormes barreiras protecionistas no livre acesso. Sem contar que, não possuindo alto valor intangível agregado em seus produtos, há menor geração de riquezas para o país de origem. Já os produtos altamente industrializados e "inteligentes" ocupam espaço central nos novos hábitos de consumo da humanidade, em todas as sociedades do planeta.

A tabela a seguir ilustra bem a realidade recente da pauta exportadora do Brasil:

TABELA 1. Produtos mais exportados pelo Brasil, por setor (2004)

Setor	US$ milhões	Part. total	Variação 2003/2004
Matérias-primas	54.633	57%	+29%
Bens de consumo	21.529	22%	+29%
Bens de capital	14.479	15%	+57%
Comb. e lubrificantes	4.363	5%	+16%
Operações especiais	1.471	1%	+20%

Fonte: Análise – Anuário do Comércio Exterior 2005/2006, p. 170.

Cabe-nos, pois, questionar: como os países em via de desenvolvimento procuram adequar-se à nova matriz produtora tecnológica a fim de superar os entraves econômicos que impedem suas respectivas ascensões da periferia para o centro econômico global?

De que modo países como Brasil e Índia se inserem no novo paradigma tecno-econômico da economia do conhecimento (*knowledge based economy*) tomando, por exemplo, o caso da indústria de *software*, que se tem mostrado como sendo a mais dinâmica em termos de TICS?

São muitos os desafios impostos às nações periféricas para superar o atraso científico e tecnológico. Contudo, observamos que as experiências brasileira e indiana são expressivas e explicam claramente como o fator político é primordial à transformação dessas matrizes produtivas mencionadas. Tais países figuram como potências emergentes do século XXI e têm dimensões econômicas similares no contexto internacional com crescente mercado de consumo e abundante mão de obra produtiva. Mas suas características culturais são extremamente diversas.

O presente artigo pretende discorrer justamente sobre o papel político exercido pelo Estado e pela iniciativa privada, em ambos países, com o intuito de desenvolver suas próprias indústrias de *software* e vencer as barreiras a eles impostas pelo centro do Capitalismo mundial. Parece-nos mais factível e coerente comparar essas nações, em estágio semelhante de desenvolvimento, o que é corroborado por Johnson & Lundvall, quando propuseram que:

> [...] se a posição relativa de dois países que experimentam pressões similares advindas da globalização e da mudança no desenvolvimento tecnológico se altera ao longo do tempo, seria interessante analisar se a mudança reflete diferentes estratégias de política em termos de regulação da transformação, ou se refletem as diferentes características estruturais e institucionais (o sistema de inovação).

O "sistema de inovação", tal como é proposto pela escola de Sussex, é formado por três componentes: (1) o Estado, (2) a iniciativa privada e (3) as instituições de P & D. A proposta neoschumpeteriana afirma que uma boa articulação e união estratégicas entre esses componentes proporcionaria condições básicas para o salto desenvolvimentista necessário às nações. Por isso, buscamos aqui compreender como as relações estabelecidas entre Estados e iniciativas privadas, brasileiros e indianos, contribuíram para concretizar as respectivas indústrias de *software* atualmente existentes. Para tanto, no caso do segundo ator, tecemos considerações sobre a Sociedade para a Promoção da Excelência do *Software* Brasileiro (SOFTEX), no caso do Brasil, e a Associação Nacional das Companhias de *Software* e Serviços (NASSCOM), no caso da Índia.

De antemão, devemos reconhecer que a ideia do Sistema Nacional de Inovação, proposta pelo grupo de Sussex ao mundo, tem limitações explicativas sobre os complexos fenômenos sociais existentes na atualidade, já que "[...] tem o pecado capital de, ao reduzir os papéis do contexto e dos conflitos sociais, quando justamente sobredetermina o fator técnico, cai em determinismo tecnológico" (LIMA, 2006, p. 15). Todavia, acreditamos que

246 Marcos Costa Lima (org.)

analisar a postura dos atores envolvidos, prioritariamente, no desenvolvimento científico e tecnológico de um determinado Estado facilitaria uma precisa percepção do percurso histórico estabelecido e dos respectivos resultados obtidos pelos mesmos. Isso, em nosso entendimento, permitiria estabelecer comparações mais aproximadas de realidades como a que encontramos no Brasil e na Índia, países distanciados no tempo e no espaço, que se propõem a estreitar relações comerciais, de cooperação em P & D, e mesmo de integração regional, a partir do chamado Fórum IBAS.

Estado e Sofitex: o caso do Brasil

Para explicarmos as condições atuais do setor de *software* brasileiro, faz-se necessário mencionar alguns condicionantes históricos que o influenciaram. Estamos nos anos 1950. Os primeiros movimentos em favor da criação da indústria nacional de informática se deram ainda no governo de Juscelino Kubitscheck, em 1958, com a criação do Grupo Executivo de Aplicação de Computadores Eletrônicos (CEAG), que realizava discussões sobre o futuro do setor no país. Os resultados obtidos nessa área surgem rápido, com o advento do "Zezinho" – o primeiro computador produzido no Brasil, em 1961. O equipamento foi projetado por engenheiros do Instituto Tecnológico da Aeronáutica (ITA).

Em 1971, teve início o "Projeto Guaranys", uma parceria estabelecida entre a Marinha do Brasil, o então Banco Nacional de Desenvolvimento Econômico (BNDE) e a Agência Financeira (FINEP). O consórcio construiu o primeiro microcomputador brasileiro, o G-10, que tinha *hardware* produzido pela Universidade de São Paulo e *software* pela Pontifícia Universidade Católica do Rio de Janeiro. Entretanto, a institucionalização de um setor ligado especificamente à área de informática, no caso do Brasil, deu-se apenas com a criação da Comissão de Coordenação das Atividades de Processamento Eletrônico (CAPRE), no ano de 1972, responsável por racionalizar as compras e otimizar o uso dos computadores em órgãos da administração pública e em empresas vinculadas.

Em 1973, foi criada a Eletrônica Digital Brasileira Ltda., que se tornou empresa estatal no ano seguinte, com o nome Digibras S/A. Três anos depois, em 1976, mudanças estruturais no setor culminaram com a reorientação das funções da CAPRE, quando a mesma se tornou responsável também por impedir importações de tecnologias desnecessárias, mesmo as do setor privado, a fim de não comprometer a balança de pagamentos. Naquele ano, a gigante de informática norte-americana, IBM, decidiu entrar no mercado brasileiro, lançando o sistema/32. A reação da indústria nacional foi imediata e os empresários locais pressionaram o governo para que controlasse tal ameaça, comprometendo-o assim em proteger a eminente indústria nacional. Com esse intuito, surgiu, naquele mesmo ano, a Associação das Empresas Brasileiras de *Software* e Serviços de Informática (Assespro), que visava à organização das pequenas e médias empresas do setor em defesa dos interesses da indústria nacional.

Foi apenas em 1979 que se deu o primeiro passo para regulamentar o setor de informática no Brasil, com a criação da Secretaria Especial de Informática (SEI) em substituição à CAPRE. Dentre as suas responsabilidades estava a de assessorar o presidente da República na formulação da "Política Nacional de Informática" (PNI), bem como de coordenar a sua execução.

Em meio ao crescente descrédito popular do governo militar e à crescente crise da dívida externa, vivia-se no Brasil o período de reabertura democrática. A sociedade pressionava o poder central para que fossem retomados os mecanismos básicos de participação social, como o voto direto e o fim da censura. Naquele conturbado momento histórico foi aprovada a Lei n.º 7.232/1984, conhecida mais tarde como "Lei da Informática". Essa foi a primeira regulamentação no setor, quase três décadas depois do surgimento do CEAG, e tinha como principal objetivo institucionalizar a reserva do mercado interno de informática. Para tanto, foi criado o Conselho Nacional de Informática e Automação (CONIN), que substituiria a SEI na implementação da PNI.

No início do Governo Sarney, em 1985, foi criado também o Ministério da Ciência e Tecnologia (MCT), que tinha o objetivo de planejar as ações e investimentos em ambas as áreas. Também naquele ano, os EUA processaram o Brasil contra a reserva de mercado e a própria PNI. Dessa forma, manteve-se contencioso até junho de 1988, com o intuito de pressionar o país para que permitisse o acesso de suas corporações multinacionais ao mercado interno.

É notório que diversos equívocos foram realizados pelo Brasil ao longo desses anos. Entre eles, está o de ter-se limitado ao controle das subvenções financeiras bem mais que a um planejamento de longo prazo para o setor. Nesse sentido, concordamos com Tapia (1995, p. 329) quando afirma:

> O que parece importante sublinhar, em termos das debilidades enfrentadas pela
> PNI [Política Nacional de Informática], é que os aspectos regulatórios da política

(controle das importações e restrições ao capital estrangeiro) foram mais atuantes do que aqueles de natureza mais estruturante (como o apoio a atividades de pesquisa e desenvolvimento, políticas de compra do Estado, formação de recursos humanos e de suporte de infraestrutura científica e tecnológica).

Com a chegada de Fernando Collor à Presidência da República, a liberalização do mercado interno de informática foi estipulada através da Lei n. 8.248/1991. De um modo geral, após a queda do Muro de Berlim e o fim da Guerra Fria, viu-se surgir uma corrida neoliberal nos países, visando ao alinhamento ocidental. No Brasil, Collor e Fernando Henrique Cardoso representam governos que implantam esse modelo.

A segunda legislação do setor de informática concedia incentivos fiscais. Foi criada, à época, a Secretaria de Políticas em Informática e Automação (Sepin), que era subordinada ao MCT e que ficou responsável pela concepção, implantação e acompanhamento da política industrial em TI, especialmente voltada para equipamentos, *software* e microeletrônica.

Em termos de qualificação de mão de obra, observa-se naquele período um percurso estável, sem grandes crescimentos no montante de profissionais formados no ensino superior, o que comprova a preocupação menor da citada política em desenvolver um sempre crescente fluxo de mão de obra voltada para a economia do conhecimento ou do aprendizado contínuo, prioritariamente em TI. É o que demonstra o gráfico:

GRÁFICO 1. Qualificação de mão de obra do setor de informática do Brasil/milhares (1991-1998)

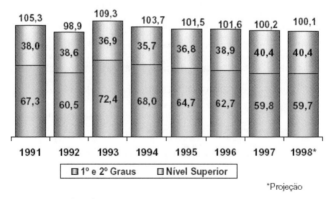

Fonte: MACEDO FILHO & MIGUEL (1998)

Do ponto de vista dos investimentos industriais em P & D na área de informática, percebemos, entre os anos de 1991 e 1998, um movimento muito maior por parte da indústria de *software* em detrimento daquela de *hardware*. Isto pode representar uma dicotomia na política adotada, já que os incentivos da Lei n.º 8.248/1991 previam a redução do Imposto sobre Produtos Industrializados (IPI) e do Imposto de Renda (IR) àquelas empresas que produzissem bens de informática. Como o IPI incide sobre os bens concretos, a produção e comercialização de programas intensivos em conhecimento estariam fora desses benefícios (sobretudo as categorias de "serviços de *software*"), haja vista sua condição de bem virtual. O faturamento dos produtos de hardware sempre fora maior que aqueles de *software*, excluídos os serviços técnicos de informática, o que representa realmente uma divergência entre o tamanho do mercado e seu efetivo a nível de investimentos em P & D.

Foi apenas em 1993 que se propôs um conjunto de estímulos para que o foco da indústria local de informática mudasse: (1) de equipamentos para *software*; (2) de mercado doméstico para exportação; e, (3) de produção em pequena para grande escala. Foi com esse intuito que surgiu o Programa Nacional de *Software* para Exportação (SOFTEX 2000), sempre no âmbito do MCT. O projeto era chegar até a virada do século com exportações da ordem de US$ 2 bilhões. Mas, na realidade isso não passou de pouco mais de 10% do estipulado.

A Sociedade para Promoção da Excelência do *Software* Brasileiro (SOFTEX), tal como a conhecemos hoje, é mesmo uma invenção recente, do ano 1996. Ela surgiu como entidade civil sem fins lucrativos e tinha como principal finalidade gerir o Programa SOFTEX, visando a tornar o país uma plataforma exportadora de *softwares* e serviços.

No início do século XXI, ainda no segundo governo de Fernando Henrique Cardoso, foi aprovada a Lei n.º 10.176/2001. Esta favoreceu o setor de informática, revendo os benefícios governamentais concedidos em prol do desenvolvimento da P & D na área, tais como: redução gradativa do Imposto sobre Produto Industrializado (IPI) e do Imposto de Renda (IR); e favorecimento de regiões menos desenvolvidas na área, como Nordeste, Norte e Centro-Oeste. Também em 2001, surgiu o Comitê da Área de Tecnologia da Informação (CATI), responsável por fiscalizar a aplicação do Fundo Nacional de Desenvolvimento Científico e Tecnológico (FNDCT) destinado a P & D. E assim chegamos aos fatos da década atual.

O Brasil se encontra, pois, na contramão das estratégias traçadas à efetiva superação das próprias limitações e da condição de dependência tecnológica. No tocante à pesquisa, inovação e educação, Cassiolato & Lastres (2000, p. 240-241) reforçam tal divergência ao compará-la com as práticas existentes entre aqueles países desenvolvidos:

> Anteriormente, o apoio à inovação se constituía fundamentalmente de subvenções pagas às empresas sob a forma de contratos de P & D estabelecidos com o objetivo da obtenção de resultados específicos, prolongando-se, em caso de sucesso, sob a forma de compras governamentais. [...]

Hoje em dia, na maior parte dos países da OCDE, a ênfase nas medidas de apoio à inovação tecnológica, por parte dos países mais avançados, está estreitamente vinculada ao desenvolvimento, difusão e utilização eficiente das novas tecnologias (especialmente as de informação e comunicações) na economia baseada no conhecimento.

De um modo geral, o país deixou muito a desejar quanto aos níveis de investimento em P & D. Para se ter uma ideia, enquanto o Brasil investiu R$ 8,4 bilhões, em 1999, o equivalente a 0,9% de seu PIB, países como França, Holanda e Bélgica destinavam 2% para a mesma finalidade. Também se deve alertar aos *policy-makers* brasileiros o fato de que, em 1999, por exemplo, apenas 7% do total de concluintes em cursos presenciais de graduação serem provenientes das engenharias. Na Índia, os formados nessa área passaram de 0,61%, entre os anos 1968-79, para 4,64%, entre 1979-89, e se intensifica ainda mais a partir dos anos 1990.

Uma possível explicação para tal gargalo foi apresentada por Tigre ao afirmar que, entre 1982-90, o número de empregos nas empresas de capital nacional no setor de informática quintuplicou, enquanto nas subsidiárias das multinacionais cresceu apenas 35%. Mas, "[...] até 1988 não havia nenhuma ação coordenada para estimular a formação de recursos humanos para a área de informática. [...] Somente em 1989 foi implementado o Programa RHAE [Recursos Humanos em Áreas Estratégicas]". A liberalização do mercado de informática, em 1991, agravou ainda mais a situação da P & D nacional (quando em 1989 os gastos registrados foram equivalentes a 8,2% do faturamento total do setor e, a partir de 1990, houve uma redução em tais esforços da ordem de 70%). Ou seja, no momento em que o mercado demandava pessoal para P & D o governo não intensificara a formação de competências no setor e, quando a formação fora iniciada havia desaquecimento do setor interno de P & D em informática devido à liberalização e à entrada de empresas estrangeiras no mercado nacional, o que levou à falência aquelas empresas locais. Isso possivelmente desestimulou novas gerações de estudantes universitários a seguirem carreira na área, haja vista tamanha volatilidade dos empregos no setor. Faltou mesmo planejamento e adequada percepção da conjuntura vivida pelo país.

Considerando ainda o caso brasileiro, observa-se que foi o próprio Estado quem estimulou o associativismo da iniciativa privada, oferecendo vantagens para aquelas empresas que investissem em exportações. Além do mais, foi tardio o interesse do país em reorientar os esforços produtivos locais para que desenvolvessem mais *software* que *hardware*, sobretudo deixando de ser nação eminentemente importadora desses bens. Nesse sentido, a SOFTEX abriu, sim, novos horizontes à área, mas teve limitada as suas possibilidades devido aos gargalos estruturais existentes, tais como: falta de mão de obra qualificada; cenário econômico turbulento; desunião de empresários do setor; falta de certificação internacional nos processos de produção e de serviços da área; e, políticas fiscais inadequadas às características peculiares do *software*.

Outra característica relevante é a da concentração do Sistema SOFTEX em praticamente duas regiões geográficas: Sudeste e Sul (76%). A maioria de seus quase 900 associados era composta por micro e pequenas empresas (77,4%). Além disso, segundo recente estudo do MIT/SOFTEX (2002, p. 37), as principais estratégias de exportação de *software* adotadas por essas empresas locais são: canais internos de multinacionais (48%) e implantação de filiais no exterior (28%).

O investimento em pesquisa também se concentrou, em sua grande maioria, nas verbas públicas. Poucas empresas privadas investiram em inovação. Isso é uma característica marcante do Sistema Nacional de Inovação do Brasil. Enquanto a média nos países da OCDE é de 63% de participação da iniciativa privada, no Brasil esta participa apenas com 33% do total. É, pois, urgente que se intensifique o que foi proposto pelo próprio MCT, em 2002, quando sugeria que tais investimentos devessem atingir o montante de 2% do PIB nacional, já em 2012, visando a reduzirmos nossa precária condição de dependência técnico-científica. Mas para isso, segundo Fonseca, faz-se necessário que o enfoque da política pública voltada à P & D seja revisto, já que não são apenas os recursos que estão ausentes, mas também um ambiente mais favorável ao surgimento desses novos investimentos:

> [...] o principal papel do governo no que concerne à inovação tecnológica, portanto, é o de prover os incentivos corretos ao desenvolvimento e à difusão de ideias por parte do setor privado (ações indiretas). Promover um ambiente político, econômico e institucional que estimule as empresas a investir em ciência, tecnologia, pesquisa e desenvolvimento.

As discussões mais recentes acerca desses estímulos trazem diversas possibilidades. Uma das propostas levantadas durante o Governo Lula é a de abater no Imposto de Renda de Pessoas Físicas doações feitas a instituições de P & D. Até o momento não dispomos de nenhuma análise sobre o impacto disto na pesquisa científica e tecnológica. Aliás, num cenário em que ainda há grande déficit educacional nos assalariados, inclusive entre aqueles que são taxados pelo referido Imposto, é de se questionar que estímulo os mesmos terão para investir em pesquisa, já que tal universo lhes é muito distante.

Contudo, apesar do conturbado percurso aqui exposto, o setor de *software* passou a representar 1,5% do PNB brasileiro, sendo estimado em cerca de US$ 8 bilhões, dos quais apenas US$ 300 milhões destinados à exportação (dados referentes a 2001). A participação do país no total do mercado mundial setorial naquele ano fora de 2,3%.

Por outro lado, o crescimento do mercado global de *software* e de serviços relacionados tem sido mais intenso que aquele nacional. Entre 1997 e 2008, estima-se que ele salte de US$ 90 bilhões para US$ 900 bilhões. A grande parcela desse mercado deverá ser voltada para *softwares* que ajudem a reduzir custos, melhorem a segurança e integrem aplicativos já existentes.

Imaginar o Brasil fora do circuito interdependente da indústria mundial de *software* é algo descabido. Por esse motivo, nossa opção em deter-nos sobre a agência voltada à exportação nessa área: a SOFTEX. Já o caso indiano é surpreendentemente diverso.

Estado e Nasscom: o caso da Índia

A Índia possui uma cultura milenar muito diversa da brasileira. Sua história democrática autônoma é também muito recente. Em 1947, foi conquistada a independência da Inglaterra. Desde então, formou-se um Estado contraditório e organizado em castas, em que apenas 10 ou 15% da população pertencem àquela mais alta (sacerdotes, guerreiros e empresários). Além do mais, cerca de 70% do povo ainda vive na área rural. No Brasil, cerca de 80% da população vive em áreas urbanas.

A experiência indiana na área das TICS tem chamado a atenção mundial por causa da atual pujança dos negócios ali realizados, graças às exportações de *software* e serviços de informática. Para se ter uma ideia, enquanto o Brasil exportava, no início do novo século, pouco mais de 300 milhões de dólares no setor, a Índia estava próximo de atingir a casa dos 20 bilhões. Necessário se faz conhecer os precursores do fato.

A indústria de informática indiana teve início em 1966, quando seu governo, através do Comitê Bhabha, publicou um boletim que recomendava o desenvolvimento de um setor industrial integrado para obter autoconfiança com o mínimo de recursos, a fim de desenvolver um papel capital e dominante nos setores públicos e de pequena escala. Contudo, foi apenas em 1970 que se deu a criação do Departamento de Eletrônicos, órgão governamental que tinha como atribuição desenvolver a indústria eletrônica no país. No ano seguinte, formou-se uma Comissão de Eletrônica, que teve como principal objetivo formular a política industrial de eletrônica indiana.

Quase no fim daquela década, no ano de 1979, dois outros comitês foram muito importantes para direcionar a política de informática da Índia, sobretudo para traçar o perfil que seria adotado pela indústria local a partir de então. O primeiro, o Comitê Sondhi, ficou responsável pelo desmantelamento do oligopólio existente entre companhias nacionais, em particular a MRTP e a FERA. O segundo, o Comitê Menon, recomendou a liberalização das importações de bens de capital e tecnológicos e a isenção de impostos para a compra de equipamentos estrangeiros. A "Política de Componentes", como passou a ser conhecida, foi implantada em 1981 e ficou marcada: (1) pela remoção da licença de componentes manufaturados de algumas companhias; (2) por proporcionar a redução geral de impostos sobre componentes; e (3) por liberalizar a importação de bens capitais e componentes eletrônicos manufaturados.

Coincidentemente, em 1984, enquanto o Brasil garantia a reserva de mercado para as empresas nacionais, era implantada na Índia a Política de Computação. Segundo ela, todas as companhias locais estavam proibidas de entrar em todos os segmentos de produção da indústria de computação, independentemente de sua capacidade produtiva. Naquele ano, também foi criada a Política de Telecomunicações, que previa que a produção de manufatura de equipamentos de telecomunicações também fosse aberta ao setor privado.

Foi apenas em 1985 que Rajiv Gandhi, após a morte de sua mãe Indira, ocupou o cargo de primeiro-ministro. Mediante diversas estruturações visando à manutenção da unidade territorial, Rajiv declarou que manteria a política externa voltada ao não-alinhamento. Com relação à política industrial, ele fez do microcomputador o símbolo da rápida modernização indiana, prometendo ao setor privado a revogação às restrições de importações e à compra de tecnologias estrangeiras, além da redução da carga fiscal. Tal decisão parece ter influenciado sobremaneira o crescimento do número

254 Marcos Costa Lima (org.)

de estudantes em ciências naturais e engenharias no fim dos anos 1980, como já fora mencionado anteriormente.

Em 1985, já se falava em integração industrial. A Política Integrada excluiu da reserva de mercado certos componentes de setores de menor escala, introduzindo larga escala e perfil liberal a companhias com mais de 40% da produção voltada para a área de altas tecnologias. Esse conjunto de modificações implementadas culminou com a criação da Política de *Software* para Computador. Nesse caso, em 1986, as principais medidas adotadas foram: (1) redução das taxas de importação sobre produtos voltados para o desenvolvimento da exportação de *software*; e (2) isenção total para qualquer exportação. Tal política provia 100% de financiamento dos projetos de exportação para empresas com mais de 40% da produção voltada para altas tecnologias.

Foi em meio a esse cenário que surgiu a Associação Nacional das Companhias de *Software* e Serviços (NASSCOM), mais especificamente no ano de 1988. Diferentemente do que aconteceu no Brasil, não houve necessidade de se criar um programa indiano de estímulo às exportações, já que as empresas que surgiram até então possuíam tal foco. A NASSCOM também não é fundada por estímulo do Estado, mas pelo interesse empresarial em defender seus próprios interesses junto a esse.

Nota-se até o momento, pois, a existência de uma clara tentativa de estruturação de uma indústria nacional voltada para o mercado externo, bem como a abertura suficiente do mercado local para que empresas estrangeiras investissem na Índia, trazendo *know-how* suficiente para formar levas de novos gestores e técnicos com experiência internacional, além de incentivar a concorrência.

Diga-se de passagem, desde então se tornou crescente o fluxo de universitários que saíram do país rumo à Europa e aos EUA, a fim de apreender conhecimentos em cursos de mestrado e doutorado, o que tem possibilitado, sobretudo, a criação e desenvolvimento de redes de cooperação e de negócios internacionais quando tais estudantes retornam ao país de origem e abrem empresas prestadoras de serviços altamente qualificados, com custos mais baixos que os encontrados nos países das matrizes dessas megacorporações. Essa fórmula, utilizada amplamente desde a segunda metade dos anos 1980, proporcionou ao Estado indiano as condições necessárias para efetivar um esforço coletivo denominado "Força-tarefa nacional em TIC". Tal empreendimento, ocorrido em 1998 (passados 12 anos da implantação da Política de *Software* naquele lugar), fez 104 recomendações sobre o desenvolvimento do *software* e 87 sobre o de *hardware*.

A abertura liberal da economia indiana também aconteceu em meados de 1991, como no Brasil. Nesse caso, um problema decorrente dessa abertura esteve relacionado também ao fato de ela ter favorecido apenas uma pequena parcela da população local, gerando insatisfação para os demais, como afirma Bhattacharya (2003):

> A globalização também começou tardiamente. A indústria nacional e a agricultura, acostumadas durante tanto tempo à proteção, agora encontram dificuldades para se ajustar à concorrência aberta, não apenas no exterior, mas também no mercado interno. [...] Visto que a mesma começou sem o preparo adequado, ela beneficia somente o trabalhador de qualificação profissional ou de renda mais alta, o qual constitui uma parte mínima do contingente de trabalho. Caso os benefícios tivessem chegado até as classes mais baixas, a oposição teria sido mais branda.

Foi mesmo uma decisão governamental institucionalizar o interesse em tornar e manter a Índia como sendo a referência mundial na área de *software*. Daí se criar o Ministério de Tecnologias da Informação, que reúne diferentes atores locais envolvidos com TI para manter uma estrutura de poder autônoma dentro do próprio governo. Dentre seus objetivos, está o de fazer com que a Índia exportasse US$ 50 bilhões em *software* e serviços, até o ano de 2008. Em 1999, fora instituída a Política de Telecomunicações, que abria os serviços de telecomunicações ao setor privado.

De um modo geral, podemos resumir a industrialização da TI indiana nas fases descritas na tabela abaixo:

TABELA 2. Categorização da indústria de TI indiana

Etapa	Período	Característica
Estágio I	1950-59	Investimentos em P & D
Estágio II	1960-69	Iniciativas governamentais para desenvolvimento de computadores
Estágio III	1970-79	Iniciativas do setor privado para hardware
Estágio IV	1980-89	Comercialização de computadores e exportação de software
Estágio V	1990-95	Liberalização e globalização

Fonte: PAWAR (1997)

A este momento, parece-nos que a "suave liberalização econômica" indiana tenha privilegiado, de fato, a minoria de sua população, ou seja, aquelas pessoas

256 Marcos Costa Lima (org.)

que tiveram condições de especializar-se dentro e fora do país. Deste modo, seja por influência do *lobby* mantido pela NASSCOM junto ao poder público, seja por crescente interesse das próprias elites em suas progressões econômicas pelo viés da indústria de informática, a Índia lançou o Ato de TI, em 2000. Este foi um documento elaborado junto à sociedade civil local, que priorizou o desenvolvimento da indústria de TI, especialmente em *software* e serviços, como estratégia fundamental para o crescimento e independência tecnológica do país nesse novo século. E assim revisamos o percurso vivido pela Índia até o momento.

Cabe-nos agora elucidar o papel político exercido pela NASSCOM nesse contexto. A Associação possuía, em 2004, cerca de 900 sócios, dos quais 150 eram companhias multinacionais dos EUA, Inglaterra, União Europeia, Japão e China. E já aqui se percebe outra diferença com relação à SOFTEX: a internacionalização da entidade. As proposições feitas pela NASSCOM ao Estado indiano visavam à melhor organização de leis voltadas ao setor, sobretudo: (1) propondo um livre comércio; (2) lutando por uma proteção tarifária "zero"; (3) desenvolvendo leis rígidas sobre proteção de dados e propriedade intelectual; (4) desregulamentando o mercado de telecomunicações; (5) criando parques tecnológicos de *software*; e (6) incentivando a participação do setor privado nos sistemas educacionais. Além do mais, houve ainda *lobbies* que pressionaram o governo a realizar concessões nas leis trabalhistas, tais como: permissão para funcionamento de empresas por 24 horas, durante todos os dias do ano, inclusive feriados e fins de semana; ou mesmo o incentivo à implantação de cursos de engenharia e de comunicação em inglês, com neutralização do acento local; bem como o treinamento de mão de obra de nível básico etc. Tudo com o intuito de dotar a massa trabalhadora das condições de oferecer serviços mundiais como os de *call center* especializados, por exemplo.

No caso dos associados, o perfil da NASSCOM também é bem diferente daquele observado na SOFTEX. As pequenas empresas representam 54,5%, enquanto as multinacionais, 21%. Segundo Martins & Corrêa (2001), as características mais marcantes da indústria indiana de TI resumem-se em: (1) grande número de mão de obra qualificada, com custo baixo; (2) priorização de produção voltada às vendas no mercado externo; (3) concentração geográfica (Bangalore, Noida, Chennai, Hyderabad e Mumbai) e empresarial (Tata, Infosys, WIPRO etc) dos fluxos de negócios em *software*. Os autores ainda destacam que

O programa indiano de exportação de *software* e serviços teve início praticamente prestando serviços nos países contratantes – 5% das exportações eram provenientes de trabalho *offshore* (realizados na Índia), enquanto 95% provinha de atividades *on-site* (realizados no exterior); hoje os serviços *offshore* representam 44% e os *on-site* 56%; o esforço atual é no sentido de incrementar a participação relativa das atividades realizadas na própria Índia; este papel tem sido desempenhado ativamente pelos STPIs – Software Technology Park of India, organizações vinculadas ao MIT [Ministry of Information Technology].

Kumar & Joseph destacam a grande importância desses Parques Tecnológicos de *Software* da Índia (STPI). Segundo os autores, 80,5% das 600 maiores companhias de *software* do país se concentram em Mumbai, Bangalore, Delhi, Hyderabad e Chennai. As concessões estatais foram diversas, o que favoreceu o surgimento de 39 unidades destes. Entre elas estão: (1) a isenção de impostos por cinco anos; (2) liberdade para importação de bens necessários ao desenvolvimento das empresas; e (3) a permissão para subcontratação de atividades de desenvolvimento de *software* em outros Parques, desde que voltem mais de 25% da produção para exportação.

Nos diversos STPI existentes se constata, assim, enorme crescimento de registro de empresas em suas instalações, partindo de 164, em 1991, para 5.582, em 1999. Juntas elas respondiam por cerca de 68% das exportações em TI da Índia. Já no ano de 2000, o número de empresas, inclusive daquelas multinacionais, chegou a 7.000, sendo responsáveis por 80% das exportações. Daí uma explicação mais precisa sobre a concentração do setor em poucas localidades, já que os Parques tendem a concentrar empreendimentos, fazendo jus assim aos benefícios governamentais.

A questão da concentração empresarial exerce também relevante papel. É o caso do Brasil, onde a ausência de empresas líderes proporcionou a fragmentação e falta de foco da indústria de *software* local. Isto não ocorreu com a Índia, onde se observam grandes corporações nacionais circundadas por pequenas empresas supridoras de serviços e produtos, numa cadeia de serviços.

Uma outra consideração bastante relevante é a de que, enquanto na Índia, 13 (treze) das 15 (quinze) maiores companhias são de capital nacional, no Brasil, essas são apenas oito (as quais a maioria das estrangeiras provém dos EUA). Isso reflete, pois, as diferentes influências sofridas pelos mercados locais no sentido de consolidarem grupos autônomos. Como, durante a Guerra Fria, a Índia manteve a política do não-alinhamento, ela conseguiu melhor aproveitar os benefícios oriundos dos dois blocos mundiais. Isto não foi possível ao Brasil, já que o mesmo sofreu, no mesmo período, forte influência dos norte-americanos, inclusive mediante a imposição da ditadura militar entre 1964 e 1985, ou seja, no período em que se funda uma política de informática nacional. Além do mais, a Índia viu-se isolada no Sudeste Asiático, uma vez que Japão, China e Paquistão não lhe oferecem alternativa senão a de estabelecer vínculos permanentes e profundos com países europeus e da América do Norte.

Por fim, com relação à orientação mantida pelas respectivas indústrias de TI ao longo dos anos recentes, no Brasil e na Índia, podemos resumi-las nas seguintes expressões:

BRASIL	ÍNDIA
▼	▼
Proteção do mercado interno + indústria nacional voltada inicialmente para hardware + mão de obra escassa + liberalização brusca do mercado + falta de apoio do Estado + crescente mercado nacional	Abertura do mercado e formação de competências locais + indústria nacional voltada para software + ampla formação de mão de obra + apoio do Estado e estímulo ao comércio internacional
▼	▼
Ênfase no mercado interno	Ênfase no mercado externo

Considerações finais

De um modo geral, nota-se que diversas variáveis pesaram no resultado final obtido por ambos países no setor de informática. Mas não podemos deixar de destacar a enorme disparidade existente entre os investimentos indianos na formação de mão de obra excelente na área de engenharias e de informática, em detrimento daqueles feitos pelo Brasil.

Os sistemas de inovação do Brasil e da Índia parecem ter seguido rumos diferenciados, sobretudo no tocante à articulação de seus atores públicos e privados. Fica claro, pois, que o setor de P & D sofreu as consequências dessa desarticulação e, portanto, deixou a desejar quanto ao contributo oferecido ao desenvolvimento tecnológico no caso brasileiro, enquanto no caso indiano foi um dos grandes responsáveis pelo sucesso dos objetivos atingidos até o momento pela classe empresarial e, por conseguinte, por aquele Estado.

Parece-nos, enfim, que uma maior maturação política por parte da iniciativa privada indiana e brasileira, em área chave como as TICs, poderia não só servir para o próprio crescimento econômico como também para suscitar ambiente de integração entre os tais sistemas de inovação de ambos países, na busca por modelos desenvolvimentistas mais aproximados da realidade do mundo periférico em que se inserem, sobretudo dos países situados no hemisfério Sul. Convém, pois, observar bem a quem interessa constituir redes de cooperação nesse ambiente, cujo cenário é crescentemente competitivo e, sobremaneira, estratégico.

Fato é que Brasil e Índia têm papéis relevantes a cumprir no contexto internacional do século que apenas inicia, seja em suas respectivas áreas de influência (América Latina e Sudeste Asiático), seja no equilíbrio de poder entre mundo desenvolvido e em via de desenvolvimento. Uma estratégia de união e colaboração na economia do conhecimento é fundamental para que a geopolítica global se volte à democratização do acesso a novas oportunidades que surgem a cada dia.

Uma reorganização na Divisão Internacional do Trabalho é, pois, urgente. Mas, não sejamos ingênuos. Precisamos dar nossos próprios passos para conquistar novos espaços. Isso depende da participação de todos já que não há cooperação equilibrada em nível de desigualdade. Contudo, a necessidade pode estimular o surgimento de projetos colaborativos entre as nações intermediárias. As oportunidades existem e as dificuldades podem ser superadas com criatividade e inovação, inclusive por parte dos governos e de seus acordos.

O alcance e as possibilidades da inclusão digital em países periféricos

MARCOS COSTA LIMA & RENAN CABRAL

Introdução

O FIM DA GUERRA FRIA e a globalização econômica coincidiram com a terceira revolução tecnológica. Esta revolução, associada ao microprocessador, ao computador, à internet e à economia da informação, provocou uma série de mudanças sociais, econômicas e políticas, decorrentes do uso dessas Tecnologias da Informação e Comunicação (TICS), que são a base da sociedade informacional (CASTELLS, 1999).

A tendência à *comoditização* das TICs ajudou a difundir a tecnologia digital junto com uma série de possibilidades que se tornaram comuns a uma parcela das pessoas do globo. Hoje, o domínio das TICS é visto por muitos como um forte impulsionador de processos de desenvolvimento econômico e social. Dessa forma, governos de todo o mundo têm se empenhado em investir em políticas condizentes com aquilo que se convencionou chamar de nova economia.

Nesse contexto, as desigualdades de acesso a essas tecnologias e às oportunidades para sua apropriação conferem à evolução tecnológica um caráter perverso: o de excluir milhares de pessoas de desfrutarem das vantagens oferecidas pelo progresso técnico, ou, de adequar-se àquilo que se convencionou chamar de "sociedade da informação" (CASTELLS, 1996).

Para países em desenvolvimento como o Brasil e a Índia (dois dos que compõem o BRIC), as TICS são vistas como uma grande oportunidade para tornar o país mais atraente para grandes investimentos de capital, estrangeiro ou nacional, ao mesmo tempo em que obter progressos significativos no domínio das TICS é um desafio de dimensão não menor.

Na nossa análise, inicialmente versamos sobre o paradigma da sociedade da informação; depois, tratamos de como vem sendo abordada a democratização das TICS; em seguida, versamos sobre a importância das TICS para um país no cenário competitivo internacional; então, apresentamos o quadro mais amplo das desigualdades na Índia e algumas das suas experiências de "inclusão digital"; depois, tratamos das desigualdades social e digital no Brasil, buscando evidenciar sua relação e, por fim, fazemos nossas considerações sobre o que foi apresentado.

Este trabalho é parte de um esforço intelectual continuado de compreender as transformações trazidas pela revolução informacional e suas implicações para países emergentes, a partir de pressupostos como: i) o destaque das TICS na sociedade contemporânea e ii) que o acesso e domínio das TICS, que atenua obstáculos tradicionais como tempo e distância, é capaz de apoiar processos de desenvolvimento humano – através da redução das desigualdades de uma economia de mercado, de um maior diálogo entre redes de conhecimento, do aumento da transparência para a democracia etc.

Aqui temos como objetivo geral explicitar a ampla relação entre temas como sociedade informacional e desigualdades social e digital, apresentando a relevância das TICS para o desenvolvimento social e econômico de países como Brasil e Índia. No nosso entendimento, o avanço na democratização das TICS é limitado pelo atual quadro – mais geral – das desigualdades sociais nesses países, e de suas estruturas técnicas. Ressaltamos que nosso objetivo não é o de fazer uma comparação rigorosa do que ocorre nos dois países em questão, quanto à democratização das TICS, mas, tão somente, tomar de suas experiências lições sobre como pensar a desigualdade digital e promover políticas públicas eficazes para sua redução, tratando especificamente de "inclusão digital", no que diz respeito à apropriação social de computadores e internet. Deste modo, esperamos contribuir para o debate sobre a democratização da informação.

O paradigma da sociedade da informação

Na virada do século XX para o século XXI, é produzido um vasto conjunto de análises e descrições das estruturas sociais emergentes, onde se ressalta o fato das sociedades contemporâneas estarem sendo o cenário de notáveis transformações políticas, sociais, econômicas, culturais e tecnológicas. Uma dessas análises é a de Manuel Castells (1999b), em *A sociedade em rede*, que traz uma contribuição de grande relevância para o debate sobre a morfologia social das sociedades de tecnologia avançada neste início do século. Tendo como fundamento um amplo conjunto de informações empíricas, o autor descreve a sociedade contemporânea como uma sociedade globalizada, cujo uso e aplicação de informação e conhecimento é central, onde a base material está sendo constantemente alterada pela revolução tecnológica concentrada na tecnologia da informação, em meio a profundas mudanças nas relações sociais, nos sistemas políticos e nos sistemas de valores.

Para ele, "a nova economia está organizada em torno de redes globais de capital, gerenciamento e informação" (CASTELLS, 1999b, p. 499) e que "os processos de transformação social sintetizados no tipo ideal de sociedade em rede ultrapassam a esfera das relações sociais e técnicas de produção: afetam a cultura e o poder de forma profunda" (CASTELLS, 1999b, p. 504).

É a partir do desenvolvimento das novas tecnologias da informação que, empresas, organizações e instituições passam a atuar em rede, formando um novo paradigma sociotécnico: a sociedade em rede (CASTELLS, 1999b). Este autor apresenta cinco pontos, como centrais do novo paradigma: a informação como matéria-prima; as novas tecnologias presentes em todas as atividades humanas; a lógica de redes em qualquer sistema ou conjunto de relações usando essas novas tecnologias; a flexibilidade de organização nas atividades humanas e reorganização de processos, organizações e instituições; e, por fim, a crescente convergência de tecnologias específicas para um sistema altamente integrado, conduzindo a uma interdependência entre biologia e microeletrônica (CASTELLS, 1999b, p. 78-9).

Com base nessa relevância das TICS, em 2001 a ONU reconheceu que essas tecnologias são poderosas no sentido de alcançarem metas de desenvolvimento. Elas facilitam uma comunicação mais fácil, provêm melhor acesso à informação e geram tanto ganhos na produção como de utilização do conhecimento. Em 2003, na reunião de Cúpula realizada pelas Nações Unidas em Genebra, e, posteriormente, em Tunis, em 2005, ficou estabelecido o compromisso de buscar maneiras de difundir o imenso potencial de TICS para o desenvolvimento econômico e social, através da superação da *digital divide*.

Aquilo que se convencionou chamar de *inclusão digital*: algumas abordagens – incluindo a nossa

A abordagem mais disseminada sobre "inclusão digital" surgiu nos Estados Unidos, país que conta com o maior número de usuários em todo o mundo. Os americanos utilizaram uma imagem, bem didática, mas também bastante controversa:

a de que há uma *digital divide*. Esse "conceito" autoexplicativo foi utilizado pela National Telecommunications and Information Administration, durante o governo Clinton, para descrever a distância de oportunidades entre "incluídos" e "excluídos" digitalmente. Dessa forma, o objetivo das políticas de "inclusão digital" seria de prover acesso àqueles que não o têm.

Mas qual seriam então as controvérsias e limitações dessa interpretação? Embora essas definições produzam uma imagem interessante é preciso cautela, pois a dicotomia com a qual elas trabalham, ao separar a população nos grupos que "têm" e "não têm" acesso às TICS pode esconder diferenças qualitativas profundas no que diz respeito à apropriação social dessas tecnologias. Obviamente, devem preceder às políticas de "inclusão digital" três requisitos técnicos indispensáveis: 1. Conectividade; 2. Computadores ou dispositivos similares e; 3. *Software* (KENISTON, 2002). No entanto, com um pouco mais de atenção, notaremos que essa abordagem tende a desprezar as condições sociais de onde a política deverá atuar. Havendo, por exemplo, diferenças qualitativas importantes nas condições que o "grupo dos incluídos" tem ao acessar internet. Outra questão, é que existe uma distância significativa entre o simples "acesso" e o efetivo "uso". "Acesso" pode nos indicar – com alguma limitação – a garantia de uma infraestrutura – precária, ou não –, ao passo que termos como "apropriação", "domínio" ou "uso" são bem mais amplos e relacionam-se à capacidade de aplicar o potencial das TICS para se alcançar objetivos individuais ou coletivos (GURSTEIN, 2003).

Para diversos autores, como por exemplo, Mark Warschauer (2006), essa abordagem tem o problema frequente de considerar a falta de acesso às TICS *per se*, concebendo o problema da "exclusão digital" como um simples problema de acesso tecnológico, de pobreza de telecomunicações, de infraestrutura e de baixa conectividade da internet. Ou "como um percurso que os atores precisam fazer de um lugar vazio, de uma tabula rasa, para outro de prosperidade, numa clara reatualização da visão dos atores em posição subalterna como seres faltantes" (FERREIRA e ROCHA, 2009, p. 1). Estes autores, Jonatas Ferreira e Maria Eduarda da Mota Rocha, preferem a utilização do termo democratização.

Warschauer se propõe a reorientar o debate, preferindo pensar em termos de estudo da desigualdade digital. Este autor considera que existe um "entrelaçamento ecológico entre tecnologia e sociedade"(2006, p. 273). Dessa forma, "os domínios tecnológico e social, continuamente, se constituem um ao outro, de diversas formas. Essa co-constituição ocorre dentro das organizações, das instituições e da sociedade em geral" (*op. cit.*, p. 275)."

Consequentemente, no seu entendimento, a "inclusão digital" "depende da inclusão social e só poderá ser realizada como parte de um projeto mais amplo envolvendo parcerias entre governo, sociedade civil e empresas" (*ibidem*, p. 7). Assim, para proporcionar acesso significativo a novas tecnologias, devem ser levados em consideração fatores como o conteúdo, a língua, os letramentos, a educação e as estruturas comunitárias e institucionais.

Acreditamos assim, que a maneira como a questão é abordada tem implicações diretas na qualidade do resultado das políticas que elas orientam. Na nossa interpretação, a "exclusão digital" não pode ser entendida somente como falta de acesso às TICS *per se*. Mas antes, como parte de um amplo problema de desenvolvimento no qual uma vasta parcela da população mundial está desprovida, por consequência, do "poder" de absorver informações e convertê-las em conhecimento úteis. O economista indiano Amartya Sen (1983) estabeleceu o conceito de "entitlement" ou "intitulação", que define um conjunto de liberdades necessárias à inclusão plena na sociedade. A falta de acesso e de habilitação às TICS faz parte de uma destas privações, tão mais relevante quanto as sociedades mundiais passam a transformá-las em instrumento fundamental de trabalho e de conhecimento.

O acesso e domínio das TICS podem ser uma forma de expansão das liberdades das pessoas (SEN, 2000), diminuindo obstáculos tradicionais como tempo e distância. Também é possível pensar no apoio ao processo de desenvolvimento humano – através da redução das desigualdades de uma economia de mercado, de um maior diálogo entre redes de conhecimento e do aumento da transparência para a democracia.

A importância das TICs no cenário competitivo internacional

A tendência de crescimento das redes informacionais não cessou e, nada indica que bolsas de valores, bancos, multinacionais, indústria de entretenimento, governos e negócios deixem de intensificar o uso da comunicação mediada por computador em suas práticas cotidianas. Segundo Luís Cuza (2009), a OCDE prevê que, em 2011, a comunicação via banda larga será responsável por um terço dos ganhos de produtividade nas operações das empresas nos países desenvolvidos. A partir de um estudo do Banco Mundial se concluiu que um aumento de 10% na penetração da banda larga no país leva a 1,3% de crescimento do PIB, em média.

Grande parte do mundo está interconectada economicamente através de fluxos de informação e comunicação e não estar conectado à rede é equivalente a não existir na economia global. A informação opera em um contexto global, podendo ser processada, selecionada e recuperada para satisfazer as mais diversas necessidades. Dessa forma, a falta de uma eficiente infraestrutura de telecomunicações pode representar diferentes formas de exclusão. Por um lado, pode se revelar numa dificuldade de participação de um país no processo de desenvolvimento tecnológico e, por outro, revela a exclusão social e econômica dos indivíduos que não têm acesso a essa tecnologia. Para Castells:

> Sem dúvida, a habilidade ou inabilidade das sociedades dominarem a tecnologia e, em especial, aquelas tecnologias que são estrategicamente decisivas em cada período histórico, traça seu destino a ponto de podermos dizer que, embora não determine a evolução histórica e a transformação social, a tecnologia (ou a sua falta) incorpora a capacidade de transformação das sociedades, bem como os usos que as sociedades, sempre em um processo conflituoso, decidem dar ao seu potencial tecnológico (1999, p. 26).

No relatório *TIC 2020: Estratégias Transformadoras para o Brasil*, Luís Cuza *et al.* advogam que o Brasil precisa urgentemente de um plano diretor para o desenvolvimento das TICS e que o planejamento estratégico é a chave para se obter os benefícios dessas tecnologias. No *TIC 2020*, os autores procuram mostrar como anda a competitividade brasileira em relação ao mundo a partir do Global Competitiveness Report 2009-10, editado pelo World Economic Forum.

Nos anos de referência (de 2009 a 2010), o Brasil ficou na 56ª posição entre 133 nações, conseguindo uma melhoria de oito posições se comparada a sua posição de 64º lugar no ranking referente ao período 2008-2009. A classificação geral do país, no entanto, não mostra os elementos relevantes de consideração da situação em matéria de TICs.

É possível perceber que há uma falha, por parte do Brasil, em cumprir os requisitos básicos para a competitividade, que são: educação primária, suas instituições, infraestrutura, estabilidade e condições de saúde. Existe uma insuficiência relativa à qualidade do ensino básico no Brasil, e também a posição das matrículas no ensino primário não está bem situada quando comparada aos outros países. Luís Cuza *et al.*, salientam que "as despesas na educação brasileira são mais bem avaliadas do que esses indicadores, o que pode ser um sinal de ineficiência nos gastos de educação e/ou atribuição de prioridade baixa nesta área".

No grupo dos potencializadores de eficiência, percebe-se que as leis brasileiras relacionadas com as TICs estão numa posição melhor do que a média do país. Entretanto, esses indicadores ainda encontram-se atrás dos líderes. O Brasil ocupa a 41ª posição na "legislação para TIC". Quanto ao terceiro grupo, o de sofisticação empresarial e inovação, o Brasil possui uma posição relativa, quando comparado à sua própria média. Embora, como em quase todos os outros indicadores, está longe de ser capaz de reivindicar uma posição de liderança mundial em qualquer critério individual. Isso mostra que temos ainda muito por ser feito para alcançar a excelência em TICs e nos tornarmos mais competitivos internacionalmente, uma vez que as novas tecnologias têm aumentando a produtividade de várias formas. Mesmo porque, em geral, a maior agregação de valor está hoje nos bens e serviços.

Ainda segundo Cuza *et al.* (2009, p. 16),

> os países mais atrasados como o Brasil têm algumas oportunidades adicionais. Há muitos campos novos, tais como padrões indefinidos (como LTE ou WiMax) que podem ser escolhidos em termos de objetivos de política pública, quando não raro é encontrar países cuja evolução tende para um padrão que não é o mais eficiente.

Quanto às pessoas, o mesmo relatório traz que conectá-las exige educação como base fundamental. Por exemplo, aqui, iniciativas para a microdisseminação de pontos de acesso, essencialmente telecentros e LAN-houses, podem desempenhar papel muito importante na inclusão digital.

Dentre as principais áreas de preocupação política, o relatório da OCDE chama atenção para os programas de desenvolvimento da banda larga, claramente dedicados à captação e utilização. Esta é uma mudança de uma política pura de implantação de redes do lado da oferta, em uma abordagem mais eficaz na qual a acessibilidade desempenha um papel central em assegurar a ocupação de parcela maior da rede. A promoção da concorrência entre as redes e dentro delas é um elemento central para a promoção da penetração dos serviços estabelecidos em rede.

O caso indiano

A Índia é um país interessante para pesquisar sobre exclusão digital por vários motivos: em primeiro lugar, o rápido crescimento do setor de Tecnologia da Informação (TI) nos anos recentes coexiste com um crescimento muito mais lento dos setores agrícola e industrial, bem como pelo alto nível de pobreza entre populações rurais numerosas. Uma pesquisa empírica que compara as áreas rurais de Malappuram, no estado de Kerala, e Kuppan, em Andra Pradesh (ver mapa anexo), realizada nos meses de junho e agosto de 2004, retrata resultados diferentes, a partir de centros comunitários de informação que foram criados nas duas áreas citadas, provendo aos habitantes dos vilarejos acesso às tecnologias digitais, que passaram a operar nas duas localidades citadas (PARAYIL, 2005).

Essa parte do trabalho está estruturada em duas: na primeira, introduz-se um quadro das disparidades regionais na Índia, na intenção de evidenciar para um público que pouco conhece o país as suas enormes diferenças e diversidades. Na segunda, trata das políticas de "inclusão digital" implementadas no mesmo período histórico em Kerala e Andrha Pradesh, que apresentaram resultados bastante diferenciados. Como poderemos observar, a introdução, a absorção e o trato com as novas tecnologias não dependem apenas da existência dos equipamentos, mas de um conjunto complexo de variáveis sociais que interferem no resultado do aprendizado tecnológico.

A questão regional na Índia

O prêmio Nobel em Economia Amartya Sem (1996) observou que existe uma grande diversidade interna na Índia e, segundo ele, cada uma de suas regiões têm muitas lições a oferecer às demais. Um estudo de Bhattacharya e Sakthivel (2004) levou à conclusão de que grandes países e uma grande economia apresentam regiões com recursos naturais muito diferentes e ritmos históricos de crescimento variado. Por isso mesmo é que o planejamento centralizado advogou, desde muito cedo na Índia, políticas para restringir a ampliação das disparidades regionais. Em que pesem estas políticas, as disparidades regionais permaneceram um sério problema naquele país. Uma nova controvérsia diz respeito a se as taxas de crescimento e padrões de vida em diferentes regiões convergiriam, eventualmente, ou não.

Na Índia, a taxa de crescimento do Produto Interno Bruto (PIB) acelerou-se desde a década de 1980. Enquanto a média anual de crescimento de 1950 a 1980 foi somente de 3,6%, a partir de 1980 esse número cresceu para 4,8% e logo em seguida às reformas econômicas – após 1991 –, com a economia passando por mudanças estruturais como desregulamentação dos investimentos (internos e externos), liberalização do comércio, taxa de câmbio, taxa de lucro, fluxo de capital e preços, passou a 4,7%. O período pós-reforma também foi de aguda desaceleração nos investimentos públicos devido às restrições fiscais. Para se ter uma ideia, o nível agregado – a média da participação dos investimentos públicos no total dos investimentos – declinou de 45%, no início dos anos 1980, para um terço nos anos 2000. Muito embora sejam escassas as informações sobre investimentos regionais, os indicadores existentes revelam que, mais e mais, os investimentos estão hoje ocorrendo nos estados mais ricos. Os estados mais pobres, com precária infraestrutura, não são capazes de atrair investimentos externos.

O *paper* de Bhattacharya *et al.* evidencia que a desigualdade regional no período pós-reforma tem aumentado e, também, indica que houve uma relação inversa entre o crescimento da população e o crescimento da renda nos anos 1990, o que, segundo eles, "é uma séria implicação, não apenas para o crescimento, mas também para o emprego". As estatísticas estaduais de crescimento têm apresentado um alto grau de variação, pois alguns estados têm vivenciado rápido e impressionante crescimento enquanto outros têm permanecido em suas posições ou piorado. O artigo em questão apresenta os 17 maiores estados, excluindo Jammu & Kashmir, por conta dos distúrbios nos anos 1990. Foram ainda excluídos seis pequenos estados do Nordeste porque são muito pequenos para refletir o comportamento geral da economia indiana. Ainda três novos estados como Chattisgarh, Jharkhand e Uttaranchal foram excluídos porque não existem séries estatísticas sobre os mesmos.

TABELA 1 . Taxa de crescimento dos estados a preços constantes (% por ano)

Estados	1980-90	1990-00	1980-00
Andhra Pradesh	4,81	5,12	
Assam	3,91	2,47	
Bihar	5,20	3,46	
Goa	5,71	8,23	
Gujarat	5,71	8,28	
Haryana	6,68	6,71	
Himachal Prd.	6,10	6,91	
Karnataka	6,10	7,07	
Kerala	4,50	6,0	
Madhya Pradesh	5,18	5,45	
Maharastra	5,98	6,80	

Orissa	5,85	3,60	
Punjab	5,14	4,63	
Rajasthan	7,17	6,46	
Tamil Nadu	6,35	6,65	
Uttar Pradesh	5,88	4,43	
West Bengal	5,20	7,24	
All India	5,60	6,03	
Coeficiente de variação	0,14	0,29	0,22

Fonte: Bhattacharya, 2004, p. 6

Estados como Gujarat, Maharastra, Karnaaka e Tamil Nadu abocanharam, segundo os autores, a maior parte dos investimentos externos. Os estados pobres como Bihar, Orissa, Assam e Uttar Pradesh atraíram menos capital externo e doméstico e tiveram fracos desempenhos. Afora o baixo nível de investimentos nestes últimos estados, a pobreza da infraestrutura combinada com o baixo nível de governo (e terrorismo no caso de Assam) acabaram por reduzir seus crescimentos.

Caso seja acrescentado ao crescimento do PIB estadual o crescimento do PIB *per capita* em nível dos estados, teremos uma compreensão um pouco mais abrangente:

TABELA 2. Taxa de crescimento *per capita* dos estados (% por ano)

Estados	1980-90	1990-00	1980-00
Andhra Pradesh	2,56	3,62	3,09
Assam	1,74	0,65	1,38
Bihar	2,97	1,86	1,93
Goa	4,08	6,84	6,01
Gujarat	3,62	6,38	4,85
Haryana	4,12	4,42	5,32
Himachal Prd.	4,36	5,11	4,29
Karnataka	4,00	5,27	4,63
Kerala	3,04	4,78	4,64
Madhya Pradesh	2,74	3,22	3,08

Maharastra	3,60	5,04	4,83
Orissa	3,96	2,12	2,15
Punjab	3,19	2,71	2,73
Rajasthan	4,41	4,09	4,20
Tamil Nadu	4,79	5,40	5,10
Uttar Pradesh	3,46	1,98	2,92
West Bengal	2,93	5,41	3,99
All Índia	3,36	4,07	3,54
Coeficiente de variação	0,22	0,43	0,34

Fonte: Bhattacharya, 2006, p. 6

Nesta tabela, os mesmos estados de Assam, Bihar, Orissa e Uttar Pradesh, incluindo agora o Punjab (estado mais rico da Índia nos anos 1980), foram aqueles com baixo desempenho, quando em 1990 a maioria dos estados melhorou seu padrão de vida, com destaque para Goa, Haryana e Tamil Nadu. A análise destes dados nos faz perceber que os estados do Sul tiveram resultados melhores do que aqueles do Leste e os Centrais (à exceção de West Bengal). O padrão de vida nos estados do Sul cresceu mais rápido nos anos 1990 devido à combinação de redução do crescimento populacional e a aceleração do produto interno destes estados. Nos estados do Oeste, o produto interno *per capita* acelerou basicamente por causa do aumento do crescimento do produto interno. Para concluirmos este panorama das disparidades regionais, é importante indicar alguns dados sobre a situação da educação básica nestes estados, o que fazemos a seguir.

A exclusão social e digital na Índia

O desenvolvimento contemporâneo da Índia apresenta um quando paradoxal. De um lado, o rápido crescimento das indústrias de alta tecnologia e o empreendedorismo em algumas cidades, enquanto do outro, a pobreza e a fome assolam muitas de suas áreas rurais. O PIB da Índia cresceu a uma taxa anual acima de 6% desde os anos 2000 e acima de 8% a partir de 2004. O País está emergindo como um destino privilegiado das *offshore* e tem garantido emprego em muitos setores de serviços, mas também naqueles campos intensivos em conhecimento como engenharia de *software*, desenho de aeronaves, fármacos, pesquisa e manufatura automobilística. Os rendimentos gerados pela Inovação Tecnológica – incluindo produção e serviços de *softwares* – e Tecnologia de Serviços (ITES), indústrias

272   Marcos Costa Lima (org.)

(incluindo TI *hardware*) foram estimados em US$ 47,8 bilhões em 2006-2007, o equivalente a 5,4% do PIB nacional. Ao mesmo tempo, 70% da sua população de quase 1,15 bilhão de pessoas vive em áreas rurais. A contagem da pobreza para o ano de 1999-2000 foi estimada em pelo menos 28,8% para as áreas rurais e 25,1% para as áreas urbanas. Segundo o censo da Índia de 2001, 34% dos indianos são analfabetos e, do total da força de trabalho do país, de mais de 400 milhões, apenas 3 milhões trabalham no setor de TI e 26,5 milhões estão no setor organizado, enquanto o reto da mão de obra está engajada em trabalhos de baixo valor agregado, entre os quais a agricultura e o setor informal.

D'Costa (2003; 2006) se refere à experiência indiana como um caso de "desenvolvimento desigual e com uma impressionante expansão da rede no país", pois existem variações substantivas na conectividade da Telecom entre os diferentes estados indianos e entre áreas urbanas e rurais. Há também diversos desafios para o crescimento das Tecnologias de Informação e Comunicação (TIC) na Índia, como: i) a indústria indiana de TI é extremamente dependente dos mercados de exportação, os quais desencorajam as articulações interfirmas e o esforço futuro da inovação para o crescimento da indústria (D'COSTA, 2006); ii) o limitado número de empregos para as futuras gerações; iii) o predomínio de poucas grandes firmas; iv) a dependência de segmentos menos qualificados para a composição do produto (CHANDRASEKAR, 2005); v) A indústria indiana não desenvolveu ligações significativas com o mercado interno, portanto, os impactos sobre os avanços na produtividade em outros setores tal como o de manufaturas não é muito expressivo (JOSEPH, 2006).

Com respeito à difusão de TIC para áreas rurais, as maiores limitações são a deficiência na infraestrutura de telecomunicações, a baixa penetração dos computadores individuais e uma pobre conectividade da internet. Embora as reformas da Telecom tenham acontecido na Índia desde os anos 1990, resultando num aumento expressivo das redes no país, existem variações significativas entre as áreas urbanas e rurais. Em dezembro de 2005, havia apenas 18 linhas telefônicas por mil pessoas vivendo no meio rural (WORLD REPORT IT, 2008). Para a efetiva difusão da internet em áreas rurais, uma ênfase mais forte deve ser dada ao desenvolvimento dos conteúdos da informação em línguas locais, pois o país tem 18 línguas oficiais (THOMAS, 2006; KENISTON, 2002).

O analfabetismo e várias formas de exclusão social baseadas no sistema de castas e gênero continuam existindo em diversas regiões e estados da Índia, e não será surpresa se uma pessoa oriunda das castas menos privilegiadas for barrada no uso de um quiosque em algumas destas regiões (SREEKUMAR, T. T, 2006). A Índia não atingiu o objetivo de prover

Política internacional comparada   273

educação gratuita e compulsória para todas as suas crianças até a idade dos quatorze anos. O sucesso relativo conseguido através da implantação da reforma agrária ocorreu apenas em dois estados indianos: que foram e são atualmente governados por partidos comunistas eleitos democraticamente em Kerala, no Sudoeste e West Bengal, no Nordeste da Índia. Como vemos o período das reformas econômicas na Índia, desde 1991 foi caracterizado por significativa queda no ritmo de crescimento na agricultura e na infraestrutura rural.

Andhra Pradesh e Kerala

Andhra Pradesh foi um estado pioneiro na Índia no desenvolvimento informacional, especialmente com relação a estabelecer instituições regionais para inovação e pela intro-dução de programas *de e-governace* (governança eletrônica). O estado representa 23% de todos os profissionais indianos de *software* trabalhando nos Estados Unidos em 1998 (RAMACHANDRAIH e SWAMINATHAN, 2003). Em especial a sua capital, Hyderabad, tem sido uma liderança em *software* e nas indústrias de ITES. Comparada a Andhra Pradesh, Kerala representa apenas 0,5% do total das exportações de *software* da Índia, de um total de 9,7% do primeiro estado. Contudo, a renda familiar *per capita* em Kerala foi a mais alta do país entre 1999-2000, muito maior do que a de Andhra Pradesh. Em junho de 2005, havia 97,4 linhas telefônicas rurais em Kerala por mil pessoas, se comparados aos 23.7 na área rural de Andhra Pradesh. Em que pese notável avanço da indústria de TI, Andhra Pradesh sofreu várias crises no meio rural: diversos casos de fome com *causa mortis*, migração de agricultores sem terra e suicídios entre fazendeiros e trabalhadores do setor têxtil.

Kerala tem sido citada por suas conquistas na esfera social, particularmente nos setores educacionais e de saúde em 2001, o que é uma situação excepcional na maioria dos estados indianos. A alfabetização das mulheres atingiu neste estado 88% e em Andhra Pradesh não passou dos 51%. Estas conquistas de Kerala, na esfera social, são o resultado de décadas de ação pública bem estabelecida. O estado tem uma longa história de lutas agrárias que datam de 1830. Os partidos políticos de esquerda têm sido ativos desde os anos 1930 e foram bem-sucedidos na mobilização popular, agrupando um forte e renovador movimento social que se tornou politicamente poderoso. A Reforma Agrária de Kerala é de 1967. Em meados de 1990, Kerala iniciou um ambicioso programa de descentralização política, dando força às administrações locais eleitas democraticamente, recuperando inclusive algum poder financeiro. Com o breve quadro comparativo aqui estabelecido, pode-se constatar uma grande diferença nas presentes condições sociais de Kerala e Andhra Pradesh, em favor do primeiro. Os autores Thomas e Parayil (2008) perguntam:

nestas condições de padrões históricos de desenvolvimento, como estas afetariam as possibilidades das tecnologias de informação e de comunicação e as possibilidades de usar estas tecnologias para o desenvolvimento das áreas rurais? Na tabela que segue apresentaremos um conjunto de indicadores sociais e de acesso à infraestrutura de informação entre os dois estados e a Índia.

TABELA 3. Comparando Andhra Pradesh e Kerala: indicadores sociais, de acesso a infra-estrutura de informação e exportações de software

Indicador	Andhra Pradesh	Kerala	Índia
População (milhões)	76	39	1,027
Expectativa de vida ao nascer para homens (1998-2000)	62,0	70,8	61,6
Taxa de alfabetização das mulheres maiores que 7 anos (%)	51,2	87,9	54,3
Média dos gastos do domicílio per capita (1999-2000) (rúpias; mês)	541	810	589
Telefone no meio rural (por mil pessoas) (junho 2005)	23,7	97,4	17,4
Participação no total das exportações de softwares da Índia 2003-2004 (%)	9,7	0,5	100,0

Fonte: para população e taxa de alfabetização: Censo da Índia, 2001. www.censusindia.gov.in
Para a participação no total das exportações de *software*: www.indiastat.org

Programas de inclusão digital

O governo de Andhra Pradesh e a companhia Hewlett Packard (HP) conjuntamente lançaram o projeto "*comunidade incluída*" na região de Kuppan, no distrito de Chittoor, em abril de 2002. O governo de Kerala, por sua vez, inaugurou o *Akshaya Computer Literacy Training Programme*, no distrito de Malappuran, em novembro de 2002. Os dois projetos eram dirigidos por empreendedores locais e ambos estimulavam os habitantes dos dois vilarejos a usar computadores e internet em um conjunto de temas e assuntos que poderiam afetar suas vidas cotidianas, incluindo agricultura, saúde e educação. Enquanto alguns serviços eram providos por "quiosques digitais", especialmente aqueles relacionados com a alfabetização computacional, ensinada gratuitamente, outros tinham uma pequena taxa para outros serviços. Os empresários que operavam estes quiosques (os Community Information Centres ou CIC) recebiam ajuda financeira das administrações locais (*Panchayats*) em Kerala, do estado e da Hewlett Packard em Kuppan.

A pesquisa realizada por Thomas e Parayil cobria um raio de quilômetros a partir do Centro Comunitário de Informação ou quiosque. Na área de Kuppan moravam 320 mil habitantes e a pesquisa foi realizada em 13 Centros Comunitários. Em Mallapuram, viviam na época 3,6 milhões de pessoas, e no programa Akshaya existiam 582 Centros Comunitários. Para a pesquisa de campo foram selecionados 309 domicílios em Kuppan e 381 em Mallapuran. Dado comum aos dois vilarejos era que a principal fonte de sobrevivência é a agricultura. Os dados de alfabetização das mulheres em Mallapuram eram muito mais expressivos do que os encontrados em Kuppan. No primeiro, 96% das mulheres com mais de 7 anos eram alfabetizadas, ao passo que em Kuppan o mesmo indicador era de apenas 47%. O tamanho médio das terras em Mallapuram e Kuppan não ultrapassava os 7 acres, sendo um acre o equivalente a 4.000 metros quadrados.

O uso dos computadores nos vilarejos

Nos questionários aplicados na pesquisa citada, perguntava-se sobre os computadores e se conheciam o Centro Comunitário de Informação (CCI) da vila, além de questões sobre o uso dos computadores, TVs, rádio, telefone e jornais por cada um dos membros da família entrevistada. Os jovens demonstraram grande interesse pelos CCI. Quanto ao uso dos computadores, ele era mais extensivo entre os domicílios de Mallapuram, assim como a leitura de jornais, audição de rádio e telefone, que estavam muito à frente dos números de Kuppan. Em Mallapuram, 64,4% das famílias faziam uso do CIC, sendo que as mulheres tiveram aí parte ativa no programa de alfabetização digital (*e-literacy programme*). Em Kuppan, o interesse e utilização dos computadores comunitários foram muito menores, ficando claro pela leitura das estatísticas que acesso a computadores e mídias tecnológicas não se traduz automaticamente em capacitação para uso de computadores e mídia. Dentre as famílias, a capacitação para uso dos computadores foi maior entre os homens que entre as mulheres e ainda maior entre os homens jovens do que entre os adultos e idosos.

Em Kuppan, as disparidades de gênero, entre jovem e adulto, e entre mais e menos alfabetizado foram muito acentuadas. Tais disparidades também foram identificadas em Mallapuram, só que num grau consideravelmente menor. É necessário dizer que existiam fatores sociais favoráveis que estimulavam a capacitação para o uso das TIC em Mallapuram, a começar por um ambiente mais encorajador para a participação e à educação das mulheres e seu envolvimento ativo nos "panchayats" trabalhados pelo Akshaya Programme. A associação entre falta de terra e baixo nível educacional também foi considerada como um fator desvantajoso em termos de acesso ao uso da TI em Kuppan. A pesquisa evidenciou que todas as pessoas que usavam computadores em Kuppan pertenciam aos domicílios que tinham propriedade da terra e eram educados com mais de 10 anos de estudo. Em Mallapuram, as conquistas educacionais superavam as divisões de gênero e de propriedade da terra. Como resultado, a habilidade para se beneficiar das TIC e das informações que elas proviam era muito mais distribuída do que em Kuppan. O sucesso do Projeto Akshaya fez com que fosse disseminado por todo o estado de Kerala, e as últimas informações assinalam que no estado há pelo menos uma pessoa em cada família que sabe fazer uso da ferramenta.

O caso brasileiro

Os principais programas de inclusão digital no país

Em geral, as políticas de inclusão digital baseiam-se no paradigma informacional e na centralidade das TICs hoje, e têm o intuito de promover um acesso mais igualitário a esses bens. A esse respeito, o Governo Federal dispõe de uma série de programas em funcionamento. Um deles é o Observatório Nacional de Inclusão Digital (Onid), que tem o objetivo de "aglutinar informações sobre todos os programas de inclusão digital do Governo". Além de várias iniciativas importantes que ajudam na implantação de telecentros, há também os programas pensados para as escolas.

Os programas que dizem respeito a reduzir a desigualdade digital pretendem subsidiar equipamentos de informática e levar infraestrutura técnica aos "excluídos digitalmente". Na teoria, todas as ações de inclusão digital deveriam ser supervisionadas pelo Ministério das Comunicações. Segundo Lopes (2007), tal atribuição foi dada pelo Decreto 5.581, de 10 de novembro de 2005, que acrescentou a seguinte previsão ao Decreto 4.733, de 10 de junho de 2003: "o Ministério das Comunicações fica incumbido de formular e propor políticas, diretrizes, objetivos e metas, bem como exercer a coordenação da implementação dos projetos e ações respectivos, no âmbito do programa de inclusão digital" (Art. 4º, parágrafo único, inciso I).

Além de várias iniciativas importantes que ajudam na implantação de telecentros, há também os programas pensados para as escolas públicas, dentre os quais destacam-se:

1. *O ProInfo*, que funciona de forma descentralizada, havendo em cada Unidade da Federação uma Coordenação Estadual do ProInfo, cuja atribuição principal é a de introduzir o uso das Tecnologias de Informação e Comunicação nas escolas da rede pública, além de articular as atividades desenvolvidas sob sua jurisdição, em especial as ações dos Núcleos de Tecnologia Educacional (NTES);

2. *O Programa Computador Portátil para Professores,* que visa criar condições para facilitar a aquisição de computadores portáteis para professores da rede pública e privada da educação básica, profissional e superior, credenciadas junto ao MEC, a baixo custo e condições diferenciadas de empréstimo, com vistas a contribuir com o aperfeiçoamento da capacidade de produção e formação pedagógica dos mesmos.

3. *O Programa UCA (Um Computador Por Aluno),* que tem a finalidade de promover a inclusão digital, por meio da distribuição de 1 computador portátil (laptop) para cada estudante e professor de educação básica em escolas públicas, que está sendo ampliado mas ainda se encontra em fase experimental.

E aqueles mais restritos ao apoio, ou de infraestrutura em TI (que visam levar infraestrutura para acesso à internet nas escolas), como:

> O *Programa Banda Larga nas Escolas e o Gesac (Governo Eletrônico Serviço de Atendimento ao Cidadão),* que também objetiva garantir conexão à internet – sendo que via satélite – atendendo também a telecentros, ONGs, comunidades distantes e bases militares fronteiriças, além de oferecer serviços como conta de e-mail, hospedagem de páginas e capacitação de agentes multiplicadores locais.

Dentre as iniciativas pensadas para atuar na escola há um objetivo comum difícil de ser avaliado: incluir computadores e internet nas escolas como forma de melhorar o processo educacional. Como por exemplo, no caso do Programa Nacional de Informática na Educação (Proinfo), que existe desde o primeiro mandato do governo Fernando Henrique Cardoso, cujo objetivo principal é a "a introdução das novas Tecnologias de Informação e Comunicação (TIC) na escola pública, como ferramenta de apoio ao processo de ensino-aprendizagem". Revisões bibliográficas como as feitas por Dwyer e equipe (2007a) sobre o impacto das tecnologias na educação chegam a resultados inconclusivos. Noutro artigo, o mesmo autor (2007b) vale-se das teorias sobre o paradoxo da produtividade para tentar explicar a não melhoria do ensino nos dados que apresenta. O problema, neste último artigo, é que a correlação a qual esse autor chega – de que os alunos que mais utilizam computadores têm piores notas –, é admitidamente frágil e ele acaba aplicando mais a crítica do paradoxo da produtividade que as suas tentativas de explicação. Em todo caso, essa crítica deve ser considerada.

Orçamento

Embora se fale de problemas orçamentários com relação a esses programas, é importante lembrar que esse não parece ser o maior dos nossos problemas. Lembramos aqui que em 2000 foi criado o Fundo de Universalização das Telecomunicações (FUST), um mecanismo de autofinanciamento cuja fonte de recursos é, primordialmente, uma taxa de 1% cobrada sobre o resultado bruto das concessionárias de telecomunicações, descontados os impostos. Em 2006, segundo o relatório TIC Domicílios e Empresas (CGI, 2006) o Fundo tinha acumulado mais de R$ 3 bilhões e segundo Lopes (2007), a previsão em 2008 era de que o fundo terminasse o ano com R$ 7,2 bilhões arrecadados. Pelo menos até abril do ano passado, nenhum centavo do fundo havia sido gasto. Para Lopes, ainda no mesmo artigo, a explicação é de que o governo prefere utilizar o Fundo para fazer um "truque orçamentário", transformando-o num trunfo para atingir superávit fiscal, ajudando assim a alcançar suas rígidas metas fiscais. O autor deixa ainda o protesto de que "verbas desse tipo de fundo devem ser utilizadas única e exclusivamente para o fim a que se propõem, barrando-se truques que as transformem em superávit fiscal".

O entrelaçamento entre as desigualdades social e digital

Apresentaremos aqui dados que mostram como, no Brasil, os indicadores da "exclusão digital" perseguem os indicadores daqueles em condição de maior vulnerabilidade socioeconômica. Chamamos atenção para a natural correlação entre os números da democratização das tecnologias, ou da "exclusão digital", evidenciando facetas menos ou nada digitais dessas desigualdades. Fernando Mattos & Gleison Chagas (2008) apontam para o fato de que a implementação das TICs no Brasil ocorre num contexto marcado por exclusão social; dessa forma, apresentam alguns dados bem relevantes, que descrevem a desigualdade socioeconômica brasileira, bem como o grau de exclusão digital em 2005. Naquele trabalho, há duas tabelas bastante congruentes com aquilo que desejamos defender aqui, que reproduzimos e analisamos a seguir.

TABELA 4. Participação de cada estado na renda nacional e na inclusão digital no Brasil: 2005

Estados da federação	Participação do estado na renda nacional (em %)	Contribuição do estado no total de incluídos digitais do Brasil (em %)
SP	31,8	31,9
RJ	12,2	11,0
MG	9,3	9,5
RS	8,2	6,7
PR	6,4	6,9
BA	4,7	4,5
SC	4,0	4,6
PE	2,7	2,9
GO	2,4	2,7
DF	2,4	2,5
ES	1,9	2,1
PA	1,9	1,9
CE	1,8	2,7
AM	1,8	0,8
MT	1,5	1,3
MS	1,2	1,3
PB	0,9	1,2
MA	0,9	1,2
RN	0,9	1,0
AL	0,7	0,5
RO	0,5	0,5
PI	0,5	0,7
TO	0,3	0,4
AP	0,2	0,3
AC	0,2	0,2
RR	0,1	0,1

Fonte: IBGE. Dados de inclusão digital: PNAD, 2005.

Dados de PIB estadual: Contas Regionais do Brasil (IBGE).

Elaboração Mattos & Chagas, 2008.

(*) as somas das respectivas colunas podem diferir um pouco de 100 por causa de arredondamentos.

280 Marcos Costa Lima (org.)

Na tabela acima, é notável a impressionante similaridade entre os números de participação do estado na renda nacional e de contribuição do estado no total de incluídos digitais do Brasil. A tabela também nos lembra de um tema antigo da economia brasileira: a desigualdade regional. Basta somar os números dos três primeiros estados da tabela para chegar a um número de concentração regional de 50% da renda nacional, nos três estados mais ricos da federação, e igual concentração quanto à inclusão digital. Este é para nós mais um exemplo de que o problema da exclusão digital deve ser tratado como um problema mais amplo; de desenvolvimento e/ou de inclusão social.

A tabela a seguir traz os números de pessoas com 10 anos ou mais de idade, conforme a utilização da internet:

TABELA 5. Pessoas com 10 anos ou mais de idade, por utilização da internet (*) por unidades da federação Brasil; 2005

Unidades da federação	População com 10 anos ou mais de idade	Utilizaram internet (valores absolutos)	Percentual em relação ao total da população
Brasil	152740402	32129971	21,0
Rondônia	1242535	168177	13,5
Acre	484688	64192	13,2
Amazonas	2471024	2599399	10,5
Roraima	303283	40990	13,5
Pará	5419911	592590	10,9
Amapá	451171	90129	20,0
Tocantins	1048370	150256	14,3
Maranhão	4766806	367853	7,7
Piauí	2434208	252922	10,4
Ceará	6577057	851567	12,9
Rio Grande do Norte	2445303	315249	12,9
Paraíba	2937731	363383	12,4
Pernambuco	6848395	933929	13,6
Alagoas	2379877	180232	7,6
Sergipe	1623881	204136	12,6
Bahia	11199568	1445236	12,9

Minas Gerais	16180591	3045476	18,8
Espírito Santo	2822307	669231	23,7
Rio de Janeiro	13243763	3529820	26,7
São Paulo	34328468	10254783	29,9
Paraná	8562890	2220608	25,9
Santa Catarina	4973678	1468159	29,5
Rio Grande do Sul	9248381	2148575	23,2
Mato Grosso do Sul	1869408	421475	22,5
Mato Grosso	2316442	425145	18,4
Goiás	4639018	875091	18,9
Distrito Federal	1921648	791368	41,2

Fonte: IBGE, Diretoria de Pesquisas. Pesquisa Nacional por Amostra de Domicílios (PNAD), 2005.
(*) no período de referência dos últimos 3 meses.
Elaboração: Mattos & Chagas, 2008.

A tabela mostra o grau de "inclusão digital" de cada estado da federação isoladamente. Revela que em 2005, apenas 21% dos brasileiros com dez anos ou mais de idade utilizaram a internet no período de referência dos últimos três meses antes da pesquisa da PNAD – uma parcela não muito grande da população brasileira estava "digitalmente incluída", segundo os critérios do IBGE. Além do mais, esse número (21%), tomado isoladamente e sem maiores considerações analíticas, esconde a enorme desigualdade regional brasileira em termos de inclusão digital.

Os dados desta tabela apontam uma significativa diferenciação regional no país. No Distrito Federal, cerca de 41% das pessoas haviam acessado a internet no período de referência. Os estados mais ricos e mais urbanizados apresentam os percentuais de inclusão digital mais altos, como São Paulo (29,9%), Santa Catarina (29,5%), Rio de Janeiro (26,7%) e Paraná (25,9%); enquanto isso, nos estados mais pobres e com zonas rurais mais depauperadas, como Alagoas e Maranhão, o percentual de pessoas consideradas como incluídas digitalmente não chega a 8% e pouco ultrapassa os 10% no Piauí, no Amazonas e no Pará.

Partindo do pressuposto que computadores e internet exigem um mínimo de grau de instrução para seu uso efetivo, podemos dizer que hoje há um grande limitador às políticas de inclusão digital no país, dado pelas nossas próprias condições sociais, uma vez que, segundo a mais recente edição da Pesquisa Nacional por Amostra de Domicílios (PNAD, 2008), neste ano *a taxa de analfabetismo entre pessoas de 15 anos ou mais de idade era 10,0% (cerca de 14,2* milhões de analfabetos); *e a média de anos de estudo situa-se em 7,1 anos – mas ainda não representa o ensino fundamental concluí-do.* Esse indicador continua apontando disparidades regionais, sendo, por exemplo, no Nordeste (19,4%) quase o dobro do nacional.

A taxa de analfabetismo funcional foi estimada em 21,0%, em 2008, 0,8 ponto percentual abaixo da de 2007, tendo sido contabilizados 30 milhões de analfabetos funcionais dentre as pessoas de 15 anos ou mais de idade. De 2007 para 2008, todas as regiões apresentaram queda dessa taxa, com destaque para o Nordeste, onde a retração atingiu 1,9 ponto percentual (de 33,5% em 2007 para 31,6% em 2008). A taxa de analfabetismo funcional masculina (21,6%) também era superior à feminina (20,5%). Como visto, apesar de algumas melhorias *com relação aos índices do ano anterior (2007), permanecemos* atrasados em matéria social. É relevante lembrar que nossos cerca de 30 milhões de analfabetos funcionais necessitam antes de uma política de "inclusão digital" e serem contemplados por políticas sociais efetivas – como por exemplo, uma educação de qualidade.

A quarta edição da Pesquisa sobre o Uso das Tecnologias da Informação e da Comunicação no Brasil (2008), realizada pelo Comitê Gestor da Internet no Brasil (CGI.br) é a primeira a trazer dados sobre a população rural e, assim, um resultado para todo o Brasil.

Segundo esta pesquisa, somente 28% dos domicílios brasileiros têm computador, mas, dos que têm computador, somente 18% têm internet disponível. O Nordeste conta com os piores índices, seja em relação a residências com computador – somente 11% dos domicílios –, seja em acesso a internet, em que aparece empatada com a região Norte com cerca de 7% das casas com acesso. Também existe uma importante diferença entre o acesso a computadores e internet entre os meios urbano e rural, com boa vantagem para o primeiro. Com esses números, 48% do acesso à internet acaba sendo feito em *LAN houses* e 4% dos internautas acessam a rede em locais públicos de acesso gratuito.

Uma barreira importante para o acesso à internet é a falta de habilidade com essa tecnologia, apontada por 61% dos entrevistados. Essa justificativa também foi dada pelos 29% que nunca utilizaram computador em seu domicílio. Ou seja, apesar dos avanços conquistados nos últimos anos na alfabetização dos brasileiros, ainda é precária a formação de boa parte dos nossos cidadãos, o que contribui para que eles estejam excluídos desse processo.

Houve crescimento do uso de computadores também devido à eficiência das políticas públicas, que promoveram a redução dos valores dos equipamentos e também formas facilitadas de financiamento, para que um maior número de pessoas, pertencentes à classe C, pudessem ter acesso aos mesmos.

Da mesma forma que declara a necessidade de implantação de uma infraestrutura de banda larga, que esteja de acordo com as necessidades do país, a TIC Domicílios 2008 mostra que há um aumento dos serviços relacionados à telefonia móvel e uma diminuição da introdução dos serviços referentes à telefonia fixa.

O contrário aconteceu com relação à telefonia móvel. Em 2005, 61% da população tinha acesso a telefones celulares, em 2008 esse número passou para 76%. Esse declínio da telefonia fixa também mostra que as concessionárias não têm interesse em levar a banda larga ao interior do país.

TABELA 6. Uso de telefonia fixa (população de área urbana)

2005: 54%	2006: 50%	2007: 45%	2008: 40%

A indisponibilidade da rede também é um dos principais obstáculos para a inclusão digital no Brasil, pois o os serviços de banda larga não atendem à demanda dos brasileiros, especialmente dos que residem na área rural, seja pelo seu alto custo (demanda reprimida), seja pela indisponibilidade do serviço.

Considerações finais

Esta discussão sobre a desigualdade digital é particularmente interessante porque chama atenção para vários antigos problemas de ambos os países. Como visto, questões como as disparidades regionais ou os números sobre analfabetismo – vale dizer: problemas de desenvolvimento – se impõem como limitadores à democratização das TICs e ao desenvolvimento que os dois países almejam.

Dessa forma, mesmo que seja essa uma proposição do tipo *ovo de Colombo*, é crucial articular as políticas de democratização das TICs à inclusão social em geral, evitando a existência de políticas desarticuladas e/ou de forte determinismo tecnológico. Esse argumento é uma tentativa de captar o entrelaçamento ecológico citado, pois, como visto, as exclusões social e econômica limitam os resultados das políticas de democratização de computadores e internet. Além do mais, boa parte das mazelas sociais não é resolvida ou amenizada com políticas de "inclusão digital".

Embora os programas de "inclusão digital" necessitem de infraestrutura de Tecnologia da Informação, a garantia dessa estrutura não leva sozinha a um bom aproveitamento da política, ou seja, a afirmação – muito influenciada pela abordagem da *digital divide* – de que "inclusão digital" se faz com simples acesso é equivocada. Ainda assim, a expansão da banda larga nesses países tem importância considerável para o desenvolvimento econômico e social no atual cenário de competitividade internacional. Embora bastante importante, o investimento na expansão da disponibilidade da rede não deve ser tomado como uma panaceia. Ou que esse tipo de ação, apesar de apoiar processos de desenvolvimento, não resolve, por consequência, todas as outras exclusões existentes, como aquelas relativas às dimensões econômica e social.

Sendo assim, para que a redução da desigualdade digital aconteça é necessário agir pela mudança de estruturas que toleram o analfabetismo e outras desigualdades sociais entre amplos setores da população, e que retiram do indivíduo a capacidade de uso das TICs e dos benefícios que estas ferramentas podem trazer para suas vidas. Nesse sentido, uma cultura mais democrática, mais dialógica e criativa potencializa os resultados das políticas de democartização das TICs, bem como avanços educacionais e de saúde, ou ainda a maior integração das mulheres à vida social plena.

Assim, a discussão sobre "inclusão" parece oportuna por pensar a realização de intervenções sociais e políticas públicas que promovam maior equidade e assegurem maior expansão das liberdades dos cidadãos. Seja através do acesso à educação primária, à saúde pública, à água potável, eletricidade e oportunidades de emprego. Tais intervenções são cruciais em países onde as divisões sociais são profundamente enraizadas na história.

O desenvolvimento da indústria indiana de *software*: perspectivas internacional e nacional

NAGESH KUMAR

Trad. Marcos Costa Lima

Introdução

O CRESCIMENTO DA INDÚSTRIA DE *SOFTWARE* e serviços de Tecnologia da Informação (daqui por diante indústria de *software*) nos anos 1990 representa uma das mais espetaculares realizações da economia indiana. A indústria cresceu a uma inacreditável taxa de 50% ao ano durante os últimos anos, é altamente orientada para a exportação, firmou a Índia mundialmente como um país exportador de serviços intensivos em conhecimento, e trouxe uma série de benefícios adicionais, tais como a criação de empregos e de um novo aglomerado de empreendimentos. A evolução da Índia como um país exportador desses serviços intensivos em conhecimento também criou muito interesse na comunidade em desenvolvimento por todo o mundo. Encorajada pelo sucesso indiano, uma série de outros países em desenvolvimento está tentando seguir o exemplo, entrando nesta indústria. Há também questões quanto à sustentabilidade das altas taxas de crescimento das exportações indianas em vista da competição emergente, escassez crescente de mão de obra no país, erosão da vantagem de custo e a recente desaceleração tecnológica nos EUA e em outros mercados do *software* indiano.

Nesse contexto, este trabalho tenta colocar o desenvolvimento da indústria indiana de *software* em perspectiva. Primeiramente, a capacidade e os pontos fortes da indústria indiana são avaliados numa perspectiva internacional, para se ter uma ideia da força relativa do que a Índia alcançou (Seção 2). A seguir, uma perspectiva de desenvolvimento nacional é utilizada para se avaliarem as realizações da indústria (na Seção 3). A seção 4 examina os desafios da sustentabilidade das exportações industriais nos próximos anos e oferece uma breve visão geral dos passos dados pelo governo e pela indústria para responder àqueles. Finalmente, o documento é concluído com a recapitulação dos achados principais e algumas observações voltadas para políticas.

O desenvolvimento da indústria indiana de *software* numa perspectiva global

Conforme mostra a Tabela 1, a indústria indiana de *software* cresceu a uma fenomenal taxa composta anual superior a 50% durante os anos 1990, evoluindo de uma modesta receita de US$ 195 milhões em 1989/90 para uma indústria de mais de $13 bilhões em 2002/03. Além disso, ela obteve 72% da sua receita (totalizando $ 9,5 bilhões) através de exportações.

TABELA 1. Receitas e exportações da indústria indiana de *software* (US$ milhões)

Ano	Total	Doméstica	Exportações
1989/90	197	97	100
1994/95	835	350	485
1995/96	1224	490	734
1996/97	1755	670	1085
1997/98	2700	950	1750
1998/99	3900	1250	2650
1999/00	5700	1700	4000
2000/01	8260	1960	6300
2001/02	11200	2700	8500
2002/03p	13250	3750	9500

Notas: Pprojeção.
Fontes: baseado em Hanna (1994), Heeks (1996) e NASSCOM.

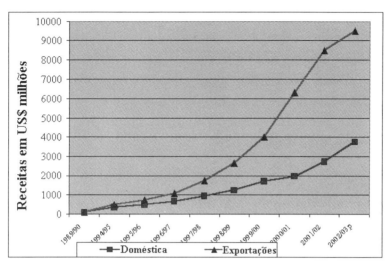

Fonte: baseado em Hanna (1994), Heeks (1996) e Nasscom.

Fica claro pelo gráfico que a taxa anual de crescimento de exportação foi maior que 50% a partir de 1995. No entanto, as taxas de crescimento de exportação começaram a desacelerar em 2002/03 devido à desaceleração nos Estados Unidos, e a taxa de crescimento das receitas totais e das exportações tenderam a convergir nos últimos dois anos em consequência da subida simultânea das taxas de crescimento do mercado interno de *software*.

Colocando o desempenho de crescimento acima numa perspectiva internacional, a indústria indiana de *software* seria responsável por cerca de 2% dos US$400 bilhões da indústria global de *software*. No entanto, a fatia da Índia no mercado global para *software* customizado, que é buscado pelos clientes em fontes estrangeiras, é significativa – de 18,5% em 1999, contra 11,9% em 1991 (NASSCOM, 2000a, p. 4). A taxa de crescimento da indústria indiana de *software* foi substancialmente mais alta que a da indústria global de *software*. Aparentemente, a Índia é o único país no mundo a registrar uma taxa de crescimento de cerca de 50% na indústria de *software*.

Com base num documento da série *Visão*, preparado por McKinsey para a junta de regulamentação da atividade industrial – NASSCOM (relatório NASSCOM-McKinsey) –, a *Força-tarefa Nacional em Tecnologia da Informação e Desenvolvimento* de *Software* (NTITSD), designada pelo governo, projetou que a indústria indiana de *software* atingiria até o ano de 2008 uma receita de 85 bilhões, dos quais $50 bilhões viriam de exportações, inclusive $8 bilhões da exportação de produtos. A recente desaceleração no setor tecnológico dos Estados Unidos, que consome o grosso das exportações indianas, no entanto, reduziu alguns dos pressupostos que fundamentam essas projeções. O efeito da desaceleração nos Estados Unidos começou a ser sentido pelas companhias indianas em 2001/02, em termos de um crescimento das receitas mais lento do que aquele a que elas tinham se acostumado nos anos anteriores. A NASSCOM já reduziu a previsão de crescimento das exportações no ano de 2001/02 para 40%, contra os 57% registrados em 2000/01 (NASSCOM, 2001).

Indicadores de capacidade

Apesar da magnitude das exportações de *softwares* e serviços da Índia ter aumentado rapidamente na última década, a percepção geral é de que essas exportações são compostas por serviços de baixo valor. Essa percepção emana do fato de que nos anos iniciais, o grosso da atividade de exportação de *software* dos empreendimentos indianos consistia em emprestar seus profissionais aos clientes, para prestar seus serviços "on site" (*in loco*). Essa atividade era considerada de nível bastante baixo em termos de emprego de habilidade, se comparada ao projeto e ao desenvolvimento de produtos de *software*, e assim foi ridicularizada, sob a denominação de "*body-shopping*" ("compra de corpos") (HEEKS, 1996). No entanto, a indústria indiana de *software* atingiu, desde então, a sua maioridade em termos de capacidade, sofisticação, âmbito de conhecimento especializado e alcance mundial. No texto que se segue, revisa-se brevemente o desempenho da indústria quanto a certos indicadores de capacidade crescente.

Distanciando-se do *body shopping*

Conforme observado anteriormente, o grosso da atividade de exportação de *software* dos empreendimentos indianos no período inicial era compreendido por *body shopping* ou serviços *on site*. A vantagem dos empreendimentos indianos no trabalho *on site* provinha amplamente dos salários dos profissionais indianos de *software* – mais baixos que os dos profissionais disponíveis em países desenvolvidos. No entanto, as empresas indianas progressivamente demonstraram suas habilidades de gerenciamento de tecnologia e projeto através da realização bem-sucedida de projetos específicos completos e para uso imediato (*turnkey projects*) de grandes companhias. Como consequência, a proporção de exportações *on site* caiu de 90%, em 1988, para 56% das exportações indianas de *software,* em 2000/01, conforme mostra a Tabela 2. Uma proporção crescente de *software* indiano é desenvolvida "*off-shore*" (num país estrangeiro em relação ao cliente), ou seja, na base dos exportadores na Índia e exportada. O desenvolvimento *"off-shore"*, como é chamado na indústria, foi parcialmente facilitado pela melhoria nos elos de comunicação nos Parques de Tecnologia de Software (*Software Technology Parks* – STPs) instalados pelo governo, melhoria essa que permitiu às equipes de profissionais das pontas – vendedores e clientes – manter contato constante em tempo real. Foi facilitado ainda pelas crescentes restrições à obtenção de vistos para os EUA e Europa. O desenvolvimento *"off-shore"* acaba sendo também mais barato para os clientes. Além disso, a diferença no fuso horário de 12h entre a Índia e os Estados Unidos virtualmente dobra o tempo de trabalho por dia e assim corta o ciclo de vida do desenvolvimento pela metade. A fatia de desenvolvimento *"off-shore"* declinou ligeiramente para 44% em 2000/01, em comparação com os 44,4% de 1998/9. Esse aumento recente na fatia de desenvolvimento *on site* foi atribuído ao crescente foco em empregos relacionados ao comércio eletrônico nos últimos anos, o que requer uma presença maior de profissionais aptos a desenvolver *software* nos pontos de localização dos clientes.

TABELA 2. Divisão do trabalho segundo localização no desenvolvimento do *software* indiano (percentual)

Localização do trabalho	1988	1995	1998/9	2000/01
On-site (nas instalações do cliente, em país estrangeiro)	90	66	54,4	56
Off-shore (nas instalações do vendedor, na Índia)	10	33	44,4	44

Fontes: baseado em NASSCOM; Heeks (1996); *Dataquest* (vários números).

Foco crescente em consultoria de alto valor e em pacotes de *software*

Até agora, os empreendimentos indianos de *software* foram focalizados geralmente em serviços considerados de baixo valor agregado. Tendo se estabelecido como supridoras desses serviços, as companhias indianas estão agora fazendo um esforço consciente para ampliar as exportações de consultoria de alta finalidade, com o desenvolvimento de conhecimento especializado em diversas áreas (domínios) e com a exportação de pacotes de *software*. A *Infosys*, por exemplo, está focalizando seu trabalho na exportação de serviços ponta a ponta. À medida que as empresas indianas de *software* estabelecem suas credenciais e sua competência, elas buscam conscientemente um valor justo pelo seu trabalho. Isso, no entanto, pode aplicar-se a empresas líderes, como a TCS, a *Infosys*, a HCL *Technologies*, a WIPRO e a *Satyam Computing Services*, que estão fornecendo soluções em programação de mais alta finalidade aos seus clientes. A

Infosys renegociou com seus clientes, com sucesso, o valor cobrado pela hora-homem. Segundo consta, ela cobra 90 rúpias (2 dólares) por hora.

Nos últimos anos, as companhias indianas também conseguiram desenvolver e lançar uma série de produtos de *software* próprios. Um nicho de mercado foi criado na área bancária, financeira e de contabilidade. Os produtos incluem, por exemplo, o *I-Flex*, que tem sido usado por mais de 240 instituições financeiras em 69 países. A *Polaris* desenvolveu o *Polaris Point*, um *software* próprio para operações bancárias do comércio varejista, e está acertando com a *Bull*, da França, a sua comercialização na Europa. Soluções para serviços bancários da *Infosys* (*Financle, Bankaway* e *Payaway*) foram adotadas por 22 bancos domésticos e 16 bancos estrangeiros em 12 países. A tcs lançou pacotes de *software* para empresas de seguro bancário, segurança, contabilidade e de cuidados médicos. Ela está agora desenvolvendo produtos de *software* industriais específicos para várias manufaturas, tais como as de cimento, aço, produtos químicos e petroquímicos e para refinarias, em colaboração com as firmas industriais. A tcs tem como meta obter 30% da sua receita de produtos com a sua marca dentro de três anos, partindo dos atuais 5%. A tcs também lançou a sua marca de jogo de ferramentas integradas de *software* – *Mastercraft* – que, segundo consta, foi bem recebida nos Estados Unidos e na Europa ao preço de us$ 150.000. A wipro *Technologies* lançou recentemente dois produtos de sua marca, a saber, *Teleprodigy*, um sistema de informação de desempenho para Provedores de Serviço da Internet (Internet Service Providers – isps), e o *Websecure*, um pacote de segurança para a Internet. Ela está focalizando seu trabalho na construção de uma marca global e planeja lançar um produto da sua marca a cada ano. A nit e a *Pentamedia* estão desenvolvendo produtos multimídia em cd-roms em grande quantidade. Algumas empresas de *software* ainda menores têm desenvolvido pacotes de *software* que são vendidos no mercado interno. Por exemplo, o *Tally*, um pacote de contabilidade para pequenas e médias empresas, que está sendo utilizado por 50.000 companhias e que foi aprovado pelos órgãos de regulamentação profissional de contabilidade da Índia e do Reino Unido, foi desenvolvido por uma pequena companhia altamente especializada em *software* (KUMAR, 2000b, com base em fontes da companhia e relatos da mídia). Apesar desses esforços, a fatia de produtos e pacotes nas exportações indianas de *software* ainda é baixa – 7,9% (NASSCOM, 2000a). No entanto, em função das altas barreiras de entrada no mercado de pacotes, a entrada de companhias indianas na exportação dos mesmos é, apesar de tudo, significativa. Além disso, o sucesso em mercados como o de produtos de *software* é um processo cumulativo. Uma vez que a imagem ou o valor de marca da Índia como um fornecedor confiável melhore com as exportações crescentes de produtos e serviços, seguindo a tendência atual, e à medida que empresas líderes aumentem a escala necessária de operações, o alcance global e o poder financeiro que têm para sustentar grandes esforços de mercado, será mais fácil para elas causar maior impacto e ter maior penetração no mercado de produtos.

Uma base de fornecimento ampla e em expansão

Uma característica interessante da indústria indiana de *software* é o relativamente grande e crescente número de companhias participando da atividade de desenvolvimento e exportação.

Um indicador da base de fornecimento é a filiação à junta de regulamentação da atividade industrial, a saber, a NASSCOM, que cresceu de apenas 38 membros em 1998, para 850 em 2001. Os membros da NASSCOM são geralmente empresas médias e grandes (aquelas com 20 empregados, ou mais). Há também numerosos empreendimentos pequenos e do setor informal, que mostraram considerável dinamismo (ver KUMAR, 2000a). Como era de esperar, as firmas maiores respondem por uma fatia desproporcional da receita e das exportações, com as 25 companhias de topo respondendo por uma fatia de 60% e as cinco de topo por uma fatia de 29% das exportações em 2000/01 (NASSCOM, 2001). No entanto, a concentração de vendedores não é tão alta quanto prevalece em muitas outras indústrias.

Há uma diferença qualitativa quanto à ancoragem local de capacidades, entre o sucesso nacional nas exportações baseado em subsidiárias de empresas multinacionais (EMNs) com sede no exterior e o sucesso baseado em empreendimentos nativos. Nesses termos, o sucesso indiano com as exportações é fundamentalmente impulsionado por empresas, recursos e talentos locais. O papel das empresas multinacionais no desenvolvimento de *software* na Índia é bastante limitado. Apesar de todas as principais companhias de *software* terem estabelecido bases de desenvolvimento na Índia, sua fatia total nas exportações indianas do setor é bastante pequena. As empresas multinacionais não figuram entre as sete companhias de *software* de topo na Índia, sejam classificadas com base no total de vendas ou nas exportações. Entre as vinte companhias de *software* de topo, também, não mais que seis são afiliadas de multinacionais ou são empreendimentos conjuntos. Setenta e cinco das companhias-membro da NASSCOM são relatadas como subsidiárias estrangeiras. Algumas delas são de fato subsidiárias de companhias criadas nos EUA por indianos não residentes, tais como *Mastech*, CBSI, IMR e *Syntel*, em vez de associadas com multinacionais americanas

(ARORA *et al.*, 2000). Algumas outras eram companhias indianas inicialmente, mas foram subsequentemente controladas por companhias estrangeiras, tais como a *Hinditron*, que passou a ser controlada pelo TAIB *Bank E. C.*, do Bahrain; ou a *IIS Infotech*, que passou ao controle do FI *Group*, do Reino Unido. As subsidiárias estrangeiras incluem centros de desenvolvimento de *software* de multinacionais e também subsidiárias de outras multinacionais que desenvolvem *software* para aplicações de suas controladoras. As últimas incluem subsidiárias de companhias de serviços financeiros, tais como *Citicorp, Deutsche Bank, Churchill Insurance, Phoenix Life Mutual* e multinacionais de telecomunicação como a *Hughes* e a *Motorola*, entre outras. Além disso, as empresas multinacionais estabeleceram 16 empreendimentos conjuntos com empresas locais, tais como a *British Aerospace* com a *Hindustan Aeronautics*, a *Bell South* com a *Telecommunication Corporation of India* (TCIL), a *British Telecom* com o Grupo *Mahindra*, entre outras. Ao todo, 95 companhias têm participação estrangeira no seu controle.

A Tabela 3 resume as participações dessas 79 subsidiárias estrangeiras no total das vendas e exportações da indústria de *software*. Parecerá que as subsidiárias das empresas multinacionais têm um grau mais alto de orientação para a exportação que as companhias locais, com 94% dos seus ganhos vindo de exportações. Isso se deve ao fato de que, frequentemente, elas estão apenas atendendo às exigências das suas controladoras. No entanto, coletivamente elas respondem por uma fatia de menos de 19% das exportações de 1998/9.

TABELA 3. Participação das subsidiárias estrangeiras na indústria indiana de *software*

Fatia das 79 subsidiárias estrangeiras em	1997/8	1998/9
Receita Total	12,27	13,7
Total de exportações	16,77	18,66

Fonte: Kumar (2000b).

Um outro aspecto do papel do Investimento Estrangeiro Direto (FDI – Foreign Direct Investment) e de subsidiárias de multinacionais no desenvolvimento da indústria indiana de *software* fica aparente a partir do padrão da sua entrada. Conforme mostra a Tabela 4, o grosso das entradas ocorreu a partir de 1994, tempo em que o potencial da Índia como base para o desenvolvimento de *software* já estava estabelecido. Assim, primeiro deu-se o desenvolvimento e depois as entradas de multinacionais e não o inverso.

Política internacional comparada   293

TABELA 4. Perfil do tempo de entrada das EMNs na indústria indiana de *software*

Período	Entradas de EMNs como subsidiárias ou empreendimentos conjuntos
Até 1987	11
1988-90	14
1991-93	15
1994-96	39
1997-99	16

Fonte: Kumar (2000b).

O aumento da orientação internacional das companhias indianas

As companhias indianas de exportação de *software* são, por elas próprias, suficientemente globais na sua aparência. 212 companhias indianas de *software* estabeleceram 509 escritórios ou subsidiárias no estrangeiro. 266 desses foram instalados na América do Norte, 122 na Europa, 59 na Ásia (excluindo a Índia), 25 na Austrália e Nova Zelândia, 25 na África e 12 na América Latina (NASSCOM, 2000a). Umas poucas companhias líderes estabeleceram extensas redes de escritórios e subsidiárias por todo o mundo, para aproveitar oportunidades em diferentes mercados, de forma similar às operações de uma corporação multinacional. Essas firmas incluem a TCS, a HCL *Technologies*, a *Infosys Technologies* e a NIIT. Quatro companhias indianas conseguiram ser listadas nas bolsas de valores americanas e outras estão planejando ações semelhantes.

Reconhecimento internacional de qualidade e níveis de maturidade de processo

A orientação internacional e o crescente profissionalismo das empresas indianas de *software* levaram-nas a alinharem seus processos com as melhores práticas internacionais e a obterem certificações internacionais. Por exemplo, 250 companhias indianas obtiveram a certificação *International Standards Organization 9000* (*ISO 9000*) até março de 2001 (NASSCOM, 2001). Além disso, 38 companhias indianas receberam a certificação *Capability Maturity Model* do Software Engineering Institute (SEI-CMM) USA (Modelo de Maturidade de Capacidade do Instituto de Engenharia de *Software* dos EUA) no nível 3 ou acima. A liderança indiana em altos níveis de maturidade é muito clara agora, quando são indianas 29 das 31 companhias não americanas que foram certificadas em níveis de alta maturidade, a saber, níveis 4 e 5, em termos de SEI-CMM. Das 31 companhias certificadas com nível 5 por

294 Marcos Costa Lima (org.)

todo o mundo, 16 das que estão fora dos EUA estão na Índia (Tabela 5). O nível 5 representa o nível ótimo de maturidade de processo e é o mais alto a ser alcançado. Fora dos EUA, Austrália e Israel têm uma organização cada, qualificada no nível 4. Isso mostra que as empresas indianas de *software*, especialmente as líderes, esforçaram-se por atingir excelência de profissionalismo e melhores práticas.

TABELA 5. Organizações de alta maturidade

Nível	Número de organizações certificadas por todo o mundo	Das quais, são não americanas	Das quais, estão na Índia
Nível 4	45	15	13
Nível 5	31	16	16
Alta maturidade – total	76	31	29

Fonte: Kumar (2000b) baseado no Instituto de Engenharia de *Software* (2000).

Alcance geográfico

Os serviços indianos de *software* são exportados para o mundo todo. No entanto, o grosso (62%) está concentrado na América do Norte, especialmente nos EUA, que também é o maior mercado para *software*. A Europa responde por 23,5% das exportações da Índia e a região Ásia Pacífico por mais 10% (Tabela 6). O idioma também contribui para uma alta concentração nos EUA.

TABELA 6. Distribuição geográfica das exportações indianas de *software*, 1999/2000 (%)

Região	Fatia das exportações indianas	Fatia do mercado global de software
América do Norte	62,0	45,1
Europa	24	27,6
Japão	4	16,9
Sudeste da Ásia	3,5	2,8
Austrália & Nova Zelândia	1,5	2,1
Oeste da Ásia	1,5	1,8
Resto do mundo	3,5	3,7

Fonte: Kumar (2000b) com base em NASSCOM (2000b, 2001) e OCDE (1997).

Âmbito de domínio do conhecimento especializado e aplicações

As companhias indianas desenvolveram conhecimento especializado em numerosas áreas de domínio (inclusive industriais), mas particularmente nos setores bancário, financeiro e de seguros, para os quais até mesmo lançaram pacotes de *software* (Tabela 7). Elas também se tornaram capazes de assumir uma variedade de tarefas, conforme listado na Tabela 8.

Uma evidência da crescente habilidade e do conhecimento especializado das companhias indianas de *software* foi fornecida pela habilidade delas em gerenciar com sucesso a transição a partir dos projetos relacionados ao ano 2000 (*bug* do milênio). Em 1998/9, 16,5% dos ganhos de exportação das companhias indianas eram derivados de projetos relacionados ao ano 2000. De 1996 a 1999, sabe-se que as companhias indianas ganharam \$2,5 bilhões de projetos *Ano 2000* (NASSCOM, 2000a). Assim, era amplamente esperado que a perda desses projetos com a virada do século levasse a um declínio no crescimento das taxas de exportação. No entanto, está bem claro agora que a transição para o ano 2000 foi gerenciada com sucesso. A indústria registrou, na verdade, um aumento nas exportações de 51% em 1999-2000 e de 57% no ano seguinte. Essa transição foi gerenciada devido à habilidade das indústrias de rapidamente diversificar para tecnologias e aplicações relacionadas à Internet e ao comércio eletrônico, que agora estão explodindo. Evidentemente a receita baseada na *web* aumentou sua proporção de 4,8% em 1998/9 para 15,6% em 1999/2000. Na verdade, os projetos *Ano 2000* deram às companhias indianas uma oportunidade de conhecer novos clientes potenciais e mostrar sua competência. De acordo com levantamentos feitos pela Carnegie Mellon University (CMU), os níveis de conhecimento das companhias indianas em plataformas UNIX e Windows NT são considerados equivalentes aos de firmas americanas. As companhias indianas também cresceram na sua habilidade de manusear projetos maiores e mais complexos do que no passado (ARORA *et al.*, 2000). Agora projetos de 300 a 500 homens-ano não são mais uma raridade.

TABELA 7. Principais setores de domínio das companhias indianas de *software*

Setores de domínio	Número de companhias oferecendo conhecimento especializado
Bancário, seguros, bolsa de valores, contabilidade financeira	247
Manufatura, comércio varejista, comércio & distribuição	331
Transportes/companhias aéreas/ferrovias/portos	157

Aplicações web/serviços de informação online	295
Engenharia, eletrônica,projetos de automação/robótica	224
Médico & saúde	163
Educação, treinamento/entretenimento	115
Telecomunicações	174

Fonte: Kumar (2000b).

TABELA 8. Principais áreas de especialização das companhias indianas de *software*

Áreas	Número de companhias oferecendo conhecimento especializado
Tecnologias web/intranet/internet/comércio eletrônico	319
Soluções relativas ao Euro	132
Desenvolvimento de produtos de software	286
Manutenção e mgração de software	233
RDBMS (Sistema Relacional de Gerenciamento de Base de Dados)/ armazenamento de dados/mineração de dados	215
Soluções ERP/MRP (Planejamento de Recursos Empresariais/ Planejamento de Necessidades Materiais)	200
GIS (Sistema de Informação Geográfica)/imagens	55
Integração de sistemas/trabalho em rede	192
Consultoria de processo de negócios/reengenharia	168

Fonte: Kumar (2000b).

Ascendendo na cadeia de valores? Evidências das tendências recentes de desempenho empresarial

Uma questão importante com relação à atualização tecnológica, competitividade internacional e habilidade de ascender na cadeia de valores das empresas indianas de *software* é se elas são capazes de constantemente melhorar sua produtividade, reduzir o custo unitário de produção e aumentar as margens de lucro. Fez-se uma tentativa de examinar o desempenho delas quanto a esses indicadores, com a ajuda de um conjunto de dados exclusivo cobrindo uma amostra de 66 companhias, obtendo uma representação justa de empresas pequenas, médias e grandes para o período de

1994-99 (ver kumar, 2000b, para mais detalhes). Os padrões oriundos dessa análise estão resumidos abaixo.

Produtividade do trabalho

O desempenho quanto à produtividade na indústria de *software* precisa ser julgado com relação ao recurso-chave da indústria – no caso, os recursos humanos. A produtividade do trabalho foi medida em termos de receita por unidade de folha de pagamento, para cuidar de possíveis diferenças em qualidade de mão de obra e capturar a eficiência geral no uso do trabalho, tendo em mente os crescentes salários da força de trabalho. A Tabela 9 resume os padrões com relação à produtividade em termos de receita por unidade de folha de pagamento. A produtividade medida dessa forma declina no período 1994-97 para a amostra total, assim como para diferentes grupos de firmas. No entanto, desde 1997, a indústria indiana de *software* tem sido capaz de aumentar sua produtividade, mesmo dando conta de custos salariais crescentes. Parecerá que nos últimos anos esta indústria fez um esforço para melhorar a sua eficiência no uso do seu recurso-chave. Entre os grupos, as firmas menores tiveram a maior relação receita/ unidade de folha de pagamento em 1994, provavelmente devido às taxas mais baixas de compensação dos empregados. No entanto, as apertadas condições do mercado de trabalho que prevaleceram nos anos subsequentes devido à crescente competição por trabalhadores especializados levaram a uma tendência convergente de níveis de produtividade entre firmas maiores e menores. A produtividade das firmas de tamanho médio já tinha se aproximado dos níveis das firmas maiores em 1996. Desde então, no entanto, ela tem declinado e divergido daquela das firmas maiores. Assim, entre as classificações de tamanho, as firmas maiores têm os melhores níveis de eficiência na utilização do recurso-chave da indústria, que é a mão de obra.

TABELA 9. Tendências em produtividade do trabalho

	1994	1995	1996	1997	1998	1999
Amostra total	6,21	5,52	5,33	4,46	4,81	4,58
Grandes firmas	7,36	5,69	5,27	4,76	5,31	5,03
Firmas médias	4,15	4,68	5,22	3,71	3,80	3,72
Pequenas firmas	10,06	9,43	7,45	6,07	4,69	4,35

Fonte: Kumar (2000b).

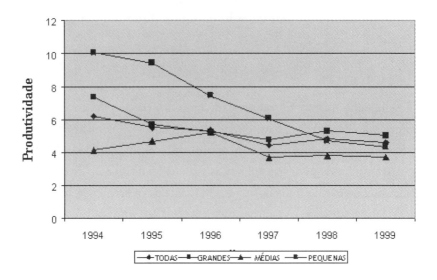

Margens de lucro

Além de indicar a eficiência total, as margens de lucro das firmas competindo com base em custos estão geralmente sob pressão por causa do crescimento da competição. Por outro lado, firmas que estão ascendendo na cadeia de valores podem ser capazes de melhorar suas margens. A Tabela 10 resume as tendências relativas às margens de lucro para as firmas da amostra. Aqui as margens de lucro foram medidas em termos da proporção do lucro antes do imposto sobre a receita. Como um indicador de produtividade, elas também mostram uma mudança em 1996. No período 1994-6, mostram uma tendência decrescente, e, desde 1996, uma tendência crescente. Isso pode ter algo a ver com o esforço da indústria no sentido de melhorar a eficiência no uso de recursos e elevar a orientação para exportação desde 1996. Entre os grupos, as firmas menores revelam as margens mais baixas durante o período. No entanto, elas melhoraram seus resultados acentuadamente desde 1996. Na verdade, em 1999, as margens de lucro das firmas pequenas excederam as dos outros dois grupos. Não se sabe se isto vai ser sustentado no futuro. As firmas médias também têm margens um pouco mais baixas. No entanto, elas têm tendido a convergir com as das firmas maiores.

TABELA 10. Tendências nas margens de lucro

	1994	1995	1996	1997	1998	1999
Amostra total	21,70	22,03	19,66	19,88	19,74	21,69
Firmas maiores	22,71	22,24	20,55	20,64	20,89	21,82
Firmas médias	18,69	21,22	18,66	19,13	17,33	20,86
Firmas pequenas	22,98	22,88	12,52	14,72	16,07	24,11

Fonte: Kumar (2000b).

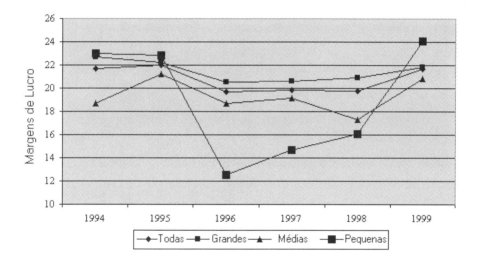

A conclusão geral oriunda da análise de desempenho empresarial acima sugere que 1996, ou seja, o ano financeiro 1995/96, foi um ano de transição para a indústria. A tendência com relação ao número de indicadores mostra uma mudança nesse ano. Isso inclui o crescimento em orientação para a exportação, crescentes exportações em rede, aumento nas margens de lucro e declínio em custo de unidade de produção. Essas tendências refletiram-se em termos da melhoria da produtividade desde 1997. As pequenas firmas eram muito diferentes das médias e grandes, com um foco maior no mercado interno. No entanto, elas estão rapidamente alcançando as maiores. Finalmente, a análise também indica a presença de economias de escala na utilização do câmbio e de recursos humanos. Por conseguinte, uma certa consolidação da indústria pode levar à melhoria da competitividade geral.

300 Marcos Costa Lima (org.)

As implicações da participação da Índia na divisão internacional do trabalho em *software*

A participação da Índia na divisão global do trabalho na indústria de *software* criou muito interesse pelo mundo afora. Em que ela implica quanto aos parâmetros de desenvolvimento econômico do país? No que segue, apresenta-se uma visão geral das implicações do desenvolvimento da indústria de *software* quanto a diferentes macroparâmetros. Além disso, o desenvolvimento da indústria de *software* orientada para a exportação também tem importantes aspectos externos, que constituem seu impacto indireto no desenvolvimento da Índia, como será visto nessa seção.

Impacto direto no desenvolvimento

Renda nacional e taxas de crescimento

A indústria de *software* ainda responde por uma fatia bem pequena do PIB da Índia, mas ela vem crescendo rapidamente. Em 1998/9, a indústria respondeu por apenas 1% do PIB da Índia. Sua fatia quase dobrou até 2000/01 (Tabela 11). Mesmo com pequenas fatias da receita, o setor contribuiu com quase 12% do crescimento da renda nacional. Dada a taxa à qual ela está crescendo, provavelmente emergirá como um importante setor da economia da Índia no futuro. O Relatório NASSCOM-McKinsey projeta uma participação de 7,7 do setor na economia geral até 2008.

TABELA 11. A indústria de *software* em relação aos macroparâmetros da Índia (em bilhões de US$)

	1998/99	1999/00	2000/01
PIB da Índia	379,7	404,7	427
Receitas da indústria indiana de software	3,9	5,7	8.3
Fatia da indústria de software no PIB, %	1,027	1,41	1,94
Exportações indianas de produtos e serviços em US$	60,07	67,85	79,76
Exportações de serviços de software	2,65	4,0	6,3
Fatia das exportações de software em %	4,41	5,89	7,89

Fonte: baseado em Índia, Reserve Bank of Índia, e NASSCOM (2001).

As exportações e a geração de câmbio

A fatia das exportações de *software* em relação às exportações indianas de produtos e serviços subiu de um valor desprezível em 1990 para aproximadamente 8% em 2000/01, como fica claro pela Tabela 12. O Relatório NASSCOM-McKinsey e a *Força-Tarefa Nacional em Tecnologia da Informação e Desenvolvimento* de *Software* projetam que até 2008 as exportações de *software* e serviços responderão por 35% das exportações da Índia.

A magnitude das exportações pode não ser uma boa sinalizadora, contudo, da quantia de câmbio real ganha pelo país em vista da despesa com câmbio das companhias de *software* no processo de implementação de contratos para os seus clientes, o que frequentemente envolve mandar seu pessoal para as sedes dos clientes. O ganho líquido com as exportações é, geralmente, muito menor do que a magnitude das exportações totais que é publicada. Portanto, o valor líquido da despesa de câmbio com exportações, ou seja, o câmbio líquido, seria o indicador mais apropriado da geração de adição de valor doméstico. O movimento proporcional de utilização de câmbio por unidade de exportação através do tempo poderia também indicar algumas tendências em termos de eficiência na conservação do câmbio ou em adição de valor doméstico. Os números da utilização do câmbio pela indústria não são fornecidos pela NASSCOM, ou pelo governo. No entanto, dados compilados para uma amostra representativa de 58 companhias para o período de 1994 a 99, examinando as tendências resumidas na Tabela 12, mostram que a utilização do câmbio por unidade de exportação pelas firmas industriais da amostra é bastante substancial se comparada a algumas indústrias manufatureiras. Portanto, o número total de exportações dá uma ideia muito exagerada da contribuição da indústria para os ganhos cambiais. No entanto, a utilização do câmbio pela indústria tem declinado de maneira estável desde 1996, tendo passado de 62% em 1996 para 48% em 1999. Isso sugere que a proporção da exportação líquida na exportação total subiu, a partir de 1996, de 38% para 52% das exportações totais. Esse é um sinal saudável e sugere que a proporção de valor doméstico agregado subiu nas atividades de exportação de *software* da Índia. Até certo ponto, ele reflete a importância crescente do desenvolvimento *off-shore* e portanto de poupar câmbio nas viagens etc.

302 Marcos Costa Lima (org.)

TABELA 12. Exportações líquidas da amostra de companhias de *software*

	1994	1995	1996	1997	1998	1999
Utilização do câmbio por unidade de exportação	57,41	56,39	61,66	54,65	51,11	48,01
Exportações líquidas por unidade de exportação	42,59	43,61	38,34	45,35	48,89	51,99

Fonte: Kumar (2000b).

Emprego e potencial de criação de postos de trabalho

De acordo com os levantamentos da NASSCOM, a indústria de *software* empregava cerca de 340.000 profissionais em 31 de março de 2000, inclusive profissionais de *software* trabalhando em organizações de usuários de *software,* em contraste com 160.000 profissionais em 1996. Portanto, a indústria gera cerca de 60.000-70.000 novos postos de trabalho a cada ano e pode ter criado até agora não mais que meio milhão de postos, incluindo postos de apoio, como os de digitador, apesar de tanta retórica sobre a sua expansão e potencial empregatício. O crescimento anual do emprego de 28,5% registrado nos últimos três anos, embora impressionante, em comparação aos padrões de crescimento de postos de trabalho da economia nacional, é apenas metade do crescimento das receitas da indústria. No entanto, o potencial da indústria para sustentar esse *momentum* de crescimento sugere o seu potencial para emergir como uma fonte de emprego significativo na indústria indiana em tempos futuros. A *Força-tarefa Nacional em Tecnologia da Informação e Desenvolvimento* de *Software* projetou que a indústria de *software* estará empregando 2,2 milhões de trabalhadores até 2008. Metade desses postos de trabalho, ou seja, 1,1 milhão deles, será criada por uma expansão dos serviços gerados pela Tecnologia da Informação no país até o ano 2008, em contraste com 23.000 em 1998/99. Desse 1,1 milhão, espera-se que aproximadamente 560.000 empregos sejam em operações de apoio administrativo e desenvolvimento de conteúdo (comparados aos 15.200 empregos atuais).

As outras características dos postos de trabalho criados pela indústria de *software* podem ser vistas na Tabela 13. A indústria está criando oportunidades de trabalho para jovens graduados altamente qualificados (a maioria com graduação em engenharia) com relativamente pouca experiência. Os níveis salariais aqui estão entre os melhores das indústrias do país e vêm crescendo a uma saudável taxa de 16-21%. Além disso, as companhias começaram a oferecer opções acionárias aos seus empregados. Apesar

Política internacional comparada 303

disso, a "taxa de atrito" é bastante alta, embora ela venha caindo nos últimos anos. A indústria perde uma proporção bastante substancial dos seus profissionais mais brilhantes todo ano, à medida que eles migram para trabalhos com melhor pagamento em outros países.

TABELA 13. Características-chave do emprego na indústria de *software*

Parâmetros	1996	1999	2000
Profissionais de *software* (incluindo aqueles em organizações não-comerciais e organizações de usuários)	1.600.000	2.800.000	3.40.000
Dos quais engajados em: -Desenvolvimento de *software* (%) -*Marketing* e desenvolvimento de relacionamento (%)	70 10	67 11	63 14
Média de idade (anos)	28,4	26,2	25,7
Proporção de detentores de graduação em tecnologia da informação (%)	75	n.a.	n.a.
Proporção dos possuidores de 5 anos de experiência (%)	60	50	60
Aumento no salário base sobre o ano anterior (%)	21	21+ESO*	16+ESO*
Taxa de atrito (%)	17,2	16	14

Notas: *Suplementado por *Employee Stock Options* (Opções Acionárias dos Empregados). 41 companhias ofereceram ESOS aos seus empregados.

Fonte: Kumar (2000b) baseado nos respectivos levantamentos da NASSCOM.

Além do segmento organizado da indústria de *software*, as oportunidades de emprego se expandem rapidamente no segmento informal ou da microempresa de *software* e serviços. KUMAR (2000a), num estudo recente, encontrou empresas menores de customização de *software*, digitação e *bureau* de internet crescendo em termos de número e tamanho em ritmo muito rápido. Por conseguinte, espera-se que o emprego nas empresas cresça de 50 a 100% ao ano. Apesar dos salários serem relativamente baixos para começar, o setor dá oportunidades de ascensão ao pessoal. Enquanto as empresas maiores e mais organizadas são voltadas amplamente para a demanda externa, os estabelecimentos informais atendem à demanda crescente da indústria doméstica, especialmente das pequenas e médias empresas (SMES) em suas necessidades de automação de escritório e de customização. O setor também provê oportunidades para o trabalho autônomo de pessoal treinado, como digitadores na ponta inferior da

304 Marcos Costa Lima (org.)

escala de habilitação e projetistas de páginas da internet e consultores em *software*, na extremidade superior.

Qualidade dos postos de trabalho criados: a dimensão de gênero

Os postos de trabalho criados na indústria de *software* são geralmente fisicamente menos exigentes que aqueles em outras manufaturas, são "de colarinho branco". Em consequência, eles também são adequados para mulheres. Os levantamentos da NASSCOM revelam que embora a participação de mulheres entre os profissionais de *software* fosse de 19% na virada do século, ela cresceu de forma estável a partir dos 10%, em 1993 (NASSCOM, 2000 a). No segmento de serviços criados pela Tecnologia da Informação, as mulheres respondem por 37% dos postos de trabalho. Isso está projetado para elevar-se para 35% até 2005. Estudos anteriores na indústria tinham mostrado uma dominação ainda maior dos homens, com uma participação das mulheres variando de 5 a 10% (ver MITTER e PEARSON, 1992; HEEKS, 1996). A dominação da força de trabalho pelos homens, no entanto, não parece se dever a uma questão de predisposição quanto a gênero. Mesmo os levantamentos anteriores, como aqueles conduzidos por Jayanthi e Madhavan em meados dos anos 1980 (citado em HEEKS, 1996) e outro conduzido por Mitter em 1990 (citado por MITTER e PEARSON, 1992), não relatam qualquer discriminação declarada contra mulheres na indústria. Ambos os estudos relataram que a indústria de *software* ofereceu uma atmosfera mais relaxada e menos discriminatória que a maioria das outras ocupações e que as mulheres têm uma chance maior de alcançar postos superiores nessa indústria que em outras. Entre as razões citadas naqueles levantamentos para o nível inferior de realizações das mulheres incluem-se: a falta de mobilidade internacional por causa de compromissos familiares, normas contra trabalho noturno impedindo as empresas de contratá-las por tempo integral (24h) e a relutância de alguns clientes internacionais de contratar mulheres para dar consultoria, especialmente no Oriente Médio. A dependência decrescente da indústria em contratos *on-site* (*in loco*) pode ajudar a remover algumas predisposições contra as mulheres.

Além disso, os serviços gerados pela Tecnologia da Informação, projetados para se expandirem nos anos futuros, também criarão mais campo de trabalho para as mulheres e aumentarão sua participação no emprego. Os serviços de telefonia e de apoio administrativo, especialmente digitação, são predominantemente executados por mulheres no mundo todo. Uma grande parte desses serviços pode ser prestada na residência do prestador. Por exemplo, um trabalhador instalado em casa responde a um telefonema ou dá entrada em dados que são transmitidos eletronicamente para o cliente. Esses tipos de oportunidades de "teletrabalho", como elas começaram a ser chamadas, são particularmente adequadas para trabalhadoras autônomas que desejem ficar em casa por razões familiares ou por causa de crianças pequenas (ver HOON, NG, e MITTER, 1999, para maiores detalhes).

O grosso dos trabalhos criados no setor até 2008, por projeções do relatório McKinsey e da *Força-tarefa Nacional em Tecnologia da Informação e Desenvolvimento de Software* (NTITSD), será em serviços gerados pela Tecnologia da Informação, como operações de apoio administrativo, transcrições médicas, centros de telefonia etc., de maneira significativa. Dada a baixa habilidade requerida por esses postos de trabalho, eles serão de natureza livre e poderão se mover para outros destinos se, e quando, locais de competição mais barata estiverem disponíveis, como aconteceu no caso de outras manufaturas orientadas para exportação, como a de vestuário. Portanto, a mudança da manufatura orientada à exportação para serviços orientados à exportação pode não alterar o padrão básico da Divisão Internacional do Trabalho para países em desenvolvimento (MITTER e EFENDIOGLU, 1999). Finalmente, sendo essas atividades de baixo nível de habilitação, elas criam um campo limitado para o transbordamento de conhecimento no país anfitrião (Índia).

Aspectos externos ou efeitos indiretos no desenvolvimento

A ascensão da indústria de *software* no país durante a última década e meia também gerou uma série de aspectos externos importantes, muitos dos quais favoráveis. Esses incluem o desenvolvimento do empreendedorismo e uma reversão da evasão de cérebros. Outros são menos desejáveis, como a falta de conexão com a economia interna e uma possível negligência do setor de *software* doméstico no processo de empurrar as exportações, perpetuando a urbanização e a concentração.

A expansão da base de empreendedorismo interno

A ascensão da indústria de *software* criou oportunidades para a expansão da base local de empreendedorismo. Os custos iniciais de partida no setor são bastante baixos e economias de escala não são particularmente significativas para empresas de serviço. Portanto, as barreiras de entrada são baixas. Isso ajudou uma série de profissionais técnicos a começarem por si próprios. Muitas das atuais empresas líderes de *software* foram iniciadas por empreendedores de 1ª geração. A *Infosys*, a *Satyam*, a *Mastek*, a *Silverline*, a *Polaris*, entre muitas outras, por exemplo, foram iniciadas por profissionais de *software* e engenheiros com pequenas poupanças e empréstimos em escalas bem modestas para começar. Num nível menor, também, criaram-se oportunidades para o desenvolvimento do empreendedorismo entre profissionais relativamente menos qualificados. Um estudo de empresas menores ou do setor informal na indústria de *software* e serviços na Índia confirmou as oportunidades compensadoras para o empreendedorismo, devido aos baixos custos iniciais de instalação. As taxas às quais mesmo essas empresas menores vêm crescendo significam que elas não permanecem pequenas por muito tempo (KUMAR, 2000a).

O desenvolvimento da indústria de *software* e a evasão de cérebros: influências contrapostas

A evasão de cérebros tem sido um grande problema que o país vem enfrentando com relação à mão de obra altamente treinada. De acordo com um estudo, 58,5% do graduados em Ciência da Computação pelo Instituto Indiano de Tecnologia (IIT) de Madras, de 1964 a 1986, emigraram (IAMR, 1999). Assim, a Índia vem perdendo regularmente para o mundo ocidental valiosos recursos humanos de Tecnologia da Informação, os quais foram criados a um custo considerável para o país. A ascensão da indústria de *software* na Índia está associada a duas tendências contrapostas, com relação à evasão de cérebros. A primeira é positiva pelo fato de que as oportunidades emergentes na indústria ajudaram a deter até certo ponto o fluxo de mão de obra da Índia para o exterior. A outra é a possibilidade de perda de mais talentos num futuro próximo, dada a falta crescente de mão de obra treinada em Tecnologia da Informação no mundo ocidental.

A reversão da evasão de cérebros

A rápida ascensão da indústria de *software* no país ajudou a reduzir a extensão da evasão de cérebros criando oportunidades compensadoras de emprego dentro do país, uma tendência também apoiada pela existência de capital de risco para implementar novas ideias. De acordo com uma base de dados parcial mantida pela Associação dos Ex-Alunos do IIT em Delhi (IIT Delhi Alumni Association – IITDAA), a taxa de evasão de cérebros parece ter declinado de 21% durante o período 1990-92 para 18% durante o período 1997-99 (SACHDEV, 2000). Além das oportunidades de trabalho compensadoras surgindo na indústria de *software* do país, uma série de graduados dos IITS são assistidos por centros de incubação do campus na implementação de suas ideias e na captação de financiamento em fundos de capital de risco.

A ascensão da indústria de *software* também levou uma série de indianos não residentes a retornar ao país para iniciar empresas de *software*. De acordo com algumas estimativas, a taxa de retorno de profissionais aumentou de 2% em 1991 para 8 a 10% no final dos anos 1990, com diversos profissionais de *software* de nível *senior* retornando à Índia para iniciar suas próprias companhias. Aparentemente, só em Hyderabad, cerca de 100 empresas foram instaladas por profissionais de *software* que haviam retornado (Express Índia, 2000). Além disso, a orientação da indústria indiana de *software* para a exportação beneficiou-se da presença de um número substancial de engenheiros indianos não residentes trabalhando em empresas multinacionais americanas. Lateef (1997) e ARORA *et al.* observam que alguns deles tiveram um papel importante, embora ainda a ser documentado, na facilitação dos contatos entre os compradores nos EUA e os potenciais fornecedores na Índia. Os indianos não residentes que trabalhavam em indústrias de *software* nos EUA também investiram na Índia, em subsidiárias que desenvolvessem *software* para as suas operações nos EUA. Isso incluiu investimentos em subsidiárias da *Mastech*, CBS *Inc.*, IMR, entre outras.

Estímulo recente à evasão de cérebros?

A indústria de exportação de *software* também tem contribuído para a evasão de cérebros durante a execução de projetos *on-site* ou através de *"body shopping"*. Parte do pessoal de *software* que foi para outros países enviado a trabalho por seus empregadores ficou por mais tempo. Por exemplo, 10.000 do total de 100.000 profissionais de *software* da Austrália são indianos que ficaram lá após completarem suas missões para a TCS (LATEEF, 1997). Apesar da proporção de trabalho *on-site* estar agora diminuindo, o rápido crescimento da indústria de *software* pelo mundo todo criou novas possibilidades para que a evasão de cérebros se estenda numa onda potencialmente grande. O recente surgimento da Índia como um centro de desenvolvimento de *software* atraiu atenção para o país, que passou a ser visto como uma fonte potencial de mão de obra para as indústrias de Tecnologia da Informação, podendo atender à falta crescente em outros países. De acordo com o IDC, nos EUA, metade de todos os postos de trabalho em Tecnologia da Informação estão agora "implorando" por pessoal. Na Europa Ocidental, a falta de trabalhadores de Tecnologia da Informação cresceu de 6%

em 1998 para 14% em 2000. Espera-se que suba para 23% até 2002 (IDC, 2000). Como consequência, um grande número de países vêm planejando importar engenheiros de *software* da Índia. Esses incluem a Alemanha, que ofereceu 20000 *green cards* (vistos de permanência) para trabalhadores em *software*; o Japão, que estará buscando 10.000 trabalhadores da Índia pelos próximos 3 anos; fora projeções como as da Irlanda, que requisitará 32.000 até 2005, França, 10.000, Itália, 8.000 e Coreia, outros 10.000 (KUMAR, 2000b, baseado em relatos da mídia). Há outros países, como Bélgica, Síria, Irã, Singapura e Espanha, que também mostraram interesse em importar o talento indiano, apesar de não indicarem números precisos. O governo britânico recentemente colocou em vigor um sistema especial de emissão rápida de permissão de trabalho, para permitir a entrada no país de mão de obra de Tecnologia da Informação, visando atender a uma demanda estimada em 150.000 profissionais. Esse sistema reduzirá o tempo necessário para emitir uma permissão de trabalho para profissionais de TI – de 6 a 8 semanas para apenas 2 semanas. Nos EUA também, o espaço entre a demanda e o suprimento de mão de obra de TI vem crescendo e essa escassez vem sendo coberta com importações da Índia, entre outros países (ESA, 2000). Devido à crescente pressão da indústria, o governo recentemente elevou o nível anual de vistos H1B de 115.000 para 195.000 pelos próximos 3 anos.

Essa tendência eleva o prospecto de uma elevação maior nas taxas de evasão de mão de obra de *software* da Índia. Ainda não está claro quantos indianos deixarão o país para aproveitar essas oportunidades. Há relatos da mídia de que em resposta ao oferecimento de 20.000 vistos de permanência a trabalhadores de TI pela Alemanha, ela já teria recebido 10.000 propostas de candidatos, inclusive 2.000 de indianos. No entanto, um fluxo para o exterior certamente aumentará a crescente escassez de talentos em *software,* fazendo subir os salários dos profissionais de *software* na Índia. Isso, por sua vez, pode ter um efeito adverso na competitividade externa das exportações de *software* da Índia. Portanto, tem o potencial de afetar adversamente a indústria indiana do setor e seu desempenho de exportação. Muita coisa dependerá da habilidade do país de aumentar o fornecimento de mão de obra rapidamente. Enquanto isso, no entanto, a desaceleração nos EUA tem levado à demissão de grande número de trabalhadores indianos altamente qualificados, que têm retornado para casa após receberem os "folhetos rosa".

A criação de um valor de marca para o país em indústrias baseadas no conhecimento

Apesar da grande reserva de mão de obra treinada em engenharia, a imagem da Índia no mundo é a de uma economia pobre e subdesenvolvida com uma vantagem comparativa apenas nas indústrias de mão de obra pouco qualificada e de baixa tecnologia. Consequentemente, o país tem estado em desvantagem quanto à exportação de produtos intensivos em conhecimento. O surgimento do país como uma fonte externa de serviços altamente intensivos em tecnologia, como *software*, está ajudando a mudar a percepção pública da Índia e está focalizando a atenção no seu potencial quanto às indústrias baseadas em conhecimento. Talvez, como um desenvolvimento relacionado, um número significativo de empresas multinacionais instalaram centros de pesquisa e desenvolvimento (P&D) regionais ou globais na Índia para se beneficiarem do conhecimento especializado disponível no país, de forma muito semelhante a casas de *software* (ver KUMAR 1999, para ilustrações).

A melhoria das relações bilaterais da Índia

O reconhecimento da Índia como uma das principais fontes de conhecimento especializado e talento na indústria também contribuiu para a melhoria das relações bilaterais da Índia com os Estados Unidos e com outros países industrializados. A visita do Presidente Clinton à Índia no ano 2000 ocorreu após um período de quase duas décadas sem qualquer visita desse nível vinda dos EUA. A agenda daquela visita estava muito voltada para questões relacionadas à Tecnologia da Informação. Vários outros líderes mundiais de diferentes partes visitaram o país no ano 2000, todos eles buscando a mão de obra treinada e o conhecimento especializado em educação de alta tecnologia da Índia, inclusive o Primeiro-Ministro Japonês Mori e o Primeiro-Ministro de Singapura.

Facilitando a entrada de capital?

O desenvolvimento da indústria de *software* levou a um aumento no fluxo de capital no país em 3 formas: o investimento estrangeiro direto (Foreign Direct Investment – FDI) por empresas multinacionais (MNES) de fora nas suas subsidiárias e empreendimentos conjuntos na Índia, investimentos institucionais estrangeiros (Foreign

Institutional Investments – FIIS) nas ações de companhias de *software* na Índia, e capital levantado no estrangeiro por companhias indianas de *software*.

Influxo de FDI e distribuição dos ganhos pela entrada de empresas multinacionais

Apesar da entrada de todas as principais multinacionais de Tecnologia da Informação no país e da formação de subsidiárias e empreendimentos conjuntos para o desenvolvimento de *software*, o influxo de FDI não foi substancial. O capital subscrito total das 79 companhias subsidiárias que se instalaram no país até 1999 é de Rs 4713 milhões (ou US$ 115 milhões, à taxa de câmbio de Rs 41 para um dólar americano). Então, o influxo total de FDI pelas subsidiárias das multinacionais durante a última década e meia de desenvolvimento da indústria é não mais que $115 milhões, o que não é uma quantia considerável, se comparada ao influxo anual de cerca de $3 bilhões de FDI que a Índia recebeu nos últimos anos.

Além disso, a distribuição de ganhos originários da atividade das subsidiárias de indústrias multinacionais de *software* entre o país de origem e o anfitrião parece ser extremamente a favor do primeiro. Aparentemente, algumas das subsidiárias de multinacionais em desenvolvimento de *software* estão fazendo trabalho pioneiro para suas controladoras. Por exemplo, o Centro de Desenvolvimento de *Software* da *Oracle,* localizado em Bangalore, foi responsável pelo projeto do "network computer", posto em uso inteiramente pela *Oracle* (*Dataquest*, 15 de Julho de 1999; ARORA *et al.,* 2000). A SAP da Alemanha recentemente lançou o seu Gerenciamento Distribuidor-Revendedor (Distributor Reseller Management – DRM) capacitado pela internet, totalmente desenvolvido nos Laboratórios SAP, da Índia, uma subsidiária baseada em Bangalore. Muitos outros centros de projeto de multinacionais na Índia estão fazendo um trabalho altamente valioso para elas. No entanto, as subsidiárias indianas dessas multinacionais não partilham dos fluxos de receita gerados mundo afora pelo trabalho que desenvolveram. As multinacionais tendem a faturar as exportações de suas subsidiárias para elas no valor de custo mais 10 a 15% (MEHTA, 1996, p. 44). Portanto, a distribuição de ganhos é extremamente a favor do país de origem da multinacional e contra o país anfitrião, no caso, a Índia.

Investimentos institucionais estrangeiros (FIIS) e recibos depositários americanos (ADRS)

Os Investimentos Institucionais Estrangeiros em ações de Tecnologia da Informação, inclusive em algumas companhias de *software* na Índia, têm sido altamente instáveis, devido à volatilidade dos mercados de ações indianos nos anos recentes. A ascensão de algumas companhias indianas as capacitou a serem listadas nas bolsas de valores americanas e a levantar capital no exterior. A *Infosys* foi a primeira companhia indiana de *software* a ser listada na Nasdaq, em 11 de março de 1999, e a levantar US$70,38 milhões através da emissão de Recibos Depositários Americanos (American Depository Receipts – ADRS). Subsequentemente, a *Silverline Technologies* levantou $101 milhões na Bolsa de Valores de Nova York em 20 de junho de 2000. O sucesso dessas duas companhias em levantar capital no exterior levou uma série de outras a planejar listagens nos EUA, inclusive a HCL *Technologies*, que está planejando uma emissão de US$500 em ADRS. Os ADRS emitidos por companhias indianas de *software* podem se tornar uma fonte significativa de fluxo de capital para a Índia. Uma listagem nos EUA ajuda a companhia de muitas formas. Por exemplo, dá a ela condições de oferecer aos seus empregados opções acionárias ligadas aos ADRS, como parte da sua estratégia para reter talentos (casos da *Infosys* e da *Silverline*), tornando assim a opção mais atrativa que os ESOPS (Employee Stock Ownership Plans – Planos de Propriedade de Ações pelo Empregado) de suas competidoras no mercado de trabalho. Isso as ajuda a financiar aquisições no exterior para alargar a sua base de clientes, ajuda no seu *marketing* e ainda na criação de um valor de marca.

Além disso, a ascensão da indústria de *software* atraiu a atenção de fundos estrangeiros de capital de risco e de investidores novos para o país. De acordo com a NASSCOM, os investimentos feitos por fundos de capital de risco em firmas de alta tecnologia na Índia (e não apenas em empresas de *software*), que eram de $20 milhões em 1996-97, montaram US$370 milhões em 1999-2000. Uma parte considerável desse investimento, no entanto, foi para partidas no comércio eletrônico e empresas da rede mundial de computadores (*dot.com*). A indústria de *software* pode ter recebido uma parte relativamente pequena dessa quantia. Esse canal de investimentos pode crescer no futuro.

Custo de oportunidade das exportações e conexões domésticas

O custo de oportunidade das exportações de *software* pode ser considerável. Por um lado, os melhores talentos indianos estão empregados na exportação de serviços de *software*; os utilizados para uso doméstico são amplamente importados do estrangeiro. Uma atenção inadequada dada pela indústria ao mercado interno atrofiou a difusão de TI. Por exemplo, a disponibilidade de *software* em línguas locais poderia ter facilitado uma ampla difusão da tecnologia da informação no país. A oportunidade perdida de melhoria da produtividade através da difusão de TI na Índia poderia ser substancial. Por outro lado, a contribuição das companhias indianas de *software* para a melhoria de produtividade da indústria americana nos últimos cinco anos, que resultou numa taxa de crescimento de mais de 5% na segunda metade dos anos 1990, poderia ser significativa. Até certo ponto, o regime de incentivo fiscal dominante, ou seja, a disponibilidade de incentivos fiscais para lucros de exportação, dirige as atenções para as exportações, tornando-as uma atividade mais compensadora que servir o mercado interno. É preciso repensar a relevância dos incentivos fiscais para a indústria de *software*.

A maioria das companhias de *software* orientadas para a exportação opera como "enclaves de exportação", com pouca conexão, se alguma, com a economia local. As subsidiárias das multinacionais em desenvolvimento de *software*, em particular, obtêm praticamente toda a receita a partir de exportações feitas para as suas controladoras. Assim, praticamente nenhuma conexão vertical é desenvolvida com o mercado interno de *software* ou com o resto da economia. A natureza operacional de enclave gera muito poucos transbordamentos/reflexos do conhecimento na economia interna. O grosso do trabalho é também de natureza altamente customizada, tendo poucas aplicações em outros lugares. Devido aos altos salários e benefícios de viagens ao exterior, tampouco ocorre movimento de pessoal dessas companhias para firmas domésticas. Os empregados de firmas orientadas para a exportação são geralmente iludidos por companhias estrangeiras. No entanto, há um movimento considerável de pessoal de firmas orientadas para o mercado interno para firmas orientadas para a exportação ou para subsidiárias estrangeiras. Um levantamento da indústria de *software* sugeriu que 45,6% dos profissionais eram recrutados por firmas de outras companhias (RAJESWARI, 1995). O mercado interno também apoia a exportação de produtos que são primeiro experimentados localmente e melhorados com base em dados de retorno gerados antes da exportação (HEEKS, 1996). Em termos de complexidade e sofisticação tecnológica, alguns projetos do mercado interno são mais avançados e desafiadores que os projetos de exportação (ARORA *et al.*, 2000).

Os engenheiros empregados pela indústria de *software* não precisam ter habilidade especial, mas geralmente são treinados extensivamente pelos seus empregadores no desenvolvimento de *software* (BALASUBRAMANIAN e BALASUBRAMANIAN, 1997). No entanto, a ascensão da indústria do setor causou uma escassez generalizada de engenheiros em todas as disciplinas e isso levou a uma grande elevação dos salários deles. A indústria de engenharia no país tem dificuldades em encontrar um número adequado de profissionais para as suas necessidades. O impacto dos salários ascendentes na competitividade e nos resultados finais da indústria de engenharia e de outras que competem por esse talento com a indústria de *software* ainda não está claro. No entanto, eles certamente tornaram as coisas mais difíceis para elas.

Aglomeração espacial e distribuição regional

O desenvolvimento da indústria de *software* em diferentes partes do mundo é caracterizado por uma forte tendência ao ajuntamento por causa das economias de aglomeração. Na Índia, a indústria de *software* desenvolveu-se inicialmente em Mumbai (antiga Bombaim). Subsequentemente, e especialmente após a entrada da *Texas Instruments* em meados dos anos 1980, Bangalore emergiu como centro da indústria de desenvolvimento de *software*. Bangalore dispunha de diversos atrativos para essa indústria. Esses incluíam a disponibilidade de uma reserva de mão de obra treinada devido à existência do Instituto Indiano de Ciências, do Instituto Indiano de Gerenciamento e de muitos complexos industriais de alta tecnologia, tais como o *Bharat Electronics*, o *Hindustan Aeronautics*, o *Bharat Heavy Electricals*, entre outros. Além disso, o clima ameno também era atrativo. O desenvolvimento de infraestrutura sob a égide do Parque de Tecnologia de *Software* e subsequentemente do Parque de Tecnologia da Informação, privado, colaborou para a aglomeração da indústria dentro e em volta de Bangalore (ver LATEEF, 1997; KUMAR, 2001). Além de Bangalore e Mumbai, Delhi, junto com seus subúrbios, a saber, Noida e Gurgaon, emergiu como a terceira mais popular concentração de unidades de *software* (ver Tabela 14). Hyderabad e Chennai também começaram a fornecer uma localização alternativa no sul, após a saturação de Bangalore em termos de infraestrutura e espaço. O papel promocional do governo do estado também contribuiu para o surgimento de Hyderabad como o 4º centro mais importante de concentração de companhias de *software*. O conjunto dessas cinco cidades responde por 80,5% das 600 companhias de topo. Porém, outras cidades, como Calcutá, Pune, Thiruvanantpuram, Ahmedabad e Bhubneswar estão aparecendo como locações crescentemente populares. Um fator importante é a disponibilidade de conexões de comunicação de dados de alta velocidade e espaço construído nos Parques de Tecnologia de *Software*.

O desenvolvimento desta indústria se deu, portanto, de forma altamente concentrada em selecionados e importantes centros urbanos e seus subúrbios. O padrão de concentração deve-se às tendências de ajuntamento das indústrias baseadas em conhecimento por causa das altas economias de aglomeração. Na Índia, a disponibilidade de infraestrutura de comunicação e de mão de obra e ainda de outras instalações também contribuiu para isso. Uma vez que todos esses centros são bastante desenvolvidos se comparados a outras partes do país, possíveis transbordamentos do desenvolvimento da indústria de *software* para o desenvolvimento regional equilibrado não ocorreram. A concentração das indústrias em determinadas cidades, na verdade contribuiu para o congestionamento. Por exemplo, os preços de propriedades imobiliárias subiram, segundo se sabe, em cidades como Chennai, por causa do crescimento da indústria de *software,* que agora responde por 70 a 80% de todo o espaço industrial ocupado na cidade entre 1999 e 2000.

TABELA 14. Padrões de ajuntamento das 600 companhias de *software* de topo

Cidade	Número de sedes de companhias localizadas	Fatia percentual
Mumbai	131	21,83
Bangalore	122	20,33
Delhi e entorno	111	18,50
Hyderabad	64	10,67
Chennai	55	9,16
Calcutá	25	4,16
Pune	23	3,83
Thiruvanathapuram	14	2,33
Outras	55	9,16

Fonte: Adaptado de NASSCOM (2000a).

Desafios para reforçar a posição da Índia na divisão internacional do trabalho

Uma série de fatores favoráveis ajudou a ascensão da indústria indiana de *software* até o momento. Esses incluem a disponibilidade de uma grande reserva de trabalhadores talentosos e com domínio da língua inglesa a baixos salários, uma tradição de lógica e matemática, investimentos governamentais passados em sistemas de inovação nacional e construção de capacidade nas tecnologias de computação e trabalho em rede (ver KUMAR 2001, para uma análise detalhada), disponibilidade de infraestrutura e conexões de comunicação, um regime de políticas favoráveis, redes de pessoal técnico e de gerência com experiência, trabalhando no Vale do Silício, o que facilitou os contatos com as companhias indianas, junto com uma escassez crescente de mão de obra treinada no Ocidente. O *bug* do milênio também criou uma oportunidade valiosa para as companhias indianas de *software*. Será um desafio sustentar as taxas de crescimento alcançadas no passado em médio prazo e atingir as metas de exportação e indústria doméstica da NASSCOM – McKinsey – *Força-tarefa Nacional em Tecnologia da Informação e Desenvolvimento* de *Software*. Os fatores que desafiam o crescimento da indústria indiana incluem custos salariais crescentes, escassez de talentos, competição emergente etc., conforme resumo abaixo.

Escassez crescente de mão de obra treinada

A vantagem comparativa da Índia para o desenvolvimento da indústria de *software* é baseada principalmente na disponibilidade de mão de obra treinada. Apesar da Índia tradicionalmente ter um excedente de mão de obra altamente qualificada em engenharia e tecnologia, com o rápido crescimento da indústria na última década, a demanda está ultrapassando a oferta. O pessoal experiente e os gerentes de projeto, em particular, estão ficando extremamente escassos (ARORA, *et al.,* 2000). A situação ainda é agravada pela evasão de mão de obra treinada da Índia para outros países. Com a crescente falta de pessoal treinado em Tecnologia da Informação, um grande número de países e companhias do mundo ocidental está se voltando para a Índia para cobrir a lacuna. Uma série de empresas multinacionais de TI recruta engenheiros e gerentes regularmente na Índia para suas necessidades mundo afora, através da mídia nacional e mesmo em entrevistas nas universidades. Recentemente, uma série de países como Alemanha, Coreia, Japão, Suíça e França, entre outros, anunciou sua intenção de importar mão de obra treinada da Índia, como observado anteriormente. Todas essas tentativas aumentam a demanda por mão de obra na Índia e tornarão mais difíceis a atração e retenção de talentos pela indústria local. Um grande desafio para os responsáveis pela elaboração de políticas é aumentar a oferta de mão de obra treinada de forma tão rápida que satisfaça à crescente demanda da indústria doméstica, assim como à de outros países. A competição crescente por trabalhadores com conhecimento especializado significa que o gerenciamento de recursos humanos está se tornando uma peça chave para o sucesso corporativo na indústria.

A erosão da vantagem do custo de trabalho

Com a crescente escassez de mão de obra treinada, os salários na indústria de *software* têm subido a uma taxa anual superior a 20%. Além disso, os empregadores estão oferecendo outros incentivos, tais como opções acionárias, e estão investindo em tornar o ambiente de trabalho mais atrativo para os trabalhadores. Os salários ascendentes reduziram a margem de vantagem no custo salarial de que as companhias indianas usufruíam inicialmente. Os números de comparação de custos, conforme a Tabela 15, sugerem que os salários indianos de pessoal comparável variaram entre 20 e 42% dos níveis americanos e entre 38 e 53% dos níveis irlandeses para pessoal diferente, no próprio ano de 1995. ARORA *et al.* acham que, após o *factoring* nos custos associados dos trabalhadores indianos, os mesmos ficam em apenas metade dos níveis americanos. Portanto, a estratégia de competir com base no custo tornar-se-á crescentemente difícil para as empresas indianas, especialmente com a competição emergente de outros países que também têm baixos salários, como se verá adiante. As empresas indianas terão que lidar com isso, ascendendo na cadeia de valores, conforme subam os salários, e terão que aumentar a eficiência geral de utilização dos recursos humanos ou aumentar a produtividade mais rápido que o custo salarial.

TABELA 15. Comparação do custo do trabalho para pessoal de TI (US$ por ano)

	Suíça	EUA	Canadá	Reino Unido	Irlanda	Grécia	Índia
Líder de projeto	74.000	54.000	39.000	39.000	43.000	24.000	23.000
Analista de negócios	74.000	38.000	36.000	37.000	36.000	28.000	21.000
Analista de sistemas	74.000	48.000	32.000	34.000	36.000	15.000	14.000
Projetista de sistemas	67.000	55.000	36.000	34.000	31.000	15.000	11.000
Programador de desenvolvimento	56.000	41.000	29.000	29.000	21.000	13.000	8.000
Programador de suporte	56.000	37.000	26.000	25.000	21.000	15.000	8.000
Analista e projetista de rede	67.000	49.000	32.000	31.000	26.000	15.000	14.000
Especialista em garantia de qualidade	71.000	50.000	28.000	33.000	29.000	15.000	14.000
Analista de informação de base de dados	67.000	50.000	32.000	22.000	29.000	24.000	17.000
Especialista em métrica/ processo	74.000	48.000	29.000	31.000	Não dispon.	15.000	17.000
Pessoal de documentação/ treinamento	59.000	36.000	26.000	21.000	Não dispon.	15.000	8.000
Engenheiro de teste	59.000	47.000	25.000	24.000	Não dispon.	13.000	8.000

Nota: Os números são medias para 1995. Eles tendem a subir 5 a 10% ao ano, com as taxas sendo levemente mais altas em países de renda mais baixa.

Fonte: Richard Heeks adaptado de H. A. Rubin *et al.* (1996) *Worldwide Benchmark Project*, Rubin Systems: Pound Ridge, NY.

Competição emergente de outros países

Até agora a indústria indiana de *software* sofreu pouca competição, se alguma. Isso porque a Índia usufruiu a vantagem de ser o primeiro país a funcionar como uma fonte externa de *software*. Um levantamento feito pela Carnegie Mellon University descobriu que 82% dos competidores das firmas indianas de *software* estavam localizados dentro da Índia (ver Tabela 16). A segunda maior fonte de competição eram firmas sediadas nos Estados Unidos que "recrutam profissionais indianos de *software* extensivamente" (ARORA *et al.*, 2000). Firmas sediadas em Singapura, Israel, Irlanda, Filipinas, Rússia e Europa do leste foram mencionadas como competidoras num relativamente pequeno número de casos. Entretanto, no futuro, as companhias indianas de *software* podem enfrentar mais competição: em trabalhos de alta finalidade, de firmas sediadas em Israel, Irlanda, Singapura, Europa do leste, entre outros; e daquelas nas Filipinas, China, Malásia e outros países do sul da Ásia em trabalhos rotinizados de baixa finalidade. Portanto, será importante reforçar a competitividade internacional através de várias medidas tais como: melhoria de produtividade, manutenção da qualidade do serviço, estabelecimento de relacionamentos de longo prazo com clientes importantes, *marketing* e serviços pós-vendas e ascensão na cadeia de valores, se a Índia não quer perder seu status de destino favorito quando outros países buscam *software* em fontes externas.

TABELA 16. Localização dos principais competidores das firmas indianas de *software*

Localização dos competidores	N. de firmas	% de firmas
Índia	75	82
EUA	58	63
Israel	12	13
Irlanda	12	13
Singapura	19	21
Filipinas	6	7
Europa do Leste/Rússia	10	11

Nota: N=92; As firmas foram solicitadas a listar até três países. Fonte: ARORA *et al* (2000).

Gargalos infraestrururais

O rápido crescimento da indústria de *software* também depende de que o desenvolvimento de infraestrutura mantenha o ritmo daquele crescimento. Isso inclui largura de banda adequada para a transferência de dados, espaço construído para o desenvolvimento de *software* e outras instalações. De acordo com a associação das indústrias,

318   Marcos Costa Lima (org.)

a largura de banda disponível, particularmente, não é adequada e está se tornando um gargalo. Portanto, ela precisa ser aumentada em breve.

Baixo investimento em pesquisa e desenvolvimento (P&D)

A indústria indiana de *software* tem dado pouco impulso a Pesquisa e Desenvolvimento (P&D) até agora, em vista da sua intensidade em conhecimento e sua orientação internacional. A NASSCOM (2000b) acha que os gastos totais em P&D na indústria cresceram de 2,5% em 1997/8 para cerca de 4% em 2000/01. Apesar de empresas líderes como a TCS, a *Infosys* e a WIPRO terem laboratórios de P&D, a proporção de receita aí empregada é bastante baixa, se comparada à das companhias de *software* do mundo desenvolvido. Por exemplo, a *Adobe Systems*, a *Novel*, a *Lótus Development*, a SAP, a *Microsoft*, segundo consta, gastam entre 14 e 19% de suas receitas em P&D (OCDE, 1997). Devido às suas enormes receitas, a escala de pesquisa e desenvolvimento realizados é muito maior. Em vista disso, mesmo uma companhia indiana de liderança e de crescimento rápido como a *Infosys Technologies* relata que as despesas em P&D são de apenas 0,89% de seu faturamento. Além disso, um número decrescente de doutoramentos de engenheiros na Índia, de 629 em 1990-91 para 298 em 1996-97 (DST, 1999), também é uma tendência danosa, uma vez que tem implicações na disponibilidade de pessoal de pesquisa para a indústria. Um maior impulso em P&D será necessário para que as empresas indianas de *software* atualizem o seu perfil de exportação para serviços e produtos de mais alto valor agregado e se estabeleçam como inovadoras e desenvolvedoras de novos produtos e tecnologias em vez de apenas provedoras de serviços de codificação e programação. Essa evolução das empresas indianas de *software* é importante para elas atingirem o objetivo de gerarem a receita de 8 bilhões proveniente da exportação de produtos.

Para lidar com os desafios citados acima, o governo deu uma série de passos, particularmente aqueles aceitos como parte do Plano de Ação de TI, formulado pela Força-Tarefa Nacional em Tecnologia da Informação e Desenvolvimento de *Software* (NTITSD). Alguns deles são:

- Iniciativas para facilitar o suprimento de pessoal de engenharia: expansão da capacidade dos Institutos Indianos de Tecnologia (IITS); atualização das instituições existentes (ex. RECS – Faculdades Regionais de Engenharia) e instalação de novos IITS;

- Aumentar a infraestrutura para o desenvolvimento de *software:* passos para aumentar a largura da banda; instalação de novos parques de tecnologia e mais Parques de Tecnologia de *Software* (stps);
- Expandir o mercado de *software* doméstico: aumento da penetração do pc; incentivos fiscais para investimentos em ti; liberalização do comércio de equipamento e *software* de ti; verificar a pirataria de *software*; governo eletrônico;
- Facilitar a disponibilidade de capital de risco – Facilitar a internacionalização das empresas indianas: assistência em aquisições no estrangeiro e na construção de outras marcas nativas (ver India, mit, 2000a, b; ntitsd, 2000, para mais detalhes).

As empresas indianas líderes também estão adotando estratégias para reforçar seu lugar na indústria. Isso inclui estratégias de gerenciamento para recrutar, treinar e reter talentos; ascender na cadeia de valores através do foco em consultoria de alto valor e pacotes de *software*; construção de relacionamentos de longo prazo com os clientes; diversificação geográfica para reduzir a sua vulnerabilidade à desaceleração do mercado americano, entre outras (ver kumar 2000b, para exemplos).

Observações conclusivas

O surgimento de um país em desenvolvimento a exemplo da Índia como um fornecedor significativo de serviços de *software* no mercado mundial atraiu muita atenção na literatura de desenvolvimento. O crescimento das exportações de *software* na década passada levou os responsáveis pelas políticas do país a vê-lo como uma máquina de crescimento, como uma fonte de emprego e de câmbio, entre outros efeitos favoráveis. As empresas indianas de *software* foram capazes de crescer rápido e expandir as exportações a taxas fenomenais e agora respondem por uma significativa fatia do mercado mundial de serviços de *software* fornecidos por fontes externas. Embora a entrada de empresas multinacionais em meados dos anos 1980 tenha ajudado a demonstrar o potencial que a Índia tinha como base de fornecimento de *software* para outros países, o desenvolvimento indiano é amplamente conduzido por empreendimento, talento e recursos nativos. Um grande número de firmas que entrou na indústria de *software* cresceu em sua capacidade, demonstrou seu compromisso com as melhores práticas internacionais na qualidade de processo, expandiu seu alcance geográfico e progressivamente alargou o âmbito dos produtos e serviços oferecidos e das suas áreas de domínio. Tendo iniciado como fornecedoras de mão de obra, assumindo trabalho nas sedes dos clientes, progressivamente passaram a fazer o desenvolvimento de *software* nas suas sedes exportadoras na Índia. Houve também um distanciamento consciente da codificação e da programação de baixo valor, e uma aproximação da exportação de consultoria de alta finalidade e de pacotes de *software*. Esse desempenho nos últimos anos levou a indústria e o governo a estabelecerem objetivos ambiciosos para o futuro, tais como ganhos anuais de exportação de US$ 50 bilhões até 2008. O alcance desses objetivos, no entanto, é um desafio, em vista da crescente escassez de mão de obra treinada, erosão da vantagem de custo do trabalho, surgimento de competição de outros países, gargalos infraestruturais e baixo investimento em pesquisa e desenvolvimento. Além disso, a recente desaceleração americana moderou as pressuposições que fundamentam as projeções, e as taxas de crescimento planejadas para a indústria foram revisadas para baixo. Entretanto, a indústria de *software* deve continuar seu crescimento a passos rápidos no médio prazo, mesmo que num ritmo inferior ao dos últimos anos.

Numa perspectiva nacional, o *software* responde por uma fatia pequena (cerca de 2%) do PIB da Índia, mas contribuiu com aproximadamente 12% do crescimento do mesmo. O *software* responde por cerca de 8% das exportações indianas de produtos e serviços. A realização de câmbio líquido, no entanto, é muito menor por causa dos gastos com a prestação desses serviços *on-site*. Embora a utilização de câmbio por unidade de exportação tenha decrescido desde 1996, a realização das exportações líquidas ainda é menor que 52% das exportações brutas. A indústria, apesar de toda euforia, cria empregos para 60 a 70 mil graduados de engenharia altamente talentosos por ano. Os serviços criados pela TI, tais como operações de apoio administrativo, centros de telefonia e transcrições médicas, podem criar mais de um milhão de postos de trabalho até 2008, segundo projeções. Entretanto, esses postos de trabalho são de natureza livre, devido a requererem baixo nível de habilidade e a serem de rotina. Eles se mudarão da Índia quando os salários subirem e outros locais mais baratos surgirem. Os postos de trabalho criados na indústria, entretanto, são fisicamente menos exigentes e, portanto, têm grande potencial para absorver mulheres como força de trabalho. A indústria de *software* ajudou a expandir a base doméstica para o empreendedorismo e a criar uma equidade de marca para o país em indústrias baseadas em conhecimento. O seu desenvolvimento ajudou a reverter a tendência à evasão de cérebros através da criação de oportunidades compensadoras de carreira para a mão de obra profissional no país. Entretanto, a crescente escassez de mão de obra treinada em TI nos países ocidentais levou-os a voltar sua atenção para a Índia como fonte de suprimento Essa tendência ameaça levar a uma nova elevação na evasão de cérebros da Índia e no processo, adversamente afetar a competitividade da indústria indiana, agravando a crescente escassez de talentos. A entrada de multinacionais na indústria não resultou num influxo substancial de capital. Além disso, a distribuição de ganhos oriundos da atividade de exportação das empresas multinacionais na indústria tem se dado extremamente a favor dos países de origem. A natureza de enclave de exportação da indústria gerou poucas conexões verticais entre firmas com o resto da economia interna. Há também evidência de que através da absorção do grosso dos graduados em engenharia, a indústria afetou adversamente outras de engenharia, embora o impacto exato ainda não esteja claro. A indústria está agrupada em torno de 6 a 7 cidades, que tinham infraestrutura bem desenvolvida e instalações de comunicação. O seu impacto na redução das disparidades regionais é insignificante, se existente.

O principal recurso que atraiu a indústria para o país foi a reserva de mão de obra gerada através de investimentos em desenvolvimento de recursos humanos por décadas. Subsequentemente, o governo facilitou o desenvolvimento da indústria fornecendo conexões de comunicação de dados de alta velocidade e infraestrutura construída nos Parques de Tecnologia de *Software*. Várias iniciativas estão sendo tomadas pelo governo e a indústria, em resposta ao desafio que o país está enfrentando, para reforçar o seu lugar na Divisão Internacional do Trabalho. Essas iniciativas incluem passos para aumentar o suprimento de mão de obra treinada e de instalações promocionais. As próprias empresas têm respondido aos desafios emergentes adotando estratégias para adquirir, atualizar e reter talentos. Há clara evidência de que o gerenciamento de recursos humanos está se tornando um aspecto chave da estratégia das empresas na indústria indiana de *software*. As companhias estão tentando também ascender na escala de valores, movendo-se no sentido do desenvolvimento *off-shore* (na Índia), focalizando no conhecimento especializado de áreas (domínios), consultoria de alta finalidade, pacotes próprios e estratégias de atribuição de preços por valor. Essas estratégias têm se refletido nas tendências de desempenho das empresas. Há uma evidência de melhora na proporção de exportações líquidas, na produtividade do trabalho e nas margens de lucro dos últimos dois anos.

Apesar do forte desempenho da indústria indiana de *software* na última década, não há espaço para complacência em vista da competição de países emergentes, especialmente a China e as Filipinas, entre outros. Enquanto as empresas indianas de *software* têm uma vantagem de partida na forma de alcance dos padrões de referência internacionais de maturidade de processo, a competição começará a incomodar no médio e longo prazo, especialmente em serviços de baixo valor agregado, como a codificação, o *software* customizado, os serviços gerados pela TI etc. A indústria indiana, portanto, precisa consolidar seus pontos fortes e aproveitar a vantagem de partida sobre seus potenciais competidores para rapidamente ascender na escala de valores e se estabelecer como fonte líder de produtos de *software*. Entretanto, a entrada no mercado de produtos é contida por altas barreiras que tornam difícil o acesso de novatos. A esse respeito, as medidas seguintes podem ser frutíferas.

Dar atenção a P&D e desenvolvimento de produtos: A indústria indiana de *software* precisa dar maior impulso à atividade de pesquisa e desenvolvimento, especialmente ao desenvolvimento de produtos. O mercado interno da Índia é grande o bastante para fornecer um campo de testes para esses produtos. Um impulso maior na atividade de P&D é importante para sustentar a sua vantagem comparativa no longo prazo. Nesse contexto, a formação decrescente de PhDs em engenharia e tecnologia no país é uma questão preocupante. Uma ênfase crescente em P&D pela indústria e o estabelecimento de conexões indústria – universidade/IIT podem ajudar a melhorar as perspectivas em termos de carreira para pesquisadores em engenharia/tecnologia e atrair mais pessoas talentosas para os programas de PhD.

Aquisição estratégica de canais e marcas de marketing *global:* O *marketing* global, as redes de serviço pós-venda e as marcas mundialmente reconhecidas agem como barreiras à entrada de novas firmas. Para superar esses problemas, as companhias indianas poderiam planejar a aquisição de ações de algumas companhias de *software* sediadas no Vale do Silício que estabeleceram nichos de mercado para os seus produtos. As compras alavancadas (*leveraged buyouts* – LBOs) de empresas muito maiores são possíveis agora (como foi demonstrado pela recente tomada de controle da *Tetley* pela *Tata Tea*). As instituições financeiras governamentais podem auxiliar as companhias indianas em tais aquisições estratégicas. Essas aquisições poderiam servir como veículos para a entrada do *software* indiano nos mercados de *software* em geral (*shrink wrapped software*) e dar às companhias um controle mais completo sobre a cadeia de valor.

Reestruturação e consolidação industrial: A análise do tamanho das firmas no desempenho das empresas sugere a presença de economias de escala na utilização de câmbio e de recursos humanos. Por conseguinte, uma consolidação da indústria pode levar à melhoria da competitividade total.

Reorientar as medidas promocionais do governo: O Governo da Índia teve um papel importante na evolução da indústria, criando uma reserva de mão de obra treinada e tomando diversas iniciativas importantes para instalar a infraestrutura necessária de computação e pesquisa em redes desde o final da década de 1960 (ver KUMAR, 2001, para uma análise detalhada). O governo também ajudou a indústria fornecendo instalações infraestruturais em Parques de Tecnologia de *Software*. Além disso, os exportadores de *software* receberam um subsídio no imposto de renda sobre lucros obtidos com a exportação. É necessário repensar a relevância desses incentivos fiscais. Numa indústria em que a Índia usufrui uma vantagem natural comparativa (por conta do custo mais baixo da mão de obra), onde as exportações vêm crescendo a uma taxa maior que 50% por ano, onde as margens de lucro são em torno de 22% da receita (muito mais altas que a de qualquer outra indústria no país), parece haver pouca relevância nesses subsídios fiscais em base sustentada. Além disso, dado o custo de oportunidade para o desenvolvimento de *software* nos mercados internos, a parcialidade criada por essas concessões em favor das exportações não é desejável. A perda de receita em função delas é substancial. Nossos cálculos, a grosso modo, sugerem que a perda de receita para o Ministério da Fazenda por conta desses incentivos fiscais poderia ser da ordem de R$ 20 bilhões (ou Rs 2000 crores). Uma parte dessa quantia vaza para países estrangeiros na forma de benefícios fiscais absorvidos por multinacionais, que relocalizam a atividade de desenvolvimento de *software* no país para tirar vantagem da disponibilidade de mão de obra treinada de baixo custo. Além de reforçar a infraestrutura física para a indústria, essa quantia seria gasta de melhor forma dando apoio à educação superior e à pesquisa de tecnologia de *software,* que seriam de interesse estratégico de logo prazo para a indústria, assistindo a mesma no desenvolvimento de produtos, na construção de marcas e redes internacionais de *marketing*, em aquisições estrangeiras e outras formas de apoio estratégico.

Referências bibliográficas

ABLIN, Eduardo *et al* (1985). *Internacionalización de empresas y tecnología de origen argentino*, CEPAL-EUDEBA, Buenos Aires.

ABREU CAMPANÁRIO, M.; SOUZA RANGEL, A; DA SILVA, M. e RIBEIRO COSTA, T. (2005). Balanço dos resultados do processo de abertura e estabilização sobre o setor industrial. ALTEC, Brasil, 2005.

ADAM, D. (2003). "Brazilian Science: under new management". *Nature* 423. Disponível em: <http://www.nature.com/>.

ALBORNOZ, M.; LUCHILO, L.; ARBER, G.; BARRERER, R.; RAFFO, J. (2002) El talento que se pierde. Aproximación al estudio de la emigración de profesionales, investigadores y tecnólogos argentinos. *Documento de Trabajon n. 4*. Centro REDES. Disponível em: <www.centroredes.org.ar.>.

ALCORTA, L.; PERES, W. "Innovation systems and technological specialization in Latin America and the Caribbean". *Research Policy*, n. 26, 1998, p. 857-881.

ALCORTA, L. (1993). *Technology policy in Latin America: issues for the nineties*. Paper presented at NAR Technology Policy Seminar, UNUrINTECH, Maastricht, Holanda.

_____ (1995). *Flexible automation, scale and scope, and location of production in developing countries*. Paper presented at the ECLAC-IDRCrUNU-INTECH Conference on Productivity, Technical Change and National Innovation System in Latin America in the 1990s, Marbella.

ALCORTA, L.; PLONSKI, G. A.; RIMOLI, C. A. (1997). *Technological collaboration by Mercosur*. Universidade de São Paulo, São Paulo.

326 Marcos Costa Lima (org.)

ALIDE (2003). *Financiamiento para el desarrollo tecnológico de América Latina*, Programa de Estudios Económicos e Información, Asociación Latinoamericana de Instituciones Financieras para el Desarrollo.

ANLLÓ, G.; PEIRANO, F. (2005) *Una mirada a los sistemas nacionales de innovación en el Mercosur: análisis y reflexiones a partir de los casos de Argentina y Uruguay.* Oficina de la CEPAL en Buenos Aires, Serie Estudios y perspectivas, Buenos Aires.

ARCHIBUGI, Daniele; LUNDVALL, Bengt-Åke (2001). *The Globalizing Learning Economy.* Oxford University Press.

AROCENA, R.; BORTAGARAY, I. (1996). *Competitividad: ¿Hacia dónde puede ir el Uruguay? Primera etapa de un ejercicio colectivo de prospectiva "tipo Delfos".* Montevidéu: CIESU/Trilce.

AROCENA, R.; SUTZ, J. (1998). *La innovación y las políticas en ciencia y tecnología para el Uruguay.* Montevidéu: Trilce.

_____ (1999). *Mirando los Sistemas de Innovación desde el sur.* Trabajo presentado en Sistemas Nacionales de Innovación, Dinámica Industrial y Políticas de Innovación, Danish Research Unit on Industrial Dynamics (DRUID), Dinamarca. Disponível em: <http://www.campus-oei.org/salactsi/sutzarcena.htm>

_____ (2000). "Looking at national systems of innovation from the south". *Industry and Innovation*, vol. 7, n. 1, p. 55-75.

_____ (2002). "Sistemas de Innovación y países en desarrollo". SUDESCA *Research Papers* n. 30, Department of Business Studies, Aalborg University, Aalborg.

_____ (2003). "Knowledge, Innovation and Learning: Systems and Policies in the North and in the South". In: CASSIOLATO, J. E.; LASTRES, H. M. M.; MACIEL, M. L. (eds.). *Systems of Innovation and Development.* Cheltenham: Elgar.

_____ (2003). *Subdesarrollo e innovación. Navegando contra el viento.* Madri: Cambridge University Press.

ARORA, A & GAMBARDELLA, A. (2004). "The globalization of the software industry: perspectives and opportunities for developed and developing countries". NBER *Working Paper,* n. 10538, Cambridge. Disponível em: <http://www.nber.org/papers/w10538>.

ARROW, K. (1962). "The Economic Implications of Learning by Doing". *Review of Economic Studies*, vol. XXIX, n. 80.

ARZA, V. (2004). "Technological performance, economic performance and behaviour: a study of Argentinean firms during the 1990s". In: *Innovation: Management, policy & practice*, Queensland, Australia. Disponível em: <http://www.innovation-enterprise.com/.>

ASIAN DEVELOPMENT BANK. *Free Trade Agreement Database for Asia.* Disponível em: <http://aric.adb.org/>.

ASPIAZU, Daniel; VISPO, Adolfo; FUCHS, Mariana (1993). *La inversión en la industria argentina. El comportamiento heterogéneo de las principales empresas en una etapa de incertidumbre macroeconómica, 1983-1988.* Documentos de trabajo, n. 49, Oficina de la CEPAL en Buenos Aires.

ATHEREYE, S; KAPUR, S (1999). *Private foreign investment in India.* Manchester School of Management e Birbeck College/Univ. of London. Disponível em: <www.econ.bbk. ac.uk/faculy/homepage/kapur/fdi.pdf>.

ATHWAL, Amardeep (2008). *China-India Relations: Contemporary Dynamics.* Nova Iorque: Routledge.

BABU, Sureh M. (2005). "India's recent economic Growth". *Economic and Political weekly,* 23 jul.

BAGCHI, A. K (ed.). (1999) "Indian economic organization in a comparative perspective". In: _____. *Economy and Organisation. Indian Instituions under the Neoliberal Regime.* Nova Délhi: Sage.

BALASUBRAMANYAM, V. N. (1996). "Foreign direct investment in Turkey". In: TOGAN S. & BALASUBRAMANYAM, V. N (orgs.). *The economy of Turkey Liberalisation.* Nova York: St. Martin Press.

BALASUBRAMANYAM, V. N.; BALASUBRAMANYAM, Ahalya (2000). "The software cluster in Bangalore". In: DUNNIG, John (ed.). *Regions, Globalization, and the knowledge-based economy.* Oxford: Oxford University Press, p. 349-363.

BANCO MUNDIAL (varios años). *World Economic Indicators,* Washington D. C.

BANERJEE, Sumanta (2006). "Le dilemme de la gauche". *Alternatives internationales,* 17 jun. Disponível em: <www.alternatives-internationales.fr/>.

BARBEITO, L. (1996). *Situación de la ciencia y tecnología en el Uruguay: impacto del Programa CONICYT-BID sobre las ciencias básicas y tecnologías relacionadas y bases para el desarrollo del Sistema Nacional de Ciencia y Tecnología.* Montevidéu, CONICYT, mimeo.

BARDHAN, P. (1988). *The Political Economy of development in India.* Nova Délhi: Oxford University Press.

BASKARAN, Angathevar (2004). "The role of offsets in Indian defense procurement policy". In: BRAUER, J. & DUNNE, J. P. *Arms Trade and Economic Development: Theory, Policy, and Cases in Arms Trade Offsets.* Londres: Routledge.

BASTOS, M. (1993). *The constitution of a S&T system in Brazil.* UNU⁄INTECH, Maastricht, mimeo.

BATISTA JR., P. N. (1996). "O Plano Real à luz da experiência Mexicana e Argentina". *Estudos Avançados USP*, São Paulo, vol. 10, n. 28, set./dez.

BAUMANN, R. (org.). (1999) *Brasil – Uma Década de Transição.* Rio de Janeiro: Campus.

BEHRENS, Alfredo (2004). "Brazil". In: COMMANDER, Simon (ed.). *The software industry in Emerging Markets.* Cheltenham: Edward Elgar, p. 159-218.

BENAKOUCHE, R. (1985). "A 'revolução silenciosa' da informática". In: BENAKOUCHE, R. (org.). *A questão da informática no Brasil.* São Paulo: Brasiliense/CNPq.

BÉRTOLA, L.; BIANCHI, C.; DARSCHT, P.; DAVYT, A.; PITTALUGA, L.; REIG, N.; ROMÁN, C.; SNOECK, M.; WILLEBALD, H. (2005) *Ciencia, tecnología e innovación en Uruguay: diagnóstico, prospectiva y políticas.* Universidad de la República, Documento de Trabajo del Rectorado n. 25, Uruguai.

BHANUMURTHY, N. R. & MITRA, Arup (2003). *Declining Poverty in India. A decomposition analysis.* Delhi, Institute of Economic Growth/University of Delhi.

BHATTACHARYA, B. B. (2003). "Índia: uma percepção da globalização". In: FENDT, Roberto *et al* (org.). *Brasil na arquitetura comercial global.* Rio de Janeiro: Konrad Adenauer, p. 315-325.

BHATTACHARYA, B. B. & SAKTHIVEL, S. (2004). "Regional Growth and Disparity in India: Comparison of Pre-and Post-reform Decades". *Economic and Political Weekly*, 6 mar., p. 1071-7.

BIANCHI, C. (2004). "Medición de capacidades de innovación en la industria manufacturera uruguaya". VI *Taller de Indicadores de Ciencia y Tecnología* – RICYT, Buenos Aires.

BIANCHI, C. & ESPÍNDOLA, F. (2002). *Estudio sobre el impacto de los Programas de Calidad en el Uruguay.* Comité Consultivo sobre Calidad, Productividad y Nuevas Tecnologías, CIU, MIEM, PIT-CNT.

BID (2001). "Sistema de innovación en América Latina". Capítulo 16 del *Informe Anual sobre Progreso Económico y Social* (IPES), BID, Washington.

BISANG, Roberto (1994). *Industrialización e incorporación del progreso técnico en la Argentina.* Buenos Aires, CEPAL.

BISANG R. & LUGONES, G. (1998). *La conducta tecnológica de las empresas industriales argentinas en el período 1992-1996.* INDEC-SECYT, Buenos Aires.

BISANG, R. & SZTULWARK, S. (2001). *Las actividades de la ciencia y tecnología en las universidades argentinas*. Universidad Nacional de General Sarmiento, San Miguel.

BISANG, R.; LUGONES, G. & YOGUEL, G. (comp.) (2002). *Apertura e innovación en la Argentina. Para desconcertar a Vernon, Schumpeter y Freeman*. Miño y Dávila Ediciones.

BISANG, Roberto & MALET, Nuria (1997). *El sistema nacional de innovación de la Argentina*. Universidad de Gral. Sarmiento, San Miguel, mimeo.

BISANG, Roberto; BONVECCHI, Carlos; KOSAKOFF, Bernardo; RAMOS, Adrián (1996). "La transformación industrial en los '90. Un proceso con final abierto". *Desarrollo Económico*, número especial, vol. 36.

BITTENCOURT, G. (2003). *Escenarios para la economía uruguaya en las próximas dos décadas: una aproximación*. Documento de Trabajo n. 16/03, Departamento de Economía, Facultad de Ciencias Sociales, UDELAR, Montevidéu. Disponível em: <http://www.decon.edu.uy/~gus/uru2020dt16-03gb.PDF>.

BITTENCOURT, G. & DOMINGO, R. (2001). "El caso uruguayo". In: CHUDNOVSKY, D. (coord.). *El boom de inversión extranjera directa en el MERCOSUR*. Buenos Aires: Siglo XXI.

_____ (2004). *Efectos de derrame de las empresas transnacionales en la industria manufacturera uruguaya (1990-2000)*. Versión preliminar, Departamento de Economía, Facultad de Ciencias Sociales, UDELAR, Montevidéu.

BOILLOT, Jean-Joseph (2006). "Les futurs possibles de l'économie indienne". *Futuribles*, n. 323, out., p. 524.

_____ (2006). *L'Economie de L'Inde*. Paris: La Decouverte.

BONELLI, R. (1997). "Política industrial en Brasil: intención y resultados". In: PERES, W. (ed.). *Políticas de competitividad industrial: América Latina y el Caribe en los años noventa*. Mexico, D. F.: Siglo XXI.

_____ (2000). "Brazil: The Challenge of Improving Export Performance". In: MACARIO, C. et al. (eds.). *Export Growth in Latin America: Policies and Performance*. Boulder: Lynne Rienner Publishers.

BORDA, M.; CASSANELLO, C.; TERNEUS, A.; MARCHOFF, C. (2001). "Un análisis de la evolución de los instrumentos de política para la promoción de la innovación, en el marco de los Programas de Modernización I y II". *IX Seminario Asociación Latino-Iberoamericano de Gestión Tecnológica (ALTEC)*, San José de Costa Rica.

BOYER, Robert; DIDIER, Michel (1998). *Innovation et Croissance*. Paris: La Documentation Française.

330 Marcos Costa Lima (org.)

BRANSTETTER, L.; LARDY, N. (2006). *China's Embrace of Globalization*. Working Paper Series, n. 12373. Cambridge, Massachusetts. Disponível em: <http://www.nber.org/papers/w12373>.

BRAUER, Jurgen; DUNNE, J. Paul (2004). *Arms Trade and Economic Development: Theory, Policy and cases in arms trade offsets*. Londres e Nova Iorque: Routledge.

BRAUER, Jurgen (1998). "The Arms Industry in Developing Nations: History and Post-Cold War Assessment". In: *Military Expenditures in Developing and Emerging Nations*. Londres: Middlesex University.

BYERS, T (1997). *The State Development Planning and Liberalisation in India*. Delhi: Oxford University Press.

CASSIOLATO, J. (1992). "The user-producer connection in hi-tech: a case study of banking automation in Brazil". In: SCHMITZ, H.; CASSIOLATO, J. (eds.). *Hi-Tech for Industrial Development: Lessons from the Brazilian Experience in Electronics and Automation*. Londre: Routledge.

CASSIOLATO, J. E. & LASTRES, H. M. M. (1997). "Innovación y competitividad en la industria brasileña de los años noventa". In: SUTZ, J. (ed.). *Innovación y Desarrollo en América Latina*. Venezuela: CLACSO/AECI/Nueva Sociedad.

_____ (1999). "Inovação, Globalização e as Novas Políticas de Desenvolvimento Industrial e Tecnológico". In: _____ (eds.). *Globalização e Inovação Localizada: experiências de sistemas locais do Mercosul*. Brasília: IBICT/MCT.

_____ (2000). "Sistemas de Inovação: Políticas e Perspectivas". *Parcerias Estratégicas*, n. 8, dez. 2000. Brasília: MCT/CGEE.

CASSIOLATO, J. E., Lastres, H. M. M. y Maciel, M. L. (2003): (eds) *Systems of Innovation and Developmen*, Elgar, Cheltenham.

CASTELLS, Manuel (1996). "Fluxos, redes e identidades: uma teoria crítica da sociedade informacional". In: CASTELLS, Manuel et al. *Novas perspectivas críticas em educação*. Porto Alegre: Artes Médicas, p. 3-32.

_____ (1999). *A Era da Informação: economia, sociedade e cultura*, volumes 1, 2 e 3. São Paulo: Paz e Terra.

CAVALCANTI, M. & GOMES, E. (2001). "A Sociedade do Conhecimento e a política industrial brasileira". In: MDIC/CNI, *Futuro da Indústria Oportunidades e Desafios – A reflexão da universidade*. Disponível em: <http://www.desenvolvimento.gov.br/sitio/sti/publicacoes/futAmaDilOportunidades/futIndOpoDesafios.php>.

CEPAL (1966). *Informe del simposio latinoamericano de industrialización*. Naciones Unidas, Santiago de Chile.

_____ (1991). *El comercio de manufacturas de América Latina: evolución reciente y estructura (1962-1989)*, LC/R, 1056, Santiago de Chile.

_____ (1994). *América Latina y el Caribe: Políticas para mejorar la inserción en la economía mundial*. Comisión Económica para América Latina y el Caribe, Naciones Unidas, Santiago de Chile.

_____ (2005). *Panorama de la inserción internacional de América Latina y el Caribe, 2004. Tendencias 2005* (LC/G.2283-P), Santiago de Chile, ago. Publicación de las Naciones Unidas, n. de venta: S.05.II. G.117.

_____ (2006). *Panorama de la inserción internacional de América Latina y el Caribe, 2005-2006* (LC/G.2313-P), Santiago de Chile, ago. Publicación de las Naciones Unidas, n. de venta: S.06.II. G.67.

CEPAL, SECYT e INDEC (2003). *Segunda encuesta nacional de innovación y conducta tecnológica de las empresas argentinas*. INDEC, Argentina.

CESPAP (Comisión Económica y Social para Asia y el Pacífico) (2005). *Asia-Pacific Preferential Trade and Investment Agreements Database* (APTIADA), Bangkok, Banco Asiático de Desarrollo.

CHAKRAVARTI, S. (1987). *Develoment Planning: the Indian experience*. Oxford: Clarendon Press.

CHANDRA, Bipan; MUKHERJEE, Mridula; MUKHERJE, Aditya (2008). *India since Independence*. Nova Délhi: Penguin Books.

CHANDRASEKHAR, C. P. (2005) "Who needs a 'knowledge economy'¿ Information and flexible labour". *Indian Journal of Labour Economics*, 48 (4), p. 763-70.

CHARLES, Gilbert (2004). "La révolution verte à refaire". *L'Express*, 20 dez.

CHATERJEE, Partha (2004). *Colonialismo, Modernidade e Política*. Salvador: EDUFBA, CEAO.

CHAUDHURI, Shubham; RAVAILLON, Martin (2006). *Partially awakened giants: uneven growth in China and India*. World Bank Policy research Working Paper n. 4069, nov.

CHAUVIN, S; LEMOINE, F (2003). "India in the World Economy". *La Lettre du CPII*, n. 221, mar.

_____. "India in the World Economy: Tradicional specialisations and technological niches". *CEPII*, 9 ago.

CHESNAIS, F. (ed.) (2004). *La Finance Mondialisée*. Paris: La Découverte.

332 Marcos Costa Lima (org.)

CHIBBER, Vivek (2006). *Locked in Place: State Building and late Industrialization in India.* Princeton: Priceton University Press.

CHUDNOVSKY, D. (coord.) (1997). *Los límites de la apertura. Liberalización, reestructuración productiva y medio ambiente.* Buenos Aires: CENIT/Alianza.

CHUDNOVSKY, D. (1999). "Políticas de ciencia y tecnología y el sistema nacional de innovación en la Argentina". *Revista de la CEPAL,* n. 67, Santiago de Chile.

CHUDNOVSKY, D. & LÓPEZ, A. (1995). *Promoción y fomento de la innovación tecnológica desincorporada en la industria manufacturera. El caso argentino.* Buenos Aires: CENIT.

_____ (1996). "Política tecnológica en la Argentina: ¿hay algo más que *laissez faire?*" *Redes,* vol. 3, n. 6.

_____ (2001). "Las políticas de promoción de inversiones extranjeras en el Mercosur". In: CHUDNOSKY, D. & FANELLI (eds.). *El desafío de integrarse para crecer. Balance y perspectivas del Mercosur en su primera década.* Buenos Aires: Red-Mercosur, Siglo XXI, BID.

CIMOLI, M. & DOSI, G. (1994). "De los paradigmas tecnológicos a los sistemas nacionales de producción e innovación". *Comercio Exterior,* vol. 44, n. 8.

CIMOLI, M. & KATZ, J. (2002). *Structural reforms, technological gaps and economic development. A Latin American perspective.* CEPAL, Serie Desarrollo Productivo n. 129, Santiago de Chile.

CIMOLI, M. & PRIMI, A. (2004). *El diseño y la implementación de las políticas tecnológicas en América Latina: un (lento) proceso de aprendizaje.* FLACSO-MacMillan (en prensa).

CNPq/Assessoria de Estatísticas e Informação (2005). *Estatísticas e Indicadores da Pesquisa no Brasil segundo grandes áreas do conhecimento 2000-2004,* Brasil.

COHEN, M. D.; MARCH, J. D.; OLSEN, J. P. (1989). "A garbage can model organization choice". In: MARCH, J. D. *Decisions and Organizations.* Londres: Blackwell Publishers.

COLARES, G.; ROBERTO, C.; OLIVEIRA BARROS, H. Motta de (1999). "Indicadores de C&T no Brasil: situação atual e perspectivas". *IV TALLER IBEROAMERICANO/INTERAMERICANO DE INDICADORES DE C&T,* CONACYT, México.

COMISSION DES COMMUNAUTES EUROPEENNE (2003). *Investir dans la recherche: un plan d' action pour L' Europe.* COM 226 final. Bruxelles: CCE.

CORRÊA, A. (ed.). *Setor de Tecnologias da Informação e suas Perspectivas – Lei de Informática.* Brasília: SEPIN/MCT.

CORREA, Carlos María (1989). "Propiedad intelectual, innovación tecnológica y comercio internacional". *Comercio Exterior,* vol. 39, n. 12, p. 1059-1082.

COSTA LIMA, Marcos (2004). "Atraso Tecnológico nos Anos 90: América Latina, Brasil e Mercosul". *Cadernos de Estudos Sociais*, n. 20, jan.-jun. 2004. Fundação Joaquim Nabuco de Pesquisas Sociais.

_____ (2006). *Mundialização Hegemônica e Modernização Periférica: dilemas do desenvolvimento Brasil-Índia*. Trabalho apresentado no GT 05: Dilemas da modernização periférica da ANPOCS. Caxambu, out.

_____ (2006). *As mutações da Mundialização ou quando o capitalismo financeiro direciona o capitalismo cognitivo: desafios para a América Latina*. Trabalho apresentado no II Seminário Internacional de Filosofia Política "Realismos y Utopias em América Latina: Fragmentación y Luchas Democráticas". San Juan de Costa Rica: CLACSO/DEI/ Universidad Javeriana.

_____ (2007). *Índia e Brasil: entre o sono e o despertar: será o crescimento desigual a única via?* In: 1º Encontro Nacional da Associação Brasileira de Relações Internacionais, 2007, Brasília. Transformações na Ordem Internacional na 1ª década do Século XXI. Brasília: ABRI, v. Cd Rom.

COSTA LIMA, Marcos; SAHA, Suranjit Kumar (2005). "Elementos para a Construção de uma Cooperação Brasil-Índia: Inovação Tecnológica e Comércio Internacional. Rumo a uma estratégia de desenvolvimento para superar os efeitos assimétricos da Globalização". Projeto IBSA, financiado pelo Iuperj-Ford Foundation. Trabalho apresentado no *Encontro da ANPOCS*. Caxambu, out.

COUTINHO, L. G. (2003). "Macroeconomic Regimes and Business Strategies: an alternative industrial policy for Brazil in the wake of the 21st Century". In: CASSIOLATO, J. E.; LASTRES, H. M. M.; MACIEL, M. L. (eds.). *Systems of Innovation and Development*. Cheltenham: Elgar.

_____ (2005). "Regimes Macroeconômicos e estratégias de negócios: uma política industrial alternativa para o Brasil no século XXI". In: LASTRES, H. M. M.; CASSIOLATO, J. E.; ARROIO, Ana (orgs.). *Conhecimento, Sistemas de Inovação e Desenvolvimento*. Rio de Janeiro: Editora UFRJ/Contraponto, p. 429-448.

CRUZ, C. H. (1999). "A universidade, a empresa e a pesquisa que o país precisa". *Revista Humanidades* n. 45, Brasília.

CUZA, Luís. J.; COUTO, J. A.; LIMA, Maria Fernanda F.; TUROLLA, Frederico. A. (2009). *TIC 2020: Estratégias Transformadoras para o Brasil*.

D'COSTA, A. P. (2006). *Exports, Instituional Architecture, and Innovation Challenges in Bagalore's and India's IT industry*. Paper presented at At the Conference on New Asian Dynamics in Science Technology and Innovation. Gilleje, Dinamarca (27-29 set.).

334   Marcos Costa Lima (org.)

_____ (2003). "Uneven and Combined Development: understanding India's software exports". *World Development* 31(1), p. 211-26.

DAHLMAN, C. J.; ROSS-LARSON, B.; WESTPHAL, L. E. (1987). "Managing technological development: lessons from the newly industrializing countries". *World Dev.*, 15 (6).

DAHLMAN, C. J.; FRISCHTAK, C. R. (1990). *National systems supporting technical advance in industry: the Brazilian experience.* Working Paper, Industry and Energy Department, The World Bank, Industry Series Paper n. 32, Washington DC.

DALUM, B. (1992). "Export specialization, structural competitiveness and national systems of innovation". In: LUNDVALL, B-Å. (ed.). *National Systems of Innovation. Towards a Theory of Innovation and Interactive Learning.* Londres: Pinter.

DAVIS, Mike (2006). *Le Pire des mondes possibles, de l'explosion urbaine au bidonville global.* Paris: La Découverte.

DESAI, Ashok (2004). "India". In: COMMANDER, Simon (ed.). *The software industry in Emerging Markets.* Cheltenham: Elgar, p. 32-72

DESAI, Ashok; LAUTIRE, M; CHARYA, H. (1999). "Les industries de la machine-outil em Inde et au Taipei chinois:comparaison". In: MYTELKA, Lynn K. *Concurrence, Innovation et competitivité dans les pays en développement.* Paris: OCDE.

DHAR, P. N. (2003). "Economy under a shadow. Plea for aid". In: *The evolution of economicPolicy in India. Selected Essays.* Nova Délhi: Oxford University Press.

DINACYT (2002). *Uruguay en la encrucijada, Visión para la ciencia, la tecnología y la innovación. Una estrategia para construir el futuro.* MEC, mimeo. Disponível em <http://www.recyt.org/documentos/arquivos/1159. PDF>.

_____ (2003): *El proceso de innovación de la industria uruguaya. Resultados de la encuesta de actividades de innovación (1998-2000).* DINACYT-INE-PDT/MEC, Montevidéu. Disponível em: <hftp://ftp.dinacyt.gub.uy/internet2a.pdf>.

DINI, M.; PERES, W. (1994). "Sistemi di innovazione in America Latina: esperienze locali e sostegno delle istituzioni". *L'In dustria*, XV, 4.

DIRECON (Dirección General de Relaciones Económicas Internacionales, Chile) (s/f). Disponível em: <http://www.direcon.cl/documentos/India2/antecedentes_generales_india.pdf>.

DORFMAN, Adolfo (1993). "Tecnología e innovaciones tecnológicas – Algunas acotaciones". *Realidad Económica* 116, Instituto Argentino para el Desarrollo Económico, Buenos Aires.

DOSI, G. (1982). "Technological Paradigms and Technological Trajectories. The Determinants and Directions of Technological Change and the Transformation of the Economy". In: FREEMAN, C. *Long Waves in the World Economy*. Londres: Pinter.

_____ (1984). *Technical Change and Industrial Transformation – The Theory and an Application to the Semiconductor Industry*. Londres: Macmillan.

_____ (1988). "The Nature of the Innovative Process". In: DOSI, G.; FREEMAN, C.; NELSON, R.; SILVERBERG, G.; SOETE, L. (eds.). *Technical Change and Economic Theory*. Londres: Pinter.

DPCT/Unicamp/SOFTEX (2005). *Perfil das empresas Brasileiras Exportadoras de Software*. Survey coordenado por Giancarlo N. Stefanuto e Ruy Quadros Carvalho.

DUNNING, John (ed.) (2000). *Regions, Globalisation, and the knowledge-based economy*. Nova York: Oxford University Press.

DUSSEL PETERS, E. (2005). "Economic Opportunities and Challenges Posed by China for Mexico and Central America". *Studies*, n. 8, Bonn, Deutsche Institut fur Entwicklungspolitik.

DWYER, Tom; COVIC, André; FERREIRA, Luiz Renato Ribeiro; CLAUDIO, Kleucio & WAINER, Jacques (2008). "O uso de computadores no Ensino fundamental e médio e seus resultados empíricos: Uma revisão sistemática da literatura". *Revista Brasileira de Informática na Educação*, vol. 16, n. 1, jan.-abr.

DYSON, T.; CASSEN, R.; VISARIA, L. (2004). *Twenty first century India. Population, Economy, Human Development and the environment*. Nova Délhi: Oxford University Press.

ELIAS, L. A. (2003). *Sistema nacional de innovación y vinculación sector público-privado: caso de Brasil*. Reunión regional OMPI-CEPAL de expertos sobre el sistema nacional de innovación: propiedad intelectual, universidad y empresa, Chile.

ENCARNATION, D. J. (1989). *Dislodging Multinationals: Indya Strategy in Comparative perspectiva:* Ithaca/Londres: Cornell University Press.

ENSINCK, Alfonso & SALATINO, Carlos (1989). *Los impactos de la revolución científico tecnológica en los países de América Latina y el Caribe*. Buenos Aires: CFI.

ERDMAN, H. L. (1967). *The Swatantra Party and Indian Conservantism*. Cambridge: Cambridge University Press.

FACEPE (2001). *Política Estadual de Ciência e Tecnologia*. Recife: SECTMA.

FANJZYLBER, F. (1980). *Industrialización e Internacionalización en la América Latina*. México: Fondo de Cultura Económico.

336   Marcos Costa Lima (org.)

FAO (Organización de las Naciones Unidas para la Agricultura y la Alimentación) (2004). *El estado de los mercados de productosbásicos agrícolas*, Roma.

FAPESP (2001). *Indicadores de Ciência, Tecnologia e Inovação em São Paulo*. Disponível em: <http://www2.fapesp.br/indct/indica.htm>.

FARRELL, Diana & BEINHOCKER, Eric (2007). "Next big spenders: India's middle class". *Business Week*, maio 19. Disponível em: <www.mckinsey.com>.

FERREIRA, Jonatas; ROCHA, Maria Eduarda Mota (2009). "Entre a inclusão e a democracia digital: a atuação do Estado e do terceiro setor em comunidades pobres da região metropolitana do Recife". *LIINC em Revista*, vol. 5, p. 100-116.

FERREIRA, Luiz Renato Ribeiro; PIMENTA, Valdiney Alves; CLAUDIO, Kleucio & WAINER, Jacques (2007). "Desvendando mitos: os computadores e o desempenho no sistema escolar". *Educação & Sociedade*, Campinas, vol. 28, n. 101, dez.

FIORI, J. L. (1995). "A Globalização e a Novíssima Dependência". *Texto para Discussão*, n. 343, Instituto de Economia da UFRJ, Rio de Janeiro.

FMI (Fondo Monetario Internacional) (2006a). *World Economic Outlook*, Washington, D.C., Direction of Trade Statistics, abr.

_____ (2006b). *World Economic Outlook*, Washington, D.C., Direction of Trade Statistics, set.

FONSECA, R.; CARVALHO JR, M. C.; POURCHET, H. (1998). *A orientação externa da indústria de transformação brasileira após a liberalização comercial*. Rio de Janiero: IPEA.

FONSECA, R. (2001). "Inovação tecnológica e o papel do governo". *Parcerias Estratégicas*, n. 13, dez. 2001. Brasília: MCT/CGEE.

FONTAR (1999). *Argentina en transformación. Sí se puede: 95 casos de investigación, desarrollo tecnológico e innovación*. Buenos Aires: ANPCYT.

FRANKEL, R. (1995). *Macroeconomic sustainability and development Prospects: the Latin American Performance in the Nineties. Buenos Aires*. Documento CEDES/111 (Série Economica).

FREEMAN, C.; CLARK, J.; SOETE, L. (1982). *Unemployment and Technical Innovation: a Study of Long Waves in economic Development*. Londres: Pinter.

FRIEMAN, Wendy (2004). *China, Arms Control and Nonproliferation*. Londres: Routledge/Curzon.

FRISCHTAK, C. R. (1991). "Banking automation and productivity change: the Brazilian experience". *Industry Series Paper* n. 46, Working Paper, Industry and Energy Department, The World Bank, Washington D.C.

FUNDES (2003). *Casos exitosos de aprovechamiento de los instrumentos de promoción científi-cotecnológica para las Pyme exportadoras argentinas*. Argentina, mimeo.

FURTADO, C. (1992). *Brasil: a construção interrompida*. São Paulo: Paz e Terra.

_____ (2001). *O Capitalismo global*. 5ª ed. São Paulo: Paz e Terra.

_____ (1999). *O Longo Amanhecer. Reflexões sobre a Formação do Brasil*. Rio de Janeiro: Paz e Terra.

GADELHA, C. A. G. (2002). *Estudos da Competitividade de Cadeias Integradas no Brasil: Impactos de zonas de livre comércio* (Versão para discussão em seminário). Campinas, Unicamp-IE-NEIT.

GANGULY, Sumit; SHOUP, Brian; SCOBELL, Andrew (2006). *US-Indian Strategic Cooperation into the 21st century: More than words*. Londres e Nova York: Routledge.

GATTO, Francisco (1990). "Cambio tecnológico neofordista y reorganización productiva. Primeras reflexiones sobre sus implicaciones territoriales". In: ALBURQUERQUE LLORENS, Francisco *et al* (eds.). *Revolución tecnológica y reestructuración productiva: impactos y desafíos territoriales*. Buenos Aires: Grupo Editor Latinoamericano.

GIANELLA, Carlos; THOMAS, Hernán (2005). *Insumos para una planificación estratégica de políticas públicas de ciencia, tecnología, innovación y educación superior*. Buenos Aires: UNSAM.

GOH, Evelyn; SIMON, Sheldon (2008). *China, the United States and the Southeast Asia: Contending perspectives on politics, security, and economics*. Nova York e Londres: Routledge.

GOBIERNO DE CHINA (2006). *China, Latin America forge closer links forwin-win end*. Disponível em: <http://www.gov.cn/misc/2006-10/06/content_405906.htm>.

GOBIERNO DE INDIA (2006). *Economic Survey 2005-2006*. Disponível em: <http://indiabudget. nic.in>.

GOPAL, S. (1984). *Jawaharlal Nehru – A Biography*. Vol. 3. Harvard University Press, p. 301.

GOSH, J. (1998). "Liberalisation debates". In: BYERS, T. J. (ed.). *The Indian Economy. Major debates Since Independence*. Nova Délhi: Oxford University Press.

GOVERNMENT OF INDIA (2007). *Information Technology Annual Repoport 2005-2006*. Delhi: Ministry of Communication & Information Technology.

GUARGA, R. (1999). "La investigación científica en las universidades de América Latina: características y oportunidades". *Universidades: Revista de la UDUAL*, n. 18, p. 13-27.

338 Marcos Costa Lima (org.)

GUIMARÃES, F. de S. (2005). *A Rodada Uruguay do* GAT *(1986-1994), e a política externa brasilera. Acordos assimétrico, coerção e coalizões.* Dissertação Mestrado em Relações Internacionais –Programa San Thiago Dantas, Unesp, Unicamp, PUC-SP.

GURSTEIN, Michael (2003). "Effective use: A community informatics strategy beyond the Digital Divide". *First Monday,* vol. 8 (12).

HANSON, J. A. (2004). "Indian banking. Market liberalization and the pressure for institutional and markets framework reform". In: KRUEGER, A. O; CHINOY, S. Z (eds.). *Reforming India's external, finantial and fiscal policies.* Oxford: Oxford University Press.

HARVEY, David (1998). *A condição pós-moderna: uma pesquisa sobre as origens da mudança cultural.* 7ª ed. São Paulo: Loyola.

_____ (2004). "A globalização Contemporânea". In: *Espaços de Esperança.* São Paulo: Loyola.

HEIN, P.; MUJICA, A.; PELUFFO, A. (1996). *Universidad de la República-Sector Productivo: análisis de una relación compleja.* Montevidéu: CIESU/Trilce.

HOYT, Timothy (2007). *Military Industry and Regional Defense Policy: India, Iraq and Israel.* Nova York: Routledge.

HUGHES, T. P. (1983). *Networks of Power. Electrification in Western Society, 1880-1930.* Baltimore/Londres: The Johns Hopkins University Press.

_____ (1987). "The Evolution of Large Technological Systems". In: BIJKER, W. E. *et al* (eds.). *The Social Construction of Technological Systems: New Directions in the Sociology and History of Technology.* Cambridge, Mass.: MIT Press, p. 51-82.

INBAR, Efraim; ZILBERFARB, Benzion (1998). *The Politics and Economics of Defence Industries.* Londres: Frank Cass Publishers.

INDIA, Ministerio de Comercio e Industria (2006). "FDI inflows into India". *Nota de prensa,* Departamento de Comercio, 11 de maio.

INFORME ESPECIAL (1996). *Una aproximación primaria al Sistema Nacional de Innovación de Uruguay,* CIESU-Trilce, Proyecto: Competitividad Sistémica e Innovación en el Uruguay, CIESU, Montevidéu.

INTERNATIONAL IRON AND STEEL INSTITUTE (2005). *World Steel in Figures 2005.* Disponível em: <http://www.worldsteel.org/?action=publicationdetail&id=54>.

INTERNATIONAL LABOR ORGANIZATION – ILO (1995). *World Employment Report.* Genebra.

INVERNIZZI, N. (2003). "Ciencia y tecnología en transición. La herencia de la política científica y tecnológica del gobierno Cardoso y los desafíos del nuevo gobierno brasileño". *Revista* THEOMAI, *Estudios sobre Sociedad, Naturaleza y Desarrollo.*

ISSB *MONTHLY WORLD I&S REVIEW* (2005). Disponível em: <http://www.steelonthenet.com/production.html.jetro>. Japan External Trade Organization. *JETRO White Paper on Trade and Investment 2006*, Tokio.

ITURRA, C. & PITTALUGA, L. (1998). *Uruguay. Informe Nacional. Políticas de ciencias, tecnología e innovación en el Mercosur.* Montevidéu, OEA/CIDI, mimeo.

JAFFÉ, W. & INFANTE, D. (1996). *Oportunidades y desafíos de la biotecnología para la agricultura y agroindustria de América Latina y el Caribe,* ENV-105, S, IICA, San José. Disponível em: <http://www.iadb.org/sds/publication/publication_73_s.htm>.

JENKINS, R. (1999). *Democratic Politics and Economic Refom in India.* Cambridge: Cambridge University Press.

JHA, Raghbendra (2000). "Reducing Poverty and Inequality in India. Has liberalization helped?". *Working Paper,* n° 204. UNU/WIDER/UNDP.

JOHNSON, B. & LUNDVALL, B. (2005). "Promovendo sistemas de inovação como resposta à economia do aprendizado crescentemente globalizada". In: LASTRES, M. *et al* (orgs.). *Conhecimento, Sistemas de Inovação e Desenvolvimento.* Rio de Janeiro: Ed. UFRJ/Contraponto.

JOSEPH, K. J. (2005). "The Case of India". In: *National Innovation System: Experience of Select Asian Countries* (Seminário realizado em Nova Delhi, promovido pela RIS – Research and Information System for the Non-Aligned and Other Developing Countries).

_____ (2004). "Transforming Digital Divide into Digital Dividend: The Role of South-South Cooperation in ICTS". *RIS-DP,* n. 76.

JOSEPH, K J; HARLILAL, K. N. (2001). "India's IT export boom: challenges ahead". *RIS Working Paper* n. 317, jul.

KANTIS, H; VENTURA, J. P.; GATTO, F. (2001). *Emergencia y desarrollo de nuevas empresas dinámicas en Argentina.* Buenos Aires (en prensa).

KAPUR, D. (2004). "Ideas and economicreforms in India: the role of internacional migraion and the Indian diaspora". *India Review,* vol. 3, n. 4.

KASUMOVIC, A.; KRAMER, F.; LANGNER, C.; LENZE, O.; OLK, C.; TAMM, A. (2000). *El desarrollo de las capacidades tecnológicas en Argentina: El papel del software y de los servicios informáticos.* Instituto Alemán de Desarrollo (IADE), cooperación con Instituto de Estudios Sociales de la Ciencia y la Tecnología (IEC), Secretaría para la Tecnología, la Ciencia y la Innovación Productiva (SETCIP), Buenos Aires.

KATZ, Jorge (1980). *Domestic technology generation in LDCs: A review of research findings.* Buenos Aires: CEPAL.

340 Marcos Costa Lima (org.)

_____ (1990). "La teoría del cambio tecnológico y su adecuación al caso de los países de industrialización tardía". In: ALBORNOZ, Mario; KREIMER, Pablo (comp.). *Ciencia y tecnología: estrategias y políticas de largo plazo*. Buenos Aires: EUDEBA.

_____ (1996). "Régimen de incentivos, marco regulatorio y comportamiento microeconómico". In: KATZ, Jorge (ed.). *Estabilización microeconómica, reforma estructural y comportamiento industrial*. Buenos Aires: CEPAL/IDRC-Alianza.

_____ (2000). *Pasado y presente del comportamiento tecnológico de América Latina*. CEPAL, Serie Desarrollo Productivo, n. 75, Santiago de Chile.

_____ (2003). "Market-Oriented Structural Reforms, Globalization and the Transformation of Latin American Innovation Systems". *x Seminario Latino-Iberoamericano de Gestión Tecnológica (ALTEC)*, Ciudad de México.

KATZ, J.; GUTKOWSKI, Mirta; RODRÍGUEZ, Mario; GOITY, Gregorio (1978). *Productividad, tecnología y esfuerzos locales de investigación y desarrollo*. Buenos Aires: CEPAL.

KATZ, J.; ABLIN, Eduardo (1985). "De la industria incipiente a la exportación de tecnología: la experiencia argentina en la venta internacional de plantas industriales y obras de ingeniería". In: ABLIN, Eduardo *et al. Internacionalización de empresas y tecnología de origen argentino*. Buenos Aires: EUDEBA.

KATZ, J. & colaboradores (1986). *Desarrollo y crisis de la capacidad tecnológica latinoamericana*. Buenos Aires: CEPAL.

KATZ, J. & KOSACOFF, Bernardo (1989). *El proceso de industrialización en la Argentina: evolución, retroceso y prospectiva*. Buenos Aires: CEAL-CEPAL.

KATZ, J. & BERCOVICH, N. A. (1993). "National systems of innovation supporting technical advance in industry: the case of Argentina". In: Nelson, R. R. (ed.). *National Innovation Systems: A Comparative Analysis*. Nova York: Oxford University Press, p. 451-475.

KATZ, J. & STUMPO, G. (1996). "La reestructuración industrial de Argentina, Brasil, Chile, Colombia y México en el curso de las dos últimas décadas". In: KATZ, Jorge (ed.). *Estabilización microeconómica, reforma estructural y comportamiento industrial. Estructura y funcionamiento del sector manufacturero latinoamericano en los años 90*. Buenos Aires: CEPAL/IDRC-Alianza.

KENISTON, Kenneth (2002). "Grassroots ICT Projects in India: Some Preliminary Hypotheses". *ACSI Journal of Management*, vol. 31 (1 & 2).

KHAN, Saira (2009). *Nuclear Weapons and Conflict Transformation: The Case of India and Pakistan*. Nova York: Routledge.

KOHLI, A. (1994). "Centralization and powerlessness:India's democracy in a comparative perspective". In: MIGDAL, J. S.; KOHLI, A.; SHUE, V. (eds.). *State, Power and Social Forces: Domination and Transformation in the Third World*. Cambridge: Cambridge University Press.

KOSACOFF, Bernardo (1995). "La industria argentina, un proceso de reestructuración desarticulada". In: BUSTOS, Pablo (comp.). *Más allá de la estabilidad. Argentina en la época de la globalización y la regionalización*. Buenos Aires: Fundación Friedrich Ebert.

_____ (1996). "La industria argentina, de la sustitución de importaciones a la convertibilidad". In: KATZ, Jorge (ed.). *Estabilización microeconómica, reforma estructural y comportamiento industrial. Estructura y funcionamiento del sector manufacturero latinoamericano en los años 90*. Buenos Aires: CEPAL/IDRC-Alianza.

_____ (1996). *Estrategias empresariales en la transformación industrial argentina*. CEPAL, Doc. de trab. n. 67, Buenos Aires.

_____ (ed.) (2000). *El desempeño industrial argentino. Más allá de la sustitución de importaciones*. CEPAL, Argentina.

KOSHANEK, S, A. (1974). *Business and Politics in Índia*. Berkeley: University of California Press.

KUBOTA, Luis Cláudio (2006). "Desafios para a Indústria de Software". *Texto para Discussão* n. 1150, jan., IPEA.

KUMAR, Arun (2002). *The Black Economy in India*. Nova Délhi: Penguin Books, 2002.

KUMAR, Nagesh (2001). "Indian software Industry development: international and national perspective". *RIS Discussion Papers*, ago.

KUMAR, Nagesh; PRADHAM, Jay Prakash (2003). "Export Performance of India enterprises in knowledge-based industries: recent trends and implications". *RIS Discussion Papers*, n. 42.

KUMAR, N. & JOSEPH, K. J. (2004). "National Innovation Systems and India's IT Capability: Are There any Lessons for ASEAN Newcomers?" *RIS Discussion Papers*, n. 72.

LALL, S. (1999). "Competing with labour: Skills and Competitiveness in Developing Countries". *Discussion Paper* n. 31, Issues in Development, OIT, Genebra.

LALL, S. & TEUBAL, M. (1998). "Market-stimulating technology policies in developing countries: a framework with examples from East Asia". *World Development*, n. 26, vol. 8.

LASTRES, H. M. M. & ALBAGLI, S. (orgs.) (1999). *Informação e Globalização na Era do Conhecimento*. Campinas: Editora da Unicamp.

LASTRES, H. M. M.; CASSIOLATO, J. E.; MACIEL, M. M. (2003). *Pequena Empresa. Cooperação e Desenvolvimento Local*. Rio de Janeiro: Relume-Dumará.

LASTRES, H. M. M. & FERRAZ, J. C. (1999). "Economia da Informação, do Conhecimento e do Aprendizado". In: LASTRES, H. M. M. & ALBAGLI, S. (orgs.). *Informação e Globalização na Era do Conhecimento*. Rio de Janeiro: Campus.

LEMOS, C. (1996). *Redes para inovação: estudo de caso de rede regional no Brasil*. Dissertação de Mestrado, COPPE/UFRJ, Rio de Janeiro.

LEO, Sergio (2007). "Índia Cresce com Infraestrutura Precária". *Valor*, 4 de jun., A 7.

LESCANO, G. & STOLOVICH, L. (2004). *La industria uruguaya de tecnologías de la información tras la crisis. Resultados de la encuesta anual de CUTI*. Cámara Uruguaya de Tecnologías de la Información (CUTI), Programa de Apoyo al Sector Software (PASS), BID/FOMIN, Montevidéu.

LÉVY, Pierre (1999). *Cibercultura*. São Paulo: Editora 34.

LIGRONE, A. (s.f.). *Situación y perspectivas del sector forestal: desafíos para el Uruguay*. Dirección Forestal-MGAP, Montevidéu, mimeo.

LLAMBÍ, C. & PITTALUGA, L. (2004). *La innovación tecnológica en la industria manufacturera uruguaya*. Instituto de Economía, Facultad de Ciencias Económicas y de Administración, UDELAR, Montevidéu, mimeo.

LOPES, Cristiano Aguiar (2007). In: *Revista de Economía Política de las Tecnologías de la Información y Comunicación*. Vol. IX, n. 2, maio-ago. Disponível em: <www.eptic.com.br>.

LUGONES, G. & PEIRANO, F. (2003). "Segunda Encuesta Argentina de Innovación (98/01). Resultados e Implicancias Metodológicas". X *Seminario Latino-Iberoamericano de Gestión Tecnológica (ALTEC)*, Ciudad de México.

LUNDVALL, B-Å. (1985). *Product Innovation and User-Producer Interaction*. Aalborg: Aalborg University Press.

_____ (1992). *National Systems of Innovation: Towards a Theory of Innovation and Interactive Learning*. Londres: Pinter.

_____ (2004). "Why the New Economy is Learning Economy". DRUID *Working Papers* 04-01, Copenhagen Business School, Department of Industrial Economics and Strategy/ Aalborg University, Department of Business Studies.

MACADAR, L. (1994). *Estudios nacionales sobre promoción y fomento de la innovación tecnológica desincorporada en la industria manufacturera. El caso uruguayo*. Montevidéu, COMISEC, mimeo.

MACEDO FILHO, V. L. & MIGUEL, H. (1998). *O Setor de Tecnologias da Informação – Resultados da Lei n. 8248/91*. Brasília: SEPIN/MCT.

MACHADO, F. (1993). *Institutos de investigacion industrial en America Latina: su rol en los anos noventa.* Proyecto ALTEC, CEGESTI, San Jose, Costa Rica. ´

MAHESHWARI, Sudha (2003). "Diversification of Defense-Based industries in India". In: MARKUSEN, Ann; DIGIOVANNA, Sean; LEARY, Michel C. *From Defense to Development? International perspectives on realizing the peace dividend.* Nova York: Routledge.

MALIK, V. P. (2006). "Indo-US Defense and Military Relations: From 'estrangement' to 'strategic partnership' ". In: GANGULY, Sumit; SHOUP, Brian; SCOBELL, Andrew. *US-Indian Strategic Cooperation into the 21st century: More than words.* Londres e Nova York: Routledge.

MANI, S. (2001). "Government, Innovation and Technology Policy. An analisys of the Brazilian Experience during the 1990s". *INTECH/UNU Discussion Paper Series*, n. 2001-11, Maastricht.

MANSINGH, Surjit (2006). *Historical Dictionary of India.* Toronto/Oxford: The Scarecrow Press.

MARCOVITCH, Jaques & SILBER, Simão. *Inovação tecnológica, competitividade e comércio internacional.* Reunión Preparatoria de la Reunión Hemisférica de Ministros de Ciencia y Tecnología, OEA, Washington, mimeo.

MARGOLIS, Eric S. (2001). *War at the top of the world: The Struggle for Afghanistan, Kashmir and Tibet.* Londres: Routledge.

MARKUSEN, Ann; DIGIOVANNA, Sean; LEARY, Michel C. (2003). *From Defense to Development? International perspectives on realizing the peace dividend.* Nova York: Routledge.

MARTINS, P. M. & CORRÊA, A. C. V. (2001). *Relatório da Missão Brasileira à Índia abordando o Setor de Tecnologias da Informação.* Disponível em: <www.mct.gov.br/sepin>.

MATESCO, V. (1993). *Inovação tecnológica nas empresas brasileiras: a diferenciação competitiva e a motivacão para inovar.* Doutorado em Economia Industrial – Universidade Federal do Rio de Janeiro, Rio de Janeiro.

_____ (1994). "Esforço Tecnológico das Empresas Brasileiras". *Texto para Discussão*, IPEA, Brasília.

MATTOS, Fernando Augusto Mansor de; CHAGAS, Gleison José do Nascimento (2008). "Desafios para a inclusão digital no Brasil". *Perspectivas em Ciência da Informação*, vol. 13, n. 1, jan./abr., p. 67-94.

MAXWELL, Philip & TEUBAL, Morris (1980). *Capacity-stretching technical change: Some empirical and theoretical aspects.* Buenos Aires: CEPAL.

MCT (2000). *Sociedade de Informação no Brasil. Livro Verde.* Brasília.

344   Marcos Costa Lima (org.)

_____ (2003). *Orientações Estratégicas do Ministério da Ciência e Tecnologia para o período 2004-2007. Proposta para Discussão*. Brasília. Disponível em: <http://www.mct.gov.br/sobre/ppa/Default.htm>.

MEARSHEIMER, John (2005). "The Rise of China Will Not Be Peaceful at All". *The Australian,* nov. 18. Disponível em: <http://mearsheimer.uchicago.edu/pdfs/P0014.pdf>.

MEIRELLES, S. Fernando (2003). "Informática nas Empresas: perfil, indicadores, gastos e investimentos". In: RUBEN, Guilhermo; WAINER, Jaques; DWYER, Tom (orgs.). *Informática, Organizações e Sociedade no Brasil*. São Paulo: Cortez, p. 57-92.

MELO, A. (2001). "The innovation systems of Latin America and the Caribbean". *Working Paper* n. 460, BID, Washington D.C.

MESSNER, D. (1996). *Latinoamérica hacia la economía mundial: condiciones para el desarrollo de la competitividad sistémica*. Instituto de Paz y Desarrollo, Duisburg.

METCALF, Barbara D. & METCALF, Thomas R. (2005). *A Concise History of India*. Cambridge University Press.

MEZANI, Zareer (1975). *Indira Gandhi – A biography*. Londres.

MINISTERIO DE EDUCACIÓN Y CULTURA (2003). *Programa de Desarrollo Tecnológico*, DINACYT, Uruguai.

MINISTERIO DE INDUSTRIAS, ENERGÍA Y MINERÍA (MIEM) (1999). *Agendas para la competitividad*, editado en CD-Rom, Montevidéu.

_____ (2004). *Sectores dinámicos en Uruguay, Dirección Nacional de Industrias*. Montevidéu, mimeo.

MIT/SOFTEX (2002). *A Indústria de Software no Brasil-2002: fortalecendo a economia do conhecimento*. Campinas: SOFTEX.

MOREIRA, M. (1999). "A indústria brasileira nos anos 90: o que já se pode dizer". In: GIAMBIAGI, F.; MOREIRA, M. M. *A economia brasileira nos anos 90*. Rio de Janeiro: BNDES.

MYTELKA, L. K. (ed.) (1999). *Concurrence, Innovation et Competitivité dans les pays en développement*. Paris: OCDE.

NARULA, R. (2003). *Globalisation and Technology*. Cambridge: Polity Press.

NASCIMENTO, R. & FENDT, R. (orgs.) (2003). *Brasil na arquitetura comercial global*. Rio de Janeiro: FGV/Konrad Adenauer.

NAYAR, B. R. (1989). *India's mixed economy: the role of ideology and interests in this development*. Bombaim: Popular Prakshan.

_____ (2001). *Globalisation and Nationalism: the changing balance in India's economic policy, 1950-2000*. Nova Délhi: Sage.

NEFFA, Julio C. (1990). "El impacto de las nuevas tecnologías de información en las empresas y organizaciones argentinas". In: ALBURQUERQUE LLORENS, Francisco *et al* (eds.). *Revolución tecnológica y reestructuración productiva: impactos y desafíos territoriales*. Buenos Aires: Grupo Editor Latinoamericano.

NEHRU, J. (1981). *The discovery of India*. Calcutá: Signer Press, 1946. Reimpresso pela Oxford University Press, Nova Délhi.

NELSON, R. & WINTER, S. (1977). "In search of useful theory of innovation". *Research Policy*, vol. 6, n. 1.

_____ (1982). *An Evolutionary Theory of Economic Change*. Cambridge: Harvard University Press.

NIC (National Informatics Center) (s/f). *India's trade: business opportunities*. Disponível em: <http://www.indiainbusiness. nic. in/trade-india/fta-ta.htm>.

NOCHTEFF, H. (1994). "Patrones de crecimiento y políticas tecnológicas en el siglo XX". *Ciclos*, ano IV, vol. IV, n. 6.

NORRIS, Pippa (2000). *The worldwide digital divide: Information poverty, the internet and development*. Paper. John F. Kennedy School of Government, Harvard University.

NUN, J. (1995). "Argentina: el estado y las actividades científicas y tecnológicas". REDES, vol. 2, n. 3, Argentina.

OCDE (1992). *Technology and the Economy*, Paris.

_____ (1999). *Managing National Innovation Systems*, Paris.

_____ (2002). *Dynamising National Innovation System*, Paris.

_____ (2002). *Perspectivas de la OCDE sobre las tecnologias de la información*. Disponível em: <www.ocde.org>.

_____ (2005). *Understanding the Digital Divide*, Paris.

_____ (2005). *Perspectivas da Tecnologia da Informação*. São Paulo: Editora Senac.

_____ (2006). OCDE *Information Technology Outlook*, Paris.

OMC (Organización Mundial del Comercio) (2006). *Perfiles comerciales 2006*. Genebra.

ONID: OBSERVATÓRIO NACIONAL DE INCLUSÃO DIGITAL. Disponível em: <www.onid.org.br>. Acesso em abr. de 2009.

346   Marcos Costa Lima (org.)

ORO, L. & SEBASTIAN, J. (1993). *Los Sistemas de Ciencia y Tecnología en Iberoamerica*. Madri: Libros de Fundesco.

PARAYIL, Govindan (1999). *Conceptualizing Technological Change*. Lanham MD: Rowman & Littlefield.

_____ (2005). "The Digital Divide and Increasing returns and contradictions of Informational Capitalism". *The Information Society*, 21(1), 41: 5.

PATNAIK, P. (1998). "Some Indian debates on planning". In: BYRES, T. J. (ed.). *The Indian Economy: Major debates since independence*. Nova Délhi: Oxford University Press.

PATNAIK, Utsa (2006). *Poverty and neoliberalism in India*. Disponível em: <www.networkideas.org/featart/jan2007/Neo-Liberalism.pdf>.

PAVITT, K. (1984). "Patterns on Technological Change: Towards a Taxonomy and a Theory". *Research Policy*, vol. 13, n. 6.

PAWAR, R. S. (1997). "Perspectivas Estratégicas nas Relações Brasil-Índia: Cooperação no Campo da Informática". In: GUIMARÃES, S. P. (org.). *Estratégias Índia e Brasil*. Brasília: IPRI/MRE.

PEOPLE'S DAILY ONLINE (2005). *China-asean FTA to be one of world's three pillars*. Disponível em: <http://www.bilaterals.org/article.php3?id article=2674>.

_____ (2006). *China accelerates pace on FTA establishment in past five years*. Disponével em: <http://english.people.com.cn/200601/29/print20060129_239189.html>.

PERES, W. (1994). *Latin America's experience with technology policies: current situation and prospects*, Int. J. Technol, Manage 9 (2-3).

_____ (1997). *Políticas de Competitividad Industrial. América Latina y el Caribe en los Anos Noventa*. México: Siglo XXI.

PIRES FERREIRA, S. (2000). *Pesquisas e Indicadores de Inovação no Brasil: Situação atual e perspectivas*. Ministério da Ciência e Tecnologia do Brasil.

PIRES FERREIRA, S.; VIOTTI, R. B.; OLIVEIRA, G. M. G. de (2001). "Brasil: Recursos Humanos em Atividades de C&T (RHCT): fontes de informação; metodologia e resultados para o caso brasileiro". *v Taller Iberoamericano e Interamericano de Indicadores de Ciencia y Tecnologia*, Brasil.

PITTALUGA, L. (2003). *Los Sistemas Nacionales de Innovación en economías periféricas: el caso de Uruguay en comparación con otros países de América Latina*. Documento de trabajo, Instituto de Economía, Facultad de Ciencias Económicas y Administración, UDELAR, Montevidéu, mimeo.

PNUD (Programa de las Naciones Unidas para el Desarrollo) (2006). *Asia-Pacific Human Development Report 2006*. Colombo/Sri Lanka: Macmillan.

POCHMANN, Márcio (2003). "As possibilidades do trabalho e a *nova economia* no Brasil". In: RUBEN, Guilhermo; WAINER, Jaques; DWYER, Tom (orgs.). *Informática, Organizações e Sociedade no Brasil*. São Paulo: Cortez Editora, p. 93-129.

POLANYI, Karl (2000). *A Grande Transformação. As origens de nossa época*. Rio de Janeiro: Campus.

PROGRAMA NACIONAL DE INFORMÁTICA NA EDUCAÇÃO (2009). Disponível em: <http://www.proinfo.gov.br>.

RAFAEL GUARGUA, F. (2003). *Mecanismos institucionales de vinculación universidad-sector productivo: la experiencia de la universidad de la república (Uruguay)*. Reunión regional OMPI-CEPAL de expertos sobre el Sistema Nacional de Innovación: propiedad intelectual, universidad y empresa, Chile.

RAMACHANDRAIH, V. K. & SWAMINATHAN, M. (2003). "Introduction". In: _____ (eds.). *Agrarian Studies. Essays in Agrarian Relations in Less-Developd Countries*. Nova Délhi, Tulika, Londres: Zed Books, p. XIII-XXVIII.

RAY, Amint Shovon (2006). "Rumo à globalização: aspirações e apreensões econômicas da Índia no novo milênio". In: VILLARES, Fábio (org.). *Índia, Brasil e África do Sul. Perspectivas e Alianças*. São Paulo: Editora Unesp, p. 61-144.

RICARDO, P. (2004). *Gestión del conocimiento, innovación y productividad. Exploración del caso de la industria manufacturera uruguaya*. Tesis de Doctorado. Programa de doctorado sobre la Sociedad de la Información y el Conocimiento, Internet Interdisciplinary Institute (IN3). Disponível em: <http://www.uoc.edu/in3/esp/index.htm>.

RICYT (Red de Indicadores de Ciencia y Tecnología Iberoamericana/Interamericana) (2003). *El estado de la ciencia. Principales indicadores de ciencia v tecnología*. Buenos Aires.

RODRIK, Dani; SUBRAMANIAN, Arvind (2004). "Why India can Grow at 7 percent a year or More: projections and reflections". *IMF Working Paper* WP/04/118, jul.

ROSENBERG, N. (1976). *Perspectives on Technology*. Cambridge: Cambridge University Press.

_____ (1982). *Inside the Black Box: Technology and Economics*. Cambridge: Cambridge University Press.

ROSSI JR, J. L. & FERREIRA, P. C. (1999). "Evolução da produtividade industrial brasileira e abertura comercial". *Texto para Discussão* 65, IPEA, Rio de Janeiro.

ROUSSET, Pierre (2009). "Elections en Inde: un échec probablement historique des PC 'traditionnels'". *Europe solidaires sans frontières*, 28 maio. Disponível em: <www.europe-solidaire.org/>.

ROZENWURCEL, G. (2004). *La innovación como fuente de crecimiento económico: una opción posible para el Uruguay*. Banco Mundial, Washington.

RUBEN, Guilhermo; WAINER, Jacques; DWYER, Tom (2003). *Informática, organizações e sociedade no Brasil*. São Paulo: Cortez.

RUDOLPH, L. I.; RUDOLPH, S. H. (1987). *In Pursuit of Lakshimi: the Political Economy of the Indian State*. Chicago: The University of Chicago Press.

RUIVO, B. (1998). *As políticas de ciência e tecnologia e o sistema de investigação*. Portugal: Casa da Moeda/Imprensa Oficial.

SACHS, Goldman (2003). "Dreaming with the BRICS: the path to 2050". In: WILSON, D. e PURUSHOTMN, R. *Global Economics Paper*, n. 99, 1 out.

SAGASTI, F. (1983-9). "La política científica y tecnológica en América Latina: un estudio del enfoque de sistemas". *Jornadas 101*, El Colegio de México, México.

SAGASTI, F. & COOK, C. (1987). *La ciencia y tecnología en América Latina durante el decenio de los ochenta*. México: Comercio Exterior.

SAHA, S. K. (2004). *India's position in the global economy and the emerging configuration of relationships between the dominant classes and the workers*. Paper presented at the Conference on Labour versus Capital, at the centro Congressi Cavour, Rome, 17 abr.

SALLES, S. (coord.) (2000). *Ciência, tecnologia e inovação. A reorganização da pesquisa pública no Brasil*. Campinas: Komedi.

SCHACTER, J. (1999). *The impact of educational technology on student achievement: what the most current research has to say?* Santa Monica: Milken Family Foundation.

SCHUKLA, S. P. (2002). "From the GATT to the WTO and beyond". In: NAYYAR, D. *Governing Globalisation: Issues and Institutions*. Oxford: Oxford University Press.

SCHWARTZMAN, S. *et al* (1993). *Science and technology in Brazil: a new policy for a global world*. Disponível em: <http://www.schwartzman.org.br/simon/scipol/newpol.htm#_1_10>.

SECCO, A.; OINEGUE, E.; QUAGLIO, S. (2005). *Anuário do comércio exterior 2005-2006*. São Paulo: Análise Editorial.

SELA (1994). *La dinámica de especialización y competitividad internacional de los países latinoamericanos: un estudio de largo plazo*. Informe final de proyecto, Caracas.

SEN, Amartya (1983). *Poverty and famines: an essay on entitlement and deprivation.* Oxford: Clarendon Press.

_____ (1996). "Radical needs and moderate reforms". In: DRÈZE, J. & SEN, A. (eds.). *India Develoment: selected regional perspectives.* Nova Délhi: Oxford University Press, p. 1-32.

_____ (2000). *Desenvolvimento como liberdade.* 6ª ed. São Paulo: Companhia das Letras.

_____ (2005). *The Argumentative India. Writings on India Culture, History and Identity.* Nova Délhi: Penguin Books.

SIDDHARTHAN, N. S.; NOLLEN, Stanley (2005). *Software and Hardware in Índia and China. How firms differ?* Paper. Delhi, Institute of Economic Growth, University of Delhi.

SIDDIQI, J. A. (1994). "GATT: The Indian paradigm". In: RAMACHANDRIAH, V.; MUKERJEE, P. (eds.). GATT *Accord: Indian Strategic response.* Nova Délhi: Commonwealth Publishers.

SIERRA, Pablo H. (2002). "Políticas para la Consolidación de los Sistemas Locales de Innovación en la Argentina". *Revista Iberoamericana de Ciencia, Tecnología, Sociedad e Innovación,* n. 4, OEI.

SILVA, A. C. (2000). "Descentralização em Política de Ciência e Tecnologia". *Estudos Avançados,* 14 (39), p. 61-73.

SILVEIRA, Sérgio Amadeu (2006). "Sociedade dos Códigos: entre a opacidade e a liberdade". *Comunicação & Sociedade,* São Bernardo do Campo, vol. 27, n. 45, p. 57-78.

_____ (2001). *Exclusão Digital: a miséria na era da informação.* São Paulo: Fundação Perseu Abramo.

SING, M. (2001). "Entrevista". In: BALASUBRAMANYAN, V. N. *Conversation with Indian Economist.* Hampshire/Nova York: Palgrave.

SINGH, Ajit (1996). "The Post-Uruguay Round world trading system industrialisation, trade and development". In: *Expansion of trade opportunities to the year 2000 for Asia-Pacific developing countries.* Genebra: UNCTAD, p. 147-88.

_____ (1997). "Acertando o passo com o Ocidente: uma perspectiva sobre o desenvolvimento econômico asiático". *Economia e Sociedade,* Unicamp/IE, vol. 8, jun., p. 1-49.

SINGH, Namrata (2008). "NTPC: India's worst carbon emitter Report". *Times Business India,* jul.

SNOECK, M.; SUTZ, J.; VIGORITO, A. (1992). *Tecnología y Transformación. La industria electrónica uruguaya como punto de apoyo.* Montevidéu: Trilce.

SOFTEX (2002). *A Indústria de* software *no Brasil 2002: fortalecendo a economia do conhecimento.* Campinas: SOFTEX/MIT.

SOLINGEN, Etel (1998). "The Rise and Fall of Arms Industries in Argentina and Brazil". In: INBAR, Efraim; ZILBERFARB, Benzion. *The Politics and Economics of Defence Industries.* Londres: Frank Cass Publishers.

SREEKUMAR, T. T. (2006). "ICT for rural poor: Civil society and cyber-libertarian development in India". In: PARAYIL, G. (ed.). *Political Economy and Information capitalism in India: Digital Divide, Development and Equity.* Basingstoke: Palgrave Macmillan, p. 61-87.

SRIVASAN, T. N. (2001). "Entrevista". In: BALASUBRAMANYAN, V. N. *Conversation with Indian Economist.* Hampshire/Nova York: Palgrave

STIGLITZ, J. E. (2003). "El rumbo de las reformas: hacia una nueva agenda para América Latina". *Revista de la CEPAL*, p. 7-40.

STOCKHOLM PEACE RESEARCH INSTITUTE – SIPRI. (2009). *Yearbooks.* Estocolmo: Oxford University Press.

STOLOVICH, L. (2003). *Qué indican los datos de la industria uruguaya de tecnologías de la información.* Estudio realizado en el marco del PASS – BID/FOMIN, Montevidéu, mimeo.

SUBRHAMANYAM, Sanjay (2005). "Não se estuda Índia no Brasil". *Nossa História,* jun., entrevista realizada por Leonardo Pimentel, p. 50-54.

SUTZ, J. (1998). "La caracterización del Sistema Nacional de Innovación en el Uruguay: enfoques constructivos". *Nota Técnica* n. 19, Instituto de Economia, Universidade Federal do Rio de Janeiro (IE/UFRJ). Disponível em: <http://www.ie.ufrj.br/redesist/P1/texto/NT19.PDF>.

SWAINE, Michael D. (1995). *China: Domestic Change and Foreign Policy.* Santa Monica: National Defense Research Institute.

SWAMI, Praveen (2007). *India, Pakistan and the Secret Jihad: The covert war in Kashmir – 1947-2004.* Nova York: Routledge.

TAPIA, J. R. B. (1995). *A trajetória da Política de Informática brasileira (1977-1991): atores, instituições e estratégias.* São Paulo: Papirus/Ed. Unicamp.

TERNEUS ESCUDERO, A.; BORDA, M.; MARSCHOFF, C. M. (2002). "¿Existe un Sistema Nacional de Innovacion en Argentina?". *Revista Iberoamericana de Ciencia, Tecnología, Sociedad e Innovación,* n. 4, OEI.

THE ECONOMIST (2008). *An elephant, not a tiger.* Special report on India, dez. 13.

THE ECONOMIST INTELLIGENCE UNIT (2005). *BP Statistical Review of World Energy.* Londres, jun. Disponível em: <http://www.bp.com>.

_____ (2006). *Global outlook.* Londres, abr.

THOMAS, H. (1995). *Sur-Desarrollo, acerca de la producción de tecnología en países subdesarrollados*. Buenos Aires: Centro Editor de América Latina.

_____ (1999). *Dinâmicas de inovação na Argentina (1970-1995): Abertura comercial, crise sistêmica e rearticulação*. Tese de Doutorado, Universidad Estadual de Campinas.

_____ (2001). "Estilos socio-técnicos de innovación periférica. La dinámica del SNI argentino, 1970-2000". ALTEC: *IX Seminario Latino-Iberoamericano de Gestión Tecnológica: Innovación Tecnológica en la Economía del Conocimiento*, San José de Costa Rica.

THOMAS, H. & DAGNINO, R. (2005). "Efectos de transducción: una nueva crítica a la transferencia acrítica de conceptos y modelos institucionales". *Ciencia, Docencia y Tecnología*, UNER, n. 30, p. 9-46.

THOMAS, Jayan Jose & PARAYIL, Govindan (2008). "Bridging the Social and Digital Divides in Andhra Pradesh and Kerala: A Capabilities Approach". *Development and Change*, vol. 39, n. 3, maio.

TIGRE, P. B. (s./d.). "Liberalização e capacitação tecnológica: o caso da informática pós-reserva de mercado no Brasil". In: SCHWARTZMAN, S. *Ciência e Tecnologia no Brasil: Política Industrial, Mercado de Trabalho e Instituições de Apoio* (vol. II). Rio de Janeiro: Editora da FGV.

TIGRE, P. B et al (1999). "Mudanças Institucionais e tecnologias: impactos da liberalização sobre o sistema nacional de inovações". In: BAUMANN, Renato (org.). *Brasil: uma década em transição*. Rio de Janeiro: Campus, p. 183-222.

TOMASS, J. J. (2006). "Informational Development in Rural áreas: some evidence from Andhra Pradesh and Kerala". In: PARAYIL, G. (ed.). *Political Economy and Information capitalism in India: Digital Divide, Development and Equity*. Basingstoke: Palgrave Macmillan, p. 109-132.

UNCTAD (Conferencia de las Naciones Unidas sobre Comercio y Desarrollo) (1993). *Country-Case Studies, Argentina, Brazil, Chile and Venezuela*. Ad-hoc Working Group on Interrelationship between Investment and Technology Transfer, Trade and Development Board, Genebra.

_____ (2003). *Commodity Yearbook* 2003. Genebra, ONU. Publicación de las Naciones Unidas, n. de venta: E/F.03.II. D.25.

_____ (2005). *Informe sobre el comercio y el desarrollo, 2005*, UNCTAD/TDR/2005, Genebra. Publicación de las Naciones Unidas, n. de venta: E.05.II. D.13.

_____ (2006). *Trade and Development Report*. Genebra, ONU.

UNDP (2001). *Human Development Report. Making new Technologies work for Human Development*. Nova York: Oxford University Press.

_____ (2001). *Creating a Development Dynamic. Final report of Digital opportunity iniciative*. Accenture, Markle Foundation.

VAITSOS, C. (1990). *The needs and possibilities for cooperation between selected advanced developing countries and the community in the field of science and technology. Country Report on Brazil*. MONITOR-SAST Activity, Commission of the European Communities, Bruxelas.

VELASCO E CRUZ, Sebastião C. (2005). "Reformas econômicas em perspectiva comparada". *Cadernos CEDEC*, n. 78, set.

VELHO, L.; VELHO, P.; DAVYT, A. (1997). *La política e instrumentos de vinculación universidad-empresa en los países del Mercosur*. UNUrINTECH/Unicamp.

VELHO, L. & SAENZ, T. (2002). "R&D in the public and Private Sector in Brazil: complements or substitutes?". *INTECH/UNU Discussion Paper Series*, Maastricht.

VELOSO, F. (2004). "Slicing The Knowledge Based Economy in Brazil, China and India – A Tale of 3 Software Industries". *Resumo MIT – Globelics Academy*.

VIGORITO, A. (1995). *Estudios de competitividad en Uruguay: ¿Está presente la tecnología?, Comentario y reseña de publicaciones recientes*. Documento de Trabajo, Montevidéu.

VILLARES, Fábio (2006). "Vulnerabilidades e impasses do novo padrão de acumulação brasileiro". In: _____ (org.). *Índia, Brasil e África do Sul. Perspectivas e Alianças*. São Paulo: Editora Unesp, p. 23-60.

VIOTTI, E. B.; MACEDO, M. M. (2003). *Indicadores de Ciência e Tecnologia no Brasil*. Campinas: Editora da Unicamp.

VIRMANI, Arunhati (2001). "L'Inde, une puissance en mutation". *Problèmes Politiques et Sociaux*, n. 866, nov. Paris: La Documentation Française.

VOLODIN, Andrei (1997). "A Índia em um ambiente internacional de mudanças". In: GUIMARÃES, Samuel Pinheiro (org.). *Estratégias Índia e Brasil*. Brasília: Instituto de Pesquisa de Relações Internacionais.

WAINER, Jaques (2003). "O paradoxo da produtividade". In: RUBEN, Guilhermo; WAINER, Jaques; DWYER, Tom (orgs.). *Informática, Organizações e Sociedade no Brasil*. São Paulo: Cortez, p. 13-55.

WAISBLUTH, M.; TESTART, E.; BUITELAAR, R. (1992). *Cien empresas innovadoras en America Latina*. CYTED-D, Santiago de Chile.

WARSCHAUER, Mark (2006). *Tecnologia e inclusão social: a exclusão social em debate*. São Paulo: Editora Senac.

WEINBERG, P. (1999). "La formación en América Latina y el Caribe a finales del milenio". *Boletím Técnico do Senac*, vol. 25, n. 2, maio-ago. Disponível em: <http://www.senac.br/informativo/BTS/252/boltec252a.htm>.

WORLD BUREAU OF METAL STATISTICS (2005). *World Metal Statistics Yearbook, 2005*, Londres.

WOLPERT, S. (1977). *A New History of India*. Nova York: Oxford Univesity Press.

YOGUEL, G.; LUGONES, M.; SZTULWARK, S. (2003). *La política científica y tecnológica argentina en las últimas décadas: algunas consideraciones desde la perspectiva del desarrollo de procesos de aprendizaje*, mimeo.

ZANATTA, M. (2004). "Fundamentos tecnológicos da política industrial brasileira na década de 90". *Simpósio de gestão da inovação tecnológica*, 23, PGT-USP, CD-ROM, São Paulo.

ZANCAN, G. (2002). "Financiamento da ciência e da tecnologia no Brasil". *Conferência, Seminário Política de Ciência e Tecnologia do MCT e a Universidade Brasileira*. Curitiba.

Esta obra foi publicada no inverno de 2012
pela Nova Letra Gráfica & Editora. No texto
foi utilizada a fonte Minion Pro em corpo
10,5 e entrelinha de 16 pontos.